Christoph Weckenbrock
Schwarz-Grün für Deutschland?

XTEXTE

Christoph Weckenbrock (Dr. phil.), geb. 1983, ist Lehrbeauftragter am Institut für Politische Wissenschaft und Soziologie der Universität Bonn. Zu seinen wissenschaftlichen Schwerpunkten gehören die Koalitions- und die Parteienforschung. Er hat u.a. zur deutschen Parteienlandschaft, zur NPD und zur Energiewende publiziert.

Christoph Weckenbrock
Schwarz-Grün für Deutschland?
Wie aus politischen Erzfeinden Bündnispartner wurden

[transcript]

Bibliografische Information der Deutschen Nationalbibliothek
Die Deutsche Nationalbibliothek verzeichnet diese Publikation in der Deutschen Nationalbibliografie; detaillierte bibliografische Daten sind im Internet über http://dnb.d-nb.de abrufbar.

© 2017 transcript Verlag, Bielefeld

Die Verwertung der Texte und Bilder ist ohne Zustimmung des Verlages urheberrechtswidrig und strafbar. Das gilt auch für Vervielfältigungen, Übersetzungen, Mikroverfilmungen und für die Verarbeitung mit elektronischen Systemen.

Umschlaggestaltung: Kordula Röckenhaus, Bielefeld
Umschlagabbildung: © klesign – Fotolia
Druck: Majuskel Medienproduktion GmbH, Wetzlar
Print-ISBN 978-3-8376-4043-4
PDF-ISBN 978-3-8394-4043-8
EPUB-ISBN 978-3-7328-4043-4

Gedruckt auf alterungsbeständigem Papier mit chlorfrei gebleichtem Zellstoff.
Besuchen Sie uns im Internet: *http://www.transcript-verlag.de*
Bitte fordern Sie unser Gesamtverzeichnis und andere Broschüren an unter: *info@transcript-verlag.de*

Inhalt

Einleitung | 7

**I. Die Unionsparteien von CDU und CSU –
Prägungen und Entwicklungslinien zweier staatstragender
Volksparteien** | 13
1. Die Gründungsphase | 14
2. Die Ära Adenauer und ihre Nachwirkungen | 15
3. Nachgeholte Parteibildung in der ersten Oppositionszeit | 18
4. Die Kanzlerschaft Kohls | 21
5. Neubeginn in der zweiten Oppositionszeit | 24
6. Die Kanzlerschaft Merkels | 26
7. Zwischenfazit | 33

**II. Bündnis 90/Die Grünen –
Ursprünge und Wandlungen einer ökologischen Reformpartei** | 35
1. Die Bewegungspartei – Gründung und Konsolidierung | 36
2. Die Randpartei – Parlamentarisierungsphase bis zur
   Deutschen Einheit | 40
3. Die Reformpartei – Restrukturierungsphase bis 1998 | 46
4. Die Regierungspartei – Die rot-grüne Bundeskoalition | 51
5. Die Scharnierpartei – Die Grünen seit der Bundestagswahl 2005 | 56
6. Zwischenfazit | 65

**III. Von Erzfeinden zu Bündnispartnern –
Die Geschichte des schwarz-grünen Verhältnisses** | 69
1. Keine Partei jenseits des Rubikon – Die Union und die frühen
   Grünen 1978-1983 | 69
2. Die Konjunktur des einfachen Weltbildes – Aufbau und
   Aufrechterhaltung der politischen Feindbilder 1983-1992 | 79

2.1 Der Kulturschock – Union und Grüne im zehnten Deutschen Bundestag | 80
2.2 Inhaltliche Gräben und politische Kampagnen 1983-1987 | 84
2.3 Verhärtete Fronten und punktuelle Annäherungen 1987-1992 | 95
3. Die Überwindung der ideologischen Hemmschwellen – Etappen des schwarz-grünen Annäherungsprozesses 1992-1998 | 104
3.1 Der Tabubruch – Sondierungen im schwarz-grünen »Musterländle« | 104
3.2 1994 – Das schwarz-grüne Wendejahr | 111
3.3 Auftritt der Pizza-Connection – Union und Grüne 1995-1998 | 122
4. Die verspätete Koalition – Der lange Weg zur politischen Partnerschaft 1998-2009 | 129
4.1 Schwarz-grüner Rollentausch 1998-2005 | 129
4.2 Das Ende der Yeti-Debatte – Auf dem Weg zum Hamburger Pilotprojekt | 142
4.3 Es kommt, wenn es muss? – Union und Grüne im Bund 2005-2009 | 150
5. Reserveoption in der »Bunten Republik Deutschland« – Schwarz-grüne Annäherungen und Abgrenzungen 2009-2017 | 159
5.1 Gemischte Bilanz – Die Feldversuche Hamburg, Saarland und Hessen | 159
5.2 Hirngespinst am Verhandlungstisch – Die Bundespolitik 2009-2013 | 168
5.3 Bewegte Zeiten – Union und Grüne am Vorabend der Bundestagswahl 2017 | 172

IV. Schlussbetrachtung | 181

Anmerkungen | 187

Einleitung

Das Bündnis der Neuen Bürgerlichkeit. Der Weg zur Versöhnung von Ökologie und Ökonomie. Die Koalition der Nachhaltigkeit. Das Regierungsmodell Schwarz-Grün sieht sich bis heute mit schillernden Begrifflichkeiten und hohen Erwartungen konfrontiert. Der Grundgedanke ist dabei meist der gleiche: mit einem Bündnis von Union und Grünen auf Bundesebene wachse auch politisch endlich zusammen, was soziologisch schon längst zusammen gehöre. Was sich in den bewegtesten Zeiten der Bonner Republik einst trennte, findet in der Berliner Republik wieder zueinander: »Die Versöhnung des Bürgertums mit sich selbst. Die Heilung der Wunde von 1968. Die Heimkehr der in den siebziger Jahren verlorenen Kinder.«[1] Aber mehr noch: eine politische Allianz von verbürgerlichten Grünen und modernen Christdemokraten ist nach Ansicht mancher den Deutschen geradezu auf den Leib geschnitten. »Der neue schwarz-grüne Zeitgeist ist das erfolgreichste Produkt Made in Germany seit Langem [...]. Er verbindet bürgerlich-konservative Werte wie Leistungsbereitschaft und Eigenverantwortlichkeit mit linken Tugenden wie individueller Freiheit, Selbstverwirklichung und einer gewissen kosmopolitisch-toleranten Haltung, ohne die in den Zeiten der Globalisierung schlecht Geschäfte zu machen wären.«[2] Dabei gilt vielen gerade die Verankerung von Union und Grünen in völlig unterschiedlichen politischen Lagern als der größte Vorzug eines solchen Bündnisses. Wegweisende Entscheidungen könnten zwischen den beiden Parteien ausgehandelt und dann von diesen in ihre jeweiligen politischen Milieus hinein kommuniziert und legitimiert werden. »Erst wenn Schwarz und Grün eine Einigung gefunden haben, besteht die Chance, dass die Republik sie akzeptiert.«[3]

Ob all diese Hoffnungen und Erwartungen gerechtfertigt sind, sei zunächst einmal dahingestellt. Dass die Herausforderungen für eine schwarz-grüne Bundesregierung derzeit riesig wären – daran kann kein

Zweifel bestehen. In den USA amtiert ein politisch unberechenbarer Präsident, der die Identität seines Landes als Einwanderungsland und freie Marktwirtschaft sowie die westliche Sicherheitsarchitektur offen in Frage stellt. In Deutschland und anderen Gründungsstaaten der Europäischen Union grassiert ein Europaskeptizismus, der an den Grundfesten der Europäischen Integration und damit auch der Bundesrepublik zu rütteln scheint. Großbritannien hat seinen Austritt aus der Europäischen Union beantragt. Rechtspopulistische Bewegungen fordern die etablierten Parteien und die althergebrachten westlichen Werte nicht nur in Deutschland heraus. Der Aufstieg der AfD fragmentiert viele deutsche Landesparlamente und zieht äußerst schwierige Regierungsbildungen nach sich. Die europäische Flüchtlingskrise und die wachsende Bedrohung durch den islamistischen Terrorismus halten Politik und Bürger in Atem. Das alles vollzieht sich in Zeiten fortschreitender Globalisierung und Digitalisierung, welche die politischen, gesellschaftlichen und wirtschaftlichen Prozesse massiv beschleunigen.

Die politischen Fundamente, auf denen unsere Republik seit vielen Jahrzehnten ruht, können nicht mehr für selbstverständlich genommen werden. In den heute so unübersichtlichen Zeiten bedarf es mehr denn je eines aktiven Eintretens für die Staatsräson der Bundesrepublik. Vor diesem Hintergrund macht ihre potenziell integrative Kraft tatsächlich den größten Reiz einer schwarz-grünen Bundeskoalition aus. Mit der Union stünde auf der einen Seite die Partei der ländlichen Regionen, der Rentner und der weniger Gebildeten. Mit den Grünen stünde auf der anderen Seite die Partei der großstädtischen Milieus und der jungen Akademiker. Schon vor fast einer Dekade hatte der Schweizer Wirtschaftswissenschaftler Thomas Straubhaar festgestellt, dass Schwarz-Grün die gesellschaftlichen Risse unserer Zeit abbilde: »Dazu gehört der sich abzeichnende Generationskonflikt zwischen mehr und mehr Älteren und weniger und weniger Jüngeren; dazu gehört der Bildungsgraben, der besser Gebildeten zu enormen Chancen verhilft und Ungebildete in tiefste Hoffnungslosigkeit stürzt; dazu gehören die Freiheit der Mobilen, dahin zu gehen, wo das Leben attraktiv ist, und die Angst der Immobilen, allein in aussterbenden Regionen zurückbleiben zu müssen.«[4] Würde es Union und Grünen gelingen, die Interessen dieser gesellschaftlichen Gruppen – unter zweifellos großen Anstrengungen – zusammenzubringen, könnte Schwarz-Grün den Tendenzen zur gesellschaftlichen Desintegration wirksam entgegentreten. Zudem könnten bei weit in die

Zukunft reichenden Problemfeldern wie dem Renten- und Pflegesystem, der Demographie, der Bildungslandschaft und den Staatsfinanzen länger tragende Lösungen gefunden werden. Dass Schwarz-Grün in den momentanen Wirren der internationalen Beziehungen auch außenpolitisch über den richtigen Kompass verfügt, deutete im September 2016 Joschka Fischer an. In einem bemerkenswerten Essay schrieb Fischer mit Blick auf eine mögliche politische Annäherung zwischen Union und AfD und zwischen SPD/Grünen und Linkspartei:

»Eine Rückkehr Deutschlands in die Mittellage würde Europa gefährden, in Russland gefährliche Illusionen schüren und das Land vor nicht beherrschbare Herausforderungen stellen. Um genau diese Frage wird es aber bei den nächsten Bundestagswahlen 2017 gehen, und zwar gleichermaßen von rechts wie links. [...] Die Anschlussfähigkeit von Union und AfD wäre also das definitive Ende der Bonner Republik und ein Verrat am Erbe Adenauers. Und von links droht die identische Gefahr. Eine rot-rot-grüne Koalition müsste auf eine Linkspartei vertrauen, in der führende Figuren faktisch dasselbe wollen: Nähe zu Russland, raus aus oder zumindest Lockerung der Westbindung. Man kann nur hoffen, dass diese Kelche allesamt an uns vorübergehen. Und man sieht auch, was vom Verbleiben Angela Merkels im Amt der Bundeskanzlerin über 2017 hinaus abhängt – für Deutschland, für Europa und den Westen.«[5]

Ausgerechnet die grüne Galionsfigur Fischer legt seiner Partei also nahe, doch lieber über Bündnisse mit der Union als mit der Linkspartei nachzudenken – und tritt sogar für eine vierte Kanzlerschaft Merkels ein. Dieser erstaunliche Vorgang ist ein ganz besonders eindringliches Beispiel dafür, welch große Schritte Union und Grüne in den letzten Jahrzehnten aufeinander zugegangen sind. Wie konnte es soweit kommen?

Die Entwicklung des Verhältnisses zwischen Union und Grünen ist in der deutschen Parteiengeschichte wohl einzigartig. Als fundamentaloppositionelle Bewegung gegründet, lehnten die frühen Grünen fast alles ab, was den Christdemokraten heilig war: Tradition, Wachstum, Westbindung. Im Gegenzug brandmarkten die Unionsparteien die Grünen zunächst als linksradikale und gewaltaffine Staatsfeinde. Schwarz und Grün – das war politisch noch bis Mitte der neunziger Jahre wie Schwarz und Weiß. Heute dagegen steht die Chiffre Schwarz-Grün für ein in den Kommunen[6] und Ländern erprobtes Koalitionsmodell, das von Teilen der gesellschaftlichen Elite geradezu herbeigesehnt zu werden scheint. Aus den früheren Erzfeinden sind politische Bündnispartner geworden, denen zugetraut wird, gemeinsam die nächste Bundesregierung zu bilden. Die bewegte Geschichte von »Schwarz-Grün«[7] ist ohne Frage eine äußerst spannende – und sie soll an dieser Stelle bis zur unmittelbaren Gegenwart erzählt werden.[8]

Dass über die Frage nach Schwarz-Grün im Bund heute ernsthaft diskutiert werden kann, ist in erster Linie auf den tiefgreifenden Wandel zurückzuführen, den Union und Grüne in den letzten Jahrzehnten durchlebt haben. Deshalb steht – bevor das Augenmerk auf die schwarz-grüne Beziehungsgeschichte gelegt wird – zu Beginn der Studie der Werdegang beider Parteien von ihrer Gründung bis ins Jahr 2017 im Fokus. Was waren oder sind die Grundprägungen der Union? Wie hat sich das Wesen der Partei im Laufe ihrer Geschichte verändert? Was waren entscheidende Zäsuren? Was waren die wichtigsten Etappen auf dem bisherigen Weg der Grünen? Wo sind die Ursprünge der Bewegung zu verorten und welchen Einfluss haben die Gründungswerte gegenwärtig noch in der Partei? Können bei den Grünen, ähnlich wie bei der Union, Kontinuitätslinien freigelegt werden, die für sie damals wie heute bestimmend sind? Schlussendlich: wer von beiden hat sich stärker gewandelt, wer ist auf wen zugegangen?

Im Anschluss werden Wegmarken und Wendepunkte im Annäherungsprozess zwischen CDU/CSU und Grünen geschildert und analysiert. Wir gehen zurück bis ins Jahr 1978, in dem sich die Gründung einer grünen Partei auf Bundesebene bereits abzeichnete. Wie reagierte die Union auf die Konstituierung der neuen, »vierten« Partei? Und wie nahmen die Gründungsgrünen die damals noch oppositionellen Christdemokraten wahr? Durch den Einzug der Grünen in den Bundestag wurden die Konflikte zwischen den Parteien ab 1983 auf Deutschlands wichtigster politischer Bühne ausgefochten. Nach dem ersten Kulturschock richteten sich beide Seiten dann erstaunlich schnell in gegenseitigem Feindesdenken ein. Die Union startete unzählige Kampagnen gegen die Grünen. Letztere nahmen den Fehdehandschuh meist dankbar auf. Schwarz und Grün avancierten in kürzester Zeit zu den Antipoden und Erzfeinden des deutschen Parteiensystems. Wie waren die tiefen ideologischen und kulturellen Gräben zwischen Schwarz und Grün zu erklären? Was charakterisierte die politischen Umgangsformen zwischen den Parteien in den 1980er[9] und frühen 1990er Jahren?

Nach der Wiedervereinigung begann das Eis zwischen den Unionsparteien und den Grünen langsam aber sicher zu schmelzen. Zeichen und Gesten der Entspannung kamen nun von beiden Seiten. Die Abgrenzungen nahmen ab, die Annäherungen zu. Welche Ereignisse trugen zur Normalisierung des schwarz-grünen Verhältnisses in den 1990er Jahren bei? Wann und wo wurde zum ersten Mal über christlich-ökologische Koalitionen oberhalb der Kommunalebene nachgedacht? Und welchen Einfluss hatte die sagenumwobene »Pizza-Connection« damals tatsächlich auf das Verhältnis der beiden Parteien? Mit der Abwahl Kohls und dem erstmaligen Regierungsantritt der Grünen im Bund startete eine Phase, an deren Endpunkt die Bildung der ersten schwarz-grünen Landesregierung in Hamburg 2008 und der ersten Jamaika-Regierung im Saarland 2009 stand. In dieser Zeit erwarb sich Schwarz-Grün den Beinamen einer verspäteten Koalition. In welchen Bundesländern erschienen schwarz-grüne Bündnisse schon vor dem Hamburger Koalitionsschluss realistisch? Warum kamen sie nicht zustande? Nach der Bundestagswahl 2009 rückte die einst tabuisierte schwarz-grüne Option auch auf der Bundesebene immer stärker in den Bereich des Möglichen. Die Bündnisse in Hamburg und im Saarland scheiterten, in Hessen, Baden-Württemberg und Sachsen-Anhalt bildeten sich dagegen neue christlich-ökologische Regierungen. Welche Erfahrungswerte konnten bisher aus diesen Feldversuchen gewonnen werden? Und wie stehen die Perspektiven für eine schwarz-grüne Bundesregierung nach der Wahl 2017 wirklich?

Aus den Antworten auf diese vielfältigen Fragen wird sich schließlich ein Gesamtbild der bemerkenswerten Geschichte von Schwarz und Grün zusammensetzen. Die Antworten sagen jedoch nicht nur etwas über die Entwicklung des Verhältnisses zwischen Union und Grünen aus. Nein: Sie verraten auch etwas über den Wandel des Parteiensystems und der politischen Kultur der Bundesrepublik im Verlauf der letzten vier Dekaden. Die zeithistorische Betrachtung der schwarz-grünen Beziehung wirft von einem neuen Blickwinkel aus interessante Schlaglichter auf die deutsche Parteien- und Parlamentsgeschichte. Eine Geschichte, die Union und Grüne maßgeblich geprägt haben – und in Zukunft vielleicht in gemeinsamer Regierungsverantwortung auf Bundesebene fortschreiben werden.

I. Die Unionsparteien von CDU und CSU – Prägungen und Entwicklungslinien zweier staatstragender Volksparteien

Die Wendung von der CDU als dem »Prototypen einer Volkspartei«[1] – die, bei allen Unterschieden zwischen den Schwesterparteien, sicher auch für die CSU zutrifft – ist in der deutschen Politikwissenschaft schnell zum geflügelten Wort avanciert. Mit gutem Grund, gelang es in der deutschen Geschichte doch keiner Partei vor der Union, so verschiedene politische Strömungen und Wählermilieus erfolgreich zu integrieren und mit solcher Regelmäßigkeit die Regierungsgeschäfte zu übernehmen. Als Peter Haungs 1992 seinen einschlägigen Aufsatz unter diesem Titel veröffentlichte, hatte die Union in 30 von 43 Jahren seit Gründung der Bundesrepublik den Kanzler gestellt – zweifelsohne eine beeindruckende Bilanz. Auch wenn sich in den folgenden, für die Unionsparteien äußerst bewegten Jahren die Absänge auf das Modell der Volkspartei im Allgemeinen[2] und die Integrationskraft der Union im Besonderen[3] mehrten, kann dennoch festgestellt werden, dass sich die Erfolgsgeschichte der CDU/CSU fortgesetzt hat – die Bundestagswahl 2013 lieferte dafür erneut einen deutlichen Beweis. Vor diesem Hintergrund erscheinen auch jene Prognosen, die die Einheit und damit den politischen Erfolg der Unionsschwestern durch die Implikationen der Flüchtlingskrise an ihr Ende gekommen sehen, verfrüht. Die Union zeigte in den über 70 Jahren ihrer Geschichte immer wieder, dass sie aus Krisen lernen und ihr Programm an die pragmatischen Erfordernisse des Regierungshandelns anpassen kann – ohne dabei ihre eigenen Grundüberzeugungen aufgeben zu müssen. Diese Fähigkeit zu Kompromiss und Konsensfindung ist historisch gewachsen und wird Christdemokraten und Christsoziale wohl auch in Zukunft einen.[4]

1. Die Gründungsphase

Der Weg der CDU zu einer Volkspartei war zweifelsohne bereits in ihrer Gründungszeit[5] angelegt. In einem weitestgehend zerstörten und desillusionierten Land fanden sich verschiedene Gruppierungen zusammen, die vor dem Hintergrund der gerade überwundenen totalitären Erfahrung vor allem ein Ziel einte: ein »neues Deutschland« schaffen zu wollen. Dies war der Gestaltungsanspruch, der Katholiken aus der Zentrumspartei, protestantische Konservative und Kräfte des politischen Liberalismus in einem weltanschaulich somit äußerst heterogenen Gründerzirkel zusammenbrachte.[6] In Bayern gelang es der CSU spiegelbildlich, sowohl bayerisch-patriotische als auch liberale, konservative und soziale Richtungen der Weimarer Zeit zu integrieren[7] und sich so im »Spannungsfeld zwischen Tradition und Neuorientierung«[8] zu positionieren. Neben dem ambitionierten Gestaltungsanspruch waren sich die Gründer der Union freilich ebenso darüber einig, dass die christlichen Glaubens- und Lebenswerte den Aufbau des neuen demokratischen Deutschlands bestimmen sollten. Dieses politische Leitbild beruhte auf vier Prinzipien: gesellschaftlichem Ausgleich, gemeinschaftlichem Pluralismus, dem Personalitäts- und dem Subsidiaritätsprinzip.[9] Es war dieser Minimalkonsens an gemeinsamen Werten verbunden mit den besonderen Bedingungen im Nachkriegs-Deutschland, der die Gründung der Union als überkonfessionellem Bündnis ermöglichte. Die Partei war, wie es Udo Zolleis treffend formuliert, somit auch ein »Kind der Besatzungszeit«.[10]

Die Vielschichtigkeit der Union spiegelte sich von Anfang an in ihrer Programmatik und Organisationstruktur wider. Schon die »Kölner Leitsätze« aus dem Juni 1945 enthielten zum einen Vorstellungen von einem »christlichen Sozialismus«, erteilten kollektivistischen Zielsetzungen jedoch gleichzeitig eine klare Absage und verlangten Privatinitiative und Eigenverantwortlichkeit in der Wirtschaft.[11] Auch viele andere christdemokratische und christsoziale[12] Parteiverbände der Gründungszeit äußerten den Wunsch nach einem »dritten Weg« zwischen Kapitalismus und Sozialismus, der vor allen Dingen den Prinzipien der katholischen Soziallehre folgen sollte. Das im Jahr 1947 von der CDU der britischen Besatzungszone verfasste »Ahlener Programm« kann als Höhepunkt dieser Entwicklung verstanden werden. Auch wenn das Papier zu einem guten Teil als taktisches Instrument Konrad Adenauers im innerparteilichen Machtkampf gesehen werden muss[13], erscheint der Paradigmenwechsel hin zur marktwirtschaftlichen Ausrichtung der »Düsseldorfer Leitsätze« von 1949 dennoch bemerkenswert. Hier vollzog die Union eine nachträgliche Rechtfertigung ihrer Politik im Frankfurter Wirtschaftsrat, welche die Weichen für den Aufbau einer »sozialen Marktwirtschaft«[14] in Deutschland bereits frühzeitig gestellt hatte.[15]

Auch der innerparteiliche Aufbau der Union war von Beginn an gleichermaßen beeinflusst vom Anspruch und der Notwendigkeit, möglichst viele Interessengruppen unter einem Dach zu integrieren. Schon vor der Gründung der Bundespartei organisierten sich in den Landes- und Kreisverbänden die gewerkschaftsnahen Kreise in den Sozialausschüssen der Christlichen Arbeitnehmerschaft und die Vertriebenen in eigenen Arbeitsgemeinschaften. Die Interessen der jüngeren Generation vertrat die Junge Union, die Vernetzung von Lokalpolitik und höheren Parteiebenen oblag der Kommunalpolitischen Vereinigung. Auch Arbeitsgemeinschaften der Frauen nahmen bereits früh ihre Tätigkeit auf. Bis Anfang der 1950er Jahre kamen noch der Ring Christlich-Demokratischer Studenten, der Evangelische Arbeitskreis sowie die Mittelstandvereinigung als Sonder- resp. Parteiorganisationen hinzu.[16] Diese große Anzahl von Vereinigungen vereinfachte die Absorption kleinerer politischer Konkurrenzparteien und war eine Grundbedingung dafür, dass sich verschiedene Wählermilieus mit der Union identifizieren konnten.

2. DIE ÄRA ADENAUER UND IHRE NACHWIRKUNGEN

Die frühe CDU kann sowohl als »verspätete Partei«[17] wie auch als »Kanzlerpartei«[18] gelten. Adenauer amtierte zum Zeitpunkt der offiziellen Parteigründung 1950 bereits seit einem Jahr als Kanzler einer Koalition aus CDU/CSU, FDP und DP und hatte schon zuvor als Präsident des Parlamentarischen Rates eine einflussreiche und öffentlichkeitswirksame Schlüsselposition eingenommen. Dies hatte dazu geführt, dass Adenauer längst mit der Umsetzung seiner politischen Vorstellungen begonnen hatte, noch ehe die Union überhaupt eine von der Regierung unabhängige Identität entwickeln konnte.[19] Die Regierungspolitik wurde so im Laufe der 1950er Jahre zum Programmersatz für die Union.[20] Diese zeichnete sich vor allem durch zwei »Markenzeichen« aus, die nicht nur die Geschichte der Bundesrepublik maßgeblich prägen sollten, sondern auch das künftige Selbstverständnis der Union: Ludwig Erhards »soziale Marktwirtschaft« und Adenauers Politik der »Westbindung«.[21]

Die großen Wahlerfolge bei den Bundestagswahlen von 1953 bis 1961 fungierten als »Integrationsmotoren«[22] für die Sammlungsbewegung der Union, denn sie überdeckten innerparteiliche Divergenzen und beschleunigten die Vereinnahmung anderer ›bürgerlicher‹ Parteien durch die CDU. Vor dem Hintergrund der großen elektoralen Zustimmung und der außen- wie innenpolitischen Erfolge sahen sich die Christdemokraten zusehends als die eigentlichen Gründer der bundesdeutschen Republik – ein Bild, welches die Partei auch in der politischen Selbstdarstellung zu kommunizieren wusste. Dieser »Gründermythos« der Ära Adenauer, mithin die Gleichsetzung von Sicherheit und Wohlstand mit christdemokratischer Regierungsführung, wurde von einem erheblichen Teil der Deutschen verinnerlicht und so in den folgenden Jahrzehnten zur »primären Ressource« der Unionsparteien.[23] All dies schlug sich jedoch zunächst nicht in den Mitgliederzahlen von CDU und CSU nieder. Noch bis weit in die 1960er Jahre hinein kann im Falle der Union nur von einer Honoratioren- und Wählerpartei, nicht jedoch von einer Mitgliederpartei gesprochen werden.[24] Dies hing auch damit zusammen, dass sich die Programmarbeit der Union in der Ära Adenauer auf die »Darstellung und Rechtfertigung der Regierungspolitik«[25] beschränkte und die Partei sich so zu einem für Mitglieder eher unattraktiven »Hilfsorgan von Regierung und Fraktion«[26] entwickelte. Die CSU, die sich einer Integration in die Strukturen der Bundes-CDU erfolgreich widersetzt hatte, konnte sich in den 1950er Jahren in Bayern ebenfalls konsolidieren. Nachdem das von der SPD angeführte so genannte »Viererbündnis«[27] die CSU von 1954 bis 1957 in die Oppositionsrolle gedrängt hatte, gelang es den Christsozialen in die Regierung des Freistaates zurückzukehren und die Bayernpartei in der Folge zu verdrängen. Auf Grundlage eines zum Ausgleich geneigten Föderalismusverständnisses konnte die CSU nun neben der Bundespolitik auch in Bayern wieder als führende Regierungspartei agieren.[28] Eine erste Umbruchphase in der Entwicklung der CDU/CSU leiteten die Bundestagswahl 1961 und der Rücktritt Adenauers 1963 ein. Die CDU musste sich personell umorientieren und setzte dabei zunächst auf Wirtschaftsminister Erhard als Nachfolger.

Der Abgang des Bundesvorsitzenden Adenauer während der Kanzlerschaft Erhards bedeutete einen tiefen Einschnitt für die Union. Hatte der christdemokratische »Übervater« Reformwünsche und -notwendigkeiten in seiner Partei lange Zeit ignoriert, konnte sich die CDU nun unter Erhard und später unter dem dritten Unionskanzler und Bundesvorsitzenden Kurt Georg Kiesinger der Lösung ihrer drei größten Probleme widmen: dem Honoratioren-, Organisations- und Generationenproblem.[29] Mit einer Neustrukturierung des Bundesvorstandes resp. -präsidiums sollte der Charakter der Parteiführung als Honoratioreneinrichtung abgeschwächt werden. Ein Arbeitsteam, welches durch seine personelle Zusammensetzung Kabinett, Bundestagsfraktion, Bundespartei, Landesverbände und Vereinigungen miteinander verzahnte, sollte an seine Stelle treten.[30] Sichtbarstes Zeichen für das Bemühen, auch die Organisation des Parteiapparates zu straffen, war die Schaffung der Position eines hauptamtlichen Generalsekretärs im Mai 1967. Das der Partei innewohnende Generationenproblem konnte insofern entschärft werden, als dass Ende der 1960er Jahre eine ganze Gruppe von jungen CDU-Reformern wie Helmut Kohl, Walther Leisler Kiep oder Ernst Benda in Führungspositionen der Partei aufrückte.

Nach dem Tode Adenauers erlebte die CDU, so Frank Bösch, ein »doppeltes Achtundsechzig«.[31] Denn zum einen musste sich die Union mit der stark radikalisierten Studentenbewegung auseinandersetzen, die auch durch ihre Gegnerschaft zur Großen Koalition zu beachtlicher Größe angewachsen war. Zum anderen erlebte die Partei selbst einen inneren Demokratisierungsschub, der sich mit der Erarbeitung und Verabschiedung des »Berliner Programms« im Jahr 1968 verband. Auch wenn die Union durchaus die Gefahr erkannte, dass die SPD in Folge der Studentenproteste zur »Partei der Intellektuellen« werden könnte, bestand zwischen der 68er-Revolte und der innerparteilichen Demokratisierung dennoch kein kausaler Zusammenhang.[32] Es war denn auch weniger der Inhalt, der das »Berliner Programm« zu einem »Paukenschlag«[33] machen sollte. Denn politikinhaltlich blieb sich die Union treu, auch wenn einige Gedanken »Schillerscher« Wirtschaftspolitik von ihr neu aufgenommen wurden.[34] Bemerkenswert war vielmehr die Entstehung des Programms, an der erstmals die gesamte Mitgliedschaft und sämtliche Vereinigungen in einem bis dahin beispiellosen Prozess beteiligt wurden. Das ›Was‹ war somit eindeutig sekundär gewesen, das ›Wie‹ hingegen von größter Bedeutung. Mit diesem Vorgehen versuchte die Union nicht nur die innerparteiliche Diskussionskultur anzuregen, sondern auch auf die wählersoziologischen Veränderungen der 1960er Jahre zu reagieren und die »sinkende Integrationskraft jener Milieunetze [zu] kompensieren, die bislang vornehmlich aus dem katholischen Raum heraus die Union getragen hatten«.[35] Resümierend kann für die späten 1960er Jahre festgehalten werden, dass sich in der Union allmählich ein neues Politikverständnis entwickelte, das mit einer vorsichtigen Neustrukturierung des innerparteilichen Lebens einherging[36] und den Charakter der CDU als offener Volkspartei festigte.

3. Nachgeholte Parteibildung in der ersten Oppositionszeit

Auf den bundespolitischen Machtverlust 1969 reagierte die CDU/CSU zunächst mit völliger Desorientierung, da nicht wenige Parteifunktionäre für die Union ein gewissermaßen »natürliches Recht« zum Regieren beanspruchten.[37] Zu dieser Fehleinschätzung kamen organisatorische Probleme hinzu, da die Union ihren Zugriff auf die (Macht-)Ressourcen der Bundesregierung verloren hatte und nun »ganz aus sich selbst heraus Politik machen«[38] musste. Die Partei war trotz aller begonnenen Reformen auf die Oppositionsrolle weder inhaltlich noch personell vorbereitet, weshalb in den kommenden Jahren vor allem die Bundestagsfraktion im Mittelpunkt der Tagespolitik stand.[39] Folgerichtig wurde 1971 mit Rainer Barzel der Fraktionsvorsitzende auch zum CDU-Bundesvorsitzenden gewählt. Die Union hatte in der frühen Oppositionszeit erstmals mit größeren Dissonanzen zwischen den Schwesterparteien umzugehen.[40] Einerseits verstand sich die CSU mit Blick auf ihre Rolle in Bayern weiterhin als Regierungspartei, die keinerlei Anlass für einen umfassenden Neubeginn sah[41] und durch ihr ausgezeichnetes Ergebnis bei der Bundestagswahl 1969 immer selbstbewusster gegenüber der CDU auftrat. Andererseits kam es zu Konflikten zwischen den Unionsparteien auf dem zu jener Zeit alles bestimmenden Politikfeld der »neuen« Ostpolitik Willy Brandts. Die CSU fühlte sich noch stärker dem Konzept vom »christlichen Bollwerk Westeuropa«[42] verpflichtet, was zu einer noch rigoroseren Ablehnung der Ostpolitik seitens der bayerischen Schwesterpartei und so zu Spannungen innerhalb der Unionsfraktion führte.[43]

Dass die erste Oppositionszeit der Union auch als »zweite Gründungsphase«[44] der Partei bezeichnet werden kann, hängt maßgeblich mit der Zäsur des Jahres 1972 zusammen. Die von der Niederlage bei den Bundestagsneuwahlen ausgehende Schockwirkung erschütterte die

Union massiv, da sich die SPD mit ihrem Wahlergebnis bis weit in die politische Mitte hinein ausgedehnt hatte und somit das Selbstverständnis der Christdemokraten als einziger Volkspartei in Frage stellte.[45] Der dadurch erneut geweckte innerparteiliche Reformgeist, der vom neuen Parteivorsitzenden Kohl und dessen Generalsekretär Kurt Biedenkopf ab 1973 aufgenommen und vorangetrieben wurde, richtete sich zunächst auf eine organisatorische Umstrukturierung der CDU. Die Bundesgeschäftsstelle wurde neu gegliedert und erhielt eine dem Generalsekretär direkt unterstellte Planungsgruppe. Auch wurde die Stellung der Bundespartei gegenüber den Landesverbänden gestärkt und die Professionalisierung der Kreisverbände durch die Einsetzung hauptamtlicher Geschäftsführer weiter vorangebracht.[46] Da Kohl zu Beginn seiner Amtszeit mit Biedenkopf, Heiner Geißler und Richard von Weizsäcker ganz bewusst drei intellektuelle Köpfe der Partei förderte, die sich zudem als gewandt im Umgang mit der modernen Debatten- und Medienkultur zeigten[47], kam es alsbald auch zu programmatischen Neuerungen innerhalb der CDU. In der »Mannheimer Erklärung« vom 1975 identifizierte die Partei zwei »neue« fundamentale politische Herausforderungen: die von Biedenkopf und Geißler durchaus unterschiedlich interpretierte »Neue Soziale Frage« sowie – auch wenn der Begriff selbst noch nicht fällt – die Globalisierung.[48] Als Kernstück der Erklärung versuchte erstere auf den wachsenden Konflikt zwischen organisierten und nicht-organisierten Interessen in der Gesellschaft aufmerksam zu machen. Die CDU sah sich selbst nun als »Anwalt« sozial Schwächerer wie den Alten, Alleinerziehenden, Arbeitslosen oder kinderreichen Familien. Mit der »Neuen Sozialen Frage« gelang es den Christdemokraten, ein öffentlichkeitswirksames – von der CSU als »Linksrutsch« kritisiertes – Leitmotiv für die anstehenden Wahlkämpfe zu entwickeln und der SPD auf ihrem ureigenen Politikfeld Konkurrenz zu machen.[49]

Die nur äußerst knappe Niederlage der Union bei den Bundestagswahlen 1976 führte zu einem schweren Zerwürfnis zwischen den Schwesterparteien. Während sich die Kohl-CDU in ihrem politischen Kurs eher bestärkt sah und weiterhin als *konstruktive* Oppositionskraft auftreten wollte, setzte Franz Josef Strauß vor allem auf eine Polarisierungsstrategie. Die CSU hatte sich seit Mitte der 1960er Jahre ohnehin »in zunehmenden Maße in den fundamentalen gesellschafts- und außenpolitischen Entscheidungsprozessen zum harten konservativen ›Kern‹ der Gesamtunion«[50] entwickelt und fühlte sich durch ihr Rekordergebnis bei den bayerischen Landtagswahlen 1974 auf diesem Weg bestätigt. Strauß sah vor diesem Hintergrund in einer bundesweiten Ausdehnung der CSU als »vierter Partei« die Chance, das Wählerpotential der Union voll auszuschöpfen und so die Regierung übernehmen zu können. Nach dem »Kreuther Trennungsbeschluss« vom November 1976 konnte nur die Kohlsche Drohung einer Ausdehnung der CDU-Strukturen auf das bayerische Wahlgebiet in Verbindung mit der Zusicherung politischer Parität für die CSU-Landesgruppe[51] die Spaltung der Union verhindern.

Im Jahr 1978 kam es in der CDU zur Verabschiedung[52] des ersten Grundsatzprogramms der Partei – die Christsozialen hatten zwei Jahre zuvor bereits ihr viertes[53] beschlossen. Unter Geißler, Biedenkopfs Nachfolger im Amt des Generalsekretärs, fand die ›Neue Soziale Frage‹ auch in dieses Programm Eingang. Gerade hier gelang es der CDU, ihre neuen Ansätze in der Sozialpolitik durch die Betonung des Subsidiaritäts-, Personalitäts- und Solidaritätsprinzips in der Tradition der katholischen Soziallehre noch einmal zu plausibilisieren.[54] Mit der Trias aus »Freiheit, Solidarität und Gerechtigkeit« wurden darüber hinaus die Grundwerte christdemokratischer Politik zusammengefasst und konkretisiert. Natürlich war das Ludwigshafener Programm, welches vor und nach seiner Verabschiedung in Partei und Öffentlichkeit breit debattiert wurde, durch zahllose Kompromisse zu einer Art »Integrationsprogramm«[55] geworden, dem durchaus eine gewisse »status-quo-Orientierung« vorgeworfen werden konnte. Dennoch enthielt das Grundsatzprogramm zwei bemerkenswerte Aspekte, die auf einen Wandel im damaligen Selbstverständnis der CDU hinweisen. Zum einen lud sie im Programm explizit auch Nichtchristen zur Mitarbeit in der Partei ein und unterstrich damit, dass sie »den Weg von der christlichen Weltanschauungspartei zu einer säkularisierten Partei konservativ-liberalen und sozialen Zuschnitts zu Ende gegangen war«[56]. Zum zweiten nahm sie vor dem Hintergrund knapper werdender Ressourcen und zunehmender Umweltbelastungen eine Neubewertung wirtschaftlichen Wachstums vor[57] und nannte mit der »Sicherung der ökologischen Zukunft unseres Gemeinwesens« ein neues – viertes – wirtschaftspolitisches Ziel.[58] Das erste Grundsatzprogramm der CDU bildete somit den vorläufigen Schlusspunkt einer »nachgeholten Parteibildung«. Dabei können drei zentrale Elemente der Reform festgehalten werden: ein erheblicher Mitgliederzuwachs, der Ausbau des hauptamtlichen Parteiapparats und eben die Erarbeitung des ersten Grundsatzprogramms.[59] In den 1970er Jahren kam es so zu einer »politischen Verselbständigung« der CDU, mit der eine endgültige Abkehr vom Verständnis als Honoratiorenpartei und eine zunehmende Übernahme von politischen Artikulations-, Integrations- und Kommunikationsfunktionen durch die Partei verbunden war.[60]

Die CSU entfaltete unterdessen Ende der 1970er Jahre einmal mehr ihr Störpotential gegenüber der Schwesterpartei. So wurden die Parteitagsbeschlüsse von Ludwigshafen und die gesamte vorhergehende Programmdiskussion von ihr äußerst kritisch gesehen. Strauß hielt die ›Neue Soziale Frage‹ für überflüssig, CSU-Generalsekretär Edmund Stoiber sprach diesbezüglich gar von »Sozialklimbim«.[61] Zudem betonten die Christsozialen im Gegensatz zur CDU weiterhin ihr Selbstverständnis als christlich-abendländische Weltanschauungspartei.[62] Vollends konterkariert wurde die Neuausrichtung der CDU dann – nachdem schon seine Nominierung zu einer schweren Belastungsprobe für die Union geworden war – durch die Kanzlerkandidatur Straußens 1980, der im Wahlkampf vor allem wieder das Thema der Außen- und Sicherheitspolitik in den Vordergrund rückte.[63] Seine klare Niederlage und der politische Seitenwechsel der FDP zwei Jahre später entschieden am Ende jedoch die personelle[64], inhaltliche[65] wie auch strategische[66] Ausrichtung der Gesamtunion zugunsten der CDU.

4. DIE KANZLERSCHAFT KOHLS

Die Regierungspolitik der CDU/CSU war ab 1982[67] zunächst auf eine Verbindung von Kontinuität und Wandel angelegt. Kontinuität vor allem im auswärtigen Bereich, wo man die eigenen Traditionen in der Europa- und Sicherheitspolitik unter gleichzeitiger Anerkennung der sozialliberalen Ostpolitik betonte. Wandel, ja gar eine »geistig-moralische Wende« hingegen in der Innenpolitik, in der ein harter Sparkurs, Steuererleichterungen für Unternehmen sowie die Förderung bürgerlicher Selbst- und Nächstenhilfe die Wirtschaft ankurbeln und die Sozialsysteme krisenfest machen sollten. Diese politischen Ziele der neuen »Koalition der Mitte« stellte Kohl in seiner Regierungserklärung im Oktober 1982 vor, an deren Entwurf die Parteiführung bereits nicht mehr beteiligt war und die vor allem auf den »informellen Beraterkreis« des Kanzlers zurückging.[68] Dies war ein erstes Anzeichen dafür, dass von nun an wieder die Regierungspolitik für das Selbstverständnis der Partei entscheidend sein würde, vor allem nachdem sich die Bonner Koalition – im Besonderen die Union – nach den vorgezogenen Neuwahlen von 1983 auf ein breites Wählervotum stützen konnte. Gleichwohl versuchte die CDU auch in den 1980er Jahren programmatische Impulse zu setzen. Gerade vor dem Hintergrund der erstarkenden Grünen-Bewegung versuchte sie Antworten auf die ökologischen Fragen jener Zeit zu finden. Zwar konnte sich die Partei in diesem Bereich nicht auf ein ähnlich etabliertes und ausgearbeitetes Ideengebäude stützen, wie es in der Sozialpolitik mit der katholischen Soziallehre möglich gewesen war.[69] Dennoch gelang es der CDU mit den »Stuttgarter Leitsätzen für die 80er Jahre«, ein weiteres Signal des ökologischen Umdenkens auszusenden und erste Ansätze einer originär christdemokratischen Umweltpolitik zu entwickeln.[70] Auch auf anderen Gebieten gelang es der Union, sich in den 1980er Jahren in der Bürgeransprache zu verändern. Vor allem Generalsekretär Geißler versuchte nun neue Wählerschichten zu akquirieren. Dabei zielte er auf die aus seiner Sicht von der Union bisher vernachlässigten Themen der »Neuen sozialen Bewegungen«.[71] So machte Geißler zum einen die Gleichberechtigung der Frau zu einem Hauptanliegen der CDU. Zum anderen versuchte er mit Blick auf die Friedensbewegung die Begriffe »Frieden und Freiheit« für seine Partei positiv zu besetzen, obgleich er zur selben Zeit einen scharfen Abgrenzungskurs zum Pazifismus der Grünen verfolgte.[72]

Auch wenn die Union im Verlauf der 1980er Jahre durchaus auf einige Erfolge ihrer Politik[73] verweisen konnte und Kanzler Kohl zudem mit der Verabschiedung der »Einheitlichen Europäischen Akte« 1986 eine Revitalisierung des europäischen Integrationsprozesses gelang, verschlechterte sich das Klima in der CDU gegen Ende des Jahrzehnts zusehends. Nach einem für die Union enttäuschenden Ergebnis bei den Bundestagswahlen 1987 und vor dem Hintergrund einer konstant hohen Arbeitslosenquote sowie negativer Umfragewerte kam es auf dem Bremer Parteitag vom September 1989 fast zum Eklat, als eine Gruppe um Geißler ernsthaft erwog, den baden-württembergischen Ministerpräsidenten Lothar Späth als Gegenkandidaten zum Vorsitzenden Kohl aufzustellen. Dass auf dem Parteitag auch ein umfangreiches Programm zur Umweltpolitik der Union verabschiedet wurde, ging bei aller Fokussierung auf den »Putschversuch« beinahe unter. Wenngleich mit dem Papier »Unsere Verantwortung für die Schöpfung« vor allem die bisherige Umweltpolitik der Regierung nachgezeichnet wurde[74], setzte das Programm sehr wohl auch neue Akzente, so zum Beispiel mit der Perspektive einer

»umweltbezogenen Fortentwicklung des Steuersystems« sowie der mutigen Aussage, dass in Deutschland eine »Verminderung der CO_2-Emissionen um 50 % [...] die Realität von morgen sein«[75] müsse.

Nach dem Bremer Parteitag und am Vorabend des Mauerfalls stellte sich die Union wieder zunehmend als reine »Kanzlerpartei« dar. Die Bundespartei rückte im Angesicht eines übermächtigen Kanzleramts bei politischen Fragen vollends in den Hintergrund, zudem wurden mit Geißler, Warnfried Dettling und Wulf Schönbohm die wichtigsten »Programmatiker« in der CDU-Bundesgeschäftsstelle von ihren Aufgaben entbunden.[76] Die Entmachtung der Partei und die für viele mäßige Bilanz der Koalition hätten sich in der Folge sicherlich zu einer schweren Hypothek für die Kanzlerschaft Kohls ausgewachsen, wäre es nicht alsbald zum politischen Umbruch in der DDR gekommen, in dessen Folge Kohl seine Machtposition innerhalb der Union zu festigen vermochte. Die Vereinigung von West- und Ost-CDU zog hingegen keine gravierenden Folgen für die Gesamtunion nach sich.[77] Der zunächst erfolgte erhebliche Mitgliederzuwachs für die Union verebbte nach kurzer Zeit. Programmatische Akzente der Ost-CDU – etwa bei der Abtreibungsfrage oder der Verbriefung eines »Rechts auf Arbeit« – konnten sich zudem kaum durchsetzen.[78] Unterdessen erlebten Überlegungen zur Ausdehnung der CSU über Bayern hinaus in Folge der Einheit – nun in Gestalt der »Deutschen Sozialen Union« (DSU) in den Neuen Ländern – eine kurze aber folgenlose Renaissance.

Generell können die 1990er Jahre als eine Periode ohne umfassendere Paradigmenwechsel bei CDU und CSU bezeichnet werden.[79] Sie verstanden sich einmal mehr als die Regierungs- und Kanzlerparteien schlechthin, welche nun vor allem die historische Aufgabe der innerdeutschen Integration zu bewältigen hatte und darüber hinaus viel Energie auf dem Feld der Europapolitik investierte. Das im Februar 1994 unter dem Titel »Freiheit in Verantwortung« verabschiedete zweite Grundsatzprogramm der CDU wurde in der Öffentlichkeit teils als ideen- und perspektivlos kritisiert[80], auch wenn sich die Partei vor allem in der Wirtschafts- und Sozialpolitik liberaler positionierte und für ein neues Sozialstaatsverständnis warb.[81] Darüber hinaus modernisierte die CDU ihr Familienbild und respektierte ausdrücklich auch »nichteheliche Partnerschaften und die bewusste Entscheidung, ohne die rechtlichen Bindungen einer Ehe zu leben«.[82] Trotz dieser programmatischen Erneuerung herrschte zum Ende der Ära Kohl hin sowohl innerparteilich als auch öffentlich zusehends der

Eindruck vor, dass die Union »erkennbar alt geworden«[83] war. Je weiter die deutsche Einheit zeitlich entfernt lag, desto klarer wurden die Probleme der Regierung, desto deutlicher der Reformstau sichtbar.[84] Die Union erreichte bei den Landtagswahlen in der letzten Amtsperiode Kohls mitunter nur noch schwache Ergebnisse, nachdem schon die Bundestagswahl 1994 aufgrund des nur äußerst knappen Ausgangs zugunsten der Koalition als »gefährlicher Sieg«[85] gegolten hatte. Das »System Kohl« erschien nach einer 16-jährigen Regierungszeit schlicht überholt, der Kanzler selbst personifizierte für viele den politischen Stillstand in der Republik.[86]

5. Neubeginn in der zweiten Oppositionszeit

Nicht wenige in den Unionsparteien sahen mit der Wahl von 1998 lediglich das Personal, nicht jedoch die christdemokratische Politik abgewählt und wollten programmatisch Kurs halten.[87] Auch der neue Parteivorsitzende Wolfgang Schäuble stand als »Ziehsohn« der bisherigen Regierung eher für eine behutsame Neuausrichtung der Partei.[88] Anders waren hingegen die Vorstellungen der neuen Generalsekretärin Angela Merkel, die von Anfang an eine organisatorische und programmatische Umorientierung der Union anstrebte.[89] Die »Erfurter Leitsätze« vom April 1999, mit denen sich die CDU als »Bürgerpartei« neu zu positionieren versuchte, versinnbildlichten diesen Anspruch.[90] Programmatisch setzte ein Beschluss des CDU-Bundesausschusses zur Familienpolitik im selben Jahr ein Zeichen der Modernisierung.[91] Einen wirklichen Neuanfang für die CDU ermöglichte jedoch erst die »Spendenaffäre« der Jahre 1999 und 2000 und der endgültige Abtritt Kohls von der politischen Bühne. Besonders Merkel, die sich schon früh in einem Presseartikel[92] vom Altkanzler distanziert hatte, verkörperte nun einen politischen Neuanfang für die CDU, dem letztendlich auch Schäuble zum Opfer fallen musste. Dieser »verschleppte Prozeß der Scheidung«[93] stellte so zum einen den größten Tiefpunkt in der Unionsgeschichte dar, wurde gleichzeitig aber zu einem in seiner Bedeutung kaum zu überschätzenden Moment der Erneuerung für die Partei. Denn die fast schon »anarchische« Transformationsphase[94] während des Spendenskandals machte im Februar 2000 nicht nur Friedrich Merz zum Fraktionschef der Union im Bundestag, sondern im April desselben Jahres auch Merkel zur Bundesvorsitzenden der CDU.

Als faktischer bundespolitischer Oppositionsführer profilierte sich seit der Affäre allerdings zunehmend der bayerische Ministerpräsident und CSU-Vorsitzende Edmund Stoiber.[95]

Merkels politisches Profil blieb für viele in der Union zunächst unklar. Gerd Langguth identifizierte jedoch bereits 2001 zwei wichtige Parameter ihres Denkens, die die Entwicklung der CDU in den nächsten Jahren tatsächlich prägen sollten. Eine vor allem in gesellschaftspolitischen Fragen liberale Grundeinstellung nach der Maxime »im Zweifel für die Freiheit« sowie ein naturwissenschaftliches Weltverständnis, in dem ideologische Prädispositionen kaum Platz haben.[96] Einen ersten Niederschlag fanden die Vorstellungen Merkels in der Initiative für eine »Neue Soziale Marktwirtschaft« vom August 2001, die u.a. mehr Eigenverantwortung bei der sozialen Vorsorge, eine radikale Steuervereinfachung sowie eine Lockerung des Kündigungsschutzes zum Ziel hatte.[97] Gerade die im Papier anvisierte Flexibilisierung des Arbeitsmarktes stieß bei den Sozialausschüssen der Partei jedoch auf Kritik. Und auch aus der unions-nahen Publizistik kam postwendend die vorausschauende Warnung, dass die CDU als Volkspartei kein durchweg »neoliberales« Modell in der Sozialpolitik vertreten könne und ein sozial ausgewogenes Konzept vorlegen müsse.[98] Als im Jahr 2002 mit Stoiber als Kanzlerkandidat zum zweiten Mal ein CSU-Politiker die Union in den Bundestagswahlkampf führte, stand im gemeinsamen Wahlprogramm von CDU und CSU vor allem die Wirtschafts- und Sozialpolitik mit der Formel »3 x 40 Prozent« (Staatsquote, Sozialversicherungsbeiträge und Spitzensteuersatz) im Vordergrund. Die Forderungen des Papiers zur »Neuen Sozialen Marktwirtschaft« wurden im Regierungsprogramm aber relativiert und die konsensualen und sozialstaatlichen Ausprägungen des »Modells Deutschland« zunächst nicht weiter angetastet.[99]

Auch als Reaktion auf die von Kanzler Schröder 2002 angestoßenen Agenda-Reformen trieb Merkel, nach der Wahlniederlage Stoibers auch zur Unions-Fraktionsvorsitzenden gewählt, die Liberalisierung der christdemokratischen Sozialpolitik weiter voran.[100] Eine Kommission unter der Leitung Roman Herzogs erstellte einen Bericht zur Reform der sozialen Sicherungssysteme, der in den Bereichen Gesundheit, Pflege, Rente und Arbeitslosenversicherung weitreichende Reformen empfahl.[101] Der Bericht diente im Dezember 2003 als maßgebliche Grundlage für den Programm-Beschluss des Leipziger Parteitags[102], auf dem darüber hinaus auch das dreistufige Merzsche Steuerkonzept verabschiedet wurde.[103] Die CDU hatte sich in Leipzig, so der allgemeine Tenor, neu erfunden und für Unionsverhältnisse einen radikalen Wendepunkt im christdemokratischen Politikverständnis eingeläutet.[104] Mit überwältigender Mehrheit hatten sich die Delegierten für die Reformansätze ihrer Vorsitzenden ausgesprochen und den Parteitag so zur »Krönungsmesse« der Merkel-CDU[105] gemacht – »Leipzig« galt fortan als Chiffre für eine veritable Aufbruchsstimmung in der Partei.[106] Durch zum Teil glänzende Ergebnisse bei den Landtagswahlen der Jahre 2003 bis 2005 stiegen das Selbstbewusstsein der Union und die Hoffnung auf eine baldige Regierungsübernahme im Bund weiter an.[107] In die nach dem Wahlsieg der CDU in Nordrhein-Westfalen Ende Mai 2005[108] angesetzten Bundestagsneuwahlen ging Merkel als gleichsam »natürliche« Kanzlerkandidatin der Unionsparteien. Das Wahlprogramm der Union war spürbar vom »Leipziger Geist« bestimmt und enthielt dementsprechend Forderungen nach einer Flexibilisierung des Arbeitsrechts, einer weitreichenden Einkommenssteuerreform sowie einem Prämienmodell im Gesundheitswesen.[109] Mit einem Wahlkampf der »kommunizierten Ehrlichkeit«[110], in dem u.a. eine Erhöhung der Mehrwertsteuer um zwei Prozentpunkte angekündigt wurde, versuchte Merkel nach der eigenen Partei nun auch die Bürger für ihren Reformkurs zu gewinnen. Zu einem guten Teil scheiterte dieses Vorhaben. Das mit 35,2 Prozent drittschlechteste Wahlergebnis ihrer Geschichte nötigte die Unionsparteien dazu, mit den Sozialdemokraten in eine Große Koalition eintreten zu müssen.

6. Die Kanzlerschaft Merkels

Die CDU erwies sich im Anschluss unter der Kanzlerin Merkel einmal mehr als eine Partei, die ihre programmatische Agenda hintanstellte und sich pragmatisch an den Erfordernissen des Regierungshandelns orientierte.[111] Hatte schon das enttäuschende Wahlergebnis Zweifel am Leipziger Kurs aufkommen lassen, war die Union nun auch aus Gründen großkoalitionärer Räson schnell gezwungen, das wirtschaftsliberale Profil der Jahre 2003-2005 abzustoßen.[112] Eine weitreichende Steuerreform blieb aus, das Prämienmodell im Gesundheitswesen wurde ebenso wenig umgesetzt wie eine Lockerung des betrieblichen Kündigungsschutzes. Ferner verwirklichte ausgerechnet eine CDU-Familienministerin die ursprünglich sozialdemokratische Idee eines Elterngeldes, auch das von der Union lange bekämpfte »Antidiskriminierungsgesetz« wurde von der Regierung Merkel beschlossen.[113] Die Zugeständnisse an den Koalitionspartner sorgten in der Partei für Unruhe und machten »Leipzig« nach den ersten Regierungsjahren für einige nun zum Symbol einer großen Enttäuschung.[114] Die Regierungsbeteiligung beförderte zudem einen seit den 1990er Jahren ohnehin laufenden Prozess, in dem die Positionen innerhalb der Union vielstimmiger wurden. Alt- und Neukonservative, Wirtschaftsliberale und »Gralshüter der sozialkatholischen Lehre« sowie schwarz-grüne Avantgardisten und schwarz-gelbe Traditionalisten standen sich zum Teil kritisch gegenüber.[115] Viele vermissten das einigende Band in der deutschen Christdemokratie, mithin ein klares politisches Profil. Ein neues Grundsatzprogramm bot die Chance, als »christdemokratisches Bindemittel« zu fungieren und die Partei mittels eines aufwendigen Beteiligungs- und Kommunikationsprozesses zu einen.[116] Das Programm vom Dezember 2007 rechtfertigte zum einen die neue Familienpolitik der Union, die vor allem von Ursula von der Leyen vorangetrieben worden war.[117] Zum anderen versuchte der Beschluss dem pragmatischen Politikansatz Merkels und ihrer flexiblen Regierungspolitik einen sinnvollen Referenzrahmen zu geben. Kai Biermann hat die diesbezügliche Einschätzung vieler Christdemokraten und das Grundmotiv des Programms treffend zusammengefasst:

»Hauptsache es wird regiert. Überzeugungen verraten? Ach was, sei doch alles drin im Grundsatzprogramm: Familie, Werte, Sicherheit, Ökologie, Leistungsprinzip, Leitkultur, Patriotismus. [...] Das große Ganze eben. Hier kann man für die Verlängerung der Laufzeit von Atomkraftwerken sein und jederzeit sagen, dass Leistung sich lohnen muss, und trotzdem ein gutes Gewissen haben, wenn es um die Umwelt geht.«[118]

Mit der Erarbeitung des neuen Grundsatzpapiers und den begleitenden Interpretationen desselben durch führende Unionspolitiker[119] nahm die CDU – die Leipziger Beschlüsse wurden nicht ausdrücklich revidiert – eine vor allem rhetorische Abgrenzung zum liberalen Reformkurs der letzten Jahre vor. Im Zusammenspiel mit der Regierungspolitik Merkels verfestigte sich so der Eindruck, die Union habe »eine erstaunliche Kehrtwende« vollzogen und ihre »Tradition als Sozialstaatspartei« wiederentdeckt, sich dementsprechend »zurück in die Mitte« bewegt.[120] Eine harmonisierende Wirkung zur Beruhigung der internen Kritiker hatte jedoch lediglich der Prozess der Programmfindung entfalten können – und das auch nur kurzfristig. Das Papier selbst konnte den an die Kanzlerin gerichteten Vorwurf der Profillosigkeit und einen gewissen Trend zur innerparteilichen Desintegration indes nicht entschärfen.[121]

Die Debatte über das Selbstverständnis der Union begleitete die Partei auch während der letzten beiden Regierungsjahre der Großen Koalition. Diese waren geprägt durch die weltweite Finanz- und Wirtschaftskrise, deren politische Bewältigung der Großen Koalition durchaus Ansehen verschaffte. Andererseits zeigte die schwarz-rote Regierung in dieser Zeit bereits deutliche Verschleißerscheinungen, die größere politische Initiativen nicht mehr zuließen. Die CSU erlebte bei den bayerischen Landtagswahlen vom September 2008 unterdessen eine tiefgreifende, am christsozialen Selbstbild rüttelnde Zäsur und musste nach über vierzig Jahren erstmals wieder mit einem Koalitionspartner zusammengehen.[122] In die Bundestagswahlen ein Jahr später ging die Union mit einer klaren Koalitionsaussage zugunsten der FDP, welche durch ihr Rekordergebnis die Bildung der schwarz-gelben »Wunschkoalition« schlussendlich auch ermöglichte. Geschickt hatte sich die Merkel-CDU im Wahlkampf neu positioniert und aus den teils haarsträubenden Fehlern von 2005 gelernt. Der SPD wurden kaum Angriffsflächen geboten, da Merkel die Jahre in der Großen Koalition dazu genutzt hatte, »die Union von konservativem und neoliberalem Ballast zu befreien.«[123] Vor dem Hintergrund eines abermaligen Stimmenverlustes und dem damit schlechtesten Ergebnis für die CDU/CSU seit 1949 konnte der Wahlerfolg jedoch abermals als ein »gefährlicher Sieg« interpretiert werden, der nur oberflächlich darüber hinwegtäuschte, dass auch der Anspruch der Union, Volkspartei zu sein, über sechzig Jahre nach ihrer Gründung bedroht zu sein schien.[124]

Durch den katastrophalen Start der Regierung Merkel/Westerwelle und den gleichzeitigen demoskopischen Absturz der FDP wurde schon kurz nach der Bundestagwahl 2009 eine Diskussion virulent, ob die Grünen nicht eigentlich der bessere Regierungspartner für CDU und CSU seien. Dadurch begann 2010 jedoch erneut eine kontroverse Debatte über das »konservative« Profil der Union und ihre programmatische Ausrichtung für die Zukunft.[125] Merkel beantwortete diese neue Profildebatte zunächst im Sinne ihrer innerparteilichen Kritiker und rief einen »Herbst der Entscheidungen« aus, in dem sie alles dafür tun werde, um das umstrittene Infrastrukturprojekt Stuttgart 21 und die Laufzeitverlängerung für Atomkraftwerke durchzusetzen. Die Grünen wurden von der Union zur »Dagegen-Partei« und neuem politischen Hauptgegner erklärt. Das Ziel dieses Vorgehens war klar: die Abgrenzung zur Öko-Partei sollte das eigene Profil wieder sichtbarer machen. Die Reaktorkatastrophe von Fukushima im März 2011 bedeutete jedoch das jähe Ende des Anti-Grünen-Kurs der Union. Vor dem Hintergrund der anstehenden Landtagswahlen in Rheinland-Pfalz und Baden-Württemberg beschloss die Bundesregierung ein Atommoratorium und nahm danach die erst vier Monate zuvor beschlossene Laufzeitverlängerung wieder zurück. Die Landtagswahlen gingen für die Union trotz dieses Kursschwenks verloren und die unionsinterne Debatte um den für viele desorientierenden Pragmatismus Merkels brach durch die Wende in der Energiepolitik erneut auf. Dennoch setzte die Kanzlerin ihren Kurs der Neuausrichtung fort: Ausgerechnet in Leipzig votierte der CDU-Bundesparteitag 2011 für die Erarbeitung eines christdemokratischen Mindestlohn-Modells. Im Dezember 2011 bildete sich daraufhin eine neue innerparteiliche Gruppe, die sich für eine Rückkehr der CDU zu einem konservativeren Profil einsetzen wollte: der »Berliner Kreis« um die Bundestagsabgeordneten Wolfgang Bosbach und Erika Steinbach sowie den hessischen Fraktionschef Christean Wagner.[126]

Gleichwohl die Entlassung des schwarz-grün-affinen Bundesumweltministers Norbert Röttgen nach dem NRW-Landtagswahldebakel vom Mai 2012 von vielen auch als Zugeständnis an die CSU und die konservativen Kräfte in der Union gewertet wurde,[127] zeigte sich auf dem CDU-Bundesparteitag Ende 2012 ein anderes Bild. So stimmte die CDU-Basis für eine flexible Lohnuntergrenze, eine Flexi-Frauenquote für die Wirtschaft und eine Finanztransaktionssteuer. Alle drei Projekte waren zumindest mit der FDP kaum umzusetzen.[128] Der *Spiegel* kommentierte daraufhin, dass die »Seelenlage« ihrer Partei für Merkel schon immer eher zweitrangig gewesen sei,[129] und die *Zeit* schrieb, dass die inhaltliche Aufstellung der Union ein knappes Jahr vor der Bundestagswahl noch zu großen Problemen für die Partei führen könne. Merkel habe bereits so oft die Positionen der Opposition übernommen, »dass nun eine Grenze erreicht ist: Die CDU hat keine Programmatik mehr, die sie noch revidieren könnte. [...] Die CDU hat eine unumstrittene Kandidatin, aber kein klares Profil.«[130] Große Teile der CDU-Parteielite hatten sich 2011/2012 jedoch bereits mit diesem Zustand abgefunden. Ruprecht Polenz schrieb in einem bemerkenswerten Aufsatz, dass sich die CDU vollends hinter die Kanzlerin stellen müsse, da sie die beliebteste Politikerin des Landes sei. Die Union müsse »immer wieder deutlich [...] machen, dass die Partei den Kurs der Kanzlerin unterstützt und *dass Merkel eine starke Union braucht, um ihre Politik durchsetzen zu können.*«[131] Demnach hatte sich im Selbstverständnis der Union ein gewichtiger Rollentausch vollzogen: nicht mehr die Kanzlerin stellte das ›Instrument‹ zur Durchsetzung christdemokratischer Inhalte dar, sondern die Partei eine Plattform für die politischen Vorstellungen ihrer Bundesvorsitzenden. Das Ziel: Stimmenmaximierung. Bei der Bundestagswahl 2013 ging diese Strategie der Unionsparteien zumindest mit Blick auf das eigene Ergebnis voll auf. Es zeigte sich, dass das Profil der Union unter Merkel zwar nicht bei allen CDU-Funktionären, wohl aber bei einem Großteil der deutschen Wählerschaft auf Zustimmung stieß. Die Union erreichte ein Wahlergebnis von über 40 Prozent, wobei Wahltagsbefragungen ergaben, dass es keiner anderen Partei so gut gelungen war, ihre Wähler aus dem Jahr 2009 weiter an sich zu binden. Mit 77,8 Prozent hatte die CDU/CSU 2013 die höchste »Haltequote« unter allen Parteien.[132] Das Wahlergebnis wurde als Merkels persönlicher Erfolg interpretiert: »Es ist die Legitimation, auf die sie lange warten musste.«[133] Tatsächlich hatte eine Mehrheit von 38 Prozent bei der Bundestagswahl 2013 die Union wegen Merkel gewählt – nur für 36 Prozent waren die Sachfragen und das inhaltliche Angebot von CDU und CSU entscheidend gewesen.[134] In der Gesamtwählerschaft ergab sich diesbezüglich ein noch krasseres Bild: Demnach sahen nur 21 Prozent der Wähler in der Politik der Union, jedoch 68 Prozent in Merkel den »Hauptgrund« für das gute Abschneiden der CDU/CSU.[135] Der *Spiegel* merkte nach der Wahl an, Merkel habe ihre Kritiker, die die Aufgabe des Markenkerns der CDU moniert hätten, mit diesem Ergebnis »widerlegt«. Sie habe die Union wieder zur einzigen Volkspartei in Deutschland gemacht.[136]

Die programmatische Konturlosigkeit der CDU wurde – nachdem die Sondierungen mit den Grünen gescheitert waren – in den Koalitionsverhandlungen mit der SPD jedoch zu einer gewissen Hypothek. Die CSU kämpfte für ihre Mautpläne und das Betreuungsgeld, die SPD für Mindestlohn, Frauenquote, Mietpreisbremse und Solidarrente. Dem habe die Union, so die *Süddeutsche Zeitung*, programmatisch nicht viel entgegenzusetzen gehabt.[137] Kritik an den Verhandlungsergebnissen kam denn auch aus den Reihen der Union selbst. Die Mittelstandsvereinigung und der christdemokratische »Parlamentskreis Mittelstand« waren mit den Vereinbarungen zur Renten- und

Steuerpolitik sowie zum Mindestlohn unzufrieden,[138] ein Gruppe von meist jüngeren CDU-Politikern (Gruppe »CDU 2017«) griff ebenfalls die sozial- und rentenpolitischen Vereinbarungen des Vertrags an.[139] Im Herbst 2014 konkretisierten diese »moderaten Rebellen«[140] ihre Idee von einer »Agenda 2020«.[141] Trotz des großen Wahlsiegs von 2013 blieb die Debatte über das inhaltliche Profil der CDU unter Merkel also auf der Tagesordnung. Es kam immer wieder zu Mahnungen der CSU, sich nicht zu sehr um die politische Mitte zu kümmern. CDU und CSU müssten »auch die Sorgen nationaler und wertkonservativer Wähler ernst nehmen, um sie im demokratischen Spektrum zu halten.«[142] Allerdings verlief die unionsinterne Profildebatte bis zum Sommer 2015 im Ton wie in der Sache weitaus unaufgeregter als in den zehn Jahren zuvor. Merkel galt weiterhin als alternativloses Zugpferd für ihre Partei, in den Umfragen vermochte die Union ihren starken Wert von der Bundestagwahl über lange Zeit zu halten. Der Grundtenor der deutschen Presse zum 70-jährigen Gründungsjubiläum der CDU fiel dementsprechend wohlwollend aus. Die *Rhein-Zeitung* hob den Erfolg der CDU als pragmatische, auf das Regieren fokussierte Partei hervor, warnte allerdings, dass die Partei sich zu sehr auf ihre Vorsitzende verlasse. Echte inhaltliche Debatten gebe es in der Union momentan nicht.[143] Die *FAZ* meinte, dass die Kritik an Merkels »Modernisierungskurs« ungerechtfertigt sei, da die CDU schon seit Adenauers Zeiten »eine Partei politischer Häutungen« gewesen sei, die wie niemand sonst auf den politischen Zeitgeist achte.[144]

In Folge der europäischen Flüchtlingskrise 2015 kam es jedoch zu einem schweren Zerwürfnis zwischen den Unionsschwestern. Die damit zusammenhängende Kontroverse über Selbstverständnis und politische Ausrichtung der CDU stellte alle vorherigen Debatten der Ära Merkel in den Schatten. Die Flüchtlingspolitik Merkels spaltete CDU und CSU und führte auch innerhalb der CDU zu einigen Verwerfungen. Nicht wenige waren der Meinung, dass die Kanzlerin mit ihrem Plädoyer für das Recht auf Asyl und gegen innereuropäische Grenzschließungen die Union von ihrer Stammwählerschaft entfremdet und das Erstarken der AfD begünstigt habe.[145] Obwohl Merkel auf dem Bundesparteitag Ende 2015 zumindest die Stimmung in ihrer eigenen Partei beruhigen konnte, eskalierte die CSU den Konflikt weiter. Bis zum ominösen »Friedensgipfel« der Unionsschwestern Anfang Februar 2017 hatte die CSU eine Reihe bemerkenswerter Drohungen gegenüber der Kanzlerin ausgesprochen: die Aufkündigung der Fraktionsgemeinschaft im Bundestag, eine Verfassungsklage gegen die Bundesregierung, die Ausfertigung eines eigenen Wahlprogramms zur Bundestagswahl 2017 und die Nicht-Unterstützung einer Kanzlerkandidatur Merkels. Die vielen Ultimaten an die Kanzlerin, einen Kurswechsel in der Flüchtlingsfrage einzuleiten, ihre Demütigung auf dem CSU-Parteitag 2015 und die abwegige Andeutung Seehofers, unter Merkel gebe es eine »Herrschaft des Unrechts«, trugen ihr Übriges dazu bei, das Vertrauensverhältnis zwischen Merkel und Seehofer stark zu beschädigen.

Die schwerste Krise der Unionsparteien seit dem Kreuther Trennungsbeschluss von 1976 hatte ihre Ursache allerdings nur vordergründig in der Flüchtlingskrise. Vielmehr kam letzterer die Rolle eines Katalysators zu, der die seit Jahren schwelende und oftmals unterdrückte Profildebatte offen aufbrechen ließ. Für die Kritiker des Merkel-Kurses war die Flüchtlingspolitik der endgültige Beweis, dass die CDU ihren politischen Kompass verloren hatte. Die Konsequenz: Die CSU forderte von der CDU nicht mehr nur einen Kurswechsel in der Flüchtlingspolitik und die Einführung einer »Obergrenze«, sondern generell ein deutlich konservativeres Profil. Und auch eine Erklärung des Berliner Kreises plädierte im Mai 2016 für ein Ende des »Linksdrifts«[146] der CDU. Aufgrund stark sinkender Flüchtlingszahlen und des näherrückenden Bundestagswahltermins kehrte sowohl innerhalb der CDU als auch zwischen den Schwesterparteien bis zum Frühjahr 2017 wieder mehr Ruhe ein. Allerdings zeigte der Weg Merkels zur gemeinsamen Kanzlerkandidatin von CDU und CSU deutlich, dass ihre unangefochtene Stellung als Zugpferd der Unionsparteien längst deutliche Kratzer bekommen hatte. Schmerzhafte Wahlniederlagen der CDU in Baden-Württemberg, Rheinland-Pfalz und Mecklenburg-Vorpommern hatten bis November 2016 sogar große Zweifel aufkommen lassen, ob Merkel überhaupt noch einmal kandidieren würde. Nachdem sie ihre Kandidatur öffentlich erklärt hatte, erhielt sie bei ihrer Wiederwahl zur Parteivorsitzenden auf dem CDU-Bundesparteitag in Essen Anfang Dezember 2016 mit 89,5 Prozent das schlechteste Ergebnis seit Beginn ihrer Kanzlerschaft. Der Friedensgipfel von CDU und CSU Anfang Februar 2017 wirkte gerade im Vergleich zur zeitgleich beginnenden Euphoriewelle um den SPD-Kanzlerkandidaten Martin Schulz bieder, die dort zur Schau gestellte Harmonie gespielt. Es erscheint keineswegs sicher, dass der Burgfrieden zwischen den Unionsschwestern bis zur Bundestagswahl 2017 hält.

7. ZWISCHENFAZIT

Es sind vor allem drei Kontinuitätslinien, die die Geschichte der Unionsparteien von ihrer Gründung bis in das Jahr 2017 auszeichnen. Da ist zunächst das Selbstverständnis als staatstragender Volksparteien, die sich wie keine anderen mit dem Aufbau und der Fortentwicklung der zweiten deutschen Demokratie identifizieren. Die Verteidigung des politisch-gesellschaftlichen Wertefundaments der Bundesrepublik und ihrer europäischen wie transatlantischen Einbettung standen und stehen für die Union ganz oben auf der politischen Agenda. Als Zweites hat sich die Union über alle die Jahrzehnte ihre Grundhaltung bewahrt, als »Partei des Zentrums, von Maß und Mitte«[147] zu agieren und radikale Reformbestrebungen oder allzu geschlossene politische Ideengebäude abzulehnen. Das christliche Menschenbild verpflichtete die CDU schon immer »zu einer gewissen Langsamkeit«: »Es galt, bei aller Fortschrittsfreudigkeit, die Schöpfung zu bewahren. Entschieden anti-utopisch orientiert, nahm die Partei den Menschen, wie er ist.«[148] Werden dringende Reformnotwendigkeiten einmal erkannt, schreckt die Partei dennoch nicht davor zurück, diese auch konsequent umzusetzen. Letztlich ist – drittens – für die Unionsparteien auch ein äußerst pragmatisches und vor allem am Regierungshandeln orientiertes Politikverständnis charakteristisch, das ausgiebigen Programmdiskussionen kaum Raum lässt und zum (Selbst-)Bild der Union als »Kanzlerpartei« maßgeblich beigetragen hat.

Diese drei Kontinuitätslinien in Geschichte und Selbstverständnis der Union sind auch die Hauptgründe, weshalb vor allem in den 1980er und 1990er Jahren zwischen Schwarz und Grün besonders tiefe Gräben lagen. Dabei war (und ist) das Verhältnis zwischen Grünen und CSU ganz besonders belastet, schließlich wandten und wenden sich die Christsozialen seit jeher und viel stärker als die CDU gegen alles »Linke«. Hatten sich die noch bis in die 1980er Jahre hinein bedeutsamen Unterschiede zwischen CDU und CSU in der Ära Kohls und in der Oppositionszeit unter Merkel weitestgehend eingeebnet, füllen die Christsozialen ihre Rolle als konservatives »Korrektiv«[149] in der Union seit der Flüchtlingskrise wieder wesentlich stärker aus. Ob und inwieweit das »C« noch als handlungsleitendes Element der Unions-Politik gelten kann, ist nicht unumstritten. Dass es analog zur gesellschaftlichen Entwicklung in vielen Bereichen die Realpolitik von CDU und CSU nicht mehr prägt, ist evident. Die integrierende Kraft des mit dem »C« verbundenen »Unionsgedankens«

hat für beide Parteien aber auch im 21. Jahrhundert noch eine wichtige edeutung.[150]

Schlussendlich wird bei der Betrachtung der über 70-jährigen Geschichte der Unionsparteien aber auch mehr als deutlich, dass es CDU wie CSU immer gut verstanden, sich neuen gesellschaftlichen Entwicklungen anzupassen und auf neue Herausforderungen und Fragen auch neue politische Antworten zu finden – immer auf Grundlage ihres christdemokratischen Wertefundaments. Sie kann ihren Charakter als offene[151] Volkspartei dazu nutzen, um mitunter sehr unterschiedliche Anliegen und Reformvorschläge neu aufzunehmen und mittels eines innerparteilichen Prozesses in ein Gesamtkonzept zu integrieren. In diesem Sinne blieb die Union über all die Jahrzehnte also immer auch eine moderne und weitestgehend »entideologisierte«[152] Partei. Vor allem dieses Merkmal sollte den koalitionären Annäherungsprozess an die Grünen erst ermöglichen.

II. Bündnis 90/Die Grünen – Ursprünge und Wandlungen einer ökologischen Reformpartei

Schon vor über einem Jahrzehnt, folglich zu einer Zeit, in der noch kein Wissenschaftler die Frage nach dem möglichen Volkspartei-Charakter der Grünen ernsthaft erörtert hätte[1] und selbst der schlichte Gedanke an einen grünen Ministerpräsidenten weltfremd erschien, versahen Markus Klein und Jürgen W. Falter ihr Standardwerk zur Partei mit dem Titel »Der lange Weg der Grünen«. Gegen den Vorwurf, es sei übertrieben, den Grünen nur gut zwanzig Jahre nach ihrer Gründung bereits einen »langen Weg« zu attestieren, verwahrten sich die Autoren mit einigem Recht: Schließlich bezogen sie ihre Metapher nicht auf die Zeitdimension, »sondern vielmehr auf die Dramatik der Veränderungen, die die Grünen im Laufe ihrer relativ kurzen Parteigeschichte durchlebt haben«.[2] Tatsächlich erfuhr die Partei seit ihrer Konstituierung im Januar 1980 einen tiefgreifenden strukturellen und programmatischen Wandlungsprozess, der in der deutschen Parteienlandschaft bis heute seinesgleichen sucht. Die Grünen durchliefen in ihrer Entwicklungsgeschichte fünf Phasen, in denen sie sich jeweils als ein anderer Parteientyp darstellten.[3] Am Ende dieser Entwicklung stand und steht eine Grünen-Partei, die – das ökologische Leitmotiv einmal ausgenommen – nicht mehr viel mit den Gründungsgrünen des Jahres 1980 gemein hat.

1. Die Bewegungspartei – Gründung und Konsolidierung

Auch wenn sich die Grünen erst 1980 gründeten,[4] reichen ihre Wurzeln doch bis weit in die 1960er Jahre zurück.[5] Denn als Ausgangspunkt der für sie so bedeutenden »neuen sozialen Bewegungen« muss zweifelsohne der durch den gesellschaftlichen Wertewandel beförderte Protest der »68er-Generation«[6] verstanden werden. Ausgerechnet zu einer Zeit, in der eine durch verschiedene Individualisierungsprozesse bedingte »gesellschaftliche Entstrukturierung« die klassischen sozialen Milieus aufzulösen begann, hatte sich ein neues alternatives Milieu herausgebildet[7], welches nicht mehr bereit war, sich mit den lange Zeit gültigen Werten der westlichen Industriegesellschaft zu arrangieren. Es entstanden neue gesellschaftliche Konfliktlinien, die sich mit den Gegensatzpaaren materialistisch vs. postmaterialistisch, industrialistisch vs. ökologisch oder verteilungspolitisch vs. gesellschaftspolitisch umschreiben lassen.[8] Entlang dieser Linien kämpften seit den sechziger Jahren verschiedene Gruppierungen für eine tiefgreifende gesellschaftliche Umgestaltung, wobei sich neue Formen der politischen Partizipation und des Protests mit einem meist außerordentlich starken Sendungsbewusstsein[9] der beteiligten Akteure verbanden. Eine Schlüsselrolle für die Gründung der Grünen als Sammlungspartei dieser Strömungen kam dabei der Ökologiebewegung zu. Besonders der 1972 vom Club of Rome veröffentlichte Bericht über »Die Grenzen des Wachstums«[10] rückte das Thema der »Umwelt« »schlagartig ins Bewusstsein der Öffentlichkeit«.[11] Es gründeten sich zahlreiche Bürgerinitiativen, die sich entweder gegen industrielle Großprojekte vor Ort auflehnten oder allgemein für ein stärkeres Umweltbewusstsein eintraten. Zur sichtbarsten Strömung innerhalb der Umweltbewegung entwickelte sich alsbald der teils gewaltsame Protest gegen die zivile Nutzung der Atomkraft. Dieser »grüne« Protest Mitte und Ende der 1970er Jahre, der relativ schnell auch zur Gründung von Wählerinitiativen und Bürgerlisten bei Kommunalwahlen führte, kann als Keimzelle der grünen Parteiwerdung verstanden werden. Dennoch war es nicht ausschließlich der Umweltprotest, auf den die Entstehung der Partei zurückgeht. Die Wurzeln der Grünen – Joachim Raschke hat dies sehr anschaulich beschrieben – sind eher vielfarbig.[12] Denn entscheidend war auch der »bunte« Protest, der sich aus Interessensgruppen sexueller Minderheiten, der alternativen Kommunen-, Jugendzentrums- und

Spontiszene sowie der Dritte-Welt-Bewegung rekrutierte. Hinzu kam das »Lila« der Frauenbewegung, welche vor allem nach 1980 den Fragen der Gleichberechtigung innerparteilich stetig mehr Gewicht verleihen sollte. Schlussendlich bildete auch der »rote« Protest einen Grundstock der Grünen. Denn die Spätwehen der antiautoritären SDS-Bewegung hatten in den 1970er Jahren Organisationen wie die maoistisch ausgerichteten K-Gruppen oder das »Sozialistische Büro« entstehen lassen, welche sich durch den Anschluss an die Grünen eine Revitalisierung der eigenen politischen Kräfte versprachen.[13] In der (weißen) Friedensbewegung, die vor allem in Folge des NATO-Doppelbeschlusses vom Dezember 1979 zur Massenbewegung anwuchs, kam es zu vielerlei Berührungspunkten zwischen den einzelnen Gruppen.[14] Eine »umfassende Zivilisationskritik« war dabei der Minimalkonsens, den alle diese Bewegungen – von den Umweltinitiativen bis zu kirchlich geprägten Friedensgruppen – miteinander teilten.[15] Als Protest-, Bewegungs- und vor allem Sammlungspartei wurden die Grünen zur Anlaufstelle dieser heterogenen gesellschaftspolitischen Tendenzen. Die erstaunliche Dynamik dieser gesellschaftlichen Strömungen speiste sich dabei einerseits aus dem Emanzipationspotential der Bürgerbewegungen, die eine grundlegende Reorganisation der politischen Strukturen anstrebten, und andererseits aus dem Widerstandspotential der Ökologie- und Friedensbewegung, in der sich sowohl links-liberale wie auch konservative Kräfte in einer »Anti-Haltung« gegenüber dem Staat positionierten.[16]

Die Institutionalisierung des grünen Protests, also die Entstehung von grün-alternativen Listen und Parteien, war letztlich aber vor allem dem Scheitern des außerparlamentarischen Widerstands der Kernkraftgegner geschuldet. Diese hatten relativ schnell eingesehen, »dass neue, gewaltfreie und vor allem eben auch parlamentarische Wege beschritten werden müssten, um das Atomprogramm der Bundesregierung aussichtsreich zu verhindern.«[17] So gründeten sich ab 1977 zahlreiche Parteien wie die »Grüne Liste Umweltschutz« (GLU) in Niedersachsen, die GLSH in Schleswig-Holstein oder die bundesweit agierende »Grüne Aktion Zukunft« (GAZ)[18] des ehemaligen CDU-Bundestagsabgeordneten Herbert Gruhl. Die GAZ war unmittelbar aus der Ökologiediskussion um den Bericht des Club of Rome sowie Gruhls Bestseller »Ein Planet wird geplündert«[19] hervorgegangen und maßgeblich auf Betreiben des CDU-»Dissidenten« entstanden. Gruhl verstand sich als Gegner einer »unhaltbaren Wachstumsideologie« und plädierte für eine konservative

Sozialpolitik und Konsumverzicht. Die bürgerlichen Ökologen um Gruhl sahen die Ökologiefrage unter dem Aspekt der Bewahrung der Schöpfung und wollten demnach auch das ungeborene Leben schützen. Keinesfalls sah sich die GAZ in Opposition zum bestehenden Wirtschaftssystem oder dem Parlamentarismus. Daneben versuchte sich auch die Kleinpartei »Aktionsgemeinschaft Unabhängiger Deutscher« (AUD) in den siebziger Jahren zunehmend als politischer Arm der Umwelt- und Lebensschutzbewegung zu profilieren.[20] Es waren diese Parteien, welche unter weitestgehendem Ausschluss der bunt-alternativen Listen aus den Groß- und Universitätsstädten und unter Mitwirkung des »Bundesverbandes Bürgerinitiativen Umweltschutz« (BBU) das Grundgerüst für die Schaffung der »Sonstigen Politischen Vereinigung – Die Grünen« (SPV) bildeten, welche bei den Europawahlen im Juni 1979 respektable 3,2 Prozent der Stimmen auf sich vereinigen konnte.[21] Die Gründung der »SPV« muss als Meilenstein auf dem Weg zur Entstehung der grünen Bundespartei gesehen werden.

Im Januar 1980 wurden auf einem Gründungskongress die »Europagrünen« in eine grüne Bundespartei umgewandelt. Dort entwickelte sich die Frage einer möglichen Doppelmitgliedschaft, welche vor allem Personen aus den K-Gruppen, den Bunten Listen und der AL Berlin betraf, schnell zum alles überlagernden Streitpunkt. Nach heftigen Debatten, die den Parteitag[22] immer wieder an den Rand des Scheiterns brachten, einigte man sich schließlich auf einen Formelkompromiss: das Verbot der Doppelmitgliedschaft wurde zwar festgeschrieben, den Landesverbänden bei der Festsetzung von »Übergangsregelungen« aber völlige Autonomie eingeräumt und die AL Berlin von diesem Verbot grundsätzlich ausgenommen.[23] Das Ansinnen der eher bürgerlichen Kräfte, die Grünen klar von kommunistischen Strömungen abzuschotten, war so eindeutig gescheitert, womit der Karlsruher Kompromiss zweifelsohne »bereits den Keim zur künftigen Spaltung in sich«[24] trug. Ebenfalls erst nach zähem Ringen konnten sich die Delegierten auf eine Präambel zur Bundessatzung verständigen, die den kleinsten gemeinsamen Nenner der Gründungsgrünen[25] u.a. so zusammenfasste:

»Die Grünen sind die grundlegende Alternative zu den herkömmlichen Parteien. Sie streben eine Gesellschaft an, die ihre Entwicklung an den Lebensbedingungen der Naturzusammenhänge sowie am individuellen und sozialen Wesen des Menschen orientiert. [...] Die Grundrichtung dieser Erneuerung soll ökologisch, sozial, basisdemokratisch, gewaltfrei und durch das Selbstbestimmungsrecht des Menschen geprägt sein.«[26]

Die zweite Bundesversammlung vom März 1980, auf der Petra Kelly (BBU), Norbert Mann (GLU) und August Haußleiter (AUD) zu den ersten Bundesvorstandssprechern der Partei gewählt wurden, markierte – flankiert durch eine Welle von Parteieintritten vornehmlich aus dem linksalternativen Spektrum – den Beginn einer programmatischen Linkswendung der Grünen, die bis zu den Bundestagswahlen 1983 anhalten sollte.[27] Das in Saarbrücken beschlossene Bundesprogramm begründete mit Blick auf seine außen- wie umweltpolitischen Forderungen einerseits den Ruf der Grünen als realitätsferner Partei des »Sofortismus«[28], andererseits verdeutlichte es den gewachsenen Einfluss der undogmatischen Linken, der mittlerweile breitesten personellen Basis der Gründungsgrünen.[29] So lassen sich bereits hier Anlehnungen an die marxistische Lehre wiederfinden, auch wird der Wunsch nach einer Überwindung des bestehenden »Systems« zumindest implizit immer wieder geäußert.[30] Auf der dritten Bundesversammlung im Juni 1980 kam es dann fast folgerichtig zum Bruch zwischen linken und bürgerlichen Ökologen. Bei den durch den Rücktritt Haußleiters nötig gewordenen Nachwahlen für den Posten eines Vorstandssprechers unterlag Gruhl einem ehemaligen AUD-Mitglied. Desillusioniert von dieser Abstimmungsniederlage, frustriert über den wachsenden Einfluss von Personen aus den K-Gruppen und schockiert über die programmatischen Richtungsentscheidungen zu Schwangerschaftsabbruch und Basisdemokratie[31] begann nun der allmähliche Rückzug des Gruhl-Flügels aus der Partei. Gemeinsam mit dem umstrittenen Öko-Landwirt Baldur Springmann sollte er 1981/82 schließlich die »Ökologisch-Demokratische Partei« (ÖDP) gründen.[32]

Nach dem mit 1,5 Prozent enttäuschenden Ergebnis bei den Bundestagswahlen 1980 verfestigte sich der Charakter der Grünen als »Linkspartei« noch weiter. Die Partei beschloss 1981 ein »Friedensmanifest« gegen die Nachrüstungspläne der NATO, welches u.a. den Einsatz der Bundeswehr im Verteidigungsfall ablehnte.[33] Zudem verabschiedete der im Vorfeld der Bundestagsneuwahl abgehaltene Parteitag in Sindelfingen im Januar 1983 neben den basisdemokratischen Grundsätzen für eine mögliche Bundestagsfraktion auch das Wirtschaftsprogramm »Sinnvoll arbeiten, solidarisch leben«[34], welches vor allem aufgrund seiner Forderungen nach einer zumindest partiellen Überführung von Produktionsmitteln in

Gemeineigentum als Indikator für »eine weitere Linksentwicklung«[35] der Grünen gesehen werden konnte. Dass den Grünen im März 1983 schließlich der erstmalige Einzug in den Bundestag gelang – sie erreichten 5,6 Prozent – hatte sich zuvor bereits in den Bundesländern abgezeichnet. Ende 1982 war die Grünen-Partei in sechs Landtagen vertreten, darunter die Flächenländer Baden-Württemberg, Hessen und Niedersachsen.[36] Zudem hatte die Hochphase der Friedensbewegung den Grünen einen erheblichen Zulauf beschert, von 1981 bis 1983 stieg die Mitgliederzahl um 60 Prozent an.[37] In Hamburg und Hessen waren nach den Landtagswahlen im Jahr 1982 erstmals rot-grüne Mehrheiten rechnerisch möglich geworden, was in beiden Fällen zu erfolglosen Gesprächen über ein Tolerierungsbündnis und zu anschließenden Neuwahlen führte.[38] Die Grünen waren also schon vor der Bundestagswahl 1983 zu einem wichtigen Faktor im politischen Machtgefüge geworden, wobei die Diskussion über die Möglichkeit rot-grüner Bündnisse in den Folgejahren zum wichtigsten innerparteilichen Konfliktfeld werden sollte.

2. Die Randpartei – Parlamentarisierungsphase bis zur Deutschen Einheit

Um die vielfältigen innerparteilichen Konflikte im Zuge des Parlamentarisierungsprozesses der Grünen in den 1980er Jahren verstehen zu können, bedarf es zunächst eines Blickes auf die entscheidenden Parameter des Selbst- und Politikverständnisses der noch jungen Partei. Denn der Anspruch der Grünen, die grundlegende Alternative zu den »Wachstums- und Betonparteien« darzustellen, erstreckte sich neben den radikalen politikinhaltlichen Forderungen auch auf das »Wie« der politischen Arbeit. Die Parteiendemokratie galt den Grünen, vor allem nach dem Ausscheiden des konservativ-bürgerlichen Flügels, als völlig unzeitgemäß. Die Kritik zielte dabei zum einen auf die etablierten Parteien selbst, die weder demokratisch arbeiten noch eine tatsächliche Willensbildung »von unten nach oben« erlauben würden. Viele Anstrengungen der Grünen galten daher dem Ziel, sich keinesfalls den »Bonner« Parteien anzugleichen, oder, wie es Kelly formulierte: »Wir müssen alles tun, um nicht eine Partei im herkömmlichen, starren Sinne [...] zu werden; aber auch, um als sogenannte Anti-Partei neue basisdemokratische und ökologische Strukturen und Umgangsformen und auch eine wirklich verständliche

Sprache zu schaffen.«[39] Zum anderen hielt die Mehrheit der Grünen die politischen Verfahren der repräsentativen Demokratie für überholt – die Partei stufte die Parlamentsarbeit im Vergleich zu den »Basisaktivitäten« stets als zweitrangig ein. Überhaupt ließen viele Spitzengrüne immer wieder ihre Geringschätzung für parlamentarische Spielregeln erkennen.[40] In der Anhängerschaft war die Meinung weit verbreitet, dass die Parlamente lediglich als Protestbühne für die Anliegen der »Neuen sozialen Bewegungen« genutzt werden sollten und eine konstruktive Mitarbeit in den Gremien nicht in Frage kam.[41] Gleiches galt zunächst auch für eine mögliche grüne Regierungsbeteiligung.

Als grundlegendes Unterscheidungsmerkmal zu den etablierten Parteien wurde die »Basisdemokratie«[42] zu einem »Identitätsbegriff«[43] der Grünen. Da »Macht« für die Partei anfangs negativ besetz war, ja gar als »illegitimes Herrschaftsmittel« galt, sollte sich ihre politische Arbeit am Leitmotiv »keine Macht für niemand« ausrichten.[44] Auch die höchsten Parteiämter waren Ehrenämter, ein kollektiver Vorstand vertrat die Partei nach außen, Vorschriften zur begrenzten Wiederwahl und das Verbot von Ämterhäufungen führten zu einer hohen Personalfluktuation, Vorstände und Fraktionen sollten generell öffentlich tagen. Der Grundsatz der Trennung von Amt und Mandat untersagte es Mitgliedern, gleichzeitig ein hohes Parteiamt und ein Abgeordnetenmandat resp. Ministeramt auszuüben. Kernstück des basisdemokratischen Prinzips war jedoch die Ablehnung des freien Mandats. Die Grünen degradierten ihre Abgeordneten vielmehr zu weisungsgebundenen Vertretern der Parteibasis. Zuwiderhandlungen gegen die Beschlüsse der Mitgliedschaft konnten mit dem Ausschluss aus der Fraktion resp. der Abberufung geahndet werden.[45] Flankiert wurde diese Maßnahme durch das Rotationsprinzip, welches die Abgeordneten nach zwei Jahren zur Niederlegung ihres Mandats zugunsten eines Nachrückers verpflichtete.[46]

Viele dieser Grundsätze sollten nun, mit dem Einzug grüner Abgeordneter in den Bundestag, auf eine harte Probe gestellt werden. Dies umso mehr, da sich die erste Grünen-Fraktion aus Personen zusammensetzte, die mit Blick auf ihre politische Sozialisation unterschiedlicher nicht hätten sein können.[47] Diese heterogene Gruppe einte zwar »ein tief sitzendes Gefühl, daß es so mit der Politik nicht mehr weitergehen könne«[48] – ein politisches Gesamtkonzept oder eine gemeinsame Strategie waren hingegen noch nicht existent. Dies wurde auch deswegen zum Problem, weil die Bundestagsfraktion in den ersten Monaten nach der Wahl das öffentliche

Interesse stark auf sich zog und der Prozess ihrer parlamentarischen Akklimatisierung Anlass für eine breite mediale Berichterstattung bot. Mit welchen – aus heutiger Sicht fast schon amüsant wirkenden – Problemen sich die Fraktion im Bundestag zunächst beschäftigen musste, hat wohl kaum jemand so zugespitzt und treffend beschrieben wie der ehemalige Grünen-Abgeordnete Ludger Volmer:

»Dürfen Grüne die Fahrbereitschaft (Autos!) des Bundestages (Staat!) benutzen (Privileg!), die Freifahrkarte I. Klasse (Klassenverrat!) für die Bundesbahn (korrekte Subvention!)? Dürfen wir wie die anderen kostenlos (Privileg!) innerdeutsche Flüge (Kerosin! Fluglärm!) in Anspruch nehmen und auf Delegationsreisen Bundeswehrmaschinen (NATO! militärisch-industrieller Komplex!) benutzen? [...] Ist der Papierverbrauch durch die Kopierer ökologisch verantwortbar?«[49]

Nur mühsam gelang es der »Anti-Parteien-Partei«, sich in der alltäglichen Parlamentsarbeit zurechtzufinden, in den ersten beiden Jahren bestimmten Disharmonien und kalkulierte Tabubrüche das Erscheinungsbild der Fraktion. Während das basisdemokratische Element des imperativen Mandats dabei von Anfang an kaum von Bedeutung war[50] und eher eine normativ-appellative Funktion erfüllte, zog die Umsetzung der Rotationsregel schwerwiegende Probleme nach sich, welche die Politikfähigkeit der Fraktion erheblich einschränkten.[51] So sollte die Zweijahres-Rotation bereits 1986 für die Bundesebene wieder abgeschafft werden. Der seit 1984 maßgeblich durch die Radikalökologin und Bundesvorstandssprecherin Jutta Ditfurth[52] angetriebene parteiinterne Widerstand gegen die schrittweise Parlamentarisierung und Professionalisierung der Grünen vermengte sich dabei aufgrund ähnlicher Motivlagen mit der Kontroverse zwischen grünen Fundamentalisten und Realpolitikern um die Möglichkeit einer koalitionspolitischen Annäherung an die SPD.[53]

Mit dem Konflikt zwischen »Fundis« und »Realos« entstand eine neue Konfrontationslinie, welche die bisherigen Strömungskämpfe innerhalb der Partei von nun an überlagerte. Denn bis zum Aufbrechen des »Fundi-Realo-Konflikts« hatten noch die unterschiedlichen politikinhaltlichen Vorstellungen von Realpolitikern/Reformisten, Ökolibertären, Ökofundamentalisten, Radikalökologen und Ökosozialisten die innerparteiliche Debatte bestimmt.[54] Die Realpolitiker/Reformisten um Joschka Fischer, Hubert Kleinert oder Rezzo Schlauch sprachen sich gegen einen fundamentaloppositionellen Kurs der Grünen aus. Sie sahen sich in einer Mittlerrolle zwischen Ökosozialisten und Ökolibertären. Erstere warnten sie vor der Übernahme des »alten linken Antikapitalismus«, letztere kritisierten sie für ihren »antilinken Reflex«. Die Reformisten argumentierten nicht selten machtpolitisch und hielten die Verwirklichung grüner Politikinhalte im bestehenden »System« für möglich.[55] Die Ökolibertären, zunächst vor allem von Wolf-Dieter Hasenclever, später dann auch von Winfried Kretschmann und Thomas Schmid repräsentiert, bekannten sich im Gegensatz zu den Mehrheitsgrünen zur parlamentarischen Demokratie und zum Prinzip der sozialen Marktwirtschaft. Sie sprachen sich in Gruhlscher Tradition für eine Eindämmung des grenzenlosen Wachstums- und Fortschrittsdenkens aus. Ausgangspunkt des ökolibertären Denkens war die Idee vom »ökologischen Humanismus«.[56] Die Ökofundamentalisten um Rudolf Bahro und Petra Kelly argumentierten »radikal moralisch« und sahen die Ökologie als Gattungsfrage. Das klassische Links-Rechts-Schema wollten sie überwinden.[57] Das eigentliche »ökologische Gewissen« der Grünen bildeten jedoch die Radikalökologen um Jutta Ditfurth. Ihr Ziel war die Überwindung des kapitalistischen Industriesystems. Durch den Aufbau einer basisdemokratischen, antistaatlichen Gesellschaft sollte ein dritter Weg zwischen Sozialismus und Kapitalismus gefunden werden. Die Radikalökologen waren die den Protestbewegungen am stärksten verbundene Strömung.[58] Als antikapitalistische Systemopposition, die an einer marxistischen Gesellschaftsordnung sowie der historischen Rolle der Arbeiterbewegung festhielt, verstanden sich wiederum die Ökosozialisten. Die Strömung um Rainer Trampert, Jürgen Reents oder Thomas Ebermann gehörte bis in die späten 1980er Jahre zu »den dominierenden Kräften bei den Grünen«.[59] Eine gute Kommunikationsstrategie und eine findige Personalpolitik sorgten dafür, dass die Ökosozialisten, die als Strömung in der Gesamtpartei maximal 10 Prozent ausmachten, in den Gremien der Partei stets überrepräsentiert waren.[60]

Die Gespräche der Grünen mit der SPD in Hessen über ein Tolerierungsbündnis, die schließlich zur Wahl Holger Börners zum Ministerpräsidenten mit den Stimmen der Grünen im Juni 1984 führen sollten, ordneten die Strömungskonflikte nun neu. Ökosozialisten, Radikalökologen und Ökofundamentalisten – die Fundis – einte von nun an das Beharren »auf einer gesinnungsethischen Fundamentalopposition der Grünen gegenüber ›dem System‹ und den das System tragenden politischen

Parteien«[61], während die Realos aus Ökolibertären und Reformern – allen voran Fischer[62] – verantwortungsethisch auf ein Realismusverständnis setzten, welches »auf die Umsetzbarkeit grüner Programme im Koalitionsbündnis mit der SPD fixiert war.«[63] Dieser Faktionalismus zwischen Fundis und Realos wurde mindestens bis 1987 zu einem festen, ja zunehmend berechenbaren Bestandteil der grünen Organisationswirklichkeit, der von den meisten Parteiakteuren bei Entscheidungen stets mit einkalkuliert wurde.[64] Nachdem die mit der hessischen SPD 1984 ausgehandelte Tolerierung zunächst gescheitert war, kam es dort Ende 1985 schließlich zur ersten rot-grünen Koalitionsregierung in einem Bundesland, der Fischer als Minister für Umwelt und Energie angehörte. Auch wenn die erste rot-grüne Koalition wegen atompolitischer Differenzen bereits nach nur 14 Monaten spektakulär scheitern sollte, war diese erstmalige Regierungsbeteiligung eine bedeutende Wegmarke in der Geschichte der Grünen – Hessen blieb auch danach eine Hochburg der Realos mit bundespolitischem Einfluss.[65]

Allerdings konnten auch die Realos nicht verhindern, dass sich der im Mai 1986 abgehaltene Wahlparteitag von Hannover unter dem Eindruck der Reaktorkatastrophe von Tschernobyl programmatisch zu einem »Radikalismusfestival« entwickelte, bei dem »praktisch alle bekannten Extrempositionen aus dem argumentativen Arsenal des grünen Fundamentalismus«[66] die Zustimmung der Delegierten fanden.[67] Die im September 1986 beschlossene Erklärung zur Bundestagswahl, die der SPD im Falle einer rot-grünen Mehrheit erstmals Verhandlungen über eine Regierungsbildung anbot, war vor dem Hintergrund dieses grünen Programms reine Makulatur.[68] Trotz ihres radikalen Programms und der heftigen Richtungskämpfe verzeichneten die Grünen bei den Bundestagswahlen 1987 den größten Stimmenzuwachs aller Parteien und erreichten überraschend 8,3 Prozent.

Für die zweite Hälfte der 1980er Jahre war analog zum Fundi-Realo-Konflikt ein Dualismus zwischen der grünen Bundespartei und der grünen Bundestagsfraktion kennzeichnend.[69] Insbesondere die Duisburger Bundesversammlung vom Mai 1987 hatte diese Konstellation verfestigt, da der Parteitag mit Jutta Ditfurth, Christian Schmidt und Regina Michalik alle drei Sprecherposten Vertretern des fundamentalistischen Flügels zugesprochen hatte. Damit stand den Realos nur noch die Bundestagsfraktion als Gegengewicht im innerparteilichen Machtgefüge zur Verfügung.[70] Aber auch die Fraktion selbst war trotz einer mehrheitlich realpolitischen Einstellung in sich zerstritten. Zudem machten die innen- wie außenpolitischen Veränderungen neue Positionsbestimmungen der Grünen notwendig. Der Versuch der Fundis, trotz der sich wandelnden politischen Rahmenbedingungen auf radikalen Forderungen zu beharren, führte zu heftigen Grundsatzkonflikten, die eine Spaltung der Grünen nicht unwahrscheinlich erscheinen ließen. Der Höhepunkt dieser Spannungen war erreicht, als die Fraktion in einem Gesetzentwurf zum Tatbestand der Vergewaltigung eine generelle Mindeststrafe von einem Jahr vorschlug, obwohl die Parteielite zwei Jahre gefordert hatte. Fast der gesamte Bundesvorstand und weitere 300 Unterzeichner schalteten daraufhin Ende Mai 1988 in der Frankfurter Rundschau eine Anzeige, die feststellte, dass die Bonner Fraktion nicht mehr die Interessen der Basis vertrete.[71] In dieser Situation bildeten sich 1988 zwei neue innerparteiliche Strömungen: die »Aufbruch«-Gruppe um Antje Vollmer, Ralf Fücks und Christa Nickels, die sich als vermittelnde Instanz zwischen den Flügeln verstand[72] und das »Linke Forum« um Ludger Volmer und Jürgen Reents, das eine Abspaltung von den Ökosozialisten darstellte und deren fehlende Koalitionsbereitschaft heftig kritisierte.[73] Die Entstehung dieser beiden neuen Gruppierungen verstärkte in der Öffentlichkeit einmal mehr das Bild von einer tief gespaltenen Partei. Die programmatischen Vorstöße aus dem Realo-Lager, welche die Grünen endgültig zu einer ökologischen Reformpartei umwandeln sollten, blieben in der Bundespartei zudem weiterhin mehrheitsunfähig.[74]

Erst als im Zuge eines Finanzskandals der gesamte Bundesvorstand der Grünen im Dezember 1988 durch ein Misstrauensvotum der Bundesversammlung zurücktreten musste, kam wieder Bewegung in die festgefahrenen Strukturen. Die Posten der Bundesvorstandssprecher wurden im März 1989 mit je einem Realo-, Aufbruch- und Fundi-Vertreter recht ausgewogen besetzt, und auch die Zusammensetzung des Gesamtvorstands indizierte einen Machtverlust der Linken, insbesondere der Alt-Fundamentalisten.[75] Dennoch konnte von einer endgültigen Beilegung der Flügelkämpfe noch keine Rede sein. Ende der 1980er Jahre hatten sich die Grünen somit als »Randpartei« im Bundestag und in den Landesparlamenten etabliert und sich größtenteils mit den Spielregeln des Parlamentarismus arrangiert. Als reformerische Regierungspartei konnte resp. wollte die Partei jedoch noch nicht auftreten, die nur kurz existierenden rot-grünen Koalitionen in Hessen und Berlin[76] blieben Ausnahmen. Allerdings hatten die personellen Wechsel im Bundesvorstand eine »erste Etappe in einem längeren Prozeß der Neuformierung«[77] dargestellt, an dessen Ende sich die Grünen von den kräftezehrenden Strömungskämpfen befreien und sich als gemäßigtere Reformpartei positionieren konnten. Die politischen und gesellschaftlichen Umbrüche im Zuge des deutschen Wiedervereinigungsprozesses spielten dabei eine maßgebliche Rolle.

3. Die Reformpartei – Restrukturierungsphase bis 1998

Der Fall der Mauer, der deutsche Einigungsprozess und die Auflösung des Ostblocks 1989/1990 stellten für die Grünen in vielerlei Hinsicht eine große Herausforderung dar. Ohne Frage waren die Grünen von der Selbstkritik und Selbstauflösung des Systems des Warschauer Paktes mehr als alle anderen Parteien überrascht. »Die historischen Ereignisse dementierten Grundannahmen und Praxis grüner Friedenspolitik«[78] in einem kaum für möglich gehaltenen Ausmaß, die ursprünglich strikt antiwestliche und antiamerikanische Ausrichtung grüner Außenpolitik schien vor dem Hintergrund der revolutionären Umwälzungen in Osteuropa nur noch schwer begründbar. Zudem hatten der Zusammenbruch des Ostblocks und die damit verbundene Aufdeckung der umfangreichen Repressionsapparate »marxistische Politikentwürfe [...] derart gründlich diskreditiert, daß sich die linken Gruppen innerhalb der grünen Partei nicht mehr erfolgreich durchsetzten konnten«[79] und der realpolitische Flügel weiter gestärkt wurde. Ausgerechnet in dieser Situation brachte der Ökosozialist Reents ein Linksbündnis aus PDS und Grünen ins Gespräch, was erneut zu heftigen Richtungskämpfen innerhalb der Partei führte. Zwar fürchtete auch das Realo-Lager die neue Konkurrenz im linkspolitischen Spektrum, eine politische Einbindung der SED-Nachfolgepartei kam für sie aber keinesfalls in Frage.[80] Im Frühjahr 1990 kam es zu einer Zuspitzung dieses Konflikts, den die gemäßigten Kräfte für sich entscheiden konnten – ein Antrag, der ein strategisches Bündnis mit der PDS strikt ablehnte, fand die Zustimmung des Hagener Parteitags.[81] Daraufhin verließen nur wenige Tage später über 40 Ökosozialisten um Ebermann, Trampert und Schmidt die Grünen und schlossen sich der »Radikalen Linken« an. Im September sollten weitere Teile des ökosozialistischen Flügels, unter ihnen auch Reents, die Partei verlassen und sich fortan mitunter für die PDS engagieren.[82]

Der Hagener Parteitag hatte neben der PDS-Frage aber auch eine weitere fundamentale Richtungsentscheidung getroffen. Im Jahr 1990 war deutlich geworden, dass sich die Grünen wie keine andere Partei »im Status der Zweistaatlichkeit Deutschlands eingerichtet hatten«.[83] Sowohl die Linken als auch die meisten Realos in der Partei sahen in der Existenz der DDR auch nach den politischen Umbrüchen einen erhaltenswerten Zustand. Die radikaleren Kräfte innerhalb der Grünen begrüßten es, dass zumindest ein Teil Deutschlands dem »freien Zugriff des Kapitals« entzogen war. Selbst die meisten Realos bewerteten die deutsche Zweistaatlichkeit vor dem Hintergrund der Erfahrungen des Zweiten Weltkrieges als eine positive, ja friedensfördernde Konstellation.[84] Auf dem Parteitag rangen sich die Grünen angesichts der sich überschlagenden Ereignisse nun zumindest dazu durch, das Zweistaatlichkeits-Dogma abzulegen und sich in den nicht mehr umkehrbaren Einigungsprozess einzuschalten.[85] Doch die Distanz zur Frage der Wiedervereinigung blieb bestehen. Die Grünen vermochten es im Vorfeld der Bundestagswahl 1990 nicht, eine nachvollziehbare Position zu diesem alles bestimmenden Wahlkampfthema zu entwickeln.[86] Der Slogan »Alle reden von Deutschland, wir reden vom Wetter« stand dabei symptomatisch für den Versuch der Partei, das Thema »Einheit« zu übergehen und auch bei dieser Wahl ökologische Fragen in den Mittelpunkt der Auseinandersetzung zu stellen – eine im Nachhinein fatale Fehleinschätzung der politischen Stimmung.[87] Die Wahlkampfbotschaft »Offene Grenzen für alle Zuwanderer und Flüchtlinge«[88], eine aufgrund von stabilen Umfrageergebnissen um acht Prozent teils demobilisierte grüne Wählerschaft sowie die getrennte Kandidatur von West-Grünen und der Listenverbindung Ost-Grüne/Bündnis 90 trugen ihr Übriges dazu bei, dass die West-Grünen mit 4,8 Prozent den Einzug in den Bundestag verpassen sollten. Fortan wurde die Partei nur noch durch eine kleine Bundestagsgruppe des ostdeutschen Wahlbündnisses parlamentarisch vertreten.

Die Wahlniederlage von 1990 bedeutete eine tiefe Zäsur und ließ die innerparteiliche Bereitschaft für grundlegende programmatische und strukturelle Reformen anwachsen. Mit der »Erklärung von Neumünster« – einem Kompromiss von Realos und Linkem Forum – verbannten die Grünen im April 1991 den »systemoppositionellen Habitus« endgültig aus ihrem Programm[89] und bekannten sich erstmals vorsichtig zum

Parlamentarismus und zum Gewaltmonopol des Staates. Die Erklärung stellte fest: »Wir erkennen an, daß im innenpolitischen Verhältnis das Volk die notwendige Exekutivgewalt an den Staat delegiert.«[90] Darüber hinaus distanzierte sich die Partei von ihrer früheren Politik der Maximalforderungen und sah sich von nun an als »ökologische Reformpartei«.[91] Zugleich wurden wichtige strukturell-organisatorische Reformen vorgenommen. So wurden die Posten der Bundesvorstandssprecher auf zwei begrenzt, der gesamte Bundesvorstand verkleinert, das Amt eines »politischen Geschäftsführers« und die Bezahlung der Vorstandssprecher eingeführt, das Organ des basisnahen Bundeshauptausschusses durch einen die Bundes- und Landespolitik besser koordinierenden Länderrat ersetzt und das Rotationsprinzip endgültig abgeschafft.[92] Das Prinzip der Trennung von Amt und Mandat blieb dabei jedoch erhalten. Aufgrund der Beschlüsse von Neumünster kam es im Mai 1991 schließlich zum Parteiaustritt von ca. 300 Radikalökologen um Jutta Ditfurth, welche die »Ökologische Linke/Alternative Liste« gründeten. Ditfurth hatte in ihrer Rede auf dem Parteitag diesen Schritt bereits angekündigt: »Fakt ist, es ist vorbei, die Grünen sind nicht mehr unsere Partei.« Mit ihr, so meinte Ditfurth, zögen nun diejenigen aus, die tatsächlich die Gesellschaft ändern wollten und sich nicht der »Logik sozialdemokratischer Kabinette« unterwerfen würden. »Wir wünschen dem traurigen Rest, der bleibt, viel Vergnügen.«[93] Der schrittweise Rückzug der Alt-Fundamentalisten aus der Partei war damit abgeschlossen, wodurch der über Jahre schwelende Konflikt zwischen Fundis und Realos weitestgehend beigelegt werden konnte.

Der Prozess der Restrukturierung sollte durch die Vereinigung der Grünen mit dem »Bündnis 90« noch weitere Dynamik entfalten. Einen Tag nach der Bundestagswahl 1990 hatten sich bereits West- und Ost-Grüne zu einer Partei zusammengeschlossen. Dabei war der Einfluss der Ost-Grünen, die vor allem dem oppositionellen kirchlichen Milieu sowie der »Gesellschaft für Natur und Umwelt« des DDR-Kulturbundes entstammten, eher gering geblieben.[94] Das Bündnis 90, in dem sich die DDR-Bürgerrechtsbewegungen »Demokratie Jetzt«, »Initiative für Frieden und Menschenrechte« und »Neues Forum« zusammengeschlossen hatten, hatte sich im September 1991 hingegen zunächst als unabhängige Partei konstituiert und nahm mittelfristig zur Sicherung des eigenen politischen Überlebens eine Fusion mit den Grünen in den Blick.[95] In dieser Situation trafen zwei politisch völlig unterschiedlich

II. Bündnis 90/Die Grünen   49

sozialisierte Gruppierungen aufeinander. Für das Bündnis 90 standen aufgrund seiner Oppositionsrolle in der DDR Themen wie Demokratisierung und Menschenrechte klar im Mittelpunkt – der dezidiert antiautoritäre, links-alternative und kämpferisch-feministische Charakterzug der Grünen wurde indes nicht geteilt.[96] Ebenso stießen die ausgeprägte Strömungsmentalität und Streitkultur sowie die klare Linksverortung der Grünen auf nur wenig Verständnis bei den ostdeutschen Bürgerbewegungen, die vielmehr einer Mentalität des »Runden Tisches« anhingen und sich quer zu den sonstigen Parteien sahen.[97] So musste sich die Vereinigung mit dem Bündnis 90 mäßigend auf das programmatische Profil der Grünen auswirken. Der im Januar 1993 zwischen den Parteien[98] geschlossene Assoziationsvertrag bekannte sich denn auch eindeutig zum Gewaltmonopol des Staates, nahm Menschenrechte und Demokratie in den Grundwertekatalog auf und enthielt ein Bekenntnis zum politischen Gestaltungsauftrag der Parteien und zum Parlamentarismus.[99] Damit hatten sich die Grünen endgültig von einer Partei des »Sofortismus« und Radikalismus zu einer ökologischen Reformpartei gewandelt, die eine längerfristige Umgestaltung der Gesellschaft *innerhalb* des gegebenen politisch-institutionellen Rahmens zum Ziel hatte.

Im Oktober 1994 kehrten »Bündnis 90/Die Grünen« mit 7,3 Prozent der Stimmen in den Bundestag zurück, woraufhin Fischer sein hessisches Ministeramt aufgab und an die Spitze der Fraktion wechselte. Obwohl das gute Wahlergebnis am Ende nicht für die im Vorfeld diskutierte rot-grüne Mehrheit[100] gereicht hatte, gab das Resultat der Partei doch erheblichen Auftrieb – nicht zuletzt, da Fischer in Bonn schnell zum »heimlichen« Oppositionsführer avancierte.[101] Aber auch in den Ländern konnten die Grünen zu jener Zeit zahlreiche Wahlerfolge und funktionierende Regierungsbeteiligungen in Bündnissen mit der SPD vorweisen. Das nächste Ziel der Bündnisgrünen war somit klar definiert: auch im Bund sollte bei den kommenden Wahlen ein rot-grünes Bündnis die Regierungsgeschäfte übernehmen. Tatsächlich mauserten sich die Grünen im Vorfeld der Bundestagswahlen 1998 elektoral zur dritten Kraft im deutschen Parteiensystem und vertraten ihren Anspruch auf eine Regierungsbeteiligung so selbstbewusst wie nie zuvor. Äußerst treffend kommentierte der *Stern* diesen Wandel im Selbstbild der Grünen schon kurz nach dem NRW-Wahlerfolg vom Mai 1995: »Joschka Fischer sind die Jeans zu eng geworden wie den Grünen die linke Protestecke, aus der sie 1980 kamen.«[102]

Zunächst jedoch musste die Partei der Öffentlichkeit und der SPD ihre Regierungsfähigkeit beweisen. Die nach dem Massaker von Srebrenica 1995 entstandene Kontroverse um den Pazifismus als Grundwert der Grünen war dabei wenig hilfreich. Während Fischer leidenschaftlich für den Einsatz von Kampfverbänden in Bosnien plädierte, verteidigten die grüne Parteimehrheit und Parteielite mit teils fragwürdigen Argumenten ihre pazifistischen Positionen gegen jegliche Anpassung.[103] Andere programmatische Akzentverschiebungen im Vorfeld der Bundestagswahl 1998 trugen hingegen dazu bei, dass den Grünen mehr und mehr eine Regierungsbeteiligung auf Bundesebene zugetraut wurde. So nahm insbesondere die Bundestagsfraktion in der Finanz- und Wirtschaftspolitik den selbst erhobenen reformerischen Anspruch an. Sie verabschiedeten im März 1995 Grundsätze für die Einführung von Ökosteuern, deren Einnahmen hälftig für ökologische Investitionen sowie die Senkung der Lohnnebenkosten genutzt werden sollten. Zudem stellten sie im Juni 1997 ein Konzept für eine tiefgreifende Steuerreform vor, das u.a. die Abschaffung des Ehegattensplittings vorsah.[104] Selbst in der Ausländerpolitik erhielten nüchterne Erwägungen Einzug in die Programmatik – das grüne Dogma des »Multikulturalismus« verlor deutlich an Strahlkraft. Auch bei linken Grünen wie Volmer hatte sich die Einsicht durchgesetzt, dass man eben »nicht alle beschimpfen [konnte], die sich durch ›offene Grenzen‹ und Multikulti überfordert fühlten. Man musste neben der Steuerung der Zuwanderung gezielt mühsame Integrationsarbeit ohne falsche Romantisierung betreiben.«[105] Der von der Fraktion im Juli 1996 vorgestellte Entwurf für ein Einwanderungsgesetz distanzierte sich somit auch von der früheren Forderung nach »offenen Grenzen« und sah u.a. eine Quotierungsregel für die Zuwanderung von Fachkräften vor. Trotz dieser realpolitischen Ansätze sollte die grüne Partei kurz vor der Bundestagswahl 1998 noch einmal in alte Verhaltensmuster zurückfallen. Auf ihrem Parteitag in Magdeburg im März beschlossen die Grünen ein Wahlprogramm, das nicht nur die grundsätzliche Ablehnung jeglicher militärischer Friedenserzwingung – also auch im Falle Bosniens – enthielt, sondern ebenso die schrittweise Anhebung des Benzinpreises auf 5 DM pro Liter in Aussicht stellte.[106] In Verbindung mit den im Programm artikulierten Forderungen nach einer langfristigen Abschaffung der Bundeswehr und einer Auflösung der NATO[107] kamen so noch einmal erhebliche Zweifel an der Regierungsfähigkeit der Grünen auf. Die Bundestagswahlen Ende September 1998 verliefen für die Partei dementsprechend ernüchternd: trotz der großen Wechselstimmung im Land und trotz ihres Status' als Oppositionspartei verloren die Grünen sogar an Stimmen und erreichten mit 6,7 Prozent ein enttäuschendes Ergebnis. Nur das gute Abschneiden der Sozialdemokraten ermöglichte die Ablösung der Regierung Kohl durch eine rot-grüne Koalition. Dennoch war die erste Regierungsbeteiligung der nun »volljährigen« Grünen auf Bundesebene zu einem guten Teil folgerichtig gewesen, hatte sich die Partei doch im Vorfeld programmatisch – weitestgehend – gemäßigt und ein neues Selbstbild entwickelt.

4. Die Regierungspartei – Die rot-grüne Bundeskoalition

Schon die Koalitionsverhandlungen zur Verwirklichung des rot-grünen »Projekts« sorgten im Oktober 1998 für erhebliche Ernüchterung auf Seiten der Grünen. Gleich zu Beginn wurde deutlich, dass das, was mit der SPD zu vereinbaren war, »noch diesseits der Realo-Erwartungen«[108] lag. Dazu trug bei, dass sich die Grünen von Anfang an in einer schwachen Verhandlungsposition befanden, da alle politisch denkbaren und rechnerisch möglichen Koalitionsvarianten die SPD einschlossen, den Grünen jedoch nur die Wahl zwischen Rot-Grün oder der Opposition blieb.[109] So kam es zu weitreichenden Zugeständnissen. Die zentrale finanzpolitische Forderung nach einer ökologischen Steuerreform als »Schlüsselprojekt einer ökologisch-sozialen Modernisierung des Landes« wurde nur in Ansätzen verwirklicht, die Senkung der Lohnnebenkosten und die Erhöhung der Mineralölsteuer zur Ressourcenschonung (»Öko-Steuer«) in einem weit geringerem Umfang als von Grünen verlangt umgesetzt.[110] Die Forderungen nach einer Liberalisierung in der Asylfrage und einem 100-km/h-Tempolimit auf Autobahnen wurden von der SPD grundsätzlich abgelehnt. Lediglich bei zwei grünen Kernthemen konnten Teilerfolge erzielt werden: dem Ausstieg aus der Kernenergie und der Reform des Staatsbürgerschaftsrechts.[111] Nicht wenige Grüne sahen im »Atomkonsens« jedoch einen nicht tragbaren Kompromiss, der keine Beschleunigung des Ausstiegs, sondern vielmehr ein schlichtes »Auslaufenlassen« des kerntechnischen Betriebs darstellte.[112] So hatten die Grünen mit der langfristigen Abkehr von der Kernenergie zwar zweifelsohne einen wichtigen Erfolg verbuchen können – da es sich dabei aber um ein, wenn nicht *das* identitätsstiftende Thema der Partei handelte, waren die großen Zugeständnisse der eigenen Basis und Wählerschaft nur schwer zu vermitteln.[113] Mit dem neuen Staatbürgerschaftsrecht, welches erstmals das Abstammungsprinzip durch das Geburtsortsprinzip ergänzte (»Optionsmodell«), verwirklichte die Bundesregierung ein zentrales Anliegen der Grünen, wobei auch hier manch weitergehende Forderungen des kleineren Koalitionspartners unberücksichtigt blieben.[114] Die Kompromisse zu Öko-Steuer, Atomausstieg und Staatsbürgerschaftsrecht hatten so gleich drei »grüne Projekte« in der Koalition »kleingemahlen« und bescherten »den Grünen einen Realitätsschock, wie er härter nicht hätte ausfallen können [...] ›Grünes‹ geht nicht – für die Zentralthemen aber wird die Partei nicht gebraucht«[115] – so der schonungslose Kommentar der *Zeit* bereits nach nur einem Vierteljahr rot-grüner Regierungswirklichkeit.

Dass die erste Regierungszeit der Grünen auf Bundesebene mit der Überschrift »Lernen unter Stress«[116] treffend beschrieben werden kann, zeigte sich aber vor allem im Zuge des Kosovo-Konflikts, der die rot-grüne Koalition bereits direkt nach Amtsantritt herausfordern sollte. Mit den NATO-Luftangriffen auf Jugoslawien begann eine Zerreißprobe für die Partei, an dessen Ende sie sich endgültig vom Pazifismus als außenpolitischer Grundmaxime verabschieden sollte. Die von Außenminister Fischer in diesem Zusammenhang hergestellte Analogie zum Völkermord in Auschwitz[117] musste sich dabei nicht nur von fundamentalistisch argumentierenden Parteifreunden den Vorwurf des »moralischen Overkills«[118] gefallen lassen, trug aber wohl entscheidend dazu bei, dass sich seine Linie auf dem Sonderparteitag vom Mai 1999 letztendlich durchsetzte.[119] Auch wenn es in der Folge zur Stärkung einer neuen innerparteilichen Opposition und auch zu Abspaltungen und Parteiaustritten kam,[120] hatte die Partei in dieser Frage ihre regierungspolitische Verantwortung erfolgreich wahrgenommen und den Bruch mit einem Gründungswert der Partei vollzogen. Der vielfältigen Kritik der »Basisgrünen« am Regierungskurs der Partei setzte eine Gruppe junger Mitglieder um Katrin Göring-Eckardt, Cem Özdemir und Tarek Al-Wazir, die sich selbst als »zweite Generation« der Grünen bezeichnete, im Sommer 1999 zusätzlich ein Thesenpapier entgegen. Dieses stellte fest, dass man dem »Treiben der vielen moralisierenden Besserwisser in unserer Partei aus der Gründergenration nicht mehr tatenlos zusehen« wolle und sich ausdrücklich »für eine klare machtbewußte, pragmatische Positionierung« der Grünen einsetzen werde. Mit deutlichen Worten erteilte das

Papier einer Rückbesinnung auf die früheren Ideale der Partei eine Absage: »Schluß mit dem Ritual der alternativen Bewegung: Bündnis 90/Die Grünen sind eine Partei, wie andere auch. [...] Schluß mit den Geschichten von '68.«[121] Die Forderungen dieser spöttisch auch »die jungen Milden« genannten Gruppe standen exemplarisch für das politische Selbstverständnis der neueren grünen Parteielite, das für den künftigen Kurs der Partei bestimmend sein sollte.[122] In der Zielhierarchie der Bündnisgrünen standen von nun an die Menschenrechte vor dem Grundsatz der Gewaltfreiheit.[123] Dies zeigte sich nicht zuletzt auch bei der Entscheidung der grünen Bundestagsfraktion, trotz erheblicher Bedenken der Basis und zahlreicher Abgeordneter dem Bundeswehr-Einsatz im Rahmen der Operation »Enduring Freedom« in Afghanistan im November 2001 zuzustimmen. Da Kanzler Schröder die Abstimmung mit der Vertrauensfrage verbunden hatte, drohte bei einer Ablehnung der Bruch der Koalition. In dieser Situation entschied sich die Grünen-Fraktion für die Regierungsverantwortung – eine Abstimmung ohne Fraktionszwang hätte hingegen wohl die knappe Ablehnung des Einsatzes zur Folge gehabt.[124]

Die Hinwendung zur Realpolitik in den ersten Jahren der rot-grünen Bundeskoalition stürzte die Bündnisgrünen zweifellos in eine Identitätskrise. Birgt der Rollenwechsel von der Opposition zur Regierung für jede Partei erhebliche Schwierigkeiten, so waren diese für die Grünen als ehemaliger Protest- und Bewegungspartei existenziell.[125] Dementsprechend wandte sich auch ein großer Teil der Wählerschaft bei den Landtags- und Europawahlen der Jahre 1999-2001 von den Grünen ab. Auch vor diesem Hintergrund bilanzierte Raschke nach nur knapp drei Jahren grüner Regierungsbeteiligung, dass Rot-Grün entgegen mancher Erwartungen wohl nicht mit einem »großen Knall« enden werde, sondern zeitnah »mangels Begeisterung fast geräuschlos auslaufen« werde. »Rot-Grün ist heute weder Schreckgespenst noch Hoffnungsträger. Es ist irgendeine Koalition. Für die Eliten heißt das: Entwarnung, für die Anhänger: Ernüchterung.«[126] In dieser Situation war eine programmatische Selbstvergewisserung der Partei daher absolut notwendig. Im März 2002 gaben sich die Grünen ein neues, das Bundesprogramm von 1980 ersetzendes Grundsatzprogramm. Die Präambel des Papiers machte zunächst deutlich, dass sich das Verhältnis der Grünen zur Kirche – viele Parteimitglieder hatten sich gerade in den 1980er Jahren von der katholischen Amtskirche distanziert[127] – ab 1990 spürbar entkrampft hatte.[128] Sie erwähnte ausdrücklich auch die Christen aus Ost und West als eine der Wurzeln der Bündnisgrünen.[129] Als Grundwerte definierte das Programm »Ökologie, Selbstbestimmung, erweiterte Gerechtigkeit und lebendige Demokratie«, die noch im Assoziationsvertrag mit dem Bündnis 90 vornan gestellten Aspekte der Menschenrechte und der Gewaltfreiheit wurden nun als »Ausdruck unserer Werteorientierung« hergeleitet und rückten etwas in den Hintergrund.[130] Daneben machte der gesamte Aufbau des Programms deutlich, dass der »Primat der Ökologie« eindeutig wieder hergestellt war und der Nachhaltigkeitsbegriff zu einer Schlüsselkategorie grüner Politik werden sollte. Letztendlich akzeptierten die Grünen in ihrem Grundsatzprogramm auch den Krieg als Ultima Ratio der Politik[131] und die Bündnisverpflichtungen Deutschlands im Rahmen der NATO.[132] Das Papier war somit vor allem Ausdruck eines neuen Pragmatismus der nun regierungserfahrenen grünen Partei.

Dass die rot-grüne Koalition aus den Bundestagswahlen vom September 2002 als Siegerin hervorging, war vor allem den Bündnisgrünen zu verdanken, die mit einem Ergebnis von 8,6 Prozent ihren Stimmenanteil deutlich erhöhen konnten. Es gelang der Partei in der Folge allerdings kaum, mit diesem Wahlerfolg auch ihr Profil innerhalb der Regierungskoalition zu stärken. Dies hatte u.a. damit zu tun, dass nach vier Jahren in der Regierung die »Herzensangelegenheiten« der Grünen entweder schon umgesetzt (Lebenspartnerschaftsgesetz, Staatsangehörigkeitsrecht), »von den Realitäten hinreichend ›klein gearbeitet‹ (Atomausstieg) oder revidiert (Militäreinsätze) worden«[133] waren. Ferner wurde den grünen Kernforderungen nach einer Abschaltung des ersten Atomkraftwerks noch während der neuen Legislaturperiode und einer Verdoppelung des Anteils erneuerbarer Energien am Primärenergieverbrauch bis 2010 im Koalitionsvertrag entsprochen[134], was größere Konflikte innerhalb der Koalition zur Eigenprofilierung der Grünen nicht mehr erwarten ließ. Ohnehin sorgte die äußerst angespannte Lage der sozialen Sicherungssysteme dafür, dass der Fokus von Regierung und Öffentlichkeit in der neuen Wahlperiode eindeutig auf der Wirtschafts- und Sozialpolitik lag, was nur noch wenig Raum für postmaterialistische, also klassisch grüne Themen ließ.[135] Da bei den Verhandlungen über die »Agenda 2010« die Bundesratsmehrheit der Union zudem de facto zu einer Großen Koalition führte, blieb für die Grünen in diesen Fragen oftmals nur die Statisten-Rolle übrig.[136] Allerdings sollte sich dies für die Grünen zumindest elektoral als Vorteil erweisen: bei den Landtagswahlen der Jahre 2002 bis 2005 konnte die Partei die Niederlagen der Vorjahre vergessen machen und sich – auch weil die eigene Klientel von den Reformen weit weniger betroffen war – vom Negativ-Trend der Sozialdemokraten erfolgreich abkoppeln.[137]

Die im Jahr 1998 angestoßene Strukturreform bei den Grünen, die bereits die Schaffung eines »Parteirates« und die weitere Verkleinerung des Bundesvorstands nach sich gezogen hatte, wurde nach der Bundestagswahl 2002 weiter fortgeführt. Im Oktober 2002 nahm die Partei in Bremen einen Reformschritt in Angriff, der vor allem nach Meinung der Parteiführung längstens überfällig war: die zumindest teilweise Abschaffung des Prinzips der Trennung von Amt und Mandat. Jedoch sollte sich die »Seele der Partei«[138] auf dem Bremer Parteitag noch ein letztes Mal aufbäumen. Nachdem die Grünen im Laufe der Jahre bereits alle anderen basisdemokratischen Grundsätze aufgegeben hatten und auch programmatisch viele ihrer Positionen hatten räumen müssen, nahm die Ablehnung der Satzungsänderung durch die Delegierten »den Charakter einer Ersatzhandlung«[139] an. So verloren Fritz Kuhn und Claudia Roth, die zuvor ein Bundestagsmandat errungen hatten, ihren Parteivorsitz, auch wenn im Frühjahr 2003 eine Urabstimmung unter den Mitgliedern schließlich doch die Aufhebung des Prinzips für zumindest zwei Mitglieder des Bundesvorstandes beschließen sollte.[140] Damit hatte sich auch die Organisationsstruktur der Grünen – entgegen des Kellyschen Diktums – denen der anderen Parteien endgültig angeglichen. Dies wurde auch daran ablesbar, dass sich in der zweiten rot-grünen Regierungszeit zum ersten Mal ein funktionierendes Macht- und Strategiezentrum in der Partei ausbildete, in dem Fischer unangefochten die Rolle als bestimmende Führungs- und Repräsentationsfigur einnahm.[141]

Auch wenn die Grünen in der zweiten Hälfte der Regierungszeit bei den bestimmenden politischen Debatten ins zweite Glied zurückfielen, gelang es der Partei bis 2005 dennoch sich zu stabilisieren und einen »soliden Eindruck als pragmatisch-realistische Regierungspartei«[142] zu hinterlassen. Zudem vollzog die Partei mit der Verabschiedung ihres Bundestagswahlprogramms vom Juli 2005 insofern einen Paradigmenwechsel, als dass sie die Losung ausgab, dass ihre Politik auf »Freiheit und Selbstbestimmung« hinwirke.[143] Dies war das erste Mal, dass die Grünen die Freiheit explizit als politisches Ziel formulierten.[144] Mit den von Kanzler Schröder im Frühjahr 2005 ohne Rücksprache mit dem Koalitionspartner verkündeten Neuwahlen, die zum Ende des Regierungsbündnisses führen sollten, bewahrheitete sich jedoch die Prognose Raschkes von 2001. Dass die Grünen bei den Bundestagswahlen 2005 mit 8,1 Prozent ihr Ergebnis nahezu halten konnten, konnte dabei als großer Erfolg für die Partei gewertet werden. Ohne rot-grüne Machtperspektive und mit einem durch die Visa-Affäre angeschlagenen Spitzenkandidaten hatten nicht wenige starke Verluste befürchtet.[145] Die aggressive und letztendlich erfolgreiche Zweitstimmenkampagne der Grünen gegen die SPD war sicherlich auf diese Befürchtungen zurückzuführen. Sie zeigte aber auch in aller Deutlichkeit, dass vom ursprünglichen Korpsgeist des »rot-grünen Projekts« nach sieben Jahren nur noch ein Torso übrig geblieben war.

5. DIE SCHARNIERPARTEI – DIE GRÜNEN SEIT DER BUNDESTAGSWAHL 2005

Die Bundestagswahl 2005 bedeutete für die Grünen einen ähnlich tiefen Einschnitt wie zuvor die erste gesamtdeutsche Wahl.[146] Die Partei hatte alle Regierungsbeteiligungen verloren und war nunmehr die kleinste aller im Bundestag vertretenen Fraktionen, auch war mit der Linken eine ernstzunehmende Konkurrenz im Lager der Kleinparteien entstanden. Zudem zerfiel mit der nun nötig gewordenen personellen Neuaufstellung das strategische Zentrum der Partei. Der Rückzug Fischers hinterließ ein Machtvakuum, das mit Kuhn und Künast als Fraktionsvorsitzenden sowie Bütikofer und Roth an der Spitze der Partei nur mühsam gefüllt werden konnte. Hinzu kam, dass den Grünen der elektorale Niedergang der SPD schmerzlich vor Augen geführt hatte, dass sich die Partei koalitionspolitisch in einer Art »babylonischer Gefangenschaft« befand. Sollte man vor diesem Hintergrund die begonnene Mitte-Strategie ausweiten oder seine Position im linken Lager festigen? Es ging für die Grünen nach 2005 programmatisch und strategisch also um nicht weniger als »die Neubestimmung der eigenen Position im Parteiensystem.«[147] Mit den flüchtigen Sondierungsgesprächen mit der Union über ein mögliches »Jamaika«-Bündnis nach der Bundestagswahl hatten die Grünen in dieser Frage bereits ein deutliches Zeichen in Richtung der Sozialdemokraten gesendet.[148] Programmatisch antworteten die Grünen auf die neuen Herausforderungen der Oppositionsrolle zunächst mit einer weiteren Stärkung ihres ökologischen Profils. Im Oktober 2005 legte die Partei den Verbraucherschutz in Bezug auf Bio- und Gentechnologie, den Naturschutz und die Klima- und Energiepolitik als die entscheidenden Themenbereiche fest.[149] Darüber hinaus gab der »Oldenburger Beschluss« auch die Devise »Inhalte vor Macht« aus und ließ die künftige koalitionspolitische Orientierung der Grünen bemerkenswert offen:

»Für uns bleibt Rot-Grün eine wichtige Option im Bund und in den Ländern, aber wir müssen zur Kenntnis nehmen, dass die Chancen für Zweier-Konstellationen auf eine regierungsfähige Mehrheit, außer für eine Große Koalition, geringer werden. [...] Wenn wir Grüne im Bund mittelfristig nicht nur auf die Karte Rot-Grün oder auf die Rolle der Opposition beschränkt werden wollen, müssen wir auch daran arbeiten, neue Bündnisse parlamentarisch möglich zu machen.«[150]

Im Dezember 2006 beschlossen die Grünen das Papier »Für einen radikalen Realismus in der Ökologiepolitik«[151] und setzten so den in Oldenburg eingeschlagenen programmatischen Kurs fort. Die Bemühungen der Bündnisgrünen zur Erstellung eines alle Lebens- und Wirtschaftsbereiche umfassenden ökologischen Reformkonzepts gipfelten schließlich im Beschluss für einen »Green New Deal« Ende 2008.[152] Umwelt-, Finanz-, Wirtschafts- und Sozialpolitik wurden in diesem Programm national wie international in einen unauflöslichen Grundzusammenhang gestellt. Auch wenn der »Green New Deal« oberflächlich zunächst als rein visionäres Projekt erschien, entpuppte er sich bei genauerer Betrachtung doch als ein »wohldurchdachtes Konzept«, welches sich »bei allem Ehrgeiz stets im Rahmen der bestehenden Möglichkeiten bewegt.«[153] Mit dem »Green New Deal«, der im Sinne eines neuen »Gesellschaftsvertrags« auch das Wahlprogramm[154] für die anstehende Bundestagswahl inhaltlich prägen sollte, konzentrierten sich die Grünen wieder eindeutig auf ihren Charakter als Umweltpartei. Einen gewissen Rückschlag hatten die realpolitischen Kräfte bei den Grünen jedoch auf dem Sonderparteitag zum Afghanistan-Einsatz der Bundeswehr im September des Vorjahres verkraften müssen. Dort sprach sich die Basis im Grunde genommen für ein Ende des ISAF-Mandats der Bundeswehr aus und lehnte eine anderslautende Beschlussvorlage des eigenen Parteivorstandes, die auch die Meinung der Fraktionsführung widerspiegelte, mit klarer Mehrheit ab. Dabei hatte sich ein neues Muster innergrüner Strömungskonflikte gezeigt, welches nicht mehr durch Divergenzen innerhalb der Parteielite, sondern vielmehr zwischen Elite und Basis gekennzeichnet war.[155]

Koalitionspolitisch gaben die Grünen in der Zeit vor der Bundestagswahl 2009 ein sehr gemischtes Bild ab. Den schwarz-grünen Sondierungen nach der Landtagswahl in Baden-Württemberg 2006 folgte ein Jahr später eine rot-grüne Koalitionsbildung in Bremen; nach der Verwirklichung der ersten schwarz-grünen Landesregierung im Mai 2008 in Hamburg scheiterte die in Hessen anvisierte rot-grüne Minderheitsregierung unter Duldung der Linken ein halbes Jahr später nur an vier Abweichlern aus der SPD-Fraktion. Im Saarland hielten sich die Grünen noch bis zur Bundestagswahl die Optionen »Jamaika« und Rot-Rot-Grün offen. Im Vorfeld der Bundestagswahlen schien es deshalb keineswegs unbegründet, den Grünen eine komfortable Scharnierfunktion zwischen bürgerlichem und linkem Lager zu attestieren.[156] Dies machte auch der »Aufruf zur Bundestagswahl« im Mai 2009 noch einmal deutlich, in dem die Grünen zwar die Unterstützung einer schwarz-gelben Regierung nach der Wahl kategorisch ausschlossen[157], ansonsten aber einen klaren »Kurs der Eigenständigkeit« proklamierten. Dass dieses neue Selbstbewusstsein der ehemaligen Protestpartei im Jahr 2009 berechtigt war, zeigte kurz vor der Bundestagswahl überdies ein Blick in die Kommunen Deutschlands. Hier amtierten vor allem in Hessen, Bayern und Baden-Württemberg zahlreiche grüne Bürgermeister, so in den Städten Freiburg, Tübingen, Bad Homburg oder Konstanz.[158] Bei den Bundestagswahlen erreichten die Grünen mit 10,7 Prozent das mit Abstand beste Wahlergebnis ihrer Geschichte. Freilich wurde das Wahlziel, Schwarz-Gelb zu verhindern, verfehlt.

In den vier Jahren bis zur Bundestagswahl 2013 erlebten die Grünen dann ein wahres Wechselbad der Gefühle, in dem sie zunächst zur neuen deutschen Volkspartei aufzusteigen schienen, nur um dann als »Bevormundungspartei« mit zweifelhafter Vergangenheit im September 2013 vom Wähler abgestraft zu werden. Begünstigt durch den miserablen Start der schwarz-gelben Bundeskoalition, den im Herbst 2010 eskalierenden Konflikt um das Projekt Stuttgart 21 und das Vorhaben der Bundesregierung, die Laufzeiten der Atomkraftwerke zu verlängern, bestimmten die Grünen zunächst die politische Agenda in Deutschland. Ende 2010 erreichten sie bundesweite Umfragewerte von deutlich über 20 Prozent. In einigen Erhebungen überholten die Grünen sogar die SPD. Ein wahrer Hype erfasste die deutsche Medienlandschaft – die Grünen wurden als die nächste deutsche Volkspartei gehandelt.[159] Nachdem die Werte der Partei wieder deutlich gesunken waren, gab die japanische

Reaktorkatastrophe Mitte März 2011 der Anti-Atom-Partei einen neuen Schub. Die baden-württembergischen Landtagswahlen wurden zu einem grünen Wahltriumph und Winfried Kretschmann zum ersten grünen Ministerpräsidenten der Geschichte. Mit der Rücknahme der Laufzeitverlängerung und dem Atomkonsens im Bundestag kam aber auch der grüne Höhenflug im Sommer 2011 an sein Ende. Denn damit war es nun, so der *Focus*, »ausgerechnet eine schwarze Kanzlerin, die ihnen ihr bislang einziges Identifikationsthema« weggenommen hatte. Die *Welt* sah gar den »programmatischen Fixstern« der Grünen abgeräumt.[160] Mit der »Dethematisierung der für die Partei günstigen Issues«[161], dessen Endpunkt die Volksabstimmung zu Stuttgart 21 im November darstellte, näherten sich die Grünen auch in den bundesweiten Umfragen wieder ihren Normalwerten an. Trotzdem wiesen Joachim Raschke und Ralf Tils zu Recht darauf hin, dass die Grünen ihre außergewöhnlichen Umfragewerte nur unter der Voraussetzung »eines großen grünen Wählerpotentials und der positiven Zurechnung bei Themen [ihres] Kompetenzkerns (z.B. Atomausstieg, Technikkritik, Partizipation)«[162] hätten erreichen können. Dies spreche auch dauerhaft für eine neue Stärke der Partei. Letztlich muss auch festgehalten werden: Mit dem Atomausstieg und der Abschaffung der Wehrpflicht wurde 2011 für die Grünen inhaltlich zum wohl erfolgreichsten Jahr ihrer Geschichte.[163]

Im Vorfeld der Bundestagswahl 2013 deutete sich dann – vor allem programmatisch – ein »rot-grünes Revival«[164] an. SPD und Grüne stellten sich im Gleichschritt in der Steuerpolitik neu auf und erhoben in etwa die gleichen Forderungen. Die SPD forderte eine Erhöhung des Spitzensteuersatzes und der Abgeltungssteuer, die Wiedereinführung der Vermögenssteuer und eine Erbschaftssteuererhöhung. Trotz kritischer Kommentare von Kretschmann und anderen realpolitischen grünen Bundestagsabgeordneten gingen die Grünen noch einen Schritt weiter. Sie plädierten für einen neuen Spitzensteuersatz von 49 Prozent, eine Besteuerung von Kapitalerträgen wie bei der Einkommensteuer und eine zeitlich begrenzte »Vermögensabgabe«.[165] Das Wahlergebnis in Nordrhein-Westfalen vom Mai 2012 nährte zudem Hoffnungen, dass Rot-Grün im Bund wieder mehrheitsfähig werden könnte.[166] Die Landtagswahlen in NRW und Schleswig-Holstein sowie die programmatische Entwicklung der Parteien stärkten jene Kräfte bei den Grünen, die ein eindeutiges Bekenntnis zu Rot-Grün auch auf der Bundesebene forderten.[167] Schwarz-Grün wurde dagegen erst durch den Ausgang des grünen

Mitgliederentscheids zur Spitzenkandidatur für die Bundestagswahl wieder zu einem Thema. Mit Jürgen Trittin, Renate Künast, Claudia Roth und Katrin Göring-Eckardt hatten sich gleich vier (chancenreiche) Grüne um die zwei Plätze der Spitzenkandidatur beworben. Einige Realos hofften dabei auf eine Wahl Göring-Eckardts, da man sich von ihr erhoffte, auch wertkonservative Wählerschichten ansprechen zu können.[168] Obwohl sich Göring-Eckardt im innerparteilichen Wahlkampf sowohl von den Agenda-Reformen als auch schwarz-grünen Gedankenspielen klar distanzierte, wurde ihre Wahl zur Spitzenkandidatin neben Trittin in der Presse auch als Signal für ein Bündnis mit der Union gesehen.[169] Dies war jedoch eine Fehlinterpretation. In der Wahl Göring-Eckardts hatte sich in erster Linie der Wunsch vieler Mitglieder nach einem »Generationswechsel« und einem Neuanfang ausgedrückt.[170] Einen programmatischen oder bündnispolitischen Richtungswechsel wollte die grüne Basis damit sicher nicht provozieren. Dies zeigte auch der Grünen-Parteitag im November 2012, auf dem weder programmatisch noch rhetorisch irgendwelche Zweifel am Bekenntnis der Grünen zur SPD und dem Wunsch nach Abgrenzung zur Union aufkommen ließen. Göring-Eckardt erklärte in ihrer Rede: »Liebe CDU, liebe CSU, die Sache ist die: Wir wollen eure Wähler gewinnen. Euch wollen wir nicht.«[171]

Die Bundestagswahl 2013 wurde zu einem zumindest gefühlten Debakel für die Grünen. Durch eine falsche Strategie bei der Erweiterung ihres Markenkerns und einige weitere Kampagnenfehler verspielten sie die Chance, sich als dritte Kraft im deutschen Parteiensystem zu etablieren.[172] Im Wahlkampf wurden die grünen Kernthemen der Umwelt- und Energiepolitik völlig von den grünen Steuererhöhungs- und Umverteilungsplänen verdrängt. Man scheiterte mit dem Vorhaben, sich in Konkurrenz zu SPD und Linker als »Partei der sozialen Gerechtigkeit« zu gerieren.[173] Zudem hatten die Grünen mit zwei emotionsbehafteten Kontroversen umzugehen, die das Image der Partei schwer beschädigten. Der eigentlich schon seit Jahren bekannte Vorschlag für einen »Veggie-Day« in öffentlichen Kantinen machte die Grünen vor allem in den Augen der bürgerlichen Parteien zu einer »Verbots-« oder »Bevormundungspartei«. Die moralische Integrität der Grünen wurde durch die Diskussion über pädosexuelle Strömungen in der Partei in den 1980er Jahren, die auch Trittin als Spitzenkandidat beschädigte, erschüttert.[174] Unter diesen Voraussetzungen erreichten die Grünen nicht nur ein Wahlergebnis, das meilenweit von den noch Anfang 2013 guten Umfragewerten entfernt war, sondern das sogar noch schlechter ausfiel als 2009.[175] Das schlechte Ergebnis und eine dadurch sehr geschwächte grüne Parteiführung waren auch die Hauptgründe, weshalb sich eine schwarz-grüne Koalitionsbildung nach der Bundestagswahl 2013 schnell als Chimäre erweisen sollte. Kretschmann wies darauf hin, dass seine Grünen auf eine Koalition mit der Union »in keiner Weise vorbereitet« seien.[176] So sagten die Grünen der Union nach zwei Sondierungsrunden ab, obwohl die Christdemokraten der Öko-Partei eindeutige Avancen gemacht hatten. Die Grünen zogen es dagegen vor, die Frage eines Bündnisses mit der Union auf die nächste Bundestagwahl zu vertagen und ihre Partei in einer Art Selbstfindungsprozess zunächst neu aufzustellen: personell wie programmatisch.

Dabei verlief die personelle Erneuerung der Partei »rasch und ohne größere Blessuren«.[177] Simone Peter folgte der Bundesvorsitzenden Roth nach, das Spitzenduo der Fraktion aus Trittin und Künast wurde durch die Reala Katrin Göring-Eckardt und den Linksgrünen Anton Hofreiter ersetzt. Allerdings litt die Arbeit der neuen Partei- und Fraktionsspitze in den ersten zwei Jahren zunächst unter Disharmonien und Problemen in der Außendarstellung, nicht zuletzt, weil der ehemalige Fraktionschef Trittin für einige Unruhe sorgte. Gleichwohl Trittin große Verantwortung für die grüne Wahlniederlage 2013 trug,[178] hatte er sich einen gewissen innerparteilichen Einfluss bewahren können.[179] Sein Frontalangriff auf die grünen Realos und Ökolibertären Ende Oktober 2014, bei dem er den baden-württembergischen Landesverband als »Waziristan der Grünen« titulierte, führte zu einigen Irritationen in der Partei. Während Göring-Eckardt den impliziten Angriff auf Kretschmann, Andreae oder Özdemir »geschmacklos«[180] nannte, merkte Boris Palmer an, dass der verbale Ausfall Trittins der letzte Beweis dafür sei, »warum es endlich Zeit ist für ihn aufzuhören, immer wieder vom Rücksitz aus das Steuer des grünen Busses zu lenken.«[181]

Die Worte Trittins erfuhren auch deshalb eine solche Aufmerksamkeit, weil seine Rückkehr in die erste Reihe der Grünen zu jenem Zeitpunkt in Teilen der Partei für nicht unrealistisch gehalten wurde. Denn das Verhältnis zwischen den Parteivorsitzenden Peter und Özdemir galt bereits nach nicht einmal einem Jahr der Zusammenarbeit als »nahezu zerrüttet« und schädlich für die weitere Positionierung der Partei.[182] Peter hielten nicht wenige in der Partei sogar zeitweise für eine »Marionette« Trittins.[183] Auch das Fraktionsführungsduo Hofreiter/Göring-Eckardt sah sich schnell dem Vorwurf ausgesetzt, nur wenig Durchschlagskraft zu entwickeln. Den Spitzenduos in Fraktion wie Partei gelang es allerdings in der Folgezeit, ihre Positionen zu behaupten. Mit Ergebnissen von jeweils über 80 Prozent wurden Hofreiter und Göring-Eckardt im Oktober 2015 in ihren Ämtern bestätigt. Einen Monat später wurden auch Özdemir und Peter auf dem Grünen-Bundesparteitag wiedergewählt. Während es Özdemir dabei gelang, sein Ergebnis deutlich zu verbessern, wurde Peter als Vertreterin des linken Parteiflügels mit nur 68 Prozent abgestraft. Peter und Özdemir haben als Parteivorsitzende seitdem nicht zu einer vertrauensvollen Zusammenarbeit finden können. Öffentliche Streitereien über den Kurs der Grünen und den politischen Stil des jeweils anderen waren auch im Jahr vor der Bundestagswahl 2017 an der Tagesordnung. Der Riss im Führungsduo der Partei geht soweit, dass Peter und Özdemir ihre Hintergrundgespräche mit der Presse getrennt abhalten und sich auch bei Personalfragen in der Bundesgeschäftsstelle der Grünen nicht mehr einig sind. Ende Oktober rief Peter ihren Co-Vorsitzenden sogar öffentlich dazu auf, sich »teamfähiger« zu verhalten: »Das Amt der Bundesvorsitzenden beinhaltet, Kompromisslinien zu finden und die Partei im Team zu führen, nicht als Ich-AG«[184], sagte Peter in Richtung Özdemir. Letzterer revanchierte sich dafür im Rahmen der Debatte über das Vorgehen der Polizei in Köln am Silvesterabend 2016, bei dem hunderte nordafrikanisch aussehende Männer überprüft und teilweise festgesetzt worden waren. Peter hatte die Verhältnis- und Rechtmäßigkeit des Großeinsatzes in Frage gestellt und der Polizei insgeheim Racial Profiling vorgeworfen. Özdemir distanzierte sich dagegen klar von Peter und verteidigte die Polizei, die »konsequent« gehandelt und somit für Sicherheit gesorgt habe.[185] Fast alle Führungskräfte der Grünen taten es im Anschluss daran Özdemir gleich und isolierten damit die eigene Parteichefin.

Dass Peter bis heute das schwächste Glied in der Führungsmannschaft der Grünen darstellt, hatte auch der Prozess der Urwahl zur grünen Spitzenkandidatur 2017 gezeigt. Peter verkündete bereits im September 2016, dass sie auf eine Kandidatur verzichten werde. Der Ausgang der Urwahl im Januar 2017 bot auf den ersten Blick keine Überraschung. Angetreten waren Hofreiter, der schleswig-holsteinische Umweltminister Robert Habeck, Özdemir und Göring-Eckardt – und letztere beiden konnten sich bei dem Mitgliederentscheid durchsetzen. Bemerkenswert waren vielmehr die Einzelergebnisse. Obwohl sich Göring-Eckardt als einzige weibliche Kandidatin keiner Konkurrenz zu stellen hatte, kam sie nicht über gut 70 Prozent der Stimmen hinaus. Özdemir gewann die Urwahl mit einem äußerst knappen Vorsprung von gerade einmal 75 Stimmen vor Habeck, Hofreiter landete abgeschlagen auf dem letzten Platz. Erstaunlicherweise wurde das Ergebnis der Urwahl 2016/2017 von den meisten Medien und Beobachtern nicht als ein Signal für eine schwarz-grüne Bundesregierung gewertet, obwohl es diesmal – im Unterschied zu 2012 – durchaus berechtigt gewesen wäre. Nicht nur war mit Özdemir ein erklärter Befürworter von Bündnissen mit der Union zum Spitzenkandidaten gewählt worden. Dadurch, dass die Reala Göring-Eckardt den zweiten Platz einnahm, war im Gegensatz zu 2012 auch kein Vertreter des linken und besonders unionskritischen Flügels im Spitzenduo mehr vertreten. Hierarchien und Machtarithmetik innerhalb der Grünen-Bundespartei sind damit bis auf weiteres geklärt: Özdemir und Göring-Eckardt geben den Ton an.

Ähnlich bedeutend für die weitere strategische und programmatische Entwicklung der Partei ist jedoch noch ein weiterer personeller Faktor: der Faktor Kretschmann. Der Einfluss des wiedergewählten baden-württembergischen Ministerpräsidenten in der Bundespartei unterlag in den letzten Jahren zwar beachtlichen Schwankungen. Mittlerweile hat er seine Position als grüne Führungsfigur jedoch gefestigt. Kretschmann gilt heute als »erster Ansprechpartner«[186] für Verhandlungen der Großen Koalition mit dem Block der grün mitregierten Länder im Bundesrat. Insbesondere mit Blick auf die Flüchtlingspolitik schärfte er dabei das pragmatische und realpolitische Profil seiner Partei. War er noch für sein Ja zum Asylkompromiss und der Einstufung Bosnien-Herzegowinas, Mazedoniens und Serbiens zu sicheren Herkunftsstaaten Ende 2014 innerparteilich kritisiert worden, erntete seine Zustimmung zum ersten Asylpaket der Bundesregierung im Zuge der Flüchtlingskrise 2015 bereits wesentlich mehr Verständnis. Auf dem grünen Bundesparteitag 2015 fiel die Kritik an seiner Person deutlich geringer aus als zuvor, was die steigende Autorität Kretschmanns bei den Grünen zeigte.[187] Dass Kretschmann seine Partei im März 2016 in Baden-Württemberg zur stärksten Partei und die dortige CDU zum Juniorpartner in seiner Regierung degradierte, festigte seine Stellung weiter. Sein erklärtes Ziel, den Markenkern der Partei zu erweitern und die Grünen »ganz in die Mitte« des Parteienspektrums zu ziehen,[188] dürfte in der Partei jedoch auch in Zukunft auf Widerspruch stoßen. In jedem Fall ist festzuhalten: in dem Maße, in dem Kretschmanns Einfluss in der Grünen-Partei steigt, würde auch die

Bündnisfähigkeit der Grünen zu den Unionsparteien steigen – bei der Wahl 2017 und darüber hinaus.

Die programmatische Entwicklung der Grünen im Vorfeld der Bundestagswahlen 2017 zeigte ein gemischtes Bild. Einerseits bemühte man sich, den ökologischen Markenkern der Partei wieder zu stärken und für eine deutlichere Abgrenzung auch zur SPD zu sorgen. Andererseits entbrannte insbesondere über die steuer- und sozialpolitischen Positionen der Grünen, die von vielen als Hauptgrund für die Wahlniederlage von 2013 ausgemacht wurden, großer Streit. Die Realos stimmten der Fehleranalyse Kretschmanns zu, der festgestellt hatte, dass jene Brücken, die die Grünen mühsam zur Wirtschaft ausgebaut hatten, durch das Programm von 2013 »eingebrochen«[189] seien. Der Sozialwissenschaftler Heinz Bude merkte an, dass die Aussagen Trittins, der Wähler habe das an sich richtige grüne Programm nur nicht verstanden resp. es habe ihn überfordert, der »intellektuelle Offenbarungseid einer bestimmten Gesellschaftsbetrachtung« gewesen sei, an welche die Grünen keinesfalls anknüpfen dürften. Denn dass die Wähler aufgrund von Steuermehreinnahmen von 100 Milliarden Steuererhöhungen skeptisch gegenübergestanden hätten, sei kein »Ausdruck von Überforderung«, sondern »eine absolut vernünftige Haltung« gewesen.[190] Der Parteienforscher Oskar Niedermayer empfahl der Partei, in Zukunft ihren Markenkern, die Umwelt- und Energiekompetenz, wieder in den Vordergrund zu stellen.[191]

Tatsächlich steht die Ökologie heute wieder im Mittelpunkt der Parteiprogrammatik, insbesondere Aspekte der Nutztierhaltung und der guten Ernährung. Die wirtschafts- und steuerpolitischen Vorstellungen der Grünen von 2013 wurden und werden aber längst nicht von allen in der Partei als Fehler angesehen. Dabei bekam die Debatte über die grüne Steuerpolitik den Charakter eines »Stellvertreterkriegs der Grünen«[192], bei dem es auch um die weitere strategische Ausrichtung zu Schwarz-Grün oder Rot-Rot-Grün ging. Die grüne Steuerprogrammatik, die am Ende dieses Prozesses stand, nimmt nun zwar einerseits deutlich Abstand von spürbaren Steuererhöhungen in der Breite. Andererseits ist man mit Forderungen nach einer neuen Form der Vermögensbesteuerung, der Abschaffung des Ehegattensplittings und einer Erhöhung des Spitzensteuersatzes für Einkommen ab 100.000 Euro aber auch weit davon entfernt, keinen Steuerwahlkampf zu führen.[193] Die Union jedenfalls kritisierte die steuerpolitischen Beschlüsse der Grünen scharf und kündigte gleichzeitig an, Steuersenkungen zu einem Schwerpunkt des

Wahlkampfs 2017 zu machen. Die Grünen dürften deswegen auch 2017 in Steuerfragen als Gegenpol zu Union und FDP wahrgenommen werden. Dass sich die Grünen weiterhin eher als Partei der sozialen Gerechtigkeit denn als Partei der Wirtschaft sehen, wurde auch im Zuge der Erbschaftsteuerreform 2016 deutlich, als Kretschmann mit seinem Plädoyer für eine möglichst unternehmerfreundliche Ausgestaltung derselben in seiner Partei weitestgehend allein dastand. Daran und an dem bereits über ein Jahr währenden Widerstand der grün-regierten Länder gegen die Einstufung der Maghreb-Staaten zu sicheren Herkunftsländern im Bundesrat wird ersichtlich: Trotz aller Gedankenspiele über neue Bündnisse sind die Grünen auch am Vorabend der Bundestagswahl 2017 nicht bereit, ihre Programmatik irgendwelchen schwarz-grünen Zweckmäßigkeitserwägungen anzupassen. Zwar mag es fast 40 Jahre nach Gründung der Partei mittlerweile eine strategisch-bündnispolitische Äquidistanz zu SPD und Union geben. Eine programmatische Äquidistanz zu den Volksparteien bleibt dagegen auch für die nähere Zukunft undenkbar.

6. Zwischenfazit

Die Triebfeder der grünen Parteiwerdung war derjenigen der Gründung von CDU und CSU durchaus sehr ähnlich. Sowohl für die Grünen als auch die Christdemokraten der ersten Stunde war der Wunsch, ein neues, anderes und vor allem besseres Deutschland zu schaffen, handlungsleitend. Das Problem war nur, dass das »neue Deutschland« der Grünen gerade jenen Grundwerten widersprechen sollte, die aus Sicht der Union den Wesenskern »ihrer« Bundesrepublik ausmachten. Die Grünen sprachen Eckpfeilern des christdemokratischen Selbstverständnisses wie der sozialen Marktwirtschaft, der Westbindung, der Parteiendemokratie und dem Einheitsgebot ihre Existenzberechtigung ab. Die Gründungsgrünen formulierten ein Kontrastprogramm zu dem aus ihrer Sicht degenerierten »CDU-Staat«, das auf den vier Grundsätzen ökologisch, sozial (antikapitalistisch), basisdemokratisch (gegen den Parteienstaat) und gewaltfrei (radikal-pazifistisch) fußte. Verortet man die Grünen des Jahres 2017 anhand dieser Prinzipien, wird klar: mit Ausnahme des ökologischen Leitmotivs gibt es keine grünen Gründungswerte, die für das Handeln der Partei 37 Jahre nach ihrem Entstehen noch bestimmend wären.

Kontinuitätslinien von 1980 bis 2017 gibt es kaum, denn kontinuierlich in der Geschichte der Grünen ist im Grunde nur der Wandel.

Gestartet 1980 als »Anti-Parteien-Partei« in Fundamentalopposition zu den politischen und wirtschaftlichen Koordinaten der Bonner Republik, landeten die Bündnisgrünen schließlich in der Berliner Republik als verlässliche Regierungspartei und realpolitische Reformkraft, welche sich mittlerweile sogar dem Erbe Kohlscher Außenpolitik verpflichtet fühlt. Der grüne »Sofortismus« und »Verbalradikalismus«[194] ist fast vollständig verflogen. Zentrale basisdemokratische Grundsätze wurden bereits in den 1980er Jahren abgestoßen und die Grünen im Bundestag innerhalb von nur einer Dekade weitestgehend »domestiziert«.[195] Spätestens Mitte der 1990er Jahre wurden die soziale Marktwirtschaft als wirtschaftspolitischer Ordnungsrahmen und das Gewaltmonopol des Staates anerkannt. Durch die grüne Regierungsbeteiligung auf Bundesebene unter Kanzler Schröder hat sich die Partei auch von pazifistischen und neutralistischen Positionen in der Außenpolitik verabschiedet. Auch sie erkennt mittlerweile NATO und Bundeswehr als Eckpfeiler deutscher Sicherheitspolitik an. Der frühere systemoppositionelle Habitus grüner Spitzenpolitiker ist einem betont seriösen und staatstragenden Auftreten in der Öffentlichkeit gewichen – »einst die übelste Verleumdung unter Grünen«[196]. Innerparteiliche Richtungskämpfe finden heute nicht mehr zwischen Fundis und Realos sondern allenfalls noch zwischen Realos und so genannten Regierungslinken statt. Es ist somit in erster Linie dem Anpassungsprozess der Grünen an die bundesrepublikanische Wirklichkeit zu verdanken, dass schwarz-grüne Bündnisse heute selbst auf Bundesebene möglich erscheinen. Denn gleichwohl sich auch die Union in den letzten Dekaden stark gewandelt hat, tat sie dies doch nicht in einer solchen Intensität und bei solch grundsätzlichen Aspekten des eigenen politisch-kulturellen Selbstverständnisses.

Die Grünen sind keine heterogene Protest- und Sammlungsbewegung mehr. Sie sind eine ganz »normale« Partei, die sich mit fast allen Konformitätsansprüchen der Bonner resp. der Berliner Republik ihren Frieden gemacht hat. Fundamentale Unterschiede zu den anderen »etablierten« Parteien sind nicht mehr auszumachen. Diese Feststellung löst bei manch älterem Parteimitglied der Grünen sicher Unbehagen aus, ist aber nicht mehr von der Hand zu weisen. Wohl kaum ein anderes Zitat zeigt den durch und durch gemäßigten Gestaltungsanspruch der Partei, wie jene Widmung, die Ludger Volmer seiner Monographie zur Geschichte der Grünen im Jahr 2009 voranstellte: »Für alle, die daran arbeiten, Lebenschancen und Lebensqualität aller Menschen unter Achtung des globalen ökologischen Gleichgewichts auf möglichst hohem Niveau anzugleichen.«[197] Dass eine so ausgerichtete Partei auch mit der »staatstragenden« Union regieren kann, liegt auf der Hand. Andersherum gewendet ist aber genau darin auch ein wichtiger Grund dafür zu sehen, dass es auf Seiten der Öko-Partei gerade mit Blick auf die Bundesebene immer noch erhebliche emotionale Vorbehalte gegenüber der Union gibt. Schließlich käme eine Bundeskoalition mit CDU und CSU für die Grünen, die sich bereits vom Großteil ihrer einst identitätsstiftenden Leitmotive lösen mussten, dem Eingeständnis gleich, endgültig eine Partei geworden zu sein, die sie bei ihrer Gründung ausdrücklich nicht hatten werden wollen.

III. Von Erzfeinden zu Bündnispartnern – Die Geschichte des schwarz-grünen Verhältnisses

1. KEINE PARTEI JENSEITS DES RUBIKON – DIE UNION UND DIE FRÜHEN GRÜNEN 1978-1983

Als sich Ende der 1970er Jahre immer mehr grüne Listen und Wählervereinigungen bildeten und auch die Gründung einer bundesweiten Umweltpartei wahrscheinlicher wurde, reagierten die meisten Unionspolitiker zunächst mit demonstrativer Gelassenheit. Das Bonner Dreiparteiensystem hatte sich seit 1961 als sehr stabil erwiesen, weshalb der Etablierung einer vierten – zumal grünen – Partei kaum Chancen eingeräumt wurden. Der niedersächsische CDU-Vorsitzende Wilfried Hasselmann sah für die Bonner Parteien dementsprechend keinerlei Gefahr heraufziehen und bezeichnete die bei den Landtagswahlen 1978 kandidierende GLU lediglich als »kleinen Moritz« in der Politik.[1] Auch die CSU bediente sich eines eher abschätzigen Tons und charakterisierte die im selben Jahr antretende »Grüne Liste Hessen« (GLH) als »politischen Faschingsverein« mit Hang zur »Politclownerie«.[2] Als GLU, GLH und die Bunte Liste Hamburg 1978 allesamt an der Fünf-Prozent-Hürde scheiterten, sahen viele Christdemokraten diese Lesart der Ereignisse bestätigt. Nur wenige Mitglieder des CDU-Bundespräsidiums erkannten schon vor dem Wahlerfolg der Bremer Grünen 1979 und der Konstituierung der Bundespartei 1980, dass sich mit dem relativ guten Abschneiden der grünen und bunten Listen die Theorie von der vierten Partei bestätigen könnte.[3] Neben dieser Gelassenheit, ja Unterschätzung, gehörte zudem ein gewisses Maß an Zuversicht zu den Reaktionen auf Seiten der Union. Da eine Umweltschutzpartei vor allem auf Kosten von SPD und FDP

Stimmen gewinnen könne, müsse die CDU keine Angst vor einer solchen Entwicklung haben. Schon bei der Bundestagswahl 1976 – so mutmaßten manche – hätte es demnach für eine absolute Unionsmehrheit gereicht, wenn eine grüne Partei angetreten wäre.[4] Sowohl die von der CDU/CSU bekundete Gelassenheit als auch die machttaktische Zuversicht in den späten 1970er Jahren zeigen eine krasse Fehlinterpretation der Ereignisse im Unionslager. Schließlich übersah diese Wahrnehmung, dass gerade die zahlreichen Bürgerinitiativen der Umweltbewegung oftmals einem wertkonservativ-bürgerlichen Milieu nahestanden und die »grünen Sorgen« auch und vor allem auf gebildete und kirchennahe Menschen eine große Anziehungskraft ausübten.[5] Union und *Gründungs*grüne verbanden somit von Anfang an auch gemeinsame Wurzeln und der Kampf um bürgerlich-ökologisch denkende Wähler.

Niemand personifizierte diesen Zusammenhang so sehr wie der CDU-Politiker und Bundestagsabgeordnete Herbert Gruhl. Mit seinem Umweltbestseller »Ein Planet wird geplündert«, in dem er für eine Abkehr von der Prämisse des ständigen Wirtschaftswachstums und für mehr Konsumverzicht plädierte[6], hatte Gruhl die Umweltbewegung maßgeblich geprägt. In seiner eigenen Partei, die sich wie keine andere als Begründerin des bundesdeutschen Wirtschaftswunders verstand, stießen seine Thesen hingegen auf breites Unverständnis. Die Entfremdung Gruhls von der CDU erreichte im Sommer 1978 ihren Höhepunkt, als er in einem Interview erkennen ließ, künftig nicht mehr als grünes »Feigenblatt« für seine Partei fungieren zu wollen:

»Die Tatsachen sind jetzt so, daß meine Auffassungen von den Menschen draußen im Lande aufgenommen werden, von der eigenen Partei leider jedoch nicht. Und dieser Zustand wird natürlich zu Konsequenzen führen, zu Konsequenzen eben in dem Zusammenhang, ob andere Gruppierungen mit einem neuen Geist und mit neuen Wertvorstellungen eine Politik entwickeln können, die mit den echten Erfordernissen einer künftigen Welt übereinstimmt.«[7]

Wenige Tage nach diesem Interview stellte Gruhl zudem fest, dass er sich dem baden-württembergischen SPD-Vorsitzenden und Wachstumskritiker Erhard Eppler, der selber ein erfolgreiches Buch[8] zum Thema Umwelt verfasst hatte, mittlerweile politisch näher fühle als dem CDU-Vorsitzenden Kohl.[9] So musste es – trotz einzelner Appelle von Unionskollegen, die Gruhl als »mahnendes Gewissen« in der Partei halten wollten[10] – schließlich zum Bruch zwischen der CDU und ihrem Umweltexperten kommen. Dem Parteiaustritt Gruhls und seiner Ankündigung, die Grüne Aktion Zukunft gründen zu wollen, folgten beschwichtigende und kritische Stellungnahmen aus den Reihen der Union. Sahen die einen in der neuen Partei ohnehin nur eine vorübergehende Erscheinung, die wie alle Splittergruppen alsbald »aus den Schlagzeilen verschwinden und danach ein Schattendasein führen«[11] werde, kritisierten andere wie Richard von Weizsäcker die Parteigründung gar als kontraproduktiv für den Umweltschutz.[12] In jedem Fall verzichtete die Union auf ernsthafte Bemühungen, Gruhl als Exponenten eines neuen Ökologieverständnisses in die Partei zu reintegrieren. Damit verpasste sie die Chance, sich als Volkspartei an die Spitze zumindest der wertkonservativen Teile der Umweltbewegung zu setzen. Zwar führte die spätere Linksentwicklung der Bundesgrünen, die auch Gruhl letztendlich zum Austritt veranlasste[13], tatsächlich dazu, dass sich die Partei in den 1980er Jahren elektoral nicht zu einem direkten Konkurrenten der CDU/CSU auswachsen sollte.[14] Da diese Entwicklung der Grünen im Jahr 1978 aber noch keinesfalls abzusehen war, hatte die Union mit ihrem Verhalten gegenüber Gruhl ein erhebliches Risiko in Kauf genommen. In jedem Fall erscheint es aus heutiger Perspektive bemerkenswert, dass ausgerechnet ein CDU-Politiker als Gründer der GAZ und führender »Europagrüner« zum entscheidenden Impulsgeber für die Parteiwerdung der Grünen avancierte. Reine Spekulation bleibt aber, welche Auswirkungen ein Verbleib Gruhls in der Union für die Partei selbst und die Umweltbewegung gehabt hätte.[15]

Auch wenn sich mit Gruhl der profilierteste Umweltpolitiker der Union den Grünen angeschlossen hatte, versuchte die CDU in der Folgezeit eine eigene Position zum Umweltprotest und seiner parteipolitischen Ausprägung zu entwickeln. Dabei argumentierten die Spitzenvertreter der Partei meist doppelbödig: die Anliegen der Umweltbewegung wurden als wichtig und legitim dargestellt, die Existenz und die Wahl einer grünen Partei hingegen als überflüssig bezeichnet. Vielmehr versuchte sich die Union selbst als Anlaufstelle für grüne Protestwähler zu positionieren. Vor allem CDU-Generalsekretär Geißler vertrat diese Linie offensiv. Die Garantie einer lebenswerten Zukunft, der Umweltschutz und ein generationengerechtes Wirtschaften seien sicher wichtige Themen, so Geißler Ende 1979, wenige Wochen vor dem Gründungskongress der Grünen. Aber: »Diese Themen sind auch unsere Themen. [...] Wir sind nicht an der

Regierung. Und diejenigen, die protestieren wollen gegen die politische Situation [...], sollten eigentlich CDU/CSU wählen. CDU und CSU – beide Parteien sind die eigentlichen Protestparteien, die eine klare Alternative zur jetzigen Politik der Bundesregierung bieten.«[16] Gleichzeitig gab sich die Union beim Thema Ökologie begrenzt selbstkritisch. Man müsse ernst nehmen, was die Bürger zu den Grünen treibe, hatte Kohl bereits im August 1978 verlauten lassen. Den Vorwurf, die Unionsparteien seien »Wachstumsfetischisten«, wies der CDU-Vorsitzende dabei entschieden von sich, gab aber zu bedenken, dass ohne Wachstum das soziale Sicherungsnetz zerreißen würde.[17] Kohl vertrat zudem die Ansicht, dass es sich bei den Grünen nicht nur um einen Ausdruck des Umweltprotests, sondern auch um eine Erscheinung des Zeitgeistes handelte. Vor allem junge Menschen würden sich auf der Suche nach einem neuen Lebenssinn von den etablierten Parteien abwenden. Die Wahlerfolge der Grünen seien daher »eine eindringliche Mahnung – auch an uns, die CDU/CSU –, sich verstärkt um den Dialog mit der jungen Generation zu bemühen und junge Menschen auf ihrer Suche nach geistiger Orientierung nicht allein zu lassen.«[18] Die mit Kohls Appell verknüpfte Hoffnung, bei Wahlen zumindest Teile des vermeintlichen grünen »Jugendphänomens« für die Union zu gewinnen, sollte sich in den frühen 1980er Jahren indes als unbegründet erweisen.

Als einer der ersten Unionspolitiker überhaupt nahm der Berliner Landesvorsitzende Peter Lorenz im November 1979 eine positive Würdigung der Grünen und ihrer Anliegen vor. Auf dem Landesparteitag der Berliner CDU verwies Lorenz darauf, dass es sich bei Grünen und Alternativen keineswegs ausschließlich um Systemgegner und »Spinner« handele. Diese hätten es sogar besser als die Union verstanden, »die Probleme des kleinen Mannes beim Namen zu nennen.«[19] Noch einen Schritt weiter ging drei Monate später der Landesvorsitzende der CDU Westfalen-Lippe, Kurt Biedenkopf, der die Infragestellung des quantitativen Wachstumsdenkens durch die Grünen ausdrücklich begrüßte und das erhebliche Potential der Partei hervorhob:

»Die Grünen sind ja mehr als nur eine Umwelt-Partei. Die Grünen sind möglicherweise der Kern einer politischen Bewegung, in der sich die erneuernden Kräfte des Landes versammeln, weil sie in den traditionellen Parteien keinen Bewegungsspielraum mehr sehen. Junge Leute können bei den Grünen über Wachstumsfragen diskutieren. Da brauchen sie keine Angst zu haben, daß irgendeiner kommt und sagt, das ist Wachstumspessimismus.«[20]

Mit Blick auf den Einzug der Grünen in den Landtag Baden-Württembergs im März 1980 charakterisierte Biedenkopf die Partei gar als »seriöse politische Kraft« und begrüßte sie als neuen Wettbewerber in der politischen Arena[21] – ein Ausspruch, für den er sich in den eigenen Reihen heftig kritisieren lassen musste.[22] Eine besondere Wertschätzung wurde den Grünen unterdessen von gänzlich unerwarteter Seite zuteil. Nach einem Journalistengespräch mit dem Unions-Kanzlerkandidaten Franz Josef Strauß meldete die *Deutsche Presse-Agentur (DPA)* am 19. März 1980, dieser habe dort geäußert, dass er eine Koalition der CDU/CSU mit den Grünen nicht ausschließen wolle: »Die ›Grünen‹ seien keine Partei, die für ihn ›jenseits des Rubikon‹ stehe wie DKP und NPD. Zu einer möglichen Koalition befragt, wollte Strauß ›nicht nein, auf keinen Fall, um keinen Preis‹ sagen.«[23] Auch wenn die Einlassungen des CSU-Vorsitzenden zeitlich noch vor dem Beschluss zum radikalen »Saarbrücker Programm« und dem Auszug der bürgerlichen Kräfte bei den Grünen lagen, musste das Straußsche Gedankenspiel Politik und Öffentlichkeit überraschen, hatte doch gerade die CSU die Grünen immer wieder mit aller Schärfe angegriffen. Zudem erschien es geradezu undenkbar, dass mit Strauß ausgerechnet *das* Feindbild der bundesrepublikanischen Linken als erster prominenter Unionsvertreter eine schwarz-grüne Koalition in Erwägung ziehen würde. Wie auch immer die Ernsthaftigkeit der Überlegungen Straußens zu bewerten war: mit ihnen wurde auf Seiten der Union eine erste zaghafte und kontroverse Debatte über Schwarz-Grün angestoßen, die bis zur Krise der sozial-liberalen Koalition im Jahr 1982 noch des Öfteren aufflammen sollte.

Die Äußerungen Biedenkopfs und Straußens zu den Grünen wurden in den Unionsparteien mehrheitlich negativ aufgenommen. Vor allem mit Verweis auf den steigenden Einfluss linksradikaler Kräfte in der Partei, der nach den Bundesversammlungen von Saarbrücken und Dortmund 1980 immer offensichtlicher wurde, versuchte die offizielle Parteilinie der Union die Grünen zur »roten Splitterpartei« zu degradieren. Das grüne Bundesprogramm wurde als eine »wirre Ansammlung ökologischer Bekenntnisse und marxistisch geprägter Forderungen« bezeichnet, den Grünen zudem der Vorwurf gemacht, unter dem Deckmantel eines grünen Profils »marxistisch-kommunistische Politik« durchsetzen zu wollen.[24] Dennoch wurde die Frage nach dem Verhältnis zwischen den beiden Parteien von einzelnen Unionspolitikern immer wieder ernsthaft diskutiert. So wies der Berliner CDU-Landespolitiker und enge politische Wegbegleiter von Weizsäckers, Uwe Lehmann-Brauns, in einer Studie aus dem Frühjahr 1981 darauf hin, dass dort, wo die alternative und grüne Szene »wirklich grün« wäre, beide Parteien »entfernte Verwandte« seien. So beständen zwischen den »klassischen Grünen« und der Union durchaus Verständigungsmöglichkeiten: »Hier gibt es gemeinsame Wurzeln und Anschlußstücke. Die grüne Kritik an Luststreben, Haben-Gesinnung, Quantifizierung, Zentralismus, einem veräußerlichten Lebensstil, [...] dem Bedauern über zerrissene Bindungen – ihr Werteverständnis und Therapie-Ansatz sind konservativer Denkungsart nicht fremd.«[25] Es waren Aussagen wie diese, die sogar den hessischen CDU-Spitzenkandidaten Alfred Dregger im Vorfeld der Landtagswahl 1982 dazu nötigten, zu einem möglichen schwarz-grünen Bündnis in seinem Land Stellung zu beziehen. Zwar erteilte Dregger einer Koalition eine klare Absage – die Tatsache aber, dass er ein solches Bündnis überhaupt erst ausschließen musste und der nüchterne Ton, in dem der hessische CDU-Chef eine solche Zusammenarbeit *inhaltlich* ablehnte[26], ließen erkennen, dass die Gräben zwischen Union und Grünen zu jener Zeit noch nicht unüberbrückbar waren. Allerdings schaltete Dregger nur Monate später auf einen Konfrontationskurs gegenüber den Grünen um. In einer Phase, in der der Parlamentseinzug der GAL in Hamburg die Regierungsbildung erschwerte und Umfragen auch für die Hessen-Wahl eine ähnliche Situation prognostizierten, schlug Dregger im Juli 1982 eine Vereinbarung aller Bundestagsparteien vor, die in Bund und Ländern eine Regierungsbildung ohne Unterstützung der Grünen ermöglichen sollte. Demnach sollte die stärkste Partei, sofern sie nicht über die absolute Mehrheit verfügte, die Regierungsverantwortung dadurch übertragen bekommen, dass einige oppositionelle Abgeordnete bewusst der entscheidenden Abstimmung über den Regierungschef fernblieben.[27]

Im Juli 1982 erreichte die Debatte um die christdemokratische Haltung zu den Grünen einen erstmaligen Höhepunkt. Während der baden-württembergische Ministerpräsident Lothar Späth mit Blick auf die Parlamentsarbeit der Grünen feststellte, dass mit dieser Partei eine Koalition nicht zu machen sei und auch der rheinland-pfälzische Regierungschef Bernhard Vogel »jeglichem Bündnis« mit den Grünen eine Absage erteilte, mahnte Walther Leisler Kiep zu einem offenen Umgang mit der Partei.[28] Die Bonner Parteien seien schon allzu oft als Vereinigungen aufgetreten, »deren ausschließlicher Geschäftszweck Machterhaltung oder, was die Opposition angeht, Machtgewinnung ist.« Deshalb müsse auch die CDU/CSU die »eigenen Positionen im Gespräch mit Andersdenkenden selbstkritisch«[29] überprüfen. Auch Norbert Blüm forderte die eigene Partei auf, »ohne Hysterie« auf die Grünen zuzugehen, wobei im Vorfeld einer möglichen Zusammenarbeit die Einstellung der Grünen zur Gewaltfrage unbedingt geklärt werden müsse.[30] Bis zur Regierungskrise der sozialliberalen Koalition und der Kanzlerwahl Kohls im Oktober 1982 sollten es zudem vor allem CDU-Landespolitiker aus der zweiten Reihe sein, die mit Blick auf die Situation in ihrem eigenen Bundesland über die Möglichkeiten einer schwarz-grünen Kooperation spekulierten. So fasste der Bremer CDU-Landesvorsitzende Bernd Neumann die Bremer Grüne Liste als möglichen Regierungspartner ins Auge. Auch die niedersächsische CDU-Wirtschaftsministerin Birgit Breuel lotete eine Kooperation aus und lud die Grünen Petra Kelly und Martin Mombaur – begleitet von Kritik aus den eigenen Reihen – Ende Juli 1982 zu gemeinsamen Gesprächen ein. Der niedersächsische Ministerpräsident Ernst Albrecht betonte im selben Jahr, dass die Grünen durchaus die Sympathie der CDU finden könnten, sofern es um Motive wie einen verantwortungsbewussten Umgang mit der Natur oder das Streben nach Entbürokratisierung gehe.[31]

Ein Wechsel zur Perspektive der Grünen-Partei auf eine mögliche Zusammenarbeit mit der Union zeigt jedoch, dass diese Diskussion in den frühen 1980er Jahren eher den Charakter einer Phantom-Debatte aufwies. Zwar waren die Grünen in der zweiten Hälfte der 1970er Jahre tatsächlich in erster Linie in Opposition zur sozial-liberalen Koalition entstanden, weshalb sie die Sozialdemokratie als politischen Hauptfeind betrachteten. Dies bedeutete aber keinesfalls, dass die Öko-Partei damit der Union politisch-kulturell näher gestanden hätte – im Gegenteil. Erst wenn man sich die umfassenden Gegensätze vor Augen führt, die bereits zwischen der SPD und den Grünen herrschten, ist zu ermessen, wie tief die Gräben zur CDU/CSU waren. Die Sichtweise der Grünen auf die Union hat der Publizist Reinhard Mohr, damals in der Frankfurter Spontiszene aktiv, wie kaum ein zweiter in der Rückschau auf den Punkt gebracht:

»Die CDU haben wir nicht einmal ignoriert. War die SPD zumindest als politischer Gegner oder Feind satisfaktionsfähig, so galt die CDU als Hort spießigreaktionärer

Leute von vorgestern, mit denen man sich nicht näher beschäftigen musste, denn der Sturm der Geschichte würde sowieso alsbald über sie hinwegfegen. CDU, das waren Oma und Opa aus dem Krieg, Strauß, Kiesinger und Kohl mit Hornbrille, eine Mischung aus Alt-Nazis und autoritären Provinzfiguren mit dem Mief der 50er Jahre, uncool bis auf die morschen Knochen, verbrüdert mit oberschlesischen Vertriebenenfunktionären im Trachtenjankerl, feist und mit akkurat gezogenem Seitenscheitel: Deutschland peinlich Vaterland.«[32]

Dass die Union für die Grünen noch nicht einmal als politischer Feind in Betracht kam, war nicht zuletzt generationsbedingt. Die allermeisten aktiven Grünen-Politiker hatten ihre ersten politischen Erfahrungen direkt in oder im Nachgang der 68er-Bewegung gemacht, und diese hatte sich zuvorderst als »Opposition zum ›CDU-Staat‹«[33] verstanden. Der fundamentale Gegensatz zur Union war für die Mehrzahl der Grünen-Anhänger und -Politiker daher schon biographisch »derart klar«, dass über eine Kooperation mit der Union nicht einmal gesprochen wurde.[34] Erschwerend kam hinzu, dass im Gründungsjahr der Grünen ausgerechnet Strauß Kanzlerkandidat der Union war, was die Abneigung zur CDU/CSU noch um ein Vielfaches verstärkte. Der ehemalige Grünen-Politiker und heutige *Welt*-Herausgeber Thomas Schmid beschreibt das Strauß-Bild im linken Spektrum anschaulich: »viele im linken und grünen Lager sahen damals einen bajuwarischen Post- oder Präfaschismus heraufziehen, schließlich verkörperte [...] Strauß auf geradezu idealtypische Weise die Art von Persönlichkeit, die man links von der Mitte als den hässlichen Deutschen ansah, der sich in seinem Innersten angeblich mit der Demokratie nie angefreundet hatte.«[35] Dass die Grünen im Vorfeld der Bundestagswahlen 1980 auf das von Strauß lancierte Bündnisangebot im Grunde keine Reaktion zeigten, kann vor diesem Hintergrund nicht überraschen. Schwarz-Grün konnte und durfte für die Grünen-Politiker und Mitglieder auch schon vor dem Regierungswechsel von 1982 kein Thema sein.

In den Monaten zwischen der sozialliberalen Regierungskrise und dem Beschluss zur Bundestagsneuwahl im Dezember 1982 zeigte sich eine äußerst ambivalente Einstellung der Union zu den Grünen, die auch von den Medien registriert wurde. Die *Neue Ruhr-Zeitung* berichtete von einer CDU-Strategiebesprechung im November 1982, auf der führende Unionspolitiker noch festgestellt hätten, dass sich die »Grünen in den Parlamenten [...] häufig in unvermuteter Nähe zu einigen christlichdemokratischen Positionen« befänden, so bei den Forderungen nach Entstaatlichung, mehr Markt in der Energiepolitik oder der Kürzung von staatlichen Leistungen zugunsten von mehr Eigeninitiative.[36] Auch verwies sie in diesem Kontext auf Annäherungsversuche seitens der Berliner CDU und die lobenden Worte manch anderer Unionsvertreter in den letzten Jahren:

»Als CDU-Generalsekretär hatte Heiner Geißler schon vor zwei Jahren eine Lanze für die Grünen gebrochen. Es seien ›nicht die Dümmsten und die wenig Engagierten‹, die eine ›neue vierte Partei ins Leben rufen‹. Geißler nannte es einen ›Vorteil‹, daß dadurch die Zeit zu Ende geht, in der auf FDP-Parteitagen entschieden wird, wer nach den Wahlen die Regierung bildet.‹«[37]

Die Zeitung bemängelte zudem, dass die Union nun, im Vorfeld der sich anbahnenden Neuwahlen, ihre Einstellung zu den Grünen ausschließlich von politischen Zweckmäßigkeitserwägungen leiten lasse und die offensichtlichen programmatischen Anknüpfungspunkte bewusst ignoriere – eine Tendenz, die der beginnende Wahlkampf noch verstärken werde.[38] Mit dieser Befürchtung sollte die *NRZ* Recht behalten, denn im Bundestagswahlkampf 1982/83 schwenkten die Unionsparteien tatsächlich auf einen Kurs der schroffen Ablehnung um. Hatte der CDU-Bundestagsabgeordnete Manfred Langner die Grünen-Politikerin Kelly in Bezug auf ihr Parlamentsverständnis bereits im Juli 1982 mit Joseph Goebbels verglichen[39] und damit einen viele Jahre fortdauernden Reigen an Nazi-, Faschismus- und Totalitarismusvergleichen eingeleitet, schloss sich der hessische CDU-Politiker Manfred Kanther im Januar 1983 seinem Parteikollegen mit einer ähnlichen Aussage an. Mit Blick auf die Grünen, die sich in Gesprächen mit der Hessen-SPD über eine mögliche Tolerierung befanden, sprach dieser von »faschismusähnlichen Gestalten«. Als er den darauf folgenden Protest der Grünen-Fraktion mit einem »großen Negeraufstand« gleichsetzte, war der Skandal perfekt, woraufhin der Ältestenrat des hessischen Landtags Kanthers Aussagen ausdrücklich missbilligte.[40] Die Aussagen Langners und Kanthers standen exemplarisch für den zunehmend konfrontativ-aggressiven Umgang mit den Grünen, der von nun an die Rhetorik der CDU/CSU bestimmen sollte.

Dabei stand jetzt auch eine mögliche Regierungsbeteiligung der Öko-Partei zusammen mit der SPD im Fokus. Die von der CDU im Dezember 1982 herausgegebene Studie »Die Rotgrünen« nahm Äußerungen von SPD-Politikern wie Brandt, Eppler und Oskar Lafontaine zu einer möglichen Kooperation mit den Grünen zum Anlass für die Behauptung, es drohe die Bildung einer ebensolchen Bundesregierung: »Der rotgrüne Pakt gewinnt Konturen. Es scheint, als wolle die SPD nun einen Weg aus der selbstverschuldeten Wirtschafts- und Finanzkrise ausgerechnet mit jenen Kräften finden, die wirtschaftliches Wachstums und technischen Fortschritt ablehnen«.[41] Die Kritik des CDU-Pamphlets konzentrierte sich vor allem auf die mangelnde Abgrenzung der Grünen von kommunistischen Gruppen, ihre »marxistische Kaderpolitik«, ihre basisdemokratischen Grundsätze sowie die zwiespältige Einstellung der Partei zur Gewaltfrage und warnte auf dieser Grundlage vor einem rot-grünen Chaos.[42] Ungeachtet der Tatsache, dass eine rot-grüne Koalition auf Bundesebene zu jenem Zeitpunkt weder in der SPD noch bei den Grünen ernsthaft zur Debatte stand, wurde die Kampagne gegen »Rot-Grün« zu einem wichtigen Bestandteil des CDU-Wahlkampfes.[43] Dabei hätte sich die Union, bedenkt man die zahlreichen Aussagen von Politikern aus ihren Reihen zur Grünen-Partei in den Jahren von 1979 bis 1982, zu jenem Zeitpunkt ebenso von der SPD eine gewisse Koketterie mit der schwarz-grünen »Option« vorwerfen lassen können. Der relativ offene, wenn auch kritische Umgang der Union mit den Grünen und der Perspektive einer möglichen Kooperation nahm zunächst also in dem Maße ab, wie eine Regierungsübernahme der Union im Spätsommer 1982 wahrscheinlicher wurde. Im Vorfeld der Kanzlerwahl Kohls gerieten koalitionspolitische Fragen bezüglich der Grünen fast vollends in den Hintergrund. Als Regierungspartei vollzog die Union dann im Wahlkampf 1982/83 einen Wechsel hin zu einem dezidierten Anti-Grünen-Kurs und verkehrte den bis dahin teils noch moderaten Umgangston gegenüber der Partei weitestgehend in sein Gegenteil. Es erscheint angemessen, erst hier – zumindest aus Unions-Perspektive – den Ausgangspunkt der Entwicklung von CDU/CSU und Grünen zu Antipoden des politischen Systems der Bundesrepublik zu verorten. Eine zwar polemische, letztendlich jedoch treffende Beschreibung des Verhaltens der Union gegenüber den Grünen bis zur Bundestagswahl 1983 lieferte dabei ausgerechnet das SPD-Parteiblatt *Vorwärts*. »Scheinheilig und doppelzüngig« sei die Reaktion der Union auf die Grünen gewesen: »Einmal gibt es Streicheleinheiten, dann wieder die Diffamierungspeitsche.«[44]

Auch für die Grünen verstärkte der Regierungswechsel noch einmal die Gegnerschaft zur Union. Durch die Bildung und elektorale

Bestätigung der schwarz-gelben Koalition konnte zwar der erklärte »Lieblingsgegner« der Grünen, Kanzler Schmidt, gestürzt werden. Der diesem nun nachfolgende Kohl machte aus Sicht des Gründungsgrünen Volmer die politische Lage jedoch nur noch schlimmer: »Ein entschiedener Befürworter von AKWs und Nachrüstung, ökologisch so bedarft wie sein Vorgänger, weniger liberal, die mittelrheinisch-weinselige Variante des deutschen Michels [...]. Er wollte die Errungenschaften von APO und der 68er rückgängig machen und den aktuellen bürgerlichen Protest eindämmen.«[45] Damit hatte eine für die Grünen politisch wie kulturell unannehmbare Persönlichkeit die Regierungsgeschäfte übernommen, die darüber hinaus als typisch für die gesamte Ausrichtung der Union galt. Denn einen CDU-Politiker wie von Weizsäcker sahen die Grünen lediglich als »intellektuellen Exoten in einem tiefschwarzen Verein von Rechten und Reaktionären.«[46] Dies zeigte in aller Deutlichkeit, dass die Unionsparteien für die Grünen – mit Ausnahme des Gruhl-Flügels und weniger Ökolibertärer[47] – sehr wohl von Anfang an »jenseits des Rubikon« standen.

2. Die Konjunktur des einfachen Weltbildes – Aufbau und Aufrechterhaltung der politischen Feindbilder 1983-1992

Auch wenn die Grünen in der Zeit von 1979 bis 1982 in mehrere Landesparlamente einziehen konnten und damit bereits zu diesem Zeitpunkt die Mehrheitsbildung in manchen Ländern erheblich erschwerten, glaubten zu jener Zeit große Teile der etablierten Parteien – allen voran der Union – vor dem Hintergrund der Stabilität des Dreiparteiensystems noch an ein vorübergehendes Phänomen.[48] Auch erschien nicht wenigen die Wiedereingliederung der Grünen-Bewegung in die Strukturen der etablierten Parteien als realistische Möglichkeit. In diesem Sinne fassten Klaus Gotto und Hans-Joachim Veen 1984 die bisherige Einstellung der Bonner Parteien gegenüber dem neuen Konkurrenten adäquat zusammen:

»So ist es nicht verwunderlich, daß man auf das Aufkommen der grünen Bewegung lange Zeit mit einer Mischung aus Sorglosigkeit, Geringachtung und aufgeregtem Kurzzeitinteresse reagierte. Vordringliche Fragestellungen schienen zu sein, welche positiven Anregungen überlegens- und übernehmenswert seyen, welche politischen Infizierungsgefahren für die etablierten Parteien entstehen und schließlich, welche Reintegrationsprobleme sich im Spektrum der großen Volksparteien im Zuge der Rückkehr ›verirrter‹ Grünen-Wähler ergeben könnten.«[49]

Spätestens die Bundestagswahl vom März 1983 hatte nun aber gezeigt, dass dieser Ansatz wesentlich zu kurz griff. Mit dem Parlamentseinzug der Grünen musste sich die Union jetzt auch auf der allerhöchsten politischen Ebene – persönlich wie inhaltlich – mit diesen als Macht- und Störfaktor auseinandersetzen. Die Grünen wiederum waren nach bewegten Jahren als Protest- und Bewegungspartei mit ihrem Wahlerfolg endgültig Teil des politischen Systems geworden und sahen sich im parlamentarischen Alltag nun ebenfalls direkt mit den von ihnen verfemten »Wachstums- und Betonparteien« konfrontiert. Das Aufeinandertreffen der Fraktionen von CDU/CSU und Grünen im zehnten Bundestag verdeutlichte wie in einem Brennglas die tiefgreifenden kulturellen und politischen Differenzen zwischen den Parteien, wobei die hier erfolgten Attacken das schwarz-grüne Verhältnis noch für längere Zeit belasten sollten.

2.1 Der Kulturschock –
Union und Grüne im zehnten Deutschen Bundestag

Schon die erste Begegnung der Fraktionen von Union und Grünen in der konstituierenden Sitzung des Deutschen Bundestags Ende März 1983 kam für beide Seiten einem massiven Kulturschock gleich. Mit einer Tanne über der Schulter und Blumentöpfen in den Händen hatten die grünen Abgeordneten einen Demonstrationsmarsch durch Bonn in Richtung des Parlaments veranstaltet und Kanzler Kohl anschließend im Plenarsaal einen Tannenzweig überreicht. Durch ihr äußeres Erscheinungsbild, das zum Teil durch lange Bärte, Latzhosen und Strickpullis geprägt war, setzten sich die Ökologen zudem deutlich von den Mandatsträgern der anderen Parteien ab, womit sie bei ihren Kollegen, insbesondere der Union, weitestgehend auf Befremden stießen.[50] Bereits die Vereidigung Kohls, der die Grünen-Abgeordneten demonstrativ fernblieben, sorgte für einen ersten – wohl kalkulierten – Eklat. Christdemokraten und Grüne warfen sich gegenseitig eine hasserfüllte Atmosphäre vor. Kohl hatte im Bundestag in Richtung der Grünen-Fraktion gesagt: »Sie sind mit Blumen hierher gekommen, aber Sie haben viel Hass gesät, in diesen Tagen, in diesem Deutschen Bundestag.«[51] Hubert Kleinert, ein Mitglied der ersten grünen Bundestagsfraktion, beschrieb diese Situation in der Rückschau wie folgt:

»Natürlich sind wir für die meisten hier Fremdkörper, erst recht in unserem schlabberigen Alternativaufzug. Als wir am Abend der Kanzlervereidigung dann auch noch das Weite suchen, kommt so etwas wie Haß auf. Jetzt ist deutlich zu spüren, welche Aggressionen sich den Tag über aufgestaut haben. Nur knapp geht es in mancher Szene an Handgreiflichkeiten vorbei.«[52]

Ein wechselseitiges »Gefühl tiefer kultureller Fremdheit«[53] war somit zunächst das einzige, was Union und Grüne miteinander verband. Dem Magazin Pflasterstrand beschrieb Fischer – zuvor zum Parlamentarischen Geschäftsführer der Grünen-Fraktion gewählt – im April 1983 seine diesbezüglichen Gefühle mit drastischen Worten. Der Bundestag käme ihm wahlweise wie eine »steife Krähen-« oder »Alkoholikerversammlung« vor, die Zusammentreffen mit Unionsvertretern empfinde er als eine Art »Feindbegegnung«. Hierfür beispielhaft war seine Einstellung gegenüber dem Vorsitzenden der CDU/CSU-Fraktion: »Beim Dregger habe ich einen Schock gekrigt, am liebsten wäre ich wieder rausgegangen. Es war eine körperliche Reaktion, ich bin richtig zurückgeprallt.« Fischers Ausblick bezüglich einer parlamentarischen Zusammenarbeit der beiden Fraktionen fiel dementsprechend nüchtern aus: »Daß zwischen der CDU/CSU und den Grünen nicht viel geht, ist klar.«[54] War schon das Verhältnis der Öko-Fraktion zu Sozial- und Freidemokraten von Spannungen geprägt, kam es, so Kleinert, vor allem bei Begegnungen mit den »Abgeordneten aus der Christenunion« immer wieder zu Ausfällen: »Übelste und unflätigste Beschimpfungen innerhalb wie außerhalb des Parlamentsplenums, Beleidigungen und Drohungen aller Art.«[55] Die gegenseitige Bekundung tiefer Abneigung sollte von nun an zum stetigen Umgangston gehören und die Beziehung zwischen Schwarz und Grün im Bundestag über die gesamte Legislaturperiode bestimmen. Wie sehr hier sowohl habituell als auch politisch zwei völlig unterschiedliche Lebenswelten aufeinandertrafen, vermögen drei Beispiele aus den ersten zwei Jahren der Wahlperiode besonders gut zu veranschaulichen.

Den Auftakt zu einer Reihe bemerkenswerter Konflikte zwischen den Parlamentsneulingen und den etablierten Unionsabgeordneten machte im Mai 1983 die Feministin Waltraud Schoppe. Im Rahmen der Aussprache zur Regierungserklärung Kohls sprach die Abgeordnete der Grünen zum kontroversen Thema des Schwangerschaftsabbruchs und verlangte die ersatzlose Abschaffung des Paragraphen 218 StGB. Schoppe bezog sich ihrer Rede jedoch nicht nur auf den Aspekt der Abtreibung, sondern thematisierte allgemein die aus ihrer Sicht unhaltbaren Zustände im Rollen- und Geschlechterverständnis der westdeutschen Gesellschaft, die überkommenen sexuellen Moralvorstellungen und die »fahrlässigen Penetrationen« deutscher Ehemänner.[56] Schon der Ausspruch von den »fahrlässigen Penetrationen« hatte im weitestgehend männlichen Plenum für große Erheiterung gesorgt. Doch als Schoppe auch noch die Strafbarkeit der Vergewaltigung in der Ehe und die Einstellung des »alltäglichen Sexismus« im Parlament forderte, »glich der Bundestag einem Tollhaus.«[57] Vor allem die CDU/CSU tat sich mit abschätzigen Zu- und Zwischenrufen hervor, das Plenarprotokoll verzeichnete anhaltendes Gelächter bei den Regierungsfraktionen.[58] Für die konservative und männerdominierte Union schienen die offensiv vorgetragenen Forderungen Schoppes schlicht unverständlich und in jedem Fall nicht für eine ernsthafte Beratung im Plenum geeignet zu sein.

Hatten Schoppes Ausführungen trotz des an sich ernsten Themas noch teils erhebliche Belustigung auf Seiten der Union hervorgerufen, zeigte ein Konflikt zum außenpolitischen Kurs der Bundesrepublik im Juni 1983 endgültig, dass das Verhältnis zwischen den Fraktionen von CDU/CSU und Grünen bereits nach nur wenigen gemeinsamen Wochen im Parlament zerrüttet war. In einem Spiegel-Interview hatte Fischer einen Zusammenhang zwischen der Rüstungspolitik der NATO und dem Vernichtungslager Auschwitz hergestellt.[59] Dies nahm Geißler, aus Sicht der Grünen »damals an Boshaftigkeit kaum zu übertreffender CDU-Generalsekretär«[60], zum Anlass zu behaupten, dass ein Pazifismusverständnis wie das der Grünen den NS-Völkermord maßgeblich bedingt habe: »Der Pazifismus der 30er Jahre, der sich in seiner gesinnungsethischen Begründung nur wenig von dem unterscheidet, was wir in der Begründung des heutigen Pazifismus zur Kenntnis zu nehmen haben, dieser Pazifismus der 30er Jahre hat Auschwitz erst möglich gemacht.«[61] Der Vergleich Geißlers sorgte nicht nur bei den Grünen für erhebliche Verstimmung. Dementsprechend scharf fiel die Gegenreaktion Fischers im Bundestag aus. Hier verwahrte sich der spätere Außenminister nicht nur gegen den Vorwurf, er habe eine Analogie

III. Von Erzfeinden zu Bündnispartnern 83

zwischen der gegenwärtigen »Hochrüstungspolitik« und dem Holocaust gezogen, sondern lehnte auch die Geißlersche Pazifismus-Kritik rigoros ab. Zudem griff er die Union an einer besonders empfindlichen Stelle an:

»Sie reden in der Union gegenwärtig immer soviel vom Erbe, sie sollten sich diesem Erbe endlich einmal stellen. Die deutsche Rechte wird niemand aus ihrer Verantwortung für den Völkermord in Auschwitz herausreden, auch sie nicht, Herr Geißler. Dieses Erbe, das Ihre Partei immer geflissentlich übersieht, hat sich ja in die westdeutsche Nachkriegsrepublik herübergerettet. Die Globkes, Oberländers, Vialons, Kiesingers und Filbingers hat es ja wohl wirklich gegeben«.[62]

Nun war die Empörung auf Seiten der Union schier grenzenlos. Das Plenarprotokoll des Bundestages hielt als unmittelbare Reaktion auf die Rede Fischers nicht nur zahlreiche Pfui- und Zwischenrufe, sondern auch die Beschimpfung des Redners als unverschämtem Lümmel aus den Reihen der Union fest.[63] Auch die Regierungsbank zeigte sich schockiert. Es sollte nicht die letzte gezielte Provokation der CDU/CSU-Fraktion durch Fischer bleiben.

Die Animositäten zwischen den Bundestagsfraktionen erreichten einen bis heute unvergessenen Höhepunkt im Oktober 1984. In der Debatte um eine Auslandsreise Kohls hatte der Grünen-Abgeordnete Reents zum Werdegang des Kanzlers festgestellt, dass »dessen Weg an die Spitze seiner Fraktion und seiner Partei [...] von Flick freigekauft«[64] worden sei. Unter dem Beifall der Regierungsfraktionen schloss Bundestagsvizepräsident Richard Stücklen Reents daraufhin von der Sitzung aus. Als die Grüne Christa Nickels gegen dieses Vorgehen protestieren wollte, drehte Stücklen ihr das Mikrofon ab. Dagegen wiederum erhob Fischer vehementen Einspruch, der ihm einen ersten Ordnungsruf einbrachte. Als dieser sich auch danach nicht beruhigen wollte, erteilte der Bundestagsvizepräsident ihm noch einen zweiten Ordnungsruf und schloss ihn anschließend von der Sitzung aus, woraufhin Fischer sich zu einem mittlerweile geflügelten Wort hinreißen ließ: »Mit Verlaub, Herr Präsident, Sie sind ein Arschloch.«[65] Der Vorfall fand breite Resonanz in der Öffentlichkeit. Dabei wurden sowohl Stücklen als auch Fischer von ihrer jeweiligen Partei bejubelt, schließlich hatte der Disput die grundsätzlichen Unterschiede zwischen Union und Grünen für jedermann vor Augen geführt, wie Kleinert anmerkt: »Jeder für sich hatte die demonstrativen

Abgrenzungsbedürfnisse von Teilen ihrer jeweiligen Wählerklientel symbolhaft zum Ausdruck gebracht.«[66]

In der Parlamentsarbeit des zehnten Deutschen Bundestages zeigte sich von nun an ein stets wiederkehrendes Muster. Während die Grünen mit allen Mitteln der Provokation versuchten, die Protestformen der »Neuen sozialen Bewegungen« in den Bundestag zu tragen, bemühte sich die Union, die althergebrachten Abläufe und parlamentarischen Gepflogenheiten zu bewahren. Die vielen ungewöhnlichen Aktionsformen der Grünen-Fraktion stellten die Union diesbezüglich vor eine große Herausforderung. Viele Unionsvertreter äußerten die Befürchtung, dass die Bürger der Bundesrepublik durch die ungewöhnlichen Auftritte der Grünen den Glauben an Demokratie und Parlamentarismus verlieren könnten.[67] Dass die Union die Grünen in diesem Kontext auch mit den antidemokratischen Kräften der Weimarer Zeit verglich und als Sicherheitsrisiko[68] darstellte, rief wiederum scharfen Protest und Drohungen der Grünen hervor: »Schlaflose Nächte werden die Grünen im Bundestag denjenigen Geschichtsfälschern bereiten, die [...] die Grünen mit den nationalsozialistischen Mörderbanden und Kriegsverbrechern vergleichen wollen«[69], hieß es in einer Pressemitteilung der grünen Bundestagsfraktion. Auf allen Ebenen der parlamentarischen Arbeit herrschte somit eine aggressive Atmosphäre vor, die Rhetorik fiel dementsprechend barsch aus. Auch wenn sich die Grünen im Laufe der Zeit in Ton und Auftreten immer mehr mäßigen sollten, blieb das Verhältnis zwischen den beiden Fraktionen auch in der zweiten Hälfte der Legislaturperiode sowie im elften deutschen Bundestag weiterhin stark angespannt.

2.2 Inhaltliche Gräben und politische Kampagnen 1983-1987

Dass sowohl Union als auch Grüne das Forum des Bundestags dazu nutzten, um sich für Öffentlichkeit und Wähler gut sichtbar voneinander abzugrenzen, war mit Blick auf die Wertvorstellungen der jeweiligen Wählermilieus nur allzu verständlich. Das Sozialwissenschaftliche Forschungsinstitut der Konrad-Adenauer-Stiftung hatte in einer groß angelegten Studie im Jahr 1984 die Wähler von CDU/CSU und Grünen verglichen und war dabei zu eindeutigen Ergebnissen gekommen. Demnach meinten rund zwei Drittel der Grünen-Anhänger, dass Dinge wie Toleranz, Chancengleichheit, Solidarität, Zärtlichkeit, Kinder,

III. Von Erzfeinden zu Bündnispartnern 85

Gleichberechtigung und Freundschaft in der Gesellschaft zu stark vernachlässigt würden. Zu viel würde dagegen für die Verwirklichung von Werten wie Wohlstand (71 Prozent), Fleiß (53), persönlichem Eigentum (44), Pflichtbewusstsein (44), Recht und Ordnung (42) sowie Nationalbewusstsein (34) getan. Bemerkenswert ist dabei, dass gerade die letztgenannten sechs Aspekte, die von den Grünen-Wählern überaus kritisch gesehen wurden, für Unions-Anhänger besonders wichtig waren, ja gar als positive Schlüsselkategorien der christdemokratischen Wählerschaft angesehen werden konnten.[70] Die Wertvorstellungen der Elektorate von CDU/CSU und Grünen standen sich Mitte der 1980er Jahre demnach fast spiegelbildlich gegenüber. Auch dass sich die Union als staatstragende Partei und die Grünen als vornehmlich systemoppositionelle Kraft verstanden, korrespondierte mit den Einstellungsmustern der Anhänger. So ließ die große Mehrheit der Unions-Wähler in selbiger Umfrage ihr Vertrauen in Institutionen wie Parteien (53 Prozent), Regierungen/Parlamente (69), Gerichte (67), Polizei (73) und Bundeswehr (69) erkennen, während die Zustimmungswerte der Grünen-Wählerschaft zu diesen Institutionen allesamt und zum Teil deutlich unter einem Drittel lagen.[71] Auch hier zeigte sich eine Symmetrie der Gegensätzlichkeit. Die großen Differenzen im politischen Habitus und in der Ausrichtung der eigenen Wählermilieus waren jedoch bei weitem nicht die einzigen Faktoren, die die Entfremdung zwischen Union und Grünen bedingten. Hinzu kamen schlicht unüberbrückbare Gegensätze bei den politikinhaltlichen Vorstellungen (1) sowie die aus wahltaktischen Beweggründen von Seiten der Union gestarteten Anti-Grünen-Kampagnen (2), die das Verhältnis stark belasteten. So kam es in den 1980er Jahren von beiden Seiten zum Aufbau der noch lange nachwirkenden politischen Feindbilder, während zur selben Zeit nur sehr vereinzelt Annäherungs- und Verständigungsversuche durch Politiker beider Seiten gestartet werden sollten (3).

(1) Natürlich konnten auch in den 1980er Jahren schon einige abstrakte Bereiche benannt werden, bei denen sich christdemokratische und grüne Politikvorstellungen im Grundsatz nahezustehen schienen, so zum Beispiel bei der Kritik an Wohlfahrtsstaat und Bürokratie oder dem Stichwort der Subsidiarität.[72] Auf den konkreten Feldern der Außen- und Sicherheits-, Energie-, Wirtschafts- oder Gesellschaftspolitik standen sich die beiden Parteien jedoch nahezu unversöhnlich gegenüber. Schon bei ihrer ersten Rede im Bundestag im Mai 1983 hatte die Grünen-Fraktionssprecherin Marieluise Beck festgestellt, dass sich ihre Partei in »praktisch

jeder politischen Frage«[73] im inhaltlichen Gegensatz zur Regierung Kohl befände – eine zutreffende Einschätzung. Denn der »natürliche Antipode« der Grünen konnte mit Blick auf die verschiedenen Wurzeln der Öko-Partei nur die Union sein. Dazu führt Hubert Kleinert aus:

»Sie war die Partei des Materialismus, der Marktwirtschaft, der Autorität, der klassischen Tugenden. Sie achtete auf Konvention und Moral, auf Nationalstolz und Amerikafreundschaft. Sie warnte vor ›Überfremdung‹, betonte die Notwendigkeit verbindlicher Werte und sah sich im Widerstand gegen eine allzu weit reichende gesellschaftliche Libertinage.«[74]

Wie sehr sich die konkrete Programmatik der Grünen und der Union zum damaligen Zeitpunkt unterschieden, veranschaulicht exemplarisch ein Papier des CDU-Politikers und Parlamentarischen Staatssekretärs Ottfried Hennig aus dem August 1984. Die Argumentationshilfe setzte sich kritisch mit dem Grünen-Bundesprogramm auseinander und wies vor allem auf die vermeintlichen Folgen seiner Umsetzung hin. Die außen- und sicherheitspolitischen Vorstellungen der Grünen, darunter die Auflösung der NATO, die einseitige Abrüstung und der Abbau der Bundeswehr, würden Deutschland »zur leichten Beute der Sowjets« machen.[75] Die grünen Forderungen nach einer Streichung der Schulden von Entwicklungsländern, nach Wachstumsverzicht, der Einführung der 35-Stunden-Woche bei vollem Lohnausgleich, der Abschaffung der Wettbewerbswirtschaft und der Entflechtung von Großkonzernen würde den deutschen Staat zudem in den finanziellen und wirtschaftlichen Ruin treiben.[76] Die gesellschaftspolitischen Vorhaben der Grünen wie eine »Scheidungserleichterung für Lesben«, das Ermöglichen der »Selbstdarstellung der Homosexuellen in den Medien«, die ersatzlose Streichung der §§ 175 und 218 StGB oder die »kostenlose Abgabe von Verhütungsmitteln« lehnte das Hennig-Papier ebenso rigoros ab, da sie zu einem »Staat ohne Moral« führen würden.[77]

Auch beim Identitätsthema der Grünen, der Atompolitik, standen sich beide Parteien diametral gegenüber. Die stetig wiederkehrende Forderung der Grünen nach einer Abschaltung aller deutschen Kernkraftwerke und dem Abbau sämtlicher kerntechnischer Anlagen erfuhr von der Union stets raschen Widerspruch. Da die öffentliche Stromversorgung maßgeblich von der Atomkraft abhänge, sei sie keinesfalls »durch alternative Energie-Hirngespinste zu ersetzen«, so der forschungspolitische

Sprecher der Unionsfraktion Christian Lenzer. Die deutschen Kernkraftwerke seien zudem sicher und umweltfreundlich, weshalb die Forderung der Grünen nur ein weiterer Beweis für deren Politikunfähigkeit sei.[78] Dass Fischer in Bezug auf die Deutschlandpolitik eine Wiedervereinigung ablehnte und sich vielmehr – sollte sich die Menschrechtslage im Ostblock entspannen – ein den deutsch-österreichischen Beziehungen entsprechendes Verhältnis der Bundesrepublik zur DDR wünschte[79], konnte bei der Union ebenfalls nur auf schroffe Ablehnung stoßen. Ebenso für Empörung auf Unionseite sorgte ein Schreiben der Grünen-Abgeordneten Antje Vollmer und Christa Nickels an hungerstreikende RAF-Häftlinge vom März 1985, in dem die Politikerinnen diese als »politische Gefangene« bezeichneten und einen Gefängnisbesuch erbaten.[80] Der CDU-Politiker Bernhard Worms sprach in einer Reaktion auf die Initiative der Grünen-Politikerinnen von »geistiger Mittäterschaft« an den terroristischen Verbrechen der RAF.[81]

Besonders scharf aber griff die Union jene Tendenzen bei den Grünen an, die einvernehmliche sexuelle Handlungen zwischen Erwachsenen und Kindern legalisieren wollten. Die grünen Landesverbände in Nordrhein-Westfalen und Baden-Württemberg hatten 1985 demensprechende Forderungen aufgestellt und waren damit in weiten Teilen der Öffentlichkeit auf scharfe Kritik gestoßen. Die Union wusste diese Fehltritte auszunutzen und beschuldigte die Grünen nun immer wieder, sie würden das »Kind als Lustobjekt freigeben«[82]. Ähnlich groß war die Empörung auf Seiten der CDU/CSU beim Vorschlag des Grünen-Bundestagsabgeordneten Herbert Rusche vom Oktober 1985, Drogen wie Haschisch, Marihuana oder LSD zu legalisieren. Im Zusammenhang mit den Vorstößen zur Straffreiheit sexueller Beziehungen zwischen Kindern und Erwachsenen charakterisierte die Union Rusches Vorstellungen als einen neuen »Höhepunkt im abstrusen Weltbild der Grünen, das immer gespenstischer anmutet.«[83]

Im Grunde brachte letztere Aussage auch die Bewertung des programmatischen Gesamtpakets der Grünen in Unionskreisen auf den Punkt – eine Partei, die Westbindung, Marktwirtschaft, Einheitsgebot und Atomkraft ablehnte und gleichzeitig für ein straffreies und von der Krankenversicherung abgedecktes Recht auf Abtreibung eintrat, konnte für die Christdemokratie der 1980er Jahre tatsächlich nur ein abstruses Weltbild vertreten. Denn die Grünen lehnten »aus Sicht der Union all das ab, was das Wesen und den Erfolg der Bundesrepublik konstituierte«[84].

Andersherum gewendet standen CDU und CSU aus Sicht der Grünen für all jene Glaubenssätze, die in Deutschland und der Welt Unterdrückung, soziale Ungleichheit, Kriegsgefahr und Umweltzerstörung begünstigten. Es fehlten somit die einfachsten Grundlagen für gemeinsame politische Initiativen. Das von den Grünen im Mai 1986 verabschiedete Wahlprogramm, welches nach einer Phase scheinbarer programmatischer Mäßigung erneut radikale innen- wie außenpolitische Forderungen erhob, verfestigte diese Konstellation noch einmal aufs Neue und verhinderte bis zum Ende der 1980er Jahre selbst die Herausbildung eines politischen Minimalkonsens zwischen Union und Grünen.[85]

(2) Mit der gemeinsamen Verabschiedung eines Teil-Haushaltes durch die Stimmen von SPD und Grünen in Hessen im Januar 1983 und dem im Juni 1984 vereinbarten Tolerierungsbündnis zwischen den Parteien war die Gefahr rot-grüner Mehrheitsbildungen für die Union schlagartig real geworden. Die CDU reagierte auf diese Verschiebungen im politischen Machtgefüge mit der so genannten »Lagertheorie«, die für das Parteiensystem künftig ein Ringen zwischen einem rot-grünen und einem liberal-konservativen Lager um die Wählerschaft vorhersah. Der Desavouierung der Grünen-Partei kam dabei eine Schlüsselfunktion zu, um die Mehrheitsfähigkeit des schwarz-gelben Lagers abzusichern. Da Mitte der 1980er Jahre noch über die Hälfte der SPD-Wähler einem Bündnis mit den Grünen skeptisch oder ablehnend gegenüberstand, wollte die Union möglichst oft eine Nähe zwischen SPD und Grünen suggerieren, rot-grüne Koalitionen als realistisches Szenario erscheinen lassen und somit sozialdemokratische Wechselwähler in das eigene Lager hinüberziehen.[86] Gleichzeitig sollten zahlreiche Verbalattacken und politische Kampagnen gegen die Öko-Partei diese in der Öffentlichkeit abwerten und somit indirekt auch die SPD als möglichen grünen Bündnispartner diskreditieren. Zusammenfassend und treffend kommentierte die *Zeit* diese Vorgehensweise und die Arbeitsteilung zwischen den Unionsspitzen: »Geißler, der Fachmann fürs Grobe; Kohl, der besorgte Warner; beide intonieren das Hauptwahlkampfthema der CDU für die kommenden Monate und Jahre: die rot-grüne Gefahr. Die Grünen werden geprügelt, die Sozialdemokraten sollen mitgetroffen werden«[87].

Ein grundlegender Baustein in dieser maßgeblich von Generalsekretär Geißler entworfenen Strategie bildeten die zahlreichen Versuche von Unionspolitikern, den Grünen wahlweise kommunistisches oder faschistisches Gedankengut, in jedem Fall aber eine grundsätzlich

III. Von Erzfeinden zu Bündnispartnern 89

antidemokratische Einstellung zu unterstellen. So glaubte der JU-Bundesvorsitzende Matthias Wissmann mit Blick auf die »Blut-Spritz-Attacke« eines hessischen Landtagsabgeordneten der Grünen auf einen US-General vom August 1983 »Elemente eines neuen Faschismus«[88] bei der Partei erkennen zu können. CDU-Sprecher Wolter von Tiesenhausen zog Parallelen zwischen dem Aufkommen der NPD in den 1960er Jahren und der Grünen-Bewegung. Beide seien als Protestbewegungen entstanden, hätten ein gespaltenes Verhältnis zur Gewaltfrage und vermieden die Sachauseinandersetzung. Während die Union damals jedoch jegliche Zusammenarbeit mit der NPD abgelehnt habe, ließe sich die SPD bereitwillig auf »das Bündnisspiel« mit den Grünen ein.[89] Auch Stefan Schnell, Sprecher der CDU/CSU in der EVP-Fraktion, rückte die Öko-Partei in die Nähe der NS-Bewegung und sprach im Oktober 1984 von den »Pöbeleien der Grünhemden« im Bundestag und im Europaparlament. Das »Chaotentum« der Grünen erinnere ihn »an die Zerstörung der Demokratie im Jahre 1933 durch totalitäre Abenteuer, Nazis und Kommunisten«[90]. Generalsekretär Geißler sprach im Zusammenhang mit dem Politikstil der Grünen gar von »faschistoid-mythischen Ritualen«.[91] Dass der CDU-Politiker und Staatsrechtler Rupert Scholz zur selben Zeit sogar dafür plädierte, die Grünen-Partei vom Bundesverfassungsgericht verbieten zu lassen, und andere in der Unionsspitze zumindest eine verstärkte Überwachung der Partei durch den Verfassungsschutz einforderten, erscheint vor dem Hintergrund dieser Aussagen nur folgerichtig.[92]

Wurden die Grünen also mit Blick auf die Missachtung parlamentarischer Spielregeln in den Dunstkreis des Faschismus gezogen, gab sich die Union – allen voran ihr Generalsekretär – auf der politikinhaltlichen Ebene allergrößte Mühe, die Grünen als »öko-marxistische Radikalopposition«[93] dem Bereich des linksextremistischen Spektrums zuzuordnen. Die so betitelte und von der CDU Ende 1984 herausgegebene Studie warf den Grünen eine Verachtung des Rechtsstaats sowie eine »Unterwerfungspolitik gegenüber der Sowjetunion« vor und warnte eindringlich vor einem Niedergang Hessens durch das »grün-rote Modell«.[94] Die Grünen reagierten mit scharfer Gegenkritik. Geißler mache mit seinen Äußerungen seinem Ruf als »Oberdemagoge der Nation« alle Ehre. Die von ihm vorgestellte Studie sei lediglich »ein Sammelsurium polemischer Plattitüden aus der Mottenkiste der Diffamierung«, da die Union »Buhmänner und Feindbilder« benötige, um von den Misserfolgen der eigenen Politik abzulenken. Die Grünen bräuchten »keine Belehrung über Demokratie und Rechtsstaat von Leuten, deren eigenes Rechtsbewusstsein dermaßen verludert sei.«[95] Mahnende Worte des Geißler-Vorgängers Biedenkopf, der CDU-nahen Studentenvereinigung RCDS oder des Bonner CDU-Oberbürgermeisters Hans Daniels, zu einer konstruktiven Diskussion über den Charakter der Grünen-Partei und ihrer Ziele zurückzukehren, führten zu jenem Zeitpunkt in der Union nur ein Schattendasein.[96] Dementsprechend hielt die CDU/CSU – insbesondere nach der Bildung der ersten rot-grünen Koalition in Hessen 1985 – auch in den folgenden Jahren an ihrer strategischen Linie fest. Vor allem im Vorfeld der Bundestagswahl 1987 verstärkte die Union ihre diesbezüglichen Bemühungen. Mit immensem Aufwand spulten die Christdemokraten im Wahlkampf vom Mai 1986 bis Januar 1987 eine dreiteilige Broschüren-Kampagne ab, die die Grünen als kommunistisch unterwanderte, staatlich alimentierte und gewalttätigte Partei darzustellen versuchte.

Den Anfang machte die Studie »Die Kader der Grünen«. Minutiös rekonstruierte die Analyse die politische Herkunft von 65 grünen Amts- und Mandatsträgern, die einmal im linksterroristischen Unterstützermilieu, den K-Gruppen oder der DKP aktiv gewesen waren. Zwar sei es, so die Autoren, »sicherlich falsch, wenn man behauptet, daß alle Grünen oder die Grüne Partei als Ganzes linksextremistisch wären.«[97] Jedoch sei die Unterwanderung durch ehemalige Kommunisten in einem solchen Ausmaß gelungen, dass zweifelsohne ein gewisses Gefahrenpotenzial für die Bonner Demokratie vorhanden wäre. Vor allem der SPD und ihrem Kanzlerkandidaten Johannes Rau müsse es daher »peinlich sein, wenn die Bürger erfahren, wem sie sich in Bund und Ländern anbiedern, mit wem sie zusammenarbeiten und sogar Koalitionen schließen.«[98] Die Grünen antworteten darauf in einer Pressemeldung unter dem Pseudonym »Zentralkomitee der Russenknechte im Deutschen Bundestag« nur mit beißender Satire. Es sei demnach unwahr

»daß, nachdem die Grünen die absolute Mehrheit bekommen haben, Horden frauenschänderischer, schlitzäugiger Mongolen hinter der Berliner Mauer auf die Deutschen warten. Wahr dagegen ist, daß es sich bei diesen Bataillonen aus dem Lande Sibir um mindestens 50 % männermordender schlitzäugiger Mongolinnen handelt. Es ist unwahr, daß die amerikanischen Raketen und die neuen Giftgaspläne der Amerikaner eine Gefährdung der Bevölkerung darstellen. Wahr dagegen ist, daß die Grünen inzwischen auch die Amerikaner unterwandert haben und es

III. Von Erzfeinden zu Bündnispartnern   91

sich hier um Theaterdekorationen handelt, mit der die Grünen billige Wahlkampfpropaganda betreiben wollen.«[99]

Die Öffentlichkeit nahm die Initiative der Union teils mit Verwunderung zur Kenntnis, da die Tatsache, dass viele Angehörige der Grünen dem linksextremistischen Umfeld entstammten, schon seit der Gründung der Öko-Partei 1980 hinlänglich bekannt gewesen war. Der Weser-Kurier sah hierin nicht zu Unrecht ein Zeichen für eine wachsende Nervosität im Lager der Union. Denn diese treibe nun, vor den Wahlen in Niedersachsen, Bayern, Hamburg und im Bund »vor allem die Sorge um den Wählermeinungstrend [um], der der Ökologenpartei nach Tschernobyl neue Kräfte zugeführt hat.«[100] Unterdessen empfahl der Bundesgeschäftsführer der Grünen den Landes-, Kreis- und Ortsverbänden seiner Partei im August 1986, mit Strafanzeigen und einer besseren Mobilisierung der eigenen Mitglieder auf die »Schmutz-Kampagne der CDU/CSU« zu reagieren, da diese »keine Lügen, keine noch so bösartigen Unterstellungen oder Verdrehungen, keine noch so harte Verleumdung [scheue], um uns in der Öffentlichkeit zu diffamieren«.[101]

Auch die Finanzpraxis der Grünen nutzte die Union in einer zweiten Broschüre im Oktober 1986 für einen politischen Angriff. Die ebenfalls im Auftrag der CDU/CSU-Fraktion herausgegebene Dokumentation »Grüne und Geld« warf der Partei vor, dass sich diese vornehmlich mit Hilfe der staatlichen Wahlkampfkostenerstattung refinanzierte. Die Partei verstoße permanent gegen den vom Bundesverfassungsgericht entwickelten Grundsatz des Verbots einer überwiegenden Staatsfinanzierung und tue sich darüber hinaus durch eine Zweckentfremdung der Parteigelder für grüne »Sympathisantenfonds« hervor. Die Studie kritisierte, dass die grünen Mandatsträger einen erheblichen Teil ihrer Diäten an so genannte »Öko-Fonds« abtraten. Denn damit würden die Grünen »das Protest- und Alternativmilieu aus Parteigeldern« subventionieren und die eigene Klientel mit »Staatsknete« versorgen: ihr Verhalten lasse somit »unwillkürlich an den Straftatbestand der Wählerbestechung denken«.[102] Abgerundet wurde die publizistische Kampagne gegen die Grünen durch die wenige Wochen vor der Bundestagswahl 1987 veröffentlichte Broschüre »Grüne und Gewalt«. Hier thematisierte die Union das schwierige Verhältnis der Grünen zum eigenen Grundsatz der Gewaltfreiheit und zum Gewaltmonopol des Staates. Auch vor dem Hintergrund der gewalttätigen Ausschreitungen bei den Protesten in Wackersdorf listete die umfangreiche Dokumentation Aussagen von grünen Politikern und Programmen auf, die Gewalt gegen Sachen oder sogar Personen legitimierten. Die Studie weise nach, dass »Teile der Grünen Gewalt nicht konsequent ablehnen, sondern von Fall zu Fall als ein legitimes Mittel der Politik ansehen; Verstöße gegen Gesetze befürworten; Gewalt gegen Sachen nicht ablehnen; manchem Terroristen mit Sympathie begegnen.«[103] Auch wenn die Studie an manchen Stellen übertrieben und einige Fallbeispiele konstruiert wirkten, war der Vorwurf an die Grünen, dem eigenen Anspruch der Gewaltfreiheit nicht immer gerecht zu werden, durchaus nicht unbegründet. So gab es immer wieder Landesverbände wie zum Beispiel die Alternative Liste Berlin, die eine Absage an die Militanz im Kampf gegen den Staat scheuten und den außerparlamentarischen Bewegungen ein Widerstandsrecht zuerkannten. Nämlich dann, so damals Hans-Christian Ströbele, »wenn das staatliche Gewaltmonopol gerade nicht Recht, Frieden und Gleichheit aller Bürger gewährleistet«. Dann seien »auch illegale, aber gleichwohl legitime Aktionen wie Haus-, Bauplatz- oder Betriebsbesetzungen und Demonstrationen, auch wenn sie verboten sind«, erlaubt.[104] Demnach bedeutete der den Grünen eigene Grundsatz der Gewaltfreiheit nicht, dass sozialer Widerstand in Form von Sitzstreiks, Wegsperren oder der Behinderung von Einsatzfahrzeugen illegitim wäre. Auch die Gewalt gegen Dinge galt bei vielen Grünen-Politikern als angebrachte Form des Protests.[105] Dennoch reagierten die Grünen auch auf diesen Vorwurf der CDU – wie schon mehrmals zuvor – mit großer Empörung und öffentlichen Dementis.

Die Konflikte zwischen Grünen und Union im Wahlkampf 1986/87 hatten endgültig gezeigt, dass sich beide Parteien nun als die eigentlichen Gegenspieler im Parteiensystem verstanden. Die Auseinandersetzung zwischen SPD und Grünen enthielt, obgleich beide Parteien teils um ein ähnliches Wählermilieu kämpften, zu jener Zeit nicht annähernd so viel Konfliktpotenzial wie das schwarz-grüne Verhältnis. Dies war nicht zuletzt eine Folge der machtstrategischen Gesamtlage: die SPD, allen voran Lafontaine, versuchte sich seit Mitte der 1980er Jahre in der Umwelt- und Außenpolitik langsam grünen Politikinhalten anzunähern, um Grünen-Wähler zurückzugewinnen. Eine solche programmatische Akzentverschiebung wäre mit einer gleichzeitigen Diskreditierung der Grünen-Partei nur schwer zu vereinbaren gewesen, weshalb die SPD im Umgang mit der Öko-Partei auf provokante Angriffe verzichtete. Dies blieb nicht ohne Folgen für die strategische Ausrichtung der Grünen, die sich vor diesem Hintergrund und mit Blick auf eine mögliche rot-grüne Machtoption selbst mit Attacken auf die SPD zurückhielten. So kam für die Grünen nur die CDU/CSU als Gegner in Frage, »gegen den sie ihre eigene Mobilisierung und Wahlkampfrhetorik wenden« konnten.[106] Die Union brauchte die Grünen wiederum, um die Gefahr eines rot-grünen Bündnisses zu beschwören und so gleichsam die SPD abzuwerten. Beide Parteien akzeptierten deshalb die jeweils andere Seite nicht nur als emotionales und identitätsstiftendes, sondern vor allem auch wahlstrategisch notwendiges politisches Feindbild.

(3) Führt man sich die starken Polarisierungstendenzen zwischen Union und Grünen Mitte der 1980er Jahre vor Augen, erscheint es keineswegs überraschend, das die Frage einer möglichen politischen Zusammenarbeit kaum debattiert wurde. Nur sehr wenige Politiker aus beiden Reihen fanden den Mut, sich überhaupt in eine solche Richtung zu äußern. Zu diesen Personen zählte der baden-württembergische Ministerpräsident Lothar Späth, der im Mai 1983 auf Berührungspunkte zwischen Grünen und Union hinwies. In der grünen Bewegung könne er »ein ganzes Stück Individualismus und Konservatismus, das zu meiner Partei paßt«, erkennen. CDU und Grünen sei zum Beispiel die »grundkonservative Einstellung [gemein], daß sich jeder seinen Lebensstil frei gestalten muß«.[107] Der Grüne Rudolf Bahro riet seiner Partei im Juni desselben Jahres dazu, von rot-grünen Bündnissen abzusehen. Jedoch war mit dieser Idee nicht unbedingt die Bevorzugung einer schwarz-grünen Option verbunden, sondern vielmehr die Aufforderung an die Grünen, auch Unions-Wähler für sich zu gewinnen. Der grüne Bundesvorstandsprecher Trampert wandte sich daraufhin – in Vertretung der Mehrheit der Parteibasis – mit Vehemenz gegen diesen Vorschlag und die »suggerierte Nähe zwischen Grün [sic!] und CDU«.[108] Das bei weitem öffentlichkeitswirksamste Plädoyer für die schwarz-grüne Option kam im Dezember 1984 aber vom baden-württembergischen Landtagsabgeordneten Rezzo Schlauch. Für ihn sei bei einem Verlust der absoluten Mehrheit der CDU im Landtag ein Bündnis mit den Christdemokraten kein Tabu, erklärte dieser in einem Interview. Da für ihn die Verwirklichung ökologischer Politik absolute Priorität besäße, würde er – soweit mit der Union »grüne Vorstellungen« in der Praxis umzusetzen seien – auch in der Innen-, Rechts- oder Bildungspolitik »die eine oder andere Kröte schlucken«.[109] Für diese Aussage wurde

Schlauch sowohl vom grünen Bundesvorstand als auch in seinem Landesverband massiv gemaßregelt.[110]

Hätte sich Mitte der 1980er Jahre ein Unions-Politiker mit einer ähnlichen Aussage wie der Schlauchs hervorgetan, wäre er vermutlich ebenso von seinen Parteifreunden zurechtgewiesen worden. Schließlich hatte der Bundesvorstand der CDU im Februar 1985 sogar einen offiziellen Beschluss zur Frage möglicher schwarz-grüner Koalitionen getroffen. Hier erkannte die Union zwar an, dass die Grünen zu einem politischen Faktor im Parteiensystem geworden waren und dass zu den Mitgliedern und Wählern der Partei auch Bürger zählten, die »aus achtbaren Motiven für Umwelt und Naturschutz« einträten. Gleichzeitig erteilte das einstimmig beschlossene Papier aber Koalitionen mit den Grünen auf allen politischen Ebenen eine Absage: Auch wenn gemeinsames Stimmverhalten insbesondere in den Kommunen nie ausgeschlossen werden könne, würde die Union sich »niemals um der Macht willen auf Absprachen oder gar Koalitionen mit einer politischen Kraft einlassen, an deren rechtstaatlicher Zuverlässigkeit und demokratischer Glaubwürdigkeit begründete Zweifel bestehen.«[111] Lediglich bei jüngeren Christdemokraten, insbesondere der Jungen Union, erschien ein schwarz-grünes Bündnis für spätere Tage überlegenswert. So setzte der Landesvorstand der baden-württembergischen JU im Juni 1985 einen Kontrapunkt zur Mutterpartei. Die JU stellte eine Analyse vor, die den Grünen eine innere demokratische Ordnung, absolute Politikfähigkeit und eine hohe Sensibilität für brandaktuelle Themen attestierte. Die Gemeinsamkeiten zwischen der JU und der Ökopartei würden dabei über die Umweltpolitik hinausgehen, auch bei der »weltweiten Friedenspolitik unter Einbeziehung der Dritten Welt« und der Arbeitsmarkt- und Wirtschaftspolitik gäbe es eine gedankliche Nähe. Daraus leitete die JU ab, »daß aufgrund der internen Entwicklung der Grünen in naher Zukunft Koalitionen wahrscheinlicher werden können und in manchen Situationen sogar sinnvoll sind.«[112]

Dass bei den Strategen der beiden Parteien Mitte der 1980er Jahre, also zu einer Hochzeit der Polarisierung, in der Frage einer Zusammenarbeit intern schon längst ein Umdenken eingesetzt hatte, thematisierte ein bemerkenswerter *Spiegel*-Artikel vom August 1986. Momentan herrsche noch »die Konjunktur des einfachen Weltbildes«, zitierte das Magazin den Referenten Fischers im hessischen Umweltministerium, Winfried Kretschmann. Allerdings, so der *Spiegel*, wären die Fronten zwischen den Parteien längst nicht mehr so festgefügt, wie es der Vorwahlkampf glauben mache. Die Grünen wären – wie es der Soziologe Joseph Huber formulierte – »viel konservativer, als sie selbst wahrhaben wollen«.[113] Der Artikel führte weiter aus, dass es durchaus Chancen gäbe, dass sich die christdemokratischen Parteimodernisierer um Radunski, Schönbohm und Dettling und die ökolibertären Kräfte um Kretschmann oder Thomas Schmid alsbald annähern würden[114]:

»In diesem Kontext gilt die moderne CDU des Konrad-Adenauer-Hauses allemal als die interessantere Partei und ein Koalitionsangebot an die Rau-SPD als das weniger wichtige Problem. Nach Thomas Schmid und Winfried Kretschmann ist das Ziel, sowohl der CDU als auch der SPD die »Mitte« abzujagen [...] Die Grünen als neue Kraft, die reformistische Töne bei der CDU beim Wort nimmt [...] ?«[115]

Diese Frage sollte sich noch nicht stellen. Denn nach wie vor befanden sich besonnene Stimmen unter den Spitzenpolitikern der CDU in einer aussichtslosen Minderheitenposition. Selbst vorsichtig formulierte, positive Aussagen zur Grünen-Partei wurden vom Mainstream der Union nicht geduldet – et vice versa. Als Biedenkopf im November 1986 den Beitrag der Grünen zur deutschen Politik einmal mehr würdigte und deren programmatischen Einfluss auf die etablierten Parteien lobte, bekam er – wie schon knapp sieben Jahre zuvor – aus den eigenen Reihen vornehmlich und umgehend massive Kritik zu hören.[116] Während über eine rot-grüne Perspektive auch auf Bundesebene bereits ernsthaft und teils öffentlich nachgedacht wurde, fand weiterhin »alles schwarz-grüne im Halbdunkel des Unanständigen statt.«[117]

2.3 Verhärtete Fronten und punktuelle Annäherungen 1987-1992

Auch zu Beginn der Wahlperiode 1987-1991 wurde deutlich, dass sich Union und Grüne im Status gegenseitiger Ablehnung eingerichtet hatten. Die Forderung der grünen Fraktion, ebenfalls einen Posten im Bundestagspräsidium zu erhalten, lehnte die CDU – obgleich SPD und Teile der FDP ihre Zustimmung signalisierten – kategorisch ab. Man habe nicht die Absicht, »den Grünen ein Privileg zu geben, das ihnen auf Grund der Gewichte im Parlament nicht zusteht«[118], so der Fraktionsvorsitzende Dregger. Freilich war der eigentliche Grund für diese Haltung ein anderer: eine Partei, die aus Sicht der Union zur Missachtung von geltenden Gesetzen und zu strafbaren Handlungen aufrief und im Parlament schon für einige Skandale gesorgt hatte, gehörte für die CDU schlicht nicht in den Bundestag, und dort erst recht nicht in ein leitendes Gremium.[119] Otto Schily nannte die Aufnahme der Grünen in das Präsidium dagegen eine »demokratische Selbstverständlichkeit« und geißelte anderslautende Auffassungen als »ungeheuerlich, reaktionär und geprägt von obrigkeitsstaatlichem Denken«.[120] Dennoch blieb es dabei: trotz ihres Wiedereinzugs waren die Grünen im Bundestagspräsidium weiterhin nicht vertreten.

Dass sich positive Aussagen zur Öko-Partei innerparteilich karriereschädigend auswirken konnten, musste die stellvertretende nordrhein-westfälische CDU-Vorsitzende Christa Thoben im Februar 1987 erfahren. In einem Gespräch mit der *Welt* schloss die Politikerin unter bestimmten Voraussetzungen eine Zusammenarbeit mit den Grünen nicht aus, auch wenn diese Frage momentan nicht aktuell sei. Schwarz-Grün sei mittel- und langfristig vorstellbar, sofern sich die Grünen zu einem realpolitischen Kurs durchrängen und ihr Verhältnis zur Gewalt endgültig klärten.[121] Sowohl Bundes- als auch Landes-CDU reagierten mit großem Unverständnis auf das Interview. Während Geißler die Aussagen Thobens als missverständlich und korrekturbedürftig rügte, stellten Biedenkopf und der NRW-Landesvorstand der CDU fest, dass eine »wie immer geartete Zusammenarbeit« mit den Grünen nicht in Betracht käme. Auch der nordrhein-westfälische CDA-Vorsitzende Wolfgang Vogt geißelte die »völlig unzeitgemäßen seminaristischen Gedankenspiele«[122] seiner Kollegin. Ebenso kritisierten Teile der Presse Zeitpunkt und Inhalt der Äußerungen Thobens als instinktlos.[123] Bei der eine Woche nach dem Interview stattfindenden Kampfabstimmung über den Vorsitz der CDU-Landtagsfraktion unterlag die Westfälin Thoben dann dem Rheinländer Bernhard Worms deutlich. Nicht wenige in der Union sahen in den Überlegungen Thobens zu Schwarz-Grün einen mitentscheidenden Grund für ihre Niederlage. Es sei eine »Meisterleistung« gewesen, »Fragen, die sich nicht stellen, falsch zu beantworten«[124], meinte der Vorsitzende des Bezirksverbandes Mittelrhein, Karl Lamers. Der Fall zeigte: Die Unionsspitzen wollten eine Relativierung des grünen Feindbildes durch prominente Christdemokraten nicht tolerieren. »Das Bühnenbild mit den gewohnten Schablonen bleibt aufgebaut«[125], kommentierte das Deutsche Allgemeine Sonntagsblatt zutreffend. Die Grünen reagierten auf die Offerte Thobens unterdessen einmal mehr mit Ironie. »Gerührt und ein bißchen glücklich nehmen wir zur Kenntnis, daß uns die NRW-CDU-Führung mit ihren Liebeserklärungen geradezu überschüttet: erst Biedenkopf, jetzt Thoben«.[126] Allerdings müssten sich vor einer Zusammenarbeit die realpolitischen Kräfte in der CDU durchsetzen und die Partei »ihr Verhältnis zur Gewalt klären«, wie der Grünen-Pressesprecher spöttisch bekannt gab.[127]

Einen Sturm der Entrüstung in seiner Partei entfachte auch der grüne Bundesvorstandssprecher Lukas Beckmann, als dieser nur zwei Monate nach dem Thoben-Interview die Union als Bündnispartner der Grünen ins Spiel brachte. Nach der hessischen Landtagsneuwahl im April 1987, bei der die SPD massive Verluste hatte hinnehmen müssen und ein Bündnis aus CDU und FDP die Mehrheit erringen konnte, hatte dieser vor Bonner Journalisten geäußert, dass sich die Grünen von der Fixierung auf die SPD lösen und Gespräche mit der CDU nicht ausschließen sollten, damit die politischen Weichenstellungen nicht bis weit in das nächste Jahrtausend hinein ohne die Grünen getroffen würden. Grundlage der Politik der Grünen müsse ein »ökologischer Humanismus« sein, wobei sich die Grünen »keine ideologischen Denkschablonen« auferlegen dürften.[128] Dabei waren seine Äußerungen keineswegs unüberlegt oder erst aus dem Gesprächsverlauf heraus entstanden. Ihnen lag ein vierseitiges, von Beckmann am gleichen Tag vorgestelltes Strategiepapier zu Grunde, das als kluge Analyse der koalitionspolitischen Situation der Grünen Ende der 1980er Jahre gesehen werden kann. Darin stellte Beckmann fest, dass das Wahlergebnis allen Grund dafür biete, sich mit »jener Wirklichkeit von Menschen und Gesellschaft auseinanderzusetzen, die letztlich das Gesamtergebnis von Hessen bestimmt hat.«[129] Die Grünen müssten sich fragen, ob »die Koalitionsstrategie mit der SPD die einzige Perspektive für neue Mehrheiten« sei. »Was machen wir, wenn diese ›Wunschpartnerin‹ noch weiter abtaucht?«[130] Auch wenn die Grünen eine linke Tradition hätten, seien sie gleichwohl weder eine Links- noch eine Mitte-Partei. Aus diesem Selbstverständnis heraus müsse auch ein neuer Umgang mit der Union und ihren Wählern möglich sein:

»Es muß zu einem integrierten Bestandteil unserer Strategie werden, auf allen Ebenen der Politik Tolerierungs- und Koalitionsgespräche mit der CDU nicht auszuschließen. Mit der heutigen CDU ist dies nicht möglich. Wir müssen in den nächsten Jahren gezielt daran arbeiten, in der CDU die Voraussetzungen für solche

Gespräche zu schaffen. Hierzu bedarf es einer grundlegenden Auseinandersetzung mit den Grundwerten des Christentums und des Liberalismus im Verhältnis zur Realpolitik der CDU und FDP.«[131]

Die Politik seiner Partei, so Beckmann weiter, müsse künftig darauf abzielen, christlich und liberal motivierte und engagierte Menschen als Wähler für eine grüne Perspektive zu gewinnen. Mit einer kritischen Hinwendung zum »C« der CDU aus »radikalökologischer Sicht« werde dann notwendigerweise auch eine Spaltung der CDU erfolgen: »Das Ziel einer Spaltung der CDU bedeutet letztlich, einem bereits vorhandenen Phänomen auf die Sprünge zu helfen. Alfred Dregger und Franz Alt gehören nicht in die gleiche Partei.«[132] Durch die Einwirkung grüner Politikinhalte auf die Union und eine verstärkte Ansprache bürgerliche Wähler sollte die christliche Volkspartei aus Sicht Beckmanns also für die Grünen koalitionsfähig gemacht werden, um gleichsam der strategischen Umklammerung durch die SPD entfliehen zu können. Ein zum damaligen Zeitpunkt verwegen anmutender Plan, der mit Blick auf die Entwicklung der beiden Parteien in der Ära Merkel jedoch – mit Ausnahme der »Spaltungspläne« – als geradezu erstaunlich akkurate Prognose gewertet werden kann.

Die innerparteiliche Kritik an Beckmanns Vorstoß war vielfältig. Fundis wie Realos, Parteivorstand wie Bundestagsfraktion rügten das Strategiepapier. Während Fraktionssprecher Ebermann in einem offenen Brief Beckmann mit purer Ironie antwortete und dessen Überlegungen damit ins Lächerliche zog[133], sprach Schily mit Blick auf dessen Aussagen von »aufgeblähter Großspurigkeit.«[134] Auch Realo Fischer wandte sich gegen eine Annäherung an die CDU, da die »inhaltliche Kluft« weit größer als zur SPD sei und die Grünen eine »linke ökologische Partei« bleiben müssten.[135] Der Bundesvorstand der Grünen wiederum sah sich knapp eine Woche nach Beckmanns Äußerungen sogar zu einem Beschluss genötigt, der sämtlichen Überlegungen zu Schwarz-Grün unmissverständlich eine Absage erteilte. Die »von allen Strömungen im Bundesvorstand« getragene Erklärung stellte fest: »In allen zentralen Politikbereichen stehen sich Grüne und CDU diametral gegenüber. Die Grünen sind eine linksökologische Partei.«[136] Auch die CDU und große Teile der Presse übergossen Beckmann mit Häme.[137] Folgen für dessen politische Karriere hatte die Kontroverse indes nicht: schon vor der Veröffentlichung seines Papiers hatte Beckmann angekündigt, nicht erneut zur Wahl des Bundesvorstandsprechers antreten zu wollen. Gleichwohl zeigten die Fälle Thoben und Beckmann deutliche Parallelen: auch wenn beide Schwarz-Grün eher langfristig in den Blick genommen und dafür einen grundsätzlichen Wandel der jeweils anderen Partei als Voraussetzung genannt hatten, ernteten beide große Empörung aus den eigenen Reihen. Diese Abgrenzungsreflexe zeigten nur allzu deutlich, dass mit dem Thema einer schwarz-grünen Zusammenarbeit ein für beide Parteien ganz entscheidender Aspekt berührt wurde: das eigene politische Selbstverständnis. Denn für Union und Grüne gehörte es in der zweiten Hälfte der 1980er Jahre bereits zur Normalität, das politische Selbstbild zu großen Teilen nicht nur positiv durch die Hervorhebung bestimmter Leitgedanken, sondern auch negativ in bewusster Distinktion zum schwarzen resp. grünen Feindbild zu bestimmen.

Umso erstaunlicher erschien deshalb, dass der baden-württembergische Fraktionschef der Grünen, Fritz Kuhn, Ende August 1987 seiner Partei eine »punktuelle Zusammenarbeit« mit einer CDU-Minderheitsregierung empfahl, sollte Späth die absolute Mehrheit bei der Landtagswahl im März 1988 verlieren. So könne man die CDU-Alleinherrschaft beenden, ohne dass die »organisierten Opportunisten und Pöstchenjäger« der FDP anschließend mit am Kabinettstisch säßen.[138] Die Grünen würden die »politisch verkrusteten Verhältnisse« im Südwesten »zum Tanzen« bringen, wenn seine Partei Späth zum Ministerpräsidenten wähle und dieser anschließend mit wechselnden Mehrheiten regieren müsste. Voraussetzung hierfür wären allerdings Zugeständnisse der CDU an die Grünen wie ein »sattes Ökologieprogramm« und massive Veränderungen bei der Asylpolitik der Landesregierung. Die Grünen müssten mit dem »liberal-technokratischen« Flügel der CDU den Dialog suchen.[139] Der Landesvorstand der Grünen unterstützte Kuhns Vorstoß dabei mehrheitlich. Neben der Umweltpolitik sei auch eine Zusammenarbeit im Bereich der Landwirtschaftspolitik denkbar, da die Bestrebungen der Späth-CDU, den ländlichen Raum durch Dezentralisierungsmaßnahmen neu zu beleben »auf der Grünen-Linie lägen.«[140] Offiziell stellten die Realos der Landtagsfraktion und des Landesvorstands sowie der grüne Bundestagsabgeordnete Willi Hoss das Strategiepapier, welches Kuhns Vorschlag konkretisierte und die Forderung nach einer »politischen Kultur der wechselnden Mehrheiten«[141] enthielt, am 10. September 1987 vor. Allerdings war das Thesenpapier selbst bei den ökolibertär geprägten Grünen Baden-Württembergs noch nicht mehrheitsfähig. Die Landtagsfraktion lehnte Kuhns Strategie mit knapper Mehrheit ab, und auch die grüne Basis verweigerte sich den schwarz-grünen Gedankenspielen – auf dem Landesparteitag wurde das Papier schon nicht mehr zur Abstimmung gestellt.[142] Einige Grünen-Mitglieder nutzten Kuhns Aussagen sogar für ein Anti-Wahlplakat, das Späth und Kuhn gleichermaßen treffen sollte: »Wenn's dem Cleverle nicht reicht, hilft's Dummerle aus.«[143] Der CDU-Ministerpräsident beschäftigte sich indessen zunächst nicht mit der Kuhn-Offerte, verbot seine Wahlkampf-Strategie doch jeglichen Gedanken an einen Verlust der absoluten Mehrheit, weshalb er selbst über Bündnisse mit SPD oder FDP nicht nachdenken wollte. Dies sollte sich kurz vor der Landtagswahl jedoch ändern. Im März 1988 kokettierte Späth tatsächlich mit der schwarz-grünen Option und distanzierte sich sogar von der Atompolitik seiner eigenen Partei.[144] Angesprochen auf mögliche Koalitionspartner nach der Landtagswahl antwortete Späth: »Die Grünen sind die Interessantesten für mich.«[145] Da die Union bei der Wahl in Baden-Württemberg jedoch ihre absolute Mehrheit wider Erwarten behaupten konnte, sollte sich die Frage nach einem Koalitionspartner nicht stellen. Führt man sich die äußerst skeptische Grundhaltung sowohl der Grünen als auch der christdemokratischen Fraktionen und Parteien zur Frage Schwarz-Grün im Jahr 1987 jedoch vor Augen, wäre eine Koalitionsbildung wohl ohnehin gescheitert.[146]

Die elektoralen Erfolge der CSU-Abspaltung »Die Republikaner« im Jahr 1989 bildeten die Grundlage für eine letzte, aggressive Kampagne der Unionsparteien gegen die Grünen. Im Januar hatte die Partei mit 7,5 Prozent der Stimmen den Einzug in das Abgeordnetenhaus Berlins geschafft, auch bei der Europawahl im Juni konnten die Republikaner mit 7,1 Prozent reüssieren und mehr Stimmen als die FDP erzielen. Die Union fürchtete daher um ihre Integrationskraft im rechten Spektrum und versuchte von nun an, Grüne und Republikaner als gefährliche, radikale Kräfte gleichzusetzen und somit die eigene Mitte-Position zu betonen. So stellte Kohl in einer Regierungserklärung vom April 1989 fest, dass man »den Radikalen von links und rechts nicht unsere Demokratie überlassen« werde.[147] Für die Zeitung *Die Zeit* war diese Gleichsetzung von Republikanern und Grünen durch die Union wahltaktisch nur allzu verständlich. Durch die verschärfte Auseinandersetzung mit den Grünen als Linksradikalen könne die Wählerschaft polarisiert und von den eigenen, zweifellos vorhandenen Problemen in der Regierungskoalition abgelenkt werden. Zudem erspare die gleichzeigte Bekämpfung von Grünen und Republikanern durch den Vorwurf des Radikalismus der Union eine inhaltliche Auseinandersetzung mit ihrem eigenen »Spaltprodukt«.[148] Dass diese Einschätzung tatsächlich zutraf, belegt ein internes Strategiepapier der CDU-Bundesgeschäftsstelle, welches im Frühjahr 1989 mehreren Tageszeitungen zugespielt worden war und laut dem Verfasser Schönbohm lediglich eine »Gedanken-Skizze« darstellte:

»Wichtig ist, daß Links- und Rechtsradikale möglichst häufig in einem Atemzug genannt werden, daß deren Gemeinsamkeiten herausgearbeitet werden, damit die Ablehnung gegenüber Linksradikalen auch gegen die REP gewendet werden kann. [...] Je klarer die Abgrenzung zwischen der CDU und rot-grün ist, um so leichter sind potentielle REP-Wähler an die CDU zu binden«.[149]

Somit wollte die CDU beide Parteien auch deswegen gleichermaßen diskreditieren, um an die Republikaner verloren gegangene Wähler wieder zurückzugewinnen. Die Grünen warfen der Union hingegen vor, den Republikanern »geistige und politische Geburtshilfe«[150] geleistet zu haben. Die Öko-Partei setzte ganz bewusst einen Kontrapunkt zu den REP-Forderungen und verabschiedete auf ihrer Bundesversammlung in Münster den Beschluss »Mut zur multikulturellen Gesellschaft – gegen Rechtsradikalismus und Ausländerfeindlichkeit«, der einen »freien Zugang für alle Flüchtlinge in die Bundesrepublik« und ein Bleiberecht für diese forderte.[151] Dies veranlasste Schäuble wiederum dazu – ganz im Sinne der erläuterten CDU-Strategie – diesen Leitantrag der Grünen als Beweis dafür anzuführen, »daß die Radikalen von links und rechts sich gegenseitig hochschaukeln« würden. Die Grünen würden die Republik »in ein Chaos unbegrenzter Zuwanderung der Notleidenden aus aller Welt stürzen«.[152]

Der Höhepunkt der Unions-Bemühungen, Grüne und Republikaner gleichzusetzen, war schließlich Anfang Juli 1989 erreicht. Das Parteipräsidium fasste einen Unvereinbarkeitsbeschluss zu den »radikalen Parteien«, der »jede Vereinbarung über eine politische Zusammenarbeit und jede Koalition mit links- und rechtsradikalen Parteien wie z.B. den Kommunisten, den Grünen/Alternative Liste, den Republikanern, den Nationaldemokraten und der Deutschen Volksunion« ablehnte. Dies galt für alle politischen Ebenen bis zur Kommune, wobei die Landesverbände der CDU aufgefordert wurden, »die Einhaltung dieses Beschlusses sicherzustellen.«[153] Die Entscheidung des Präsidiums war in mehrfacher Hinsicht bemerkenswert. Zum einen wurden die Grünen nicht mehr »nur« als linksradikale Partei bezeichnet, sondern ganz offiziell auch auf eine Ebene mit DKP, NPD und DVU gestellt. Zum zweiten verbot die traditionell dezentrale und föderalistisch geprägte Union ihren Gliederungen bis hinunter zu den Ostverbänden jegliche Zusammenarbeit mit den Grünen und ignorierte dabei, dass es in den 1980er Jahren bereits in mancher Kommune zu verschiedenen Kooperationsformen zwischen CDU und Grünen gekommen war. Mit dem Beschluss verhielt sich die CDU so, als ob es in den letzten zehn Jahren keinerlei Wandel bei den Grünen, keine punktuellen Verständigungsversuche von Politkern wie Biedenkopf, Schlauch oder Beckmann gegeben hätte. Jene Debatten, auch die erst ein gutes Jahr zurückliegende Annäherung zwischen Kuhn und Späth in Baden-Württemberg, schienen aus Sicht der Union niemals stattgefunden zu haben. Dem schwarz-grünen Verhältnis drohte so die Verharrung im politischen Feindesdenken. Als einer von nur wenigen Christdemokraten erhob der Landesvorsitzende der nordrhein-westfälischen JU, Ronald Pofalla, gegen die Linie der Mutterpartei Einspruch. Die Ehrlichkeit gebiete es, so Pofalla, darauf hinzuweisen, dass in den Kommunen durchaus nicht selten eine Zusammenarbeit zwischen der CDU und den Grünen stattfinde, wobei letztere »eindeutig auf dem Boden der Verfassung stehen«. Durch die Gleichsetzung der Grünen mit den Republikanern habe es die CDU lediglich vermieden, zu den Inhalten der rechtsradikalen Programmatik Stellung beziehen zu müssen. Vor dem Hintergrund der Europawahl bezeichnete er diese Strategie der CDU-Parteizentrale schlicht als »gescheitert«.[154] Dass die Delegierten auf dem Bremer CDU-Parteitag Mitte September 1989 dennoch fast einstimmig den Beschluss bestätigten, muss als symptomatisch für den Charakter des schwarz-grünen Verhältnisses seit 1983 verstanden werden.[155] Zwar hatten sich Union und Grüne bei den entscheidenden innen- wie außenpolitischen Fragen in der Tat noch nicht soweit angenähert, dass eine Koalition auf Bundes- oder Landesebene denkbar erschien. Dass die Union die Grünen aber in eine Reihe mit menschen- und freiheitsverachtenden Extremisten jeglicher Couleur stellte und jedwede Kooperation sogar in den Kommunen verbieten wollte, erschien auch 1989 bereits unzeitgemäß. Am Vorabend der Deutschen Einheit herrschte so wieder einmal politische »Eiszeit« zwischen den Parteien, wobei die völlig konträren Ansichten zum Prozess der Wiedervereinigung diese Atmosphäre noch weiter beförderten.

Die Umbrüche und Wandlungen der Wendezeit blieben auch für die Entwicklung im schwarz-grünen Verhältnis nicht folgenlos. Mit dem Scheitern der Grünen bei der Bundestagswahl 1990 war der CDU zumindest auf der Bundesebene ein wichtiges politisches Feindbild abhandengekommen, mit der SED-Nachfolgepartei PDS aber gleichzeitig ein neues entstanden, gegen das sich eine christdemokratische Mobilisierungsstrategie äußerst erfolgversprechend umsetzen ließ: Die PDS übernahm von nun an für die Union die »Rolle des politischen Schmuddelkindes«.[156] Auf dem Bundesparteitag vom Oktober 1992 änderte die CDU auch offiziell ihre Linie. Der Wortlaut ihres drei Jahre zuvor gefassten Unvereinbarkeitsbeschlusses zu den »links- und rechtsradikalen Parteien« wurde leicht abgeändert und die Grünen darin kurzerhand durch die PDS ersetzt.[157] Auch der mit der Bundestagswahlniederlage verbundene innerparteiliche Wandel bei den Grünen, insbesondere der Auszug der ökosozialistischen und radikalökologischen Kräfte im Verlauf der Jahre 1990/91, wurde von Seiten der Union durchaus wohlwollend registriert. Langsam aber stetig setzte nun eine erste Entspannung im beiderseitigen Verhältnis ein. Dass die von der CDU-Spitze noch kurz vor der Einheit gezogene scharfe Trennungslinie gerade bei der jüngeren Generation von Christdemokraten ohnehin nicht mehr die tatsächlichen Befindlichkeiten widerspiegelte, zeigte ein Vorstoß der JU Nordwürttemberg zum Jahreswechsel 1990/1991. Deren Bezirksvorsitzender Christoph Palmer war in einem Aufsatz im JU-Organ »Die Entscheidung« dafür eingetreten, dass sich die CDU nun den Grünen öffnen müsste. Da mit dem Ausscheiden der Grünen aus dem Bundestag die wichtigen ökologischen Themen nicht verschwunden seien, müssten diese nun von der CDU besetzt werden. Die Union müsse ein Interesse daran haben, »aus Parteien und Gruppierungen, die untergehen oder zumindest in akuten Schwierigkeiten sind, integrationsfähige und integrationswillige Teile zur Union«[158] herüberzuziehen. Ein erneuter Vorstoß Schlauchs vom Mai 1991, der eine schwarz-grüne Koalition für das Ende der neunziger Jahre als denkbar bezeichnete, wurde von Kuhn und dem baden-württembergischen Landesvorstand der Grünen hingegen umgehend wieder gestoppt. Koalitionen mit der Union kämen nicht in Frage, da diese »keine ökologische und vom Sozialen her denkende Partei sei«.[159]

Jedoch erwies sich Kuhns kategorische Absage im Jahr vor den baden-württembergischen Landtagswahlen als vorschnell: Bereits gute zehn Monate später sollten sich CDU und Grüne im Südwesten am gemeinsamen Verhandlungstisch wiederfinden.

3. Die Überwindung der ideologischen Hemmschwellen – Etappen des schwarz-grünen Annäherungsprozesses 1992-1998

3.1 Der Tabubruch – Sondierungen im schwarz-grünen »Musterländle«

Das überraschende Ergebnis der baden-württembergischen Landtagswahl vom 5. April 1992 brachte – um die Worte Kuhns von 1987 aufzugreifen – die politischen Verhältnisse im Südwesten tatsächlich »zum Tanzen«. Die CDU unter Ministerpräsident Erwin Teufel musste herbe Verluste hinnehmen, verlor fast zehn Prozent der Stimmen und damit die absolute Mehrheit. Die Stimmeneinbußen der Union fanden ihre Entsprechung in den Gewinnen der Republikaner, die unübersehbar von der damaligen Asyldebatte hatten profitieren können und mit über zehn Prozent in den Landtag einzogen.[160] Weder eine schwarz-gelbe noch eine rot-grüne Koalition war arithmetisch möglich, eine Zusammenarbeit mit den Republikanern kam für keine Partei in Frage. So blieb neben der Großen Koalition nur eine weitere Möglichkeit zur Regierungsbildung: Schwarz-Grün. Mit der »allergrößten Selbstverständlichkeit«[161] sollte Teufel die Grünen dann auch zu denjenigen Parteien zählen, mit denen die CDU über eine Koalition sprechen wollte, schließlich hatte er schon wenige Monate zuvor treffend festgestellt: »Die Grünen wollen nicht mehr zurück zur Natur, sondern vorwärts an die Macht.«[162]

Schon am Wahlabend hatte CDU/CSU-Fraktionschef Schäuble seinen Parteifreunden in Stuttgart geraten, nicht umstandslos eine Große Koalition anzusteuern und »nur auf ein Pferd« zu setzen. Er schlug vor, mit den Grünen ernsthaft zu verhandeln, selbst wenn dabei zunächst noch keine tragbaren Ergebnisse heraussprängen.[163] Bereits zwei Tage später kündigte auch Teufel an, mit SPD *und* Grünen Gespräche zu führen und dabei keine Seite bevorzugen zu wollen.[164] Tatsächlich fand noch an dem Tag, an dem sich die CDU zunächst mit Vertretern der Sozialdemokraten getroffen hatte, ebenfalls eine erste Sondierungsrunde mit den Grünen statt. Der Grünen-Delegation gehörten u.a. Kuhn, Schlauch und Bütikofer an, auf Seiten der CDU verhandelte neben Teufel auch der CDU-Fraktionsvorsitzende und Schlauch-Duzfreund Günther Oettinger.[165] Ohne großes Vorspiel ging es in der ersten Sondierungsrunde sofort darum, inhaltliche Schnittmengen und Divergenzen freizulegen. Vor allem die Infrastruktur-, Energie- und Asylpolitik standen dabei im Mittelpunkt. Während die CDU für den vierspurigen Ausbau der B 31 plädierte, verlangten die Grünen ein Moratorium beim Straßenbau. Die Forderung der Öko-Partei, im Rahmen des sofortigen »Einstiegs in den Ausstieg« aus der Atomkraft das AKW Obrigheim abschalten zu lassen, lehnte die Union ab. Auch die Fragen eines Ausbaus von Kinderbetreuungseinrichtungen und einer humaneren Asylpolitik wurden kontrovers besprochen.[166] Mit kategorischen Forderungen, die auf das Missfallen der CDU stoßen mussten, waren die Grünen in die Verhandlungen gegangen. Allerdings, so erinnert sich Schlauch, gab es intern bei den Grünen sehr wohl für jeden Punkt ein gewisses Maß an Kompromissbereitschaft.[167] In jedem Fall lobten alle Beteiligten die Atmosphäre bei den Verhandlungen. Zur Überraschung vieler wurde eine zweite Sondierungsrunde vereinbart.

Obwohl in keinem anderen Bundesland die Annäherung zwischen Union und Grünen zu jenem Zeitpunkt soweit fortgeschritten war wie in Baden-Württemberg – man denke nur an die Vorstöße Schlauchs, Kuhns, Kretschmanns und Späths in den 1980er Jahren – waren große Teile der jeweiligen Parteielite und Parteibasis über das plötzliche Zustandekommen der Gespräche konsterniert. In beiden Parteien wurde äußerst vielstimmig über Sinn und Zweck der Sondierungen und die Chancen einer Koalitionsbildung gestritten. Dabei mischte sich vor allem die grüne Bundespartei massiv in die Angelegenheiten ihres Landesverbandes ein. Schon am Tag der ersten schwarz-grünen Sondierungen hatte der Grünen-Bundesvorstand eine Pressemitteilung herausgegeben, die die Linie eindeutig vorgeben sollte:

»Die CDU in Baden-Württemberg steht für eine menschenfeindliche Asylpolitik. Sie hat mit dieser Politik den Haß auf Flüchtige geschürt und den ideologischen Hintergrund für die Pogrome der letzte Zeit mitgeschaffen. [...] Sie steht ebenso für eine ökologisch und sozial desaströse Infrastruktur- und Wohnungsbaupolitik wie für eine frauenfeindliche §218-Politik. Die Grünen werden dieser Politik nicht zur Fortsetzung verhelfen.«[168]

Im Anschluss daran reiste der komplette Bundesvorstand nach Stuttgart, um bei einer gemeinsamen Sitzung des Fraktions- und Landesvorstands die Parteifreunde auch auf diese Linie einzuschwören.[169] Bundesvorstandsprecher Volmer sprach im Zusammenhang mit den Sondierungen von einem »schwarz-grünen Sündenfall«[170] und stellte klar, dass es sich noch nicht einmal lohne, über eine solche Konstellation nachzudenken. Denn die CDU Baden-Württembergs sei »Teil des Problems, nicht Teil der Lösung«.[171] Zwar ließ auch der Landesvorstand erkennen, dass er eine solche Koalition eher ablehnte. Die Hoffnung des Bundesvorstandes, dass damit allen weiteren Spekulationen um ein schwarz-grünes Bündnis Einhalt geboten werden könnte, erfüllte sich jedoch nicht. Denn entgegen der Vorstellungen der Bundespartei hatte sich der Landesvorstand das Ziel gesetzt, in jedem Fall die Verhandlungen mit der CDU abzuwarten, um erst danach eine Entscheidung zu treffen. Als sich CDU und Grüne nach der ersten Sondierungsrunde noch auf ein zweites Treffen einigten, sah sich der Bundesvorstand gezwungen, in einem Brief den Landesverband dazu aufzufordern, mit der CDU nunmehr nur noch Scheinverhandlungen zu führen und diese möglichst schnell zu beenden. In dem Schreiben der Bundesvorstandssprecher Ludger Volmer und Christine Weiske sowie der politischen Geschäftsführerin Heide Rühle hieß es:

»Wir haben uns aber bisher nicht öffentlich gegen die Gespräche ausgesprochen, die ihr mit der CDU führt. [...] Gleichwohl wird uns zunehmend mulmig, weil sich unsere Befürchtung zu bestätigen scheint, daß Ihr unversehens in eine Verhandlungsdynamik hineingeratet, der Ihr Euch schlecht werdet entziehen können. Wir gehen davon aus, daß die meisten von Euch tatsächlich keine Koalition anstreben, weil sie wissen, daß wir hier unsere politische Glaubwürdigkeit verlieren würden. [...] Wir befürchten, daß es vielleicht nicht gelingt, durch den Aufbau hoher Forderungshürden die CDU zum Abbruch der Gespräche zu bringen.«[172]

Das Schreiben warnte weiter vor »dramatischen Abspaltungen« im baden-württembergischen Landesverband und einem »massiven Abbröckeln auch in anderen Ländern«. Ebenfalls würde eine schwarz-grüne Konstellation den Wiedereinzug in den Bundestag gefährden. Vor diesem

Hintergrund beendeten die Spitzengrünen ihren Brief mit einer klaren Aufforderung: »Wir hoffen, Ihr beendet politisch gekonnt die ›Verhandlungen‹.«[173] Warum gab es diese unverhohlene Einmischung in die Belange des Landesverbandes? Wie das Bundesvorstandsmitglied Angelika Beer der *Süddeutschen Zeitung* mitteilte, hatten die Spitzen der Südwest-Grünen ihrem Bundesvorstand zuvor intern versichert, der CDU »sieben Knackpunkte« vorlegen zu wollen, die eine Koalition von vorneherein unmöglich gemacht hätten. Demnach sei für die Sondierung mit der Union ursprünglich nur eine Gesprächsdauer von einer Stunde anvisiert worden.[174] Dass die Verhandlungen dann schließlich vier Stunden dauerten und ein zweites Treffen vereinbart wurde, ging dem Bundesvorstand offensichtlich zu weit.

Ein Blick in die Archive zeigt, dass die starke Einmischung der Bundespartei innerparteilich nicht ohne Kritik blieb, schließlich reklamierten gerade die Grünen wie keine zweite Partei in der Bundesrepublik einen basisdemokratischen Anspruch für sich. Für den Landesvorstand der Hamburger GAL schrieb Sabine Boehlich in einem Brief an den Bundesvorstand, dass es »völlig absurd« sei, »einem anderen Landesverband Scheinverhandlungen zu verordnen«. Die Bundesspitze müsse sich bewusst sein, »daß Ihr mit Eurem Wunsch nach Beendigung der Verhandlungen in Baden-Württemberg nicht für die Gesamtheit der Grünen Partei, weder für die heute bestehende und noch viel weniger für die, die wir in Zukunft zusammen mit dem Bündnis 90 bilden werden, sprecht.«[175] Auch der bündnisgrüne Bundestagsabgeordnete Konrad Weiß kritisierte in einem Schreiben an die Landtagsfraktion das Vorgehen der Bundesspitze als »ideologisch verbrämt« und stellte fest, dass ein derartiger »dogmatischer Zentralismus« politisch antiquiert sei. Er wolle die Südwest-Grünen ausdrücklich zu Verhandlungen für die Demokratie ermutigen.[176] Allerdings äußerte nicht nur der Bundesvorstand massive Bedenken bezüglich der Sondierungen. So warnten die niedersächsischen Grünen vor dem politischen Schaden, der durch ein Zusammengehen mit der Union entstehen würde[177], und auch der NRW-Landtagsabgeordnete Daniel Kreutz zeigte sich in einem Brief schockiert darüber, dass die Südwest-Grünen offensichtlich ein »Machtbündnis« mit der »Hauptpartei der politischen Reaktion«[178] prüften. Ein geschmackloses Fax, das offensichtlich von der Alternativen Jugend Hamburg an die Landesgeschäftsstelle der Grünen in Baden-Württemberg gesandt wurde, protestierte am drastischsten gegen die Verhandlungen mit der Union. Die anonymen Autoren schlugen ihren Parteifreunden im Südwesten vor, doch gleich eine »Braun-Schwarz-Grüne« Koalition zu bilden und Franz Schönhuber als »Ausländerbeauftragen zu engagieren, falls dieser dem Landesverband nicht zu »linkslastig« wäre. Das Fax schloss »Mit deutschem Gruß!«[179] Positiv hingegen sahen zwei den Grünen nahestehende Verbände die Sondierungen. So forderten sowohl der baden-württembergische Landesverband des BUND als auch die »Arbeitsgemeinschaft bäuerlicher Landwirtschaft« in persönlichen Schreiben die Grünen dazu auf, die Chance einer schwarz-grünen Koalitionsregierung zu ergreifen.[180] Beckmann ermutigte die grüne Landespartei und Landtagsfraktion sogar »nachdrücklich« dazu, mit der Union Koalitionsgespräche aufzunehmen und fügte seinem Brief noch einmal jenes Strategiepapier bei, dass er zu diesem Zeitpunkt fast auf den Tag genau fünf Jahre zuvor zum Thema Schwarz-Grün verfasst hatte.[181] Für »nahezu zwingend« hielt das Landesvorstandsmitglied Cem Özdemir Koalitionsverhandlungen mit der CDU, sollte diese ihre Position für eine Änderung des Asylartikels im Grundgesetz gänzlich aufgeben.[182]

Für die innerparteiliche Debatte bei der CDU zeigte sich ein ähnlich heterogenes Bild, auch wenn sich die Bundespartei mit bremsenden Interventionen eher zurückhielt, die Sondierungen durch Kohl-Intimus Schäuble ja sogar mit angestoßen hatte. Mit einem klaren Votum unterstützte die JU Baden-Württembergs ein Bündnis mit den Grünen. Auf ihrem Landestag nahmen die Delegierten mit rund 100 zu 30 Stimmen ein vom JU-Landesvorstand einstimmig beschlossenes Thesenpapier an, das die Perspektive einer großen Koalition kritisch sah, da sich diese »wie Mehltau über das Land legen« werde. Der JU-Landesvorsitzende Andreas Renner vertrat die Auffassung, dass die CDU den Grünen näher stünde als der SPD.[183] Sogar der ehemalige Ministerpräsident Hans Filbinger sprach sich indirekt für ein Zusammengehen mit den Grünen aus, da die Situation von 1992 keinesfalls vergleichbar sei mit der des Jahres 1966, als dieser die letzte Große Koalition im Land gebildet hatte.[184] Unterstützung kam auch vom JU-Bundesvorsitzenden Hermann Gröhe. Dieser plädierte für ein schwarz-grünes Bündnis im Südwesten, da sich die Grünen hier als eine »durch und durch demokratische, realpolitische Kraft«[185] erwiesen hätten und eine solche Konstellation einer großen Koalition vorzuziehen sei. Oettinger, der den Grünen bereits 1988 eine grundsätzliche Koalitionsfähigkeit attestiert hatte und gute persönliche Beziehungen zur Grünen-Spitze unterhielt, taxierte nach der ersten Sondierung die Chancen für ein solches Bündnis dementsprechend mit »50:50«.[186] Kritische Stimmen zu den schwarz-grünen Sondierungen kamen vor allen Dingen aus Bayern. CSU-Chef Theo Waigel hielt es für falsch, mit den Grünen, aber nicht mit den Republikanern zu sprechen. Wenn sich die CDU nach rechts abgrenze, müsse sie dies auch nach links tun.[187] Auch die bayerische JU vertrat eine völlig andere Auffassung als Gröhe und Renner.[188]

Entscheidend dafür, dass es am Ende nicht zu schwarz-grünen Koalitionsverhandlungen kommen sollte, waren jedoch die Einwände wichtiger Landespolitiker der CDU Baden-Württembergs. So erteilte Finanzminister Gerhard Mayer-Vorfelder, ein Vertreter des konservativen Parteiflügels, einer schwarz-grünen Koalition von Anfang an eine klare Absage. Zwar stehe mit Kuhn ein Realo an der Landspitze, in den »Hinterzimmern« säßen aber weiterhin die Fundis, wie auch im Landtag noch einige Abgeordnete einen »stramm marxistischen« Lebensweg aufwiesen. Zudem gab Mayer-Vorfelder mit einigem Recht zu bedenken, dass eine solche Koalition »zu einem Riß mitten durch die Partei führen« werde.[189] Ebenso sprach sich der Stuttgarter Oberbürgermeister Manfred Rommel für eine Große Koalition und gegen eine Kooperation mit den Grünen aus, da die sehr schwierigen Konsolidierungsaufgaben, die die Politik in Baden-Württemberg bewältigen müsse, nur so zu meistern wären.[190] Schlussendlich wandte sich auch Teufel selbst gegen eine schwarz-grüne Koalition, da er den Unmut in Teilen seiner Partei über die Verhandlungen durchaus wahrgenommen hatte und weiteren innerparteilichen Streit verhüten wollte. Allerdings trennte Teufel, wie Beteiligte aus beiden Parteien feststellten, darüber hinaus auch eine »unüberbrückbare kulturelle Distanz«[191] von den Grünen. Nicht wenige Beteiligte vertraten im Nachhinein die Auffassung, dass mit Teufels Amtsvorgänger deutlich mehr zu erreichen gewesen wäre. »Mit Späth wäre alles klar: Schwarz-grün«[192] lautete die Devise der Befürworter dieser Konstellation, allen voran Oettingers.[193] Teufel wollte die Liaison mit den Grünen nun jedoch möglichst schnell beenden, weshalb die CDU-Spitze intern schon vor der zweiten Sondierungsgrunde mit den Grünen verabredete, einer Koalition mit der SPD den Vorzug zu geben. Obgleich wohl allen Beteiligten klar war, dass Koalitionsverhandlungen nicht mehr zustande kommen würden, dauerte das zweite schwarz-grüne Sondierungsgespräch noch einmal rund vier Stunden. Dabei zeigte sich auch, dass bei vielen inhaltlichen Punkten eine koalitionäre Übereinkunft ohnehin nur schwer zu erreichen gewesen wäre. So reagierte die CDU u.a. auf die Forderungen der Grünen, bestimmte Minister wegen »Verbrauchtheit« abzulösen oder landesweit möglichst viele Klinikplätze für ambulante Abtreibungen zu schaffen, äußerst reserviert.[194] Als sich die CDU nach der zweiten Sondierungsrunde mit den Grünen schließlich auch offiziell für Koalitionsverhandlungen mit der SPD entschied, bewertete Teufel die Gespräche mit der Öko-Partei dennoch als »außerordentlich konstruktiv«. Unterschiedliche Grundüberzeugungen habe es beim Demokratieverständnis und im gesellschaftspolitischen Bereich gegeben, einen Konsens am ehesten bei einer »konsequenten Umweltpolitik«.[195]

War eine schwarz-grüne Koalitionsbildung in Baden-Württemberg im Frühjahr 1992 wirklich realistisch? Bezieht man alle politischen Faktoren und den zeitlichen Kontext mit ein, muss die Antwort negativ ausfallen. Die Sondierungen von Grünen und Union hatten weder eine konkrete politikinhaltliche Grundlage noch fanden sie eine konsequente, weithin geschlossene Unterstützung seitens der Parteielites oder -basen. Die Triebfeder der Union, schwarz-grüne Sondierungen anzustoßen, war zuallererst eine tiefsitzende Abneigung gegenüber der Landes-SPD. Zum einen hielten viele in der Südwest-CDU das politische Personal der Sozialdemokraten zu jenem Zeitpunkt für schlicht ungeeignet.[196] Zum anderen hatten die zahlreichen Konflikte im Rahmen des Untersuchungsausschuss zur »Traumschiff-Affäre« Späths im Jahr vor der Wahl das Verhältnis zwischen Union und SPD zerrüttet.[197] So war es nicht verwunderlich, dass viele Christdemokraten sich auf der persönlichen Ebene mit einem grünen Regierungspartner leichter getan hätten. Ferner brachten die parallelen Sondierungen mit den Grünen die Union in eine bessere verhandlungstaktische Position gegenüber der SPD. Hinzu kam, dass in Baden-Württemberg im Vergleich mit dem Rest der Republik ein besonderes schwarz-grünes Verhältnis herrschte. Neben den bereits dargestellten Vorstößen einzelner Politiker in den 1980er Jahren hatte die Landesregierung unter Späth auch umweltpolitische Vorschläge der Grünen in modifizierter Form bereits umgesetzt.[198] Die persönlichen Kontakte zwischen Oettinger und der Grünen-Spitze hatten zusätzlich eine gewisse Vertrauensbasis geschaffen, die bei Schwarz-Rot keine Entsprechung fand. Für Ministerpräsident Teufel hatten die Sondierungen dennoch – auch bundespolitisch – eine vornehmlich taktische Bedeutung, wobei ihm die Tatsache, dass ein Teil seiner Partei Sympathien für Schwarz-Grün hegte, dieses Manöver überhaupt erst ermöglichte.

Bei der Grünen-Partei standen ebenfalls strategische Überlegungen im Vordergrund. Für die Zukunft erhofften sich die Südwest-Grünen durch die Gespräche eine weitere Normalisierung der Beziehung zu den Christdemokraten und die Anerkennung ihrer potenziellen Koalitionsfähigkeit. Auch wenn es bestärkende Stimmen aus der Mitgliedschaft für ein schwarz-grünes Bündnis gab, wäre ein solches von der grünen Basis wohl nicht akzeptiert worden.[199] Eine schwarz-grüne Koalition in Baden-Württemberg hatte daher keine realistische Grundlage – die Chancen standen zu keinem Zeitpunkt »50:50«. Die heftigen innerparteilichen Kontroversen, insbesondere bei den Grünen, hatten darüber hinaus gezeigt, dass das Thema eines bündnispolitischen Zusammengehens weiterhin einen für beide Parteien neuralgischen Punkt berührte.

Dennoch kann der April 1992 – neben dem Jahr 1990 – zweifellos als Ausgangspunkt der Normalisierung des politischen Verhältnisses zwischen den Parteien, ja als immens wichtige Etappe auf dem Weg zum Abbau der politischen Feindbilder gesehen werden. Denn die Sondierungen in Baden-Württemberg hatten nicht weniger als die Entdämonisierung der Grünen durch die CDU zur Folge, was die Grünen endgültig zu einer etablierten politischen Kraft machte. Ähnlich wie bei den rot-grünen Sondierungen in Hamburg und Hessen 1982, die ebenfalls scheiterten, begann in Stuttgart also jenseits »seminaristischer Gedankenspiele« die konkrete koalitionspolitische Annäherung zwischen Schwarz und Grün. Zudem gaben die Gespräche den Anstoß für eine breite mediale Debatte über die möglichen Grundlagen und Perspektiven christlich-ökologischer Koalitionen, die bis zum heutigen Tage nicht mehr abebben sollte.

3.2 1994 – Das schwarz-grüne Wendejahr

Nach den baden-württembergischen Sondierungen wurde nun immer öfter über die Möglichkeiten einer schwarz-grünen Kooperation gesprochen, wobei die Reflexe der Abgrenzung auf beiden Seiten deutlich an Intensität verloren. Entrüstungsstürme zum Thema Schwarz-Grün wie noch Ende der 1980er Jahre waren auf beiden Seiten nicht mehr zu erwarten. Vor allem Geißler, der als CDU-Generalsekretär maßgeblich zur Entfremdung der Parteien beigetragen hatte, gab sich nun als Befürworter der schwarz-grünen Option. Im September 1993 ließ er verlauten, dass die CDU/CSU künftig »koalitionsbereit gegenüber den Grünen« sein müsse, wobei der Umwelt- und Naturschutz »ohne große Probleme auch zentrales politisches Thema der CDU« sein könne.[200] Die Grünen hätten in den Vorjahren »ihre fundamentalistische Fraktion sozusagen aus ihrer Partei herausgenommen« und konzentrierten sich wieder auf die Umweltpolitik, weshalb sie für die Union nun koalitionsfähig seien.[201] Auch CDU-Umweltminister Klaus Töpfer forderte im Herbst 1993 eine koalitionspolitische Öffnung seiner Partei zu den Grünen, da es zwischen Schwarz und Grün keine grundsätzliche Unvereinbarkeit mehr gebe.[202] Zwar wies der niedersächsische Bundesratsminister Jürgen Trittin diesen Vorstoß umgehend zurück. Auf der Aachener Bundesversammlung der Grünen sagte dieser unter großem Beifall der Delegierten, wer Atomanlagen mit hohen Zäunen vor Protesten schützen lasse, der solle aufhören, über solche Koalitionen zu reden. »Koalitionen, die diesseits und jenseits eines solchen Zaunes stehen«, seien nur schwer vorstellbar.[203] Dennoch mehrten sich in beiden Parteien die Stimmen, die sich von einem Zusammengehen von Union und Grünen neue politische Perspektiven versprachen. Den endgültigen Umschwung in der Beziehung zwischen den Parteien markierte jedoch erst das Jahr 1994, in dem in Sachsen eine schwarz-grüne Koalition in den Bereich des Möglichen rückte (1), die nordrhein-westfälischen Kommunalwahlen zu einer ganzen Reihe von christlich-ökologischen Bündnissen führten (2) und die CDU/CSU-Fraktion im dreizehnten Deutschen Bundestag die Grünen endgültig als legitime und gleichwertige Kraft anerkannte (3). Diesen Wandel begleitete zudem ganzjährig eine öffentliche Diskussion über die Aussichten von Schwarz-Grün, an der sich Politiker, Journalisten und Wissenschaftler gleichermaßen ernsthaft und intensiv beteiligten (4).

(1) Nach der Wiedervereinigung hatte sich schnell gezeigt, dass es in den Neuen Ländern weit weniger Berührungsängste zwischen Christdemokraten und Grünen gab als im westlichen Teil der Republik. Viele der ostdeutschen Politiker von CDU und Grünen hatten Ende der 1980er Jahre Seite an Seite gegen das Unterdrückungsregime der DDR gekämpft und konnten die im Westen vorhandenen Vorbehalte kaum nachvollziehen. Schon früh zeichnete sich ab, dass gerade in Sachsen die Berührungspunkte zwischen der Biedenkopf-Union, die konsequent alle Vertreter der Block-CDU aus dem Landesvorstand gewählt hatte, und den Grünen, die dort bereits seit September 1991 einen gemeinsamen Landesverband mit dem Bündnis 90 bildeten und von Kräften aus der DDR-Bürgerrechtsbewegung dominiert wurden, besonders ausgeprägt waren.[204] Ein erster inhaltlicher Anknüpfungspunkt war die von CDU-Umweltminister Arnold

III. Von Erzfeinden zu Bündnispartnern   113

Vaatz im Jahr 1993 vorgestellte »Grüne Charta Sachsen«, welche ein Konzept zur Bewältigung der in der Zeit vor 1990 entstandenen Umweltschäden darstellte und von den Grünen ausdrücklich als fortschrittlich gelobt wurde.[205] Mit Blick auf die anstehenden Landtagswahlen bezeichnete der grüne Landesvorstandssprecher Heiko Weigel bereits im Oktober 1993 eine mögliche schwarz-rote Koalition als »eine Katastrophe für Sachsen« und warb für eine schwarz-grüne Alternative.[206] Auch auf Seiten der CDU plädierten nicht wenige für ein Zusammengehen mit den Grünen, sollte die absolute Mehrheit im nächsten Jahr verfehlt werden. Vor allem die Tatsachen, dass sich beide Parteien für eine rigorose Aufarbeitung der DDR-Vergangenheit einsetzten und die sächsischen Grünen über eine Reihe geschätzter Fachpolitiker verfügten, sprachen aus Sicht des Reformflügels der Landes-CDU für eine schwarz-grüne Premiere.[207] Biedenkopf selbst, dem einerseits eine Neigung zur Großen Koalition nachgesagt wurde, der andererseits aber schon immer auch Sympathien für die Grünen und deren Inhalte artikuliert hatte, hielt sich bis zur Landtagswahl mit Aussagen zu möglichen Koalitionen bedeckt.

Zum Jahresanfang 1994 gewann die sächsische Koalitionsdebatte deutlich an Intensität, wobei die Initiative hierbei von den Grünen ausging. Auf einer Strategiekonferenz der Bundespartei Mitte Januar, die für die Bundestagswahl eine rot-grüne Koalition als Ziel ausgab, sprach sich ein nicht unerheblicher Teil der Anwesenden dafür aus, dass auf der Länderebene – insbesondere im Osten – auch Bündnisse mit der CDU möglich sein müssten. Der aus Sachsen stammende Vorsitzende der grünen Bundestagsgruppe, Werner Schulz, meinte, dass bei künftigen Koalitionsüberlegungen die »gesamte Farbenlehre« erlaubt sein sollte und »keine ideologischen Hemmschwellen« mehr herrschen dürften.[208] Dabei hatte die Parteispitze in Sachsen die internen Weichen für ein Zusammengehen mit der Union bereits früh gestellt. So zitierte der *Focus* einen Parteiinsider im Januar mit den Worten: »90 Prozent der Funktionsträger sind für Schwarz-Grün.«[209] Vorbehaltlich der Stimmung an der Parteibasis hielten die Grünen eine Koalition mit der CDU demnach für wünschenswert. Es sei bestimmt keine Liebesheirat, so der sächsische Grünen-Bundestagsabgeordnete Wolfgang Ullmann, aber sollte sich bei der Union der Reformflügel durchsetzen, könne man zusammenarbeiten.[210] Auch der Fraktionsvorsitzende der sächsischen Grünen, Klaus Gaber, bezeichnete ein solches Bündnis als »zugegebenermaßen spannend«.[211] Dass diese Sichtweise keineswegs alle Landtagsabgeordneten der Grünen teilten, zeigten einige Aus- und Rücktritte in der Fraktion, für die als Begründung die zunehmende schwarz-grüne Annäherung angeführt wurde.[212] Im Monat vor der Landtagswahl sendeten die Grünen jedoch erneut positive Signale in Richtung CDU. Die Parteiführung, allen voran die grüne Spitzenkandidatin Kornelia Müller, machte deutlich, dass sie das »Magdeburger Modell« als Option ebenso wie die Tolerierung einer CDU-Minderheitsregierung ablehnte. Die Neuen Länder brauchten stabile Mehrheitsregierungen und man sei bereit, auch gemeinsam mit der CDU Verantwortung zu übernehmen.[213]

Die sächsische Union übte bei den Aussagen zu einem möglichen schwarz-grünen Bündnis öffentlich etwas mehr Zurückhaltung. Vor allen Dingen Umweltminister Vaatz stellte immer wieder die Berührungspunkte der Parteien in den Vordergrund. So gebe es Schnittmengen bei den Fragen einer ökologischen Steuerreform und der laufenden Rentendiskussion.[214] Vaatz und Innenminister Heinz Eggert, beide aus der DDR-Bürgerrechtsbewegung, gehörten zu denjenigen in der CDU, die die gemeinsamen Wurzeln der Parteien betonten und grünen Themen aufgeschlossen gegenüberstanden. Sie sahen bei den Stichworten ökologische Marktwirtschaft, Privatisierung öffentlicher Leistungen und Bürokratieabbau eine größere Nähe zu den Grünen als zur SPD.[215] Auch der stellvertretende Landesvorsitzende Fritz Hähle ließ seine Sympathien für die Bündnisgrünen erkennen und hob deren Gewinn durch eine Regierungsbeteiligung hervor. Es sei »doch eine einmalige Chance für die Grünen, beim Aufbau einer Wirtschaft mitzumischen.«[216] Wie sehr sich auch die Union hinter den Kulissen um die schwarz-grüne Option bemühte, zeigte sich daran, dass Vaatz ein vertrauliches Treffen mit den Spitzengrünen Müller und Gaber initiierte, bei dem die Möglichkeiten einer Kooperation bereits Monate vor der Landtagswahl ausgelotet wurden.[217] Nur zwei Tage vor der Wahl legten sich die Spitzen der Grünen-Partei, obgleich der Landesparteitag die Koalitionsfrage offen gelassen hatte, dann endgültig darauf fest, mit der CDU nach der Wahl verhandeln zu wollen. Schulz stellte klar: »Wir werden niemandem hinterherlaufen. Aber es ist durchaus möglich, daß man einen gemeinsamen Weg erkunden könnte.«[218] Spitzenkandidatin Müller erklärte sogar, dass man für den Fall, dass die CDU ihre absolute Mehrheit verlieren sollte, drei Ministerien fordern werde.[219] Doch dazu sollte es nicht kommen. Die CDU konnte bei der Landtagswahl entgegen vieler Umfragen ihre absolute Mehrheit nicht nur halten, sondern sogar auf rund 58 Prozent ausbauen. Die Bündnisgrünen hingegen verpassten mit 4,1 Prozent den Einzug in den Landtag überraschend deutlich. Landesvorstandssprecherin Gunda Röstel machte für das schwache Ergebnis der Grünen auch die Koalitionsdebatte der letzten Monate verantwortlich, die »nicht sehr glücklich« geführt worden sei. Die kurz vor der Wahl getätigte Aussage Schulzes, dass es in der Partei »viele Fans für schwarz-grün«[220] gebe, hatte sich offenbar nicht auf die Wählerschaft der Grünen übertragen lassen.

Festzuhalten bleibt: in Sachsen wäre eine schwarz-grüne Koalition im Jahr 1994 – bei entsprechendem Wahlausgang – realistischer gewesen als in Baden-Württemberg zwei Jahre zuvor, auch wenn die Einstellung Biedenkopfs selbst zu einem solchen Bündnis indifferent blieb. Während im Südwesten die Arithmetik des Wahlergebnisses Schwarz-Grün möglich machte, die politikinhaltlichen Grundlagen für ein Zusammengehen jedoch weitgehend fehlten, verhielt es sich in Sachsen genau spiegelverkehrt. Zudem erstreckte sich die sächsische Koalitionsdebatte über einen Zeitraum von mehr als einem Jahr, in dem beide Seiten mögliche Kompromisse und Schnittmengen bereits im Vorfeld der Wahl sondierten. Kurzum: schwarz-grüne Koalitionsgespräche wären in Sachsen nicht – wie im April 1992 im Südwesten – für alle Beteiligten überraschend angesetzt worden, sondern hätten vielmehr einen monatelangen Annäherungsprozess abgeschlossen, der sich auf ein gutes persönliches *und* inhaltliches Fundament stützen konnte. Dass die Debatte hier nicht von der CDU, sondern vornehmlich von den Bündnisgrünen aus Angst vor einer Großen Koalition angestoßen worden waren, gehört zu den bemerkenswerten Aspekten dieses Vorgangs. Wie allerdings die Bundes-CDU auf schwarz-grüne Sondierungen in Sachsen einen Monat vor der Bundestagswahl reagiert hätte, in deren Vorfeld ja einmal mehr vor einem »rot-grünen Chaos«[221] gewarnt werden sollte, bleibt Spekulation. Mit Rückenwind aus Bonn hätten die möglichen schwarz-grünen Verhandlungsführer wohl nicht rechnen dürfen, schließlich hatte Bundesgeneralsekretär Peter Hintze noch kurz vor der Bundestagswahl den Satz geprägt: »Die Wähler wissen genau, daß Deutschlands Zukunft weder auf roten Socken noch in grünen Schluffen zu meistern ist.«[222] Der *Focus* berichtete in einem Artikel vom Juli 1994 von einer Absprache zwischen Bundes- und Sachsen-CDU, dass – im Falle von Koalitionsverhandlungen – die Gespräche zwischen Union und Grünen erst nach Ablauf der Bundestagswahl begonnen worden wären, um den »Wahlkampf der Bundes-CDU nicht zu torpedieren«.[223]

(2) Schon seit Mitte der 1980er Jahre war es in kleineren Kommunen in der Bundesrepublik immer wieder vereinzelt zu schwarz-grünen Kooperationen gekommen. Ob Zählgemeinschaften, punktuell koordiniertes Abstimmungsverhalten zu inhaltlichen Fragen oder gar vertraglich fixierte Koalitionen – in den verschiedensten Formen hatten Schwarz und Grün auf lokaler Ebene zusammengefunden. Die nordrhein-westfälischen Kommunalwahlen vom 16. Oktober 1994 gaben der Annäherung von Union und Grünen nun aber sowohl eine neue Quantität als auch Qualität. CDU und Grüne hatten landesweite Gewinne verzeichnen können, die SPD hingegen leichte und die FDP herbe Verluste hinnehmen müssen. In vielen kommunalen Bürgervertretungen kam es auf die Grünen als Mehrheitsbeschaffer an. Die NRW-CDU nahm daraufhin Abstand von ihrer vormaligen Position und warb aktiv um die Grünen als Partner. Hatte sich Landeschef Norbert Blüm noch bei der Kommunalwahl 1989 klar gegen solche Koalitionen ausgesprochen[224], gab der Landesvorstand der NRW-CDU nun »grünes Licht« für Kommunalbündnisse mit den Grünen. Auch Reiner Priggen, Sprecher der NRW-Grünen, versicherte, man wolle den lokalen Parteiverbänden »keine verbindliche Linie« vorgeben, auch wenn die Spitzen von Landespartei und Fraktion schwarz-grünen Bündnissen nur wenig Chancen einräumten.[225] Schon Anfang November sollte sich zeigen, dass dies eine Fehleinschätzung war. So wählten Union und Grüne in der 80.000 Einwohner-Stadt Gladbeck gemeinsam den CDU-Kandidaten zum Bürgermeister, Gleiches geschah in den Kleinstädten Emsdetten und Blomberg sowie den Gemeinden Issum und Extertal.[226] In Mülheim an der Ruhr bildete sich das erste schwarz-grüne Bündnis in einer deutschen Großstadt, dem wie im Kreis Aachen und in Gladbeck eine schriftliche Koalitionsvereinbarung zu Grunde lag.[227] In nicht weniger als 23 Städten, Kreisen und Gemeinden hatten sich einen Monat nach der Wahl christlich-ökologische Kooperationen gebildet. Die Grünen versuchten daraufhin nach Kräften, diese Zahl zu relativieren: denn in nahezu 100 Kommunen hätten sich rot-grüne Koalitionen zusammengefunden und die Grünen in zehn Großstädten und sechs Kreisen Koalitionsverträge mit der SPD geschlossen.[228] Anders hingegen fiel die Reaktion auf Seiten der NRW-CDU aus. Generalsekretär Herbert Reul machte es den Landesgrünen sogar zum Vorwurf, durch ihre Interventionen noch mehr schwarz-grüne Koalitionsbildungen gezielt verhindert zu haben.[229] Die NRW-CDU hatte sichtlich Gefallen daran gefunden, mit Hilfe der Grünen-Partei in

vielen Gemeinden »das Zeitalter des revierspezifisch sozialdemokratischen Absolutismus«[230] beenden zu können. Bei einer Frage waren sich jedoch alle Beteiligten einig: die Vielzahl von Kommunalbündnissen habe keinerlei Signalwirkung für die im Mai 1995 anstehenden Landtagswahlen in NRW. »Rot-Grün oder Opposition« lautete die von der grünen Spitzenkandidatin Bärbel Höhn ausgegebene Losung, die von den Delegierten auf der Landeskonferenz vom Dezember 1994 bestätigt wurde.[231] Auch CDU-Generalsekretär Reul lehnte eine Landeskoalition mit den Grünen kategorisch ab.[232]

(3) Die zeitgleich mit der NRW-Kommunalwahl stattfindende Bundestagswahl gab der Normalisierung des Verhältnisses zwischen Union und Grünen einen weiteren Schub. Im Vorfeld der konstituierenden Sitzung des dreizehnten Deutschen Bundestages ließ Unionsfraktionschef Schäuble gegenüber seinem grünen Pendant Fischer – genau zehn Jahre nach dessen verbalem Ausfall gegenüber Bundestagsvizepräsident Stücklen – erkennen, dass er die Forderung der Grünen nach einem Posten im Bundestagspräsidium unterstützen werde. Schäubles Angebot sah vor, auf Kosten der SPD-Fraktion, die bisher mit zwei Vizepräsidenten vertreten war, die Grüne Antje Vollmer mit den Stimmen der Union und der FDP zur Vizepräsidentin zu wählen.[233] Die Absprache wurde umgesetzt. Vollmer erhielt am 10. November 1994 insgesamt 358 Stimmen, wobei die Fraktionen von Union, FDP und Grünen gemeinsam über 390 Mandate verfügten. Zudem fand der Antrag der Grünen, die Gesamtzahl der Vizeposten bei vier zu belassen, eine Mehrheit. Damit waren die Grünen nun im Bundestagspräsidium vertreten, während die zweite SPD-Kandidatin Anke Fuchs das Nachsehen hatte.[234] Der taktische Coup Schäubles befeuerte die ohnehin schon durch die NRW-Kommunalwahlen losgetretene Debatte um Schwarz-Grün weiter. Fischer versuchte die von der Wahl Vollmers entfachte Dynamik umgehend zu dämpfen. Die CDU sei erst dann koalitionsfähig, wenn sie »mehrheitlich die Position Heiner Geißlers vertritt, etwa in der Ausländerpolitik, zur Einwanderung oder der multikulturellen Gesellschaft«.[235] Ebenso müsse die Union sich für einen Ausstieg aus der Kernenergie stark machen. Die Geschehnisse im Bundestag wolle er auf keinen Fall als Signal für eine neue politische Option werten.[236] Auch die Union zeigte sich über das breite mediale Echo zu dem parlamentarischen Vorgang erschrocken. Der erste Parlamentarische Geschäftsführer der Unionsfraktion, Jürgen Rüttgers, stellte umgehend klar, dass die Grünen-Partei weiterhin der politische Gegner und

die Wahl Volmers kein Anzeichen für eine schwarz-grüne Koalition sei.[237] Auch Kanzler Kohl machte deutlich, dass Union und Grüne immer noch »weit auseinander« lägen. Für alle Zeiten wolle er eine Kooperation aber nicht ausschließen, da er nicht wüsste, »was in zehn Jahren sein wird«.[238] Kritik an der Diskussion an sich kam einmal mehr aus Bayern. CSU-Generalsekretär Erwin Huber lehnte die »Gespensterdiskussion« ab und warnte davor, dass eine Öffnung der Union hin zu den Grünen gefährlich sein könne, da sie so ihr Profil als »Partei der Mitte« verwässere.[239] Überrumpelt und besorgt zeigte sich auch die SPD über die Annäherung der Parteien in NRW und im Bundestag. Das Monopol der Sozialdemokraten auf Koalitionen mit den Grünen sei geknackt worden, meinte zum Beispiel der niedersächsische Ministerpräsident Gerhard Schröder. Da dies sowohl der Union als auch den Grünen neue Bewegungsmöglichkeiten gebe, sei dies keine ungefährliche Entwicklung für die SPD. Von der »Wucht dieser strategischen Neuorientierung der Grünen« sei Schröder durchaus überrascht.[240] Abgerundet wurde die politische Aufwertung der Grünen-Fraktion durch die CDU/CSU schließlich dadurch, dass sich die Unionsfraktion, allen voran Schäuble, dafür einsetzte, den Grünen nun auch die Mitarbeit in der Parlamentarischen Kontrollkommission zur Überwachung der Geheimdienste sowie im G10-Ausschuss des Bundestages zu ermöglichen. Da sich die Grünen bereit erklärt hätten, die Geheimhaltungsvorschriften einzuhalten, gebe es keinen Grund mehr für eine Ausgrenzung der Fraktion, so Schäuble.[241] Die Aufnahme in die Geheimausschüsse befreite die Grünen endgültig von dem früher vornehmlich seitens der Union erhobenen Vorwurf, ein Sicherheitsrisiko für das Land darzustellen.[242]

Nach den vielen Verwerfungen zwischen den Fraktionen von Union und Grünen in den 1980er Jahren hatte die CDU/CSU mit der Wahl Vollmers – wie die neue Bundestagsvizepräsidentin selbst es formulierte – eine »symbolische Grenze«[243] überschritten. Über eine Dekade nach dem erstmaligen Aufeinandertreffen der Fraktionen in Bonn, die für beide Seiten einem veritablen Kulturschock gleichgekommen war, stellte die schwarz-grüne Wahlkooperation zweifellos einen »Qualitätssprung«[244] im beiderseitigen Verhältnis auf Bundesebene dar. Nachdem verschiedene Landesverbände die Grünen bereits als seriöse politische Kraft anerkannt hatten, hatte nun auch die Bundestagsfraktion diesen Weg eingeschlagen. Dass Schäuble damit gleich zwei Dinge auf einmal hatte klarstellen können, hielt die *Rheinische Post* äußerst treffend fest: »Erstens, daß die CDU/CSU die Grünen ins Kalkül miteinbezieht, sie nicht mehr links liegen lässt wie gefallene Bürgertöchter und -söhne. Zweitens, daß man gewillt und in der Lage ist, der großen Konkurrentin SPD mit ihrem Fraktionschef Scharping gleich zum Auftakt der neuen Legislaturperiode eine empfindliche Lektion in Machtpolitik zu erteilen.«[245] Dabei waren die grünen Abgeordneten des Jahres 1994 im Habitus mit denen von 1983 kaum noch zu vergleichen gewesen. Die Grünen-Fraktion hatte nicht nur die parlamentarischen Regeln endgültig anerkannt, wie sich nicht zuletzt bei ihrem »Gesuch« um Aufnahme in die Geheimausschüsse zeigte, sondern nun auch viele Realpolitiker in ihren Reihen, die von der CDU/CSU akzeptiert werden konnten. Abgeordnete wie Fischer, Vollmer, Özdemir, Nickels oder Scheel erleichterten den Unionskollegen den Umgang mit der Grünen-Fraktion deutlich. Beide Seiten waren somit große Schritte aufeinander zugegangen und hatten – auch wenn es von den Beteiligten öffentlich bestritten wurde – damit sehr wohl ein erstes Zeichen für eine künftige Machtoption im Bund gesetzt.

Die Vorkommnisse des Jahres 1994 zeigten drei wichtige Veränderungen im Parteienverhältnis auf. Erstens hatten die sächsischen Spekulationen um ein mögliches Landesbündnis verdeutlicht, dass eine ernsthafte und weitgehend unaufgeregte Debatte über das schwarz-grüne Modell mittlerweile möglich geworden war. Abgrenzungsreflexe und hastige Dementis der Bundesparteien waren kaum noch zu vernehmen. Zweitens wurde Schwarz-Grün in Folge der NRW-Kommunalwahlen zu einer politischen Realität[246], die von keiner Seite mehr bestritten werden konnte. Schwarz-grüne Koalitionen waren nicht länger eine vage »Option«, sondern übernahmen vor Ort politische Verantwortung, was naturgemäß half, Vorbehalte gegenüber dem Modell abzubauen. Zwar wurden die NRW-Kommunalbündnisse vor allem von den Grünen als Sonderfälle relativiert. Doch fragte die *Zeit* in diesem Zusammenhang völlig zu Recht: »wie viele Sonderfälle machen ein Muster?«[247] Drittens hatten sich Union und Grüne nach den Kommunen und Ländern nun, mit der Kooperation zur Wahl des Bundestagspräsidiums, auch auf höchster politischer Ebene ausgesöhnt, was für die Zukunft einen konstruktiven Umgang im Parlament zuließ und eine Rückkehr zu den antiquierten Feindbildern der 1980er Jahre im Grunde unmöglich machte. Dabei muss allerdings auch beachtet werden, dass das erhebliche elektorale Schwächeln der FDP Mitte der 1990er Jahre[248] eine wichtige Triebfeder für die Öffnung der CDU gegenüber den Grünen gewesen war, ähnlich wie umgekehrt die Zweifel an der Handlungsfähigkeit der SPD unter Scharping die Öko-Partei für die Avancen der Union empfänglich machten.[249]

(4) Die Ereignisse des Jahres 1994 elektrisierten die deutsche Medienlandschaft. Der Reiz des Neuen führte zu einer Fülle von Leitartikeln und Reportagen, die sich ausführlich dem Thema Schwarz-Grün widmeten.[250] Eine Begutachtung des Tenors in der deutschen Zeitungslandschaft zum Thema Schwarz-Grün im Jahr 1994 zeigt, dass die allermeisten Journalisten dem Modell mit einer gewissen Grundsympathie, in jedem Fall aber großer Neugier gegenüberstanden. Eine schwarz-grüne Bundeskoalition in unmittelbarer Zukunft verwiesen jedoch fast alle Redaktionen weiterhin ins Reich der Phantasie. Die Tendenz, dass die deutschen Printmedien sich im Vergleich zu anderen Koalitionsmodellen stets mit besonderem Interesse dem Thema Schwarz-Grün widmeten, sollte dabei bis zum heutigen Tage anhalten.

In der CDU nahmen 1994 vor allem Vertreter der jüngeren Parteigeneration aus den Landesverbänden die mediale Debatte um Schwarz-Grün zum Anlass, ihrerseits klar zu machen, dass sie keine Berührungsängste gegenüber den Bündnisgrünen hatten. Dabei taten sich – neben Oettinger, der schon seit den 1980ern für diese Option warb und im Juli 1994 davon ausging, dass es »noch in diesem Jahrzehnt« zu Schwarz-Grün auf Landesebene kommen werde[251] – vor allem der Hamburger Fraktionsvorsitzende Ole von Beust und seine Amtskollegen aus Niedersachsen und dem Saarland, Christian Wulff und Peter Müller hervor. Die CDU-Fraktionsvorsitzenden aus Hessen und Rheinland-Pfalz, Roland Koch und Christoph Böhr, hielten solche Überlegungen bezogen auf ihr eigenes Bundesland zwar für unrealistisch, gaben sich aber grundsätzlich ebenfalls aufgeschlossen gegenüber der Öko-Partei.[252] Dabei war allen aufgezählten Fraktionschefs bis auf Oettinger gemein, dass sie sich zu jenem Zeitpunkt in der Oppositionsrolle befanden. Vor allem Müller, Wulff und von Beust sahen in den Grünen demnach einen möglichen Partner, um die SPD-Dominanz in ihrem Land kurz- oder mittelfristig brechen zu können. Müller hob dabei vor allem die Vorstellungen beider Landesparteien zum Naturschutz hervor, die »deckungsgleich« seien. Zudem sei das wirtschaftspolitische Programm der Saar-Grünen »akzeptabel«.[253] Daher müsse man »über kurz oder lang eine schwarz-grüne Koalition auf Länderebene eingehen.«[254] Dass Schwarz-Grün kein Tabu mehr sei, stellte auch Wulff fest. Die CDU müsse sich für Bündnisse mit den Grünen bereithalten, da sie auf Dauer nicht leben könne, wenn sie sich nur auf einen Partner festlege. Deshalb werde er im niedersächsischen Landtag künftig einen engen Kontakt mit den Grünen pflegen.[255] Ebenfalls strategisch argumentierte von Beust, der zudem auf die sich annähernden Wählermilieus beider Parteien hinwies. Die Hälfte der grünen Wählerklientel käme aus bürgerlichen Gegenden, und dies seien »keine Latzhosenträger, sondern leistungswillige Leute – eine gemeinsame Zielgruppe.«[256] Die Positionen der jüngeren CDU-Politiker blieben dabei nicht unwidersprochen. So meldeten vor allem Bundesgesundheitsminister Horst Seehofer, der baden-württembergische CDU-Generalsekretär Volker Kauder und CSU-Chef Theo Waigel Bedenken an. Seehofer befürchtete, dass schwarz-grüne Koalitionen den »rechten Rand«, den die Union gerade befriedet habe, beunruhigen würden. Kauder wies darauf hin, dass die Wähler es nicht verstehen würden, wenn die CDU mit den Grünen im Land koaliere und sie auf Bundesebene bekämpfe. Waigel warnte davor, dass eine Koalition ein »tiefes Zerwürfnis zwischen CDU und CSU« ergeben würde.[257]

Bei den Grünen gab es im selben Zeitraum keine vergleichbare Anzahl von Spitzenkräften, die für die schwarz-grüne Option votiert hätten. Lediglich der saarländische Fraktionschef Hubert Ulrich erwiderte vorsichtig die Avancen Müllers. Im Gegensatz zur Lafontaine-SPD, die »sehr vernagelt« sei, pflege er zu den Christdemokraten »ein klimatisch gutes Verhältnis«.[258] Bezogen auf eine Landeskoalition äußerte er sich aber sehr zurückhaltend. Es gebe zwar »Überschneidungspunkte«, aber keine gemeinsame Linie mit der CDU«.[259] Auf der Potsdamer Bundesversammlung der Grünen Anfang Dezember wandten sich sowohl der scheidende Vorstandssprecher Volmer als auch Fraktionschef Fischer gegen die Bündnisspekulationen. Während Fischer diese für »Gespensterdebatten« hielt und vor dem für eine Annäherung an die Union nötigen Strategie- und Programmwechsel warnte, plädiert Volmer dafür, den »rot-grünen Faden« nicht zu verlieren, da die CDU »Nationalkonservative, Frauen- und Ausländerfeinde und integrierte Republikaner« in ihren Reihen habe.[260] Den Schlusspunkt hinter die Debatte auf Seiten der Grünen setzte jedoch erst eine lesenswerte Kontroverse zwischen Kuhn, Trittin und dem Politikwissenschaftler Lothar Probst in der *Tageszeitung* Ende des Jahres.[261]

Die ganzjährige Diskussion um Schwarz-Grün schlug sich schließlich auch in demoskopischen Erhebungen nieder. Sowohl die gesellschaftlichen Eliten als auch das Wahlvolk registrierten die Annäherung der ehemaligen Erzfeinde mit Interesse und größtenteils mit Zustimmung. Eine Allensbach-Umfrage vom April 1994 hatte festgestellt, dass sich mittlerweile die Hälfte der deutschen Führungskräfte eine schwarz-grüne Koalition vorstellen konnte.[262] Und auch die Mehrheit der Bürger hielt eine Zusammenarbeit von Union und Grünen für durchaus realistisch. So sprachen sich in einer Emnid-Umfrage vom November des gleichen Jahres 54 Prozent der Deutschen für eine stärkere Kooperation der Parteien aus. Bei den CDU-Anhängern waren dies 62 Prozent und bei den Grünen-Anhängern 71 Prozent.[263] Ein Umdenken in Sachen Schwarz-Grün hatte somit nicht nur Politiker, Journalisten und Wissenschaftler, sondern auch die Bundesbürger erfasst. Es erscheint daher durchaus angebracht, dem Jahr 1994 in Bezug auf die koalitionspolitische Annäherung von Union und Grünen einen Wendecharakter zuzuschreiben.

3.3 Auftritt der Pizza-Connection – Union und Grüne 1995-1998

Nach dem turbulenten Vorjahr versuchten beide Parteien Anfang 1995 die Debatte zu beruhigen, vor allem, um die eigenen Anhänger nicht weiter zu irritieren. Nach dem erfolgreichen Tabubruch sollte nun wieder zur gewohnten Tagesordnung übergegangen werden. »Ruhe ist die erste Bündnispflicht«[264] lautete die Losung in der CDU. Die Grünen-Partei sah die Situation ähnlich und verschickte als Neujahrsgruß schwarze und grüne Buttons verbunden mit der Aufforderung: »Unser Tip für 1995: Stecken Sie sich doch die Schwarz-Grün-Debatte an den Hut!«[265] Wie sehr das Thema aber die Öffentlichkeit bereits geprägt hatte, zeigte ein Vorfall vom Januar, als die *FAZ* ungeprüft Auszüge aus einem vermeintlichen Strategiepapier junger Bundestagsabgeordneter der Grünen veröffentlichte und als Aufhänger für einen ausführlichen Artikel nutzte.[266] Das Papier, welches u.a. mit den Namen von Volker Beck und Steffi Lemke unterzeichnet war, sinnierte freimütig über die Notwendigkeit einer schwarz-grünen Koalition zur zeitnahen Durchsetzung grüner Politikinhalte. Da sich die SPD in einem »katastrophalen Zustand« befände und die FDP 1995 endgültig »zugrunde gehen« werde, müssten die Grünen »auch mal in den schwarzen Apfel beißen«.[267] Ein Probelauf für ein Bündnis auf der Bundesebene könnte demnach in Rheinland-Pfalz erfolgen, wobei eine solche Koalition »gute Wirtschaftspolitik (CDU) mit guter Umweltpolitik (B 90)« verbinden würde.[268] Allerdings stellte sich das der Zeitung zugespielte Papier als Fälschung heraus, die wohl von einem grünen Insider verfasst worden war. Die Häme der Journalisten-Kollegen fiel dementsprechend aus.[269] Dass ein renommiertes Blatt wie die *FAZ* an der Authentizität eines solchen Papiers nicht gezweifelt und auf eine Quellenprüfung verzichtet hatte, zeigte jedoch, wie selbstverständlich ein Nachdenken über Schwarz-Grün bereits geworden war.

Mit der Bundestagswahl des Jahres 1994 waren zahlreiche junge Abgeordnete in beide Fraktionen nachgerückt, die an den alten ideologischen Grabenkämpfen zwischen Union und Grünen schon nicht mehr aktiv teilgenommen hatten. Eine Umfrage der *Welt* unter den jüngeren Mandatsträgern beider Bundestagsfraktionen im Januar 1995 brachte zu Tage, dass sich Grüne wie Matthias Berninger, Andrea Fischer oder Christine Scheel und Christdemokraten wie Hermann Gröhe oder Norbert Röttgen schwarz-grüne Bündnisse in nicht allzu ferner Zukunft durchaus vorstellen konnten. Gröhe begrüßte es, dass bei der nachwachsenden Grünen-Generation viele »wertkonservativ« seien, Berninger sah in der Union gar den »Schlüssel für den ökologischen Umbau der Marktwirtschaft«, da sie über die »größte wirtschaftspolitische Kompetenz« verfüge.[270] Daraufhin initiierte eine Gruppe um Gröhe und Berninger ein informelles Treffen zwischen jungen Grünen- und Unions-Abgeordneten, dessen Name alsbald zu einem schwarz-grünen Mythos werden sollte: die »Pizza-Connection«.[271] Anfang Juni 1995 trafen sich – nachdem die geplante Zusammenkunft bereits im Vorfeld für medialen Wirbel gesorgt hatte – im Weinkeller eines italienischen Restaurants in Bonn rund ein Dutzend Abgeordneter beider Fraktionen, die allesamt nicht älter als 35 Jahre waren. Neben den Initiatoren nahmen u.a. die Abgeordneten Cem Özdemir und Eckart von Klaeden an dem ersten Treffen teil. Selbst Grünen-Fraktionschef Fischer gesellte sich als Gast am späten Abend überraschend dazu. Dabei sahen wohl alle Beteiligten das gemeinsame Abendessen nicht als politisch-strategischen Arbeitskreis, sondern vielmehr als Möglichkeit für ein ungezwungenes Kennenlernen. Allerdings wurde naturgemäß auch über Politik gesprochen, wobei die Nachwuchspolitiker – ausnahmslos von der angenehmen Atmosphäre des Treffens angetan – vor allem beim Ausländerrecht und dem Thema Öko-Steuer Schnittmengen erkannten.[272] Entgegen der ursprünglichen Intention entwickelte sich aus der einmaligen Zusammenkunft ein vermeintlich konspirativer Gesprächskreis, der sich regelmäßig, teils wöchentlich zusammenfand. Dabei gehörten zum harten Kern der Pizza-Connection auch die Christdemokraten Norbert Röttgen, Armin Laschet, Andreas Storm, Andreas Krautscheid, Peter Altmaier und Ronald Pofalla sowie die Grünen Andrea Fischer, Margareta Wolf, Simone Probst, Oswald Metzger und Christine Scheel – den jüngeren CSU-Abgeordneten wurde die Teilnahme parteiintern ausdrücklich untersagt. Auch stießen immer wieder prominente Gäste wie Rezzo Schlauch, Bundesministerin Claudia Nolte oder der Parlamentarische Geschäftsführer der CDU/CSU Andreas Schmidt zur Runde hinzu, über deren Gesprächsverlauf sich Schäuble im Übrigen stets interessiert unterrichten ließ.[273] Özdemir stellte beeindruckt fest, dass von den Treffen »etwas Magisches« ausgehe und die Neugierde bei den älteren Fraktionskollegen schier riesig sei.[274]

Auf die Frage, warum die Atmosphäre bei den schwarz-grünen Abendessen so gut sei, antwortete Gröhe: »Die Jungen von Grünen und CDU verbindet die gemeinsame Lebensfreude [...] Außerdem lesen wir die gleichen Bücher, schauen uns die gleichen Filme im Kino an und denken in vielen politischen Fragen – etwa Menschenrechte und Umweltschutz – in dieselbe Richtung.«[275] Dies galt offensichtlich nicht für das Verhältnis der Nachwuchspolitiker von SPD und Grünen. Ein ähnlich ungezwungenes Treffen zwischen jungen Abgeordneten der potentiellen Koalitionspartner im September 1995 verlief nicht ansatzweise so positiv wie die Runden der Pizza-Connection. Der Abend sei »eine Katastrophe« gewesen und das Gesprächsklima zügig abgekühlt, so Berninger im Rückblick. Während die Grünen sich schnell von den Marxismus-Vorträgen der Junggenossen genervt zeigten, hielten nicht wenige Sozialdemokraten die Grünen für »hedonistische Neo-Yuppies«, die ebenso gut der FDP anheimfallen könnten. Mit der Begründung, er habe »noch etwas Lustigeres« vor, verließ zum Beispiel der SPD-Abgeordnete Hans Martin Bury das Treffen vorzeitig.[276]

Trotz der offensichtlichen persönlichen Nähe zwischen schwarzen und grünen Abgeordneten blieben gemeinsame politische Initiativen selbstverständlich die Ausnahme. Lediglich bei drei außen- sowie zwei innenpolitischen Fragen fanden die Angehörigen der Pizza-Connection zusammen. So stimmten einige CDU-Abgeordnete der »Jungen Gruppe« zusammen mit Grünen und SPD gegen die von der Regierung geplante Einladung des iranischen Außenministers Ali Akbar Welajati. Ebenso kam es zu schwarz-grünen Anträgen zum deutsch-tschechischen Jugendaustausch und zum Verbot des Verkaufs von in chinesischen Straflagern produziertem Spielzeug in Deutschland.[277] Bei den Themen Öko-Steuer und Staatsbürgerschaftsrecht standen die Ideen der CDU-Parlamentarier um von Klaeden und Röttgen der eigenen Parteilinie sehr entgegen. Die jungen Unionsabgeordneten hatten bereits früh in der Legislaturperiode für die Einführung einer Ökosteuer plädiert. Zum Weltklimagipfel in Berlin 1995 verabschiedeten einige aus der Jungen Gruppe der Union darüber hinaus gemeinsam mit jungen Kollegen der anderen Fraktionen hierzu ein Memorandum. Im Dezember 1995 trugen sieben Unionsabgeordnete eine Initiative für die Ökosteuer mit, die einen Bruch mit der offiziellen Linie ihrer Partei und Fraktion bedeutete. Auch bei der Reform des Staatsangehörigkeitsrechts gab es zwischen Abgeordneten wie Altmaier, Klaeden und Röttgen, die im April einen »Fahrplan zur Reform« desselben vorlegten, und Parlamentariern der Grünen große Schnittmengen. Allerdings stießen die jungen Unionspolitiker mit beiden Reformvorhaben in ihrer eigenen Partei auf Ablehnung. Auf eine Einbringung der Initiativen zu Öko-Steuer und Staatbürgerschaftsrecht in den Bundestag gemeinsam mit Abgeordneten der Grünen oder der SPD wurde daher verzichtet.[278] Dass es aber überhaupt zu einer Kooperation kam, obwohl die CDU der Regierungsseite und die Grünen dem Oppositionslager zugehörig waren, machte deutlich, wie sehr sich vor allem die »Junge Gruppe« der Union von den Altvorderen ihrer Partei absetzen wollte. In jedem Fall wurde die Zugehörigkeit zur Pizza-Connection innerhalb kürzester Zeit zum »Ehrentitel«.[279] Die Treffen gelten bis heute als legendär und können ohne Zweifel als eine wichtige Keimzelle für die verstärkte schwarz-grüne Zusammenarbeit gesehen werden.[280]

In der Debatte um eine koalitionspolitische Annäherung zwischen den Parteien auf Bundesebene zeigte sich in den drei Jahren vor der Bundestagswahl 1998 einmal mehr, dass sich insbesondere die CSU mit den schwarz-grünen Avancen der Schwesterpartei schwer tat. Die Christsozialen hielten die Diskussion nach wie vor nicht nur für »völlig abwegig«, sondern auch für hochgradig gefährlich, da sie »traditionelle konservative Wählerschichten« tief verunsichere, wie zum Beispiel CSU-Landesgruppenchef Michael Glos meinte.[281] Auf der Klausurtagung der CSU im Wildbad Kreuth wurde im Januar 1995 gar ein Beschluss gefasst, der feststellte, dass wer in Richtung Schwarz-Grün marschieren wolle, »die Einheit von CDU und CSU« gefährde.[282] Glos präzisierte das Positionspapier jedoch dahingehend, dass mit der »Einheit« nicht die der Fraktionsgemeinschaft, sondern die »Einheit der Zielsetzungen« gemeint gewesen sei.[283] Trotz ihrer Kritik an der schwarz-grünen Annäherung hatte die

CSU auf dieser Tagung allerdings selbst für eine Überraschung gesorgt und den Bündnisgrünen Konrad Weiß – selbst ein erklärter Anhänger einer christlich-ökologischen Koalition – offiziell zum Gespräch eingeladen.[284] Der stellvertretende Unions-Fraktionsvorsitzende Geißler plädierte im Februar 1995 hingegen erneut mit Verve für eine schwarz-grüne Koalition. In seinem Buch »Gefährlicher Sieg« riet er seiner Partei dazu, im Falle eines Scheiterns von Schwarz-Gelb eher mit den Grünen als mit der SPD auf Bundesebene zusammenzugehen. Die Grünen seien die »besseren Liberalen«. Dabei sei selbst die Atompolitik kein Hindernis, da die Grünen ihre »unsinnige Forderung« nach Abschaltung der Atomkraftwerke inzwischen relativiert hätten und auch die CDU auf Dauer nicht an der Kernenergie festhalten könne, da die Entsorgungsfrage nicht geklärt sei.[285] Doch war Geißler im Bundesvorstand der CDU mit seiner Position völlig isoliert.[286] Einen Schlusspunkt versuchte Kohl im Juli 1995 zu setzen, als dieser nach einem Strategie-Gipfel der Unionsparteien deutlich machte, dass es bis »ins nächste Jahrtausend hinein« kein Schwarz-Grün im Bund geben werde.[287]

Nur ein Jahr später sorgte Kohl jedoch selbst dafür, dass die Schwarz-Grün-Debatte kurzzeitig neue Nahrung erhielt. Auch wenn die Mitarbeiter beider Parteien alles versucht hatten, um den Termin geheim zu halten: Ende Mai 1996 wurde bekannt, dass sich Kohl und Grünen-Fraktionschef Fischer im Kanzleramt zu einem Gespräch getroffen hatten. Vor allem die Europapolitik, bei der sich beide auf einer Linie befanden, soll Thema der Unterredung gewesen sein.[288] Der Grünen-Politiker Volmer schreibt in seinem Buch zur Geschichte der Grünen, dass sich Fischer zu dieser Zeit sogar »zur Seelenverwandtschaft mit Helmut Kohl« bekannt habe: »Manche Parteifreunde gingen weiter und erkannten im ›System Fischer‹, seiner Vorstellung von Parteistruktur und ›innerer Führung‹, Ähnlichkeiten mit dem ehemaligen Patronage-›System Kohl‹«.[289] Dass der Kanzler die grünen Parteivorsitzenden Gunda Röstel und Jürgen Trittin am Aschermittwoch 1997 erstmalig für einen »Antrittsbesuch« einlud, zeigte dann endgültig, dass selbst Kohl nach fast 15 Jahren seine Berührungsängste vor der Öko-Partei abgelegt hatte.[290] Naturgemäß sorgten die anstehenden Bundestagswahlen 1998 für eine Repolarisierung zwischen den Parteien, die kaum noch Platz für Bündnisspekulationen auf Bundesebene ließ. Die Union fuhr eine scharfe Wahlkampagne gegen die »Geisterfahrer« der Grünen, deren programmatische Forderungen einem »Horrortrip« gleichkämen.[291] Für Irritationen in der eigenen Partei sorgte nur vier Wochen vor der Bundestagswahl noch einmal Kohl, als er ein Bündnis mit den Grünen für denkbar hielt, allerdings nicht in den nächsten vier Jahren und nur, wenn sich die Partei in der Sicherheits- und Außenpolitik ändern sollte.[292] Die Landesebene betreffend waren es in den Jahren vor der Abwahl Kohls die »üblichen Verdächtigen« der Union, die die schwarz-grüne Option weiter thematisierten. Auf einem Forum der Zeitung *Die Woche* im April 1995 ließen vor allen Dingen von Beust und Müller erkennen, dass sie weiterhin auf die Grünen zur Ablösung der langjährigen SPD-Regierungen in ihren Ländern setzten. Beide wollten ein Zusammengehen mit der Öko-Partei schon bei den kommenden Landtagswahlen in Hamburg (1997) und im Saarland (1999) nicht ausschließen. Auch der niedersächsische Oppositionsführer Wulff sah in einer schwarz-grünen Annäherung eine strategische Notwendigkeit für seine Partei.[293]

Die Bundesspitze der Grünen gab sich in den Jahren von 1995 bis 1998 bezüglich einer schwarz-grünen Kooperation sehr zurückhaltend. Auf der Klausurtagung der Grünen-Bundestagsfraktion im Januar 1995 in Bad Neuenahr beantworte Fischer die Frage nach einem solchen Bündnis mit einem »klaren Nein«, da die Unterschiede in allen Bereichen von der Atomenergie bis zur Zuwanderung zu groß seien: »Dem Geist von Bad Neuenahr ist es nicht gelungen, schwarz-grüne Konturen zu bekommen«.[294] Die Avancen Geißlers vom Februar 1995 konterte Grünen-Vorstandssprecher Trittin in einem ausführlichen Zeitungsartikel. Geißler würde »papierne Sonntagsaussagen aus Grundsatzprogrammen der CDU zu politischer Wirklichkeit« umlügen. Eine grüne Partei, die aus Sicht der CDU koalitionsfähig wäre, gebe es zudem gar nicht, da diese mangels Zuspruch der eigenen Klientel »nicht parlamentsfähig« wäre.[295] Zumindest die baden-württembergischen Spitzengrünen Schlauch und Kuhn teilten die Auffassung der Bundespartei, dass die Debatte »parteischädigend« sei, nicht und hielten eine offene Diskussion weiter für angebracht.[296] Das schlechte Abschneiden der SPD bei gleichzeitigen Stimmengewinnen der Grünen bei den Landtagswahlen in Baden-Württemberg, Rheinland-Pfalz und Schleswig-Holstein Ende März 1996 veranlasste den Parlamentarischen Geschäftsführer der Grünen-Bundestagsfraktion Werner Schulz dazu, die schwarz-grüne Option wieder auf die Tagesordnung zu setzen. Auch der haushaltspolitische Sprecher der Fraktion, Oswald Metzger, unterstützte den Vorstoß.[297] Da die rot-grüne Perspektive auf Bundesebene mit den Landtagswahlen einen Dämpfer bekommen habe und die

Grünen zum Beispiel in Baden-Württemberg in einer »strategischen Falle« säßen, müsse auch die CDU als Partner ins Blickfeld rücken, so Schulz in einem Zeitungsinterview. Allerdings habe die Grünen-Partei bisher die Chance vertan, einem möglichen Bündnis mit der CDU auf Bundesebene einen landespolitischen Testlauf – zum Beispiel in Rheinland-Pfalz – voranzustellen.[298] Nach der umgehenden Kritik an Schulz' Äußerungen, vornehmlich aus dem eigenen sächsischen Landesverband, solidarisierte sich sein ostdeutscher Parteikollege Konrad Weiß mit dem Angegriffenen. In einem Telefax vom 28. März 1996, dem Weiß einen selbst verfassten Artikel zu Schwarz-Grün anfügte, bestärkte er Schulz in dessen Überlegungen: »Mit Deinem Interview in der Berliner Zeitung hattest du völlig recht. Laß dich nicht davon abbringen, weiter als bis zu Rotgrün zu denken!«[299] Der sächsische Landesvorstand untermauerte seine Kritik hingegen wenige Tage später mit einem bitterbösen offenen Brief an Schulz. Dieser habe »wieder einmal« ohne Absprache mit den zuständigen Gremien über Schwarz-Grün nachgedacht. Man distanziere sich von einer »eigentümlichen, mit niemandem abgestimmten Bewertung der Landtagswahl sowie Deinem besserwisserischen Nachkarten gegen die Rheinland-Pfälzer [sic!] Bündnisgrünen«. Zudem würden seine Äußerungen nicht gerade von analytischem Tiefgang künden.[300] Auch Weiß wurde vom sächsischen Landesvorsitzenden Karl-Heinz Gerstenberg für seine Äußerungen zu Schwarz-Grün, insbesondere was Sachsen anging, gerügt. Dieser habe »bis heute nicht begriffen, daß Männerfreundschaften aus dem Herbst 1989 und Haß auf die PDS keine ausreichende Grundlage für Koalitionen sind.«[301] Bundesvorstandssprecherin Krista Sager und Fraktionschef Fischer zeigten sich zum Zeitpunkt der Debatte um Schulz und Weiß offener und wollten Schwarz-Grün längerfristig nicht ausschließen.[302]

In den Ländern hatten die Grünen vornehmlich auf die Avancen der genannten CDU-Politiker zu reagieren. Für Aufsehen sorgten im Februar 1997 einmal mehr die Südwest-Grünen, als sie Ministerpräsident Teufel im Rahmen eines »kommunikativen Experiments« dazu einluden, auf ihrem Landesparteitag zu sprechen.[303] Dieser hatte diesen Wunsch eher salopp in einer Landtagsdebatte geäußert, nahm die überraschende Einladung von Seiten der Grünen aber dennoch an und hielt auf dem Parteitag in Bruchsal schließlich eine halbstündige Rede. Dass ein solches »Experiment« überhaupt möglich war und es zu keinerlei Protesten bei der Grünen-Basis kam, zeigte in aller Deutlichkeit, dass CDU und Grüne im Südwesten eine gemeinsame politische Kultur pflegten, die in den anderen Bundesländern noch immer ihresgleichen suchte. Insgesamt kann für die letzten Jahre der Ära Kohl festgehalten werden, dass sich Union und Grüne zwar fortdauernd annäherten und damit das interparteiliche Klima weiter normalisierten, dies jedoch nicht in solch großen Schritten taten wie noch in der ersten Hälfte der 1990er Jahre. Zwar zeigte das Wirken der Pizza-Connection deutlich auf, dass sowohl personelle als auch inhaltliche Anknüpfungspunkte vor allem zwischen jüngeren Vertretern beider Parteien bestanden, die für die nähere Zukunft auch ein bündnispolitisches Zusammengehen wahrscheinlicher machten. Jedoch blieben die Koalitionsspekulationen in den Ländern meist sehr oberflächlich und auch im Bund galt Schwarz-Grün weiter als ausgeschlossen. Zur Lähmung der Koalitionsdebatte auf Seiten der Grünen trug maßgeblich bei, dass sich die Öko-Partei seit dem Wiedereinzug in den Bundestag 1994 völlig auf ein rot-grünes Bündnis zur Ablösung Kohls fixiert hatte – wenngleich immer wieder Zweifel an der Handlungsfähigkeit der SPD aufkamen, die die Union für die Grünen interessanter machten. Auf Seiten der CDU/CSU stand vor allem Kohl selbst einer vitalen Diskussion über christlich-ökologische Koalitionen im Wege. Es war in erster Linie die Schwächephase der FDP, welche zahlreiche Unionspolitiker dazu nötigte, sich zumindest theoretisch mit den Grünen als Partner auseinanderzusetzen. Kurzum: trotz lebhafter Diskussionen dachten in beiden Parteien nur die allerwenigsten tatsächlich an eine Verwirklichung von Schwarz-Grün – in den Ländern wie im Bund.

4. Die verspätete Koalition – Der lange Weg zur politischen Partnerschaft 1998-2009

4.1 Schwarz-grüner Rollentausch 1998-2005

Mit der Abwahl der schwarz-gelben Koalition und dem Antritt der rot-grünen Bundesregierung im Herbst 1998 kam es für Union wie Grüne zu einem Rollentausch, der für beide Parteien gleichermaßen tiefgreifende Veränderungen nach sich zog. Damit ging auch eine Neujustierung der bisherigen koalitionspolitischen Positionierungen einher, die der Schwarz-Grün-Debatte auf Bundesebene eine neue Qualität gab. Der designierte Nachfolger Kohls im Amt des CDU-Vorsitzenden, Schäuble, setzte bereits vier Wochen nach der Wahl diesbezüglich ein deutliches Zeichen. Dem *Spiegel* sagte Schäuble, dass eine schwarz-grüne Koalition auf Bundesebene zwar zurzeit »nicht aktuell« sei, man sich die Situation in den Kommunen und Ländern jedoch »anschauen« müsse. Angesprochen auf die Koalitionsspekulationen im Saarland meinte er: »Es gibt ja in dieser Frage kein Dogma. Die Hauptsache ist, das Saarland bekommt einen neuen Ministerpräsidenten, und der heißt Peter Müller. Wenn er das mit den Grünen hinkriegt – warum nicht?«[304] Schnell kam bei politischen Beobachtern der Verdacht auf, dass Schäubles Vorstoß vor allem taktischer Natur war, um zwischen den rot-grünen Bündnispartnern Zwietracht zu säen. Allerdings steckte hinter den Aussagen des Unions-Fraktionschefs sicher auch die ernsthafte Überlegung, die Machtoptionen der Union zu erweitern, schließlich hatte sich die SPD in den letzten Jahren gegenüber allen im Bundestag vertretenen Parteien bündnisfähig gezeigt, während die Union auf die Alternativen Schwarz-Gelb und Große Koalition festgelegt blieb.[305] Folgerichtig unterstützte auch die neue Generalsekretärin der CDU, Angela Merkel, den Kurs Schäubles. Man müsse sich »die Entwicklung der Grünen unter strategischen und inhaltlichen Gesichtspunkten sehr genau anschauen.«[306] Einen weitsichtigen Debattenbeitrag lieferte der sächsische Ministerpräsident Biedenkopf, der sich überzeugt zeigte, dass die CDU »in absehbarer Zeit« Koalitionen mit der Öko-Partei eingehen werde. Mit Blick auf deren nun anstehende Regierungsbeteiligung stellte er fest: »Die SPD tut uns da erst mal den Gefallen und domestiziert die Grünen. In vier Jahren ist das eine ökologisch-liberale, bürgerliche Partei [...] Warten Sie mal ab.«[307]

Die Bundesgrünen reagierten auf die Offerten der Union verständlicherweise ablehnend, war die erste rot-grüne Bundesregierung doch zu diesem Zeitpunkt erst wenige Tage alt. Die Parteispitze verschloss sich Ende 1998 einer diesbezüglichen Diskussion vollständig. Erst als die Ernüchterung der Grünen über die Zusammenarbeit in der Koalition mit der SPD wuchs, Finanzminister Lafontaine zurücktrat und Bundeskanzler Schröder zunehmend die FDP als möglichen Partner in den Blick nahm[308], setzte auch bei der Öko-Partei ein Umdenken ein. Ausgerechnet Bundesumweltminister Trittin als ein Vertreter des linken Flügels der Bündnisgrünen erklärte nach dem Lafontaine-Rücktritt im März 1999 gegenüber dem *Stern* das rot-grüne Reformprojekt für »tot«. Es gäbe mit der SPD »allenfalls noch eine Summe gemeinsamer Interessen«. Daher spreche mittelfristig »für die CDU als Partner genauso viel oder so wenig wie für die SPD«.[309] Mit einer sehr widersprüchlichen Argumentation reagierten die grünen Bundesvorstandssprecherinnen Gunda Röstel und Antje Radcke sowie die Fraktionsvorsitzende im Bundestag, Kerstin Müller, auf die Äußerungen Trittins. Zwar teilten sie seine Ansicht, dass sich die SPD nach dem Rückzug Lafontaines nur noch wenig von der CDU unterscheide. Gleichzeitig hielten sie ein schwarz-grünes Bündnis jedoch für »nicht vorstellbar« (Röstel/Radcke) und »abwegig« (Müller).[310] Diese Einlassungen zeigten erneut, dass mit der Koalitionsoption Schwarz-Grün nicht nur programmatisch-rationale Abwägungen verbunden waren, sondern vor allen Dingen auch die Frage nach der eigenen gefühlten Parteiidentität.

Nachdem Schäuble im Zusammenhang mit der CDU-Spendenaffäre[311] als Partei-und Fraktionsvorsitzender zurückgetreten war und sich die Wahl des Führungsduos Merkel/Merz im Frühjahr 2000 abzeichnete, wurden die Rufe innerhalb der CDU nach einer bündnispolitischen Offensive in Richtung Schwarz-Grün wieder lauter. Auch die Grünen glaubten daran, dass sich eine CDU unter Merkel nachhaltig verändern würde. Die designierte Parteichefin Künast befürchtete sogar, dass eine CDU unter Merkel Wähler der Grünen abwerben könnte, was für ihre Partei »richtig ins Kontor hauen« könne. Künast empfahl den Grünen in diesem Zusammenhang, die Rolle als »Partei der 68er« abzustreifen und sich weiter zu öffnen.[312] In der CDU forderten von Beust, Oettinger und Müller, aber auch die JU-Bundesvorsitzende Hildegard Müller unmittelbar vor dem entscheidenden Bundesparteitag in Essen, auf dem Merkel zur Vorsitzenden gewählt wurde, dass mit der anstehenden personell-inhaltlichen Erneuerung der CDU auch eine Öffnung für neue Bündnismöglichkeiten mit den Grünen verbunden sein müsse.[313] Die Grünen reagierten relativ offen auf die neuerliche Debatte innerhalb der CDU. Der baden-württembergische Landesvorsitzende Andreas Braun machte deutlich, dass er Bündnisse mit der CDU »grundsätzlich für einen faszinierenden Gedanken« halte, da die Grünen mit Merkel und Merz »sehr viel« verbinde. Bei der Landtagswahl 2001 würde er Schwarz-Grün »sehr gerne versuchen«. Auch Özdemir hob die Bedeutung des Personalwechsels bei der Union hervor und meinte, dass sich Merkel und der neue CDU-Generalsekretär Ruprecht Polenz »nicht durch einen dumpfen Populismus wie die vorgestrigen Herren Rüttgers und Koch«[314] auszeichneten.

Im neuen Regierungssitz Berlin wurden im Sommer 2000 auch die persönlichen Bande zwischen Vertretern beider Parteien wieder enger geknüpft. Zum einen rekonstituierte sich die Pizza-Connection auf Initiative Gröhes und Berningers. Gemeinsam mit den CDU-Abgeordneten Claudia Nolte, Katherina Reiche und Annette Widmann-Mauz sowie den grünen Regierungsmitgliedern Simone Probst und Andrea Fischer ließ man die alte Bonner Runde zunächst einmalig wieder aufleben.[315] Anfang August ließen sich auch Merkel und das neue Führungsduo der Grünen-Partei Kuhn und Künast – wohl bewusst inmitten der parlamentarischen Sommerpause – bei einem gemeinsamen Essen von Pressevertretern »erwischen«. Dass daraufhin weder die Parteien noch die Medien große Resonanz zeigten und beide Seiten das Treffen als Ausdruck einer demokratischen Selbstverständlichkeit werteten, zeigte noch einmal in aller Deutlichkeit, dass sich das Verhältnis zwischen Schwarz und Grün längstens normalisiert hatte.[316] Dies wurde bei einem gänzlich unerwarteten Thema Ende 2000 auch programmatisch deutlich. Ausgerechnet in der Zuwanderungspolitik kam es im Rahmen der sich ausweitenden Kontroverse um den von der Union lancierten Begriff der »Leitkultur« und das damit einhergehende Konzept zu einer Annäherung. Özdemir ließ in seiner Funktion als innenpolitischer Sprecher der Grünen-Fraktion verlauten, dass man – jenseits der Kampfbegriffe – gar nicht so weit voneinander entfernt sei. Wichtig seien das Grundgesetz und die deutsche Sprache. Er habe schon immer gesagt, »dass Verfassungspatriotismus selbstverständlich sein sollte und Immigranten nicht nur Rechte, sondern auch Pflichten haben.«[317] Der bildungspolitische Sprecher Berninger äußerte sich in eine ähnliche Richtung und forderte eine Debatte über die Voraussetzungen, die man an Einwanderer stellen dürfe und solle.[318] Überhaupt rückten im Jahr 2000 vermehrt die möglichen inhaltlichen Schnittmengen zwischen Schwarz und Grün in den Mittelpunkt des öffentlichen Interesses. Diese wurden vornehmlich in den Bereichen der Umweltfragen, der Subsidiarität, der Gentechnologie und der Skepsis gegenüber staatsinterventionistischen Maßnahmen gesehen.[319] Dass bei aller Annäherung zumindest mit Blick auf die Wählerschaft die Zeit für Schwarz-Grün auf Bundesebene noch nicht gekommen war, stellte Emnid-Chef Klaus-Peter Schöppner zum Ende des Jahres fest. Nur 36 Prozent der Deutschen hielten eine solche Koalition überhaupt für akzeptabel, während 57 Prozent diese ablehnten. Bei den Grünen sprachen sich 47 Prozent grundsätzlich für die Möglichkeit aus, bei der Union nur

33 Prozent. Allerdings, so Schöppner, zeigten Umfragen, dass Grünen-Wähler große Sympathien für Merkel hätten und auch beim Thema Rentenreform eher auf Linie der Unionsparteien lägen.[320]

In den Ländern kam es in der ersten Amtsperiode der rot-grünen Bundesregierung zu zahlreichen Bündnisspekulationen, denen aber meist keine konkreten Bestrebungen für eine tatsächliche Kooperation zu Grunde lagen. In Brandenburg und Berlin setzten vor allen Dingen CDU-Politiker die Möglichkeit einer Zusammenarbeit auf die Agenda, was in beiden Fällen jedoch von Seiten der Öko-Partei rasche Dementis herausforderte. Ohnehin ließen die damaligen personellen Konstellationen in der Hauptstadt[321] und in Brandenburg[322] Schwarz-Grün zunächst in weite Ferne rücken. Erst als sich die Berliner CDU nach der Bankenaffäre personell erneuerte, wagte der neue Fraktionsvorsitzende und bei der Abgeordnetenhaus-Neuwahl vom Oktober 2001 erfolglose Spitzenkandidat der CDU, Frank Steffel, eine vorsichtige Annäherung an die Grünen, die aus seiner Sicht ein »denkbarer Gesprächspartner« seien.[323] In Niedersachsen und Nordrhein-Westfalen waren es hingegen gerade die persönlichen Beziehungen zwischen den Parteispitzen, die einer schwarz-grünen Landeskoalition eine Perspektive gaben. So sandten in Niedersachsen CDU-Parteichef Wulff und die Grünen-Fraktionsvorsitzende Rebecca Harms, die schon seit längerem einen guten Umgang miteinander pflegten, vorsichtige Signale der Annäherung aus.[324] Im Januar 2002, also ein gutes Jahr vor der niedersächsischen Landtagswahl, unterstrich Wulff noch einmal, dass er eine Koalition mit den Grünen für denkbar hielt – letztere hatten da bereits angedeutet, ohne Koalitionsaussage in den Wahlkampf gehen zu wollen.[325] In Nordrhein-Westfalen nahm CDU-Landeschef Jürgen Rüttgers nach den Landtagswahlen vom Mai 2000 erste »inhaltlich-strategische Lockerungsübungen«[326] in Richtung Schwarz-Grün vor, denen die NRW-Grünen – frustriert von der konfliktuellen Partnerschaft mit der Clement-SPD und aufgeschreckt von den Avancen der Sozialdemokraten gegenüber der Möllemann-FDP[327] – durchaus aufgeschlossen gegenüberstanden. Allerdings schätzte er die Chancen für eine schwarz-grüne Koalition in Nordrhein-Westfalen immer als eher gering ein.[328] Gleichwohl bemühte sich Rüttgers auch in der Folgezeit – vor allem auf der persönlichen Ebene im Dialog mit den grünen Spitzenfrauen Bärbel Höhn und Sylvia Löhrmann – kontinuierlich darum, die Gräben zwischen seiner Partei und den Grünen weiter zuzuschütten.[329]

Vor dem Hintergrund der Geschichte von Schwarz-Grün in Baden-Württemberg hatte die im Vorfeld der Landtagswahlen vom März 2001 stattfindende Debatte um ein Zusammengehen der Parteien im Südwesten naturgemäß eine andere, konkretere Qualität als bei den zuvor genannten Beispielen. Winfried Kretschmann eröffnete die Spekulationen Ende 2000, als er erklärte, dass er einem Bündnis mit der CDU grundsätzlich aufgeschlossen gegenüber stehe, auch wenn eine solche Konstellation unter einem Ministerpräsidenten Teufel »so fern wie nie« sei. Der gebürtige Oberschwabe Metzger schloss sich Kretschmann in seiner Skepsis gegenüber Teufel an, machte aber deutlich, dass sich seine Partei – bei genügend inhaltlichen Schnittmengen – mit einer definitiven Absage an Schwarz-Grün »nicht selbst ghettoisieren« dürfe.[330] In der CDU-Landtagsfraktion kam es zeitgleich, vor dem Hintergrund durchwachsener Umfragewerte, zu Gedankenspielen über ein Jamaika-Bündnis nach der Wahl 2001. Die Stimmung in der Fraktion, so ein vom *Focus* zitiertes Mitglied, ließe sich mit der Losung »Lieber eine Koalition aus CDU, FDP und den Grünen als eine Neuauflage der verhassten großen Koalition« treffend beschreiben.[331] Der Grünen-Vorsitzende Braun verstärkte die diesbezüglichen Spekulationen noch weiter, als er Anfang 2001 einer schwarzen Ampel mehr Chancen einräumte als einer »echten« Ampel mit der SPD.[332] Nachdem sich Grüne und CDU im unmittelbaren Vorfeld der Wahl mit Bündnisspekulationen zurückhielten, konnte die schwarz-gelbe Landesregierung dann jedoch ihre Mehrheit deutlich verteidigen, während die Grünen über ein Drittel ihrer Wählerschaft verloren.

Auch wenn sich bei den Landtagswahlen in Baden-Württemberg und Rheinland-Pfalz vom März 2001 keine schwarz-grünen Kooperationsmöglichkeiten ergaben – Christoph Böhr hatte eine solche Koalition ohnehin ausgeschlossen – und sich auch im Vorfeld der Hamburger Bürgerschaftswahl vom September desselben Jahres aufgrund des Lagerwahlkampfes zwischen CDU/Schill-Partei/FDP und Rot-Grün die schwarz-grünen Hoffnungen verflüchtigten, gehörte das Thema weiterhin zur politischen Agenda des Jahres 2001. Nachdem schon die designierte Grünen-Parteivorsitzende und Künast-Nachfolgerin Claudia Roth gegenüber der *Bild am Sonntag* sich gegen eine »ideologische Verkrampfung« ausgesprochen hatte und Schwarz-Grün grundsätzlich nicht ausschließen wollte[333], sorgte eine schwarz-grüne Premiere in der Kommunalpolitik für bundesweites Aufsehen. Denn dass die Ratsfraktionen der Grünen und der CDU in Saarbrücken im Sommer 2001 das erste Bündnis in einer Landeshauptstadt eingingen, wurde im Allgemeinen auch als Signal über die kommunale Ebene hinaus bewertet. Da zeitgleich in Frankfurt a.M. an einer möglichen schwarz-grünen Koalition gearbeitet wurde, welche schlussendlich nicht zustande kommen sollte, verstärkte sich diese Tendenz noch um ein Vielfaches.[334] Damit war die Schwarz-Grün-Debatte jedoch vorerst an ihr Ende gekommen. Bis auf einen erneuten Vorstoß Geißlers vom November 2001[335] verschwand das koalitionspolitische Phänomen »Schwarz-Grün« bis zur Bundestagswahl 2002 fast völlig von der medialen und tagespolitischen Bildfläche. Dies lag zum einen daran, dass im Jahr 2002 neben der Bundestagswahl nur die Landtagswahlen in Sachsen-Anhalt und Mecklenburg-Vorpommern anstanden, bei denen von vornherein klar war, dass schon aufgrund arithmetischer Voraussetzungen schwarz-grüne Koalitionen keinesfalls in den Bereich des Möglichen rücken würden. Zum anderen setzte sich Stoiber in der Frage der Unions-Kanzlerkandidatur gegen Merkel im Januar 2002 durch, was Überlegungen zu einer bundespolitischen Perspektive von Schwarz-Grün ebenso bremste. Dennoch gehörten christlich-ökologische Bündnisüberlegungen auch über die Kommunen hinaus am Beginn des neuen Jahrtausends bereits zum politischen Tagesgeschäft. Die diesbezügliche Einstellung der beiden Parteien und der Medien wusste Stephan Eisel zu jener Zeit äußerst treffend zusammenzufassen: »Bei den Grünen herrscht erstauntes Erschrecken, bei der Union neugierige Ängstlichkeit und bei den Medien begieriges Interesse nach dem wohlbekannten Ritual, dass Neues interessant ist, bis es Alltag wird.«[336]

Das Scheitern des schwarz-gelben Reformprojekts bei den Bundestagswahlen vom September 2002 führte der Union einmal mehr vor Augen, dass sich ihre allzu starke Fixierung auf die FDP als Bündnispartner als risikobehaftete politische Strategie erwies. Während die Grünen die Verluste der SPD weitgehend hatten auffangen und die rot-grüne Mehrheit damit sichern können, scheiterte ein Regierungswechsel nicht zuletzt an den nur schwachen Zugewinnen der FDP, die in den Umfragen zuvor relativ gut dagestanden hatte. Rein rechnerisch hatten CDU/CSU und Bündnisgrüne hingegen im neuen Bundestag eine knappe Stimmenmehrheit, was einige Medienvertreter direkt im Anschluss an die Wahl zu schwarz-grünen Planspielen animierte.[337] Auch der CDU-Europaabgeordnete Armin Laschet stieg in diese Debatte ein und sah in den Bereichen der Wirtschafts-, Gesundheits-, Steuer- und Forschungspolitik mehr Gemeinsamkeiten seiner Partei mit den Grünen als mit der SPD. Zudem stünde die CDU der Europapolitik Fischers näher als der Schröders, der immer wieder einen »deutschen Weg« betont habe.[338] Große Teile der Union nahmen die neuerliche Debatte im Herbst 2002 dankbar auf. Hatte Geißler mit seinen Thesen zur Öffnung der CDU gegenüber den Grünen in den Jahren zuvor noch weitgehend allein gestanden, sprangen ihm nun namhafte Unionspolitiker wie Müller, Oettinger, Böhr und Rüttgers zur Seite. Dass sich der zuvor in dieser Frage skeptische Böhr als Vorsitzender der CDU-Wertekommission ebenfalls für Schwarz-Grün als »strategische Option« auf Landes- und Bundesebene aussprach, entfaltete dabei eine besondere Außenwirkung.[339] Nur die CSU verschloss sich noch immer derartigen Überlegungen. Sowohl Generalsekretär Thomas Goppel als auch der Vorsitzende Stoiber lehnten die Debatte und deren Inhalt klar ab.[340]

In einem viel beachteten Artikel in der *FAZ* versuchte der mittlerweile mandatslose Grünen-Politiker Metzger in Januar 2003 erneut, seine Partei von der »Nibelungentreue« gegenüber der SPD abzubringen. Er kritisierte ausdrücklich die seiner Meinung nach stattfindende »Sozialdemokratisierung« der Grünen in der Bundesregierung und plädierte für eine liberalere und finanziell nachhaltige Wirtschaftspolitik, die viel eher mit der Union möglich sei: »Auf der Werteebene läßt sich ein schwarz-grüner gesellschaftspolitischer Diskurs gut führen. Die Anknüpfungspunkte beim Verständnis von der Rolle des Staats und beim bürgerschaftlichen Engagement springen einem förmlich ins Gesicht.«[341] Obwohl Metzgers Plädoyer auf keine große Resonanz in seiner eigenen Partei stieß, entwickelte sich Anfang 2003 dennoch eine lebhafte Diskussion über die Möglichkeiten und Grenzen eine christlich-ökologischen Kooperation. Dies hatte vor allen Dingen mit dem schwarz-grünen Koalitionsschluss im Rat der Millionenstadt Köln zu tun, der etwa zeitgleich erfolgte. Wieder war es ein kommunales Bündnis mit Signalwirkung, das Journalisten und Politiker zu politischen Farbspielen anregte. Während einige Medienvertreter dabei in einer schwarz-grünen Vision den Höhepunkt der »inhaltlichen Entleerung der Politik« zu erkennen glaubten, hielten andere das Zustandekommen einer solchen Konstellation oberhalb der kommunalen Ebene lediglich für eine »Generationenfrage«, da CDU und Grüne momentan vor allem noch »persönliche Lebensläufe« trennen würden.[342] Nach den für die SPD niederschmetternden Landtagswahlen in Niedersachsen und

Hessen Anfang Februar 2003 setzte sich auch bei den Bundesspitzen der Grünen die Einsicht durch, dass vor dem Hintergrund der elektoralen Schwäche der SPD eine mittelfristige Annäherung an die CDU durchaus von Nöten sein könnte. Für Aufsehen sorgte in diesem Zusammenhang ein vertrauliches Treffen zwischen Oppositionsführerin Merkel und der grünen Fraktionsvorsitzenden Göring-Eckardt. Die CDU-Chefin verbinde auch aufgrund gemeinsamer biographischer Wegpunkte ein »guter Draht« zu Göring-Eckardt, wie die FAZ zu berichten wusste. Dabei schätze Merkel an der Grünen-Politikerin vor allem, dass diese zu denjenigen in ihrer Partei gehöre, die der einseitigen Abhängigkeit der Grünen von der SPD skeptisch gegenüberstehen.[343]

Zu Beginn des Jahres 2004 schwenkte schließlich auch Außenminister Fischer auf einen Kurs um, der eine Öffnung gegenüber der Union als strategische Notwendigkeit anerkannte. In einer Phase, in der es aufgrund zahlreicher Meinungsverschiedenheiten mit Kanzler Schröder und dessen Umgang mit dem kleineren Regierungspartner zu erheblichen Verstimmungen zwischen dem rot-grünen Führungsduo gekommen war, sprach sich Fischer auf der Klausurtagung seiner Fraktion im Januar 2004 intern für die schwarz-grüne Option zumindest auf Landesebene aus. Sollten sich im Superwahljahr 2004 Möglichkeiten für solche Koalitionen ergeben, müsse seine Partei sich »die Sache anschauen«. Vertraute berichteten, dass Fischer in dieser Frage »spürbar« in Bewegung geraten sei.[344] Dies sorgte allenthalben für Überraschung, hatte der heimliche Parteichef doch zuvor stets als »Gralshüter von Rot-Grün« gegolten.[345]

Hatte bei den Grünen mit Fischer bereits ein wichtiger Bundespolitiker seine Meinung über die schwarz-grüne Option gewandelt, änderten sich auch bei der CSU bisher festgefahren erscheinende Positionen. So sprach sich auch der bayerische Ministerpräsident Stoiber für eine christlich-ökologische Perspektive bei den anstehenden Landtagswahlen aus, da die Grünen »pragmatischer und offener« geworden seien: »Die CDU muss von Land zu Land entscheiden, weil sich die Grünen ganz unterschiedlich entwickelt haben [...] A priori zu sagen, Koalitionen mit den Grünen dürfen nicht sein, weil das Schmuddelkinder seien, ist nicht meine Auffassung.«[346] Die bayerischen Grünen reagierten auf die überraschenden Äußerungen Stoibers positiv und mit leicht ironischem Unterton. Die Landesvorsitzende Theresa Schopper sah hierin »die höchste Weihe der Koalitionsfähigkeit«, womit Stoiber den Grünen den Aufstieg in die politische »Champions-League« attestiert habe.[347] Dass nun ausgerechnet die CDU-Vorsitzende Merkel dem bayerischen Ministerpräsidenten Stoiber widersprach, verkehrte die eigentlichen Grundpositionen in ihr Gegenteil. Über einzelne Städte hinaus seien die Grünen kein strategischer Partner, so Merkel, und wer an die Möglichkeit einer schwarz-grünen Koalition in Hamburg glaube, laufe »einem Kinderglauben hinterher«.[348] Auch mit Blick auf die Wahlen im Saarland, in Thüringen oder Sachsen stellte die CDU-Chefin klar, dass dort, wo Koalitionen nötig seien, die FDP der natürliche Partner der Union sei und bleibe.[349] Die demoskopischen Erhebungen jener Zeit schienen Merkel zu bestätigen. Demnach waren die Zustimmungswerte unter den Bürgern für eine schwarz-grüne Koalition – zumindest auf der Bundesebene – im Vergleich zum Jahr 2000 sogar gesunken. Nach einer Emnid-Umfrage vom Februar 2004 befürworteten nur noch 26 Prozent der Wähler eine solche Regierung, während 67 Prozent diese ablehnten. Bei den Anhängern der beiden Parteien selbst waren die Werte noch eindeutiger: 70 Prozent der CDU- und gar 75 Prozent der Grünen-Wählerschaft sprachen sich gegen Schwarz-Grün aus.[350]

Es blieb dem Leiter der Heinrich-Böll-Stiftung, Ralf Fücks, im Sommer 2004 vorbehalten, einen Begriff in die Koalitionsdebatte einzuführen, der von nun an für viele zum Leitmotiv eines möglichen schwarz-grünen Bündnisses werden sollte. Gegenüber der *Welt* äußerte dieser, dass Schwarz-Grün »auf leisen Sohlen« kommen werde, und zwar nicht als »Ergebnis einer lang angelegten Strategie, sondern als Produkt einer Gelegenheitskonstellation.« Auf die Frage, wie eine inhaltlich überzeugende Begründung für eine solche Koalition aussehen könnte, antwortete er:

»Schwarz-Grün steht für eine neue Bürgerlichkeit. Das ist kein Parteiprojekt, sondern etwas, das sich gesellschaftlich bereits entwickelt hat – und in einer Koalition aus CDU und Grünen seinen politischen Ausdruck fände. Dazu gehört das Leitbild der Bürgergesellschaft, die stärkere Betonung von Selbstverantwortung und Eigeninitiative sowie die Wiederentdeckung der Familie. [...] Neue Bürgerlichkeit heißt auch ein stärkeres gesellschaftliches Engagement von Bürgern, Stiftungen und Unternehmen, statt alles vom Staat zu erwarten. [...] Schwarz-Grün ist ein Versuch, die traditionellen politischen Lager zu überbrücken.«[351]

Damit erkannte Fücks den kaum zu bezweifelnden Umstand an, dass die Triebfeder zur Bildung schwarz-grüner Koalitionen vornehmlich arithmetischen Gründen entspringen würde, verwies aber gleichzeitig auf das wertepolitische Fundament, auf das sich ein solches »Gelegenheitsbündnis« durchaus stützen könnte. Ein Argumentationsgang, der in den folgenden Debatten – von Politikern, Wissenschaftlern und Journalisten gleichermaßen – noch des Öfteren aufgenommen werden sollte. Trotz des Fückschen Plädoyers für die Möglichkeit von Schwarz-Grün riss die Debatte auf der bundespolitischen Ebene einmal mehr völlig ab. Man solle die Union nicht mit »Schwarz-Grün-Debatten hoffähig machen«, sondern sie bekämpfen, rief Fritz Kuhn den Delegierten auf der Bundesversammlung der Grünen im Oktober 2004 zu.[352] An dieses Diktum sollte sich die Partei im Jahr vor der Bundestagsneuwahl mit bemerkenswerter Disziplin halten. Lediglich der grüne Bundestagsabgeordnete Schulz wagte wenige Wochen vor dem Urnengang vom September 2005 einen Vorstoß und empfahl seiner Partei, nach der Bundestagswahl über alles zu reden und auch die Chancen für eine schwarz-grüne Option zu sondieren.[353] Allerdings bremste die Grünen-Fraktionsspitze Schulz in dieser Frage umgehend aus und stellte klar, dass Schwarz-Grün und Rot-Rot-Grün als Optionen gleichermaßen ausscheiden würden.[354] Auch Merkel dementierte jegliche Spekulationen über ein schwarz-grünes Zusammengehen nach der Bundestagswahl, da für eine Koalition schlicht die gemeinsame Basis fehle.[355]

Als am Abend der Bundestagswahl vom 18. September 2005 deutlich wurde, dass das Ergebnis zu einer der schwierigsten Mehrheitsbildungen in der Geschichte der Bundesrepublik führen würde, war es dann ausgerechnet der CSU-Vorsitzende Stoiber, der die Möglichkeit einer schwarz-gelben Regierung unter Einschluss der Grünen in die Diskussion und Merkels zuvor getätigte Absage an jene Koalitionsoption ins Wanken brachte. Es gehe nun darum, so Stoiber am Morgen nach der Wahl, mit allen demokratischen Parteien Gespräche zu führen und eine stabile Regierung unter einer Kanzlerin Merkel zu bilden: »Der Zwang, eine stabile Regierung unter den Ergebnissen von gestern zu bilden, wird sicherlich den ein oder anderen Vorbehalt, den der ein oder andere gegen dieses oder jenes Regierungsbündnis hat, ganz erheblich berühren.«[356] Auch wenn die allermeisten politischen Beobachter mit Blick auf das Wahlergebnis und die unmissverständliche Verweigerungshaltung der FDP gegenüber einer Ampel schon früh nur eine Große Koalition für realistisch hielten, nahm die CDU den Vorstoß Stoibers sogleich positiv auf. CDU-Spitzenpolitiker wie Pofalla, Althaus, Oettinger oder Koch unterstützten Stoiber und Kanzlerkandidatin Merkel, die ebenfalls keine Koalition mehr grundsätzlich ausschließen wollte, ausdrücklich. Die Grünen signalisierten umgehend ihre Zustimmung zu Sondierungen mit der Union. Am Morgen nach der Wahl ließ der Bundesvorsitzende Bütikofer verlauten, dass man sich jetzt »natürlich« auf die Gespräche einlassen werde.[357] Humorvolle Leichtigkeit sollte von nun an die Aussagen der Grünen-Spitzen zu den anstehenden Gesprächen über ein mögliches Jamaika-Bündnis begleiten. So meinte Bütikofers Co-Vorsitzende Claudia Roth zu Schwarz-Gelb-Grün: »Ich war noch nicht in Jamaika, aber ich bin alter Reggae-Fan – und das hat herzlich wenig mit der Leitkultur von Herrn Stoiber zu tun.«[358] Auch Cem Özdemir äußerte sich ähnlich: »Selbst bei viel Marihuana könnte ich mir eine Jamaika-Koalition nicht vorstellen.«[359] Auch Fischer war zu Späßen aufgelegt, wenn er diesbezüglich darum bat, man solle sich die Unionspolitiker einmal »mit Reggae-Locken auf dem Kopf und einer Tüte in der Hand« vorstellen.[360] Diese zeigte schon früh, dass vor allen Dingen die Grünen kaum ernsthaft über diese Koalitionsperspektive nachdachten. Dennoch wollte es sich die Öko-Partei nicht nehmen lassen, möglichst lange als Akteur an den nun anstehenden Machtspielen teilzunehmen. Auch wenn sich die Union einen »im Verbund der Bürgerlichkeit«[361] eingehegten grünen Bündnispartner wohl viel eher hätte vorstellen können, nutzte auch die CDU/CSU die Annäherung an die Grünen vornehmlich dazu, ihre Verhandlungsposition gegenüber der SPD zu stärken. So wurde tatsächlich eine Sondierungsrunde zwischen Union und Grünen für den Freitag nach der Wahl vereinbart – eine Premiere auf der Bundesebene.

Die sich abzeichnenden Sondierungen regten einmal mehr die deutschen Leitmedien dazu an, über mögliche Schnittmengen zwischen Schwarz(-Gelb) und Grün nachzudenken. Beispielhaft hierfür stand ein Leitartikel der *Welt*-Journalistin Mariam Lau, die schnell programmatische Unvereinbarkeiten bei der Sozial- und Ausländerpolitik und der Kernenergie freilegte. Hingegen gehörten die Frage eines EU-Beitritts der Türkei sowie die Finanz- und Steuerpolitik zu den Bereichen, die der »Verhandlungsmasse« zugerechnet werden könnten. Bezug nehmend auf ein Papier des CSU-Abgeordneten Josef Göppel, in dem dieser mit Blick auf zentrale Grundwerte wie Subsidiarität, Dezentralisierung oder Regionalismus und unter Verweis auf die schwarz-grüne Ratskoalition in Köln für Jamaika plädierte, könne sich gar der Eindruck einstellen, die Gemeinsamkeiten zwischen CDU/CSU, FDP und Grünen seien geradezu

III. Von Erzfeinden zu Bündnispartnern   141

zwingend. Richtigerweise schränkte Lau diese Feststellung jedoch umgehend wieder ein: »Wenn man sich aber vom intellektuellen Sex-Appeal dieses ›Projekts‹ ab- und der kühlen politischen Arithmetik zuwendet, stehen die Chancen für Jamaika schon nicht mehr ganz so glänzend.«[362] Denn schließlich würden sich sowohl Guido Westerwelle als auch Claudia Roth mit einem solchen Bündnis unglaubwürdig machen und letztere gar die Identität ihrer Partei gefährden. Auch bei Vertretern der Union wichen die anfänglich positiven Sichtweisen auf Jamaika bereits nach wenigen Tagen großer Skepsis. So relativierten insbesondere führende CSU-Politiker ihre diesbezüglichen Aussagen. Stoiber hielt noch vor den Sondierungsgesprächen eine Koalition mit den Grünen für »gegenwärtig nicht sichtbar«, da sich die Grünen hierfür »neu erfinden« müssten.[363] Die CSU sah sich offenbar noch nicht dazu in der Lage, den Tabubruch mit den Grünen auf Bundesebene wagen zu können. Ein Grundgefühl, das umgekehrt auch bei der Grünen-Partei bestimmend war.[364]

Trotz aller geäußerten Vorbehalte wurde das Sondierungsgespräch zwischen Merkel und Stoiber sowie Roth und Bütikofer[365] wie vereinbart abgehalten. Das Gesprächsergebnis war laut Bütikofer, dass die Wahrscheinlichkeit für Jamaika »ungefähr im Bereich der Nachweisgrenze« läge. Die Union sei nicht bereit gewesen, ihren Kurs zu korrigieren, sie zeichne sich zudem durch eine »große, ausgeprägte ökologische Blindheit« aus, so Roth. Merkel sprach von einer »ehrlichen, offenen und freundlichen« Gesprächsatmosphäre, merkte gleichzeitig aber an, dass die inhaltlichen Unterschiede »doch sehr, sehr groß« gewesen seien. Trotzdem hatte die Unions-Kanzlerkandidatin intern eine weitere Sondierungsrunde vorgeschlagen, allerdings abhängig vom Verlauf der Gespräche mit der SPD. Der Vorschlag war sowohl bei Stoiber als auch dem grünen Spitzenduo auf große Skepsis gestoßen.[366] Nicht zuletzt wegen der ablehnenden Haltung der Grünen wurde eine zweite Gesprächsrunde schließlich nicht abgehalten. Damit war die Strategie Merkels, durch ernsthafte, parallele Verhandlungen mit den Grünen (und der FDP) die SPD unter Druck zu setzen, gescheitert.[367] Es war also vor allen Dingen die Öko-Partei, welche die einmalige Sondierungsrunde für ihre Ziele hatte nutzen können. Roth hatte bereits kurz nach dem Treffen geäußert, dass sie sich von der Zusammenkunft mit Merkel und Stoiber eine »Enttabuisierung und Entdämonisierung« ihrer Partei erhoffe und sogar festgestellt, dass Schwarz-Grün – »und jetzt zitiere ich Edmund Stoiber – eine Perspektive für morgen oder übermorgen«[368] sei. Die Grünen hatten die Gespräche mit der Union somit zunächst einmal zur eigenen Wertsteigerung im bürgerlichen Lager ausgenutzt. Die Sondierungen waren darüber hinaus aber auch als deutliches Zeichen in Richtung der Sozialdemokraten zu verstehen gewesen. Denn zum einen ließ deren Schwäche auf absehbare Zeit keine Mehrheit für Rot-Grün im Bund mehr erwarten. Zum anderen hatten die Erfahrungen der Grünen in den Regierungsjahren (»Koch und Kellner«) auch generell die Attraktivität des rot-grünen Bündnismodells geschmälert.[369] Somit hatten die von vornherein im Grunde aussichtslosen Gespräche mit der Union für die Grünen gleich eine doppelte strategische Funktion erfüllt. Aber auch die CDU/CSU hatte sie dazu nutzen können, ihre Wählerschaft auf die Grünen als zukünftigen Koalitionspartner einzustellen. Überhaupt musste das Sondierungsgespräch 2005 – führt man sich das frühere Verhältnis der Parteien vor Augen – als historischer Moment in der deutschen Parteiengeschichte wahrgenommen werden, worauf die *FAZ* noch einmal ausdrücklich hinweisen musste: »wer hätte, schwerwiegende politische Krisen ausgenommen, je damit gerechnet, zu Lebzeiten zu erleben, daß sich Edmund Stoiber, in dessen Haus man nicht im Bademantel frühstückt, und Claudia Roth, die so gerne von ihrer WG-Zeit bei ›Ton Steine Scherben‹ erzählt, an einen Tisch setzen, um die Chancen einer gemeinsamen Bundesregierung auszuloten?«[370]

4.2 Das Ende der Yeti-Debatte – Auf dem Weg zum Hamburger Pilotprojekt

Bei aller Zurückhaltung die Bundesebene betreffend hielten viele Politiker und Medienvertreter in den Jahren ab 2002 einen schwarzgrünen Koalitionsschluss in den Ländern längst für überfällig. Krista Sager brachte die diesbezügliche Stimmung 2004 auf den Punkt und bezeichnete die Diskussion als »Yeti-Debatte«: viel würde stets über Schwarz-Grün auf Landesebene geredet, doch tatsächlich dingfest hätte noch niemand das Phänomen machen können.[371] So zum Beispiel bei der Landtagswahl in Niedersachsen im Februar 2003, bei der die CDU durch ihren fulminanten Wahlsieg nur ganz knapp die absolute Mehrheit verfehlte und letztendlich eine Koalition mit der FDP einging. Mit Blick auf die politischen Annäherungen in den Vorjahren zwischen der liberalen Wulff-CDU und den bürgerlich geprägten Grünen unter ihrer Fraktionsvorsitzenden Rebecca Harms waren nicht wenige Beobachter davon ausgegangen, dass hier – beim Vorliegen der arithmetischen

Voraussetzungen – eine schwarz-grüne Koalition zumindest sondiert worden wäre.[372]

In Nordrhein-Westfalen hatte man den schwarz-grünen »Yeti« hingegen im Januar 2003 zumindest im Rat der größten Landesstadt Köln tatsächlich sichten können, was der ohnehin schon von Rüttgers angestoßenen schwarz-grünen Annäherung weiteren Auftrieb gab. So schloss sich auch die NRW-Union dem medialen Begeisterungssturm im Gefolge der Kölner Koalitionsverhandlungen an. Rüttgers bezeichnete das schwarz-grüne Bündnis im Kölner Rathaus als »ein politisches Ereignis«.[373] Vor dem Hintergrund innerparteilicher Verwerfungen durch die schwarz-grüne Annäherung beendete Rüttgers die Debatte, die er selbst losgetreten hatte, jedoch zunächst Ende Januar 2003. Da sich weder im Bund noch im Land in den nächsten zweieinhalb Jahren die Frage nach einer Koalition stelle, sei es »nicht notwendig, jetzt diese Diskussion zu führen«.[374] Trotzdem arbeitete Rüttgers im Landtag weiter daran, die Bande mit den Grünen enger zu knüpfen. Die regelmäßigen Vier-Augen-Gespräche mit der Grünen Bärbel Höhn wurden auch von Medienvertretern längst als »Routinetermin« wahrgenommen.[375] Die Avancen Rüttgers' trugen bei den NRW-Grünen durchaus Früchte. Denn bei aller Bündnistreue gegenüber der SPD liege Schwarz-Grün »natürlich in der Luft«, sagte Höhn im Februar 2004.[376] Damit hatte die Annäherung zwischen der Rüttgers-CDU und den NRW-Grünen ihren Zenit jedoch bereits überschritten. Wohl auch vor dem Hintergrund ausgezeichneter Umfragewerte für die nordrhein-westfälische CDU, die gleichsam einen deutlichen Stimmenvorsprung für eine schwarz-gelbe Koalition voraussagten, stellte Rüttgers im April 2004 klar, dass es weder in NRW 2005 noch nach der nächsten Bundestagswahl zu einer schwarz-grünen Koalition kommen werde. Auch der grüne Vize-Ministerpräsident Michael Vesper meinte, dass Schwarz-Grün in NRW »kein Thema sei« und begrüßte es, dass nach »Monaten des Anbiederns an uns Grüne« nun auch Rüttgers dies begriffen hätte.[377] Dabei war die wachsende Instabilität der rot-grünen Bundesregierung ein Hauptgrund, warum schon ab Sommer 2004 ein Koalitionsschluss in NRW zwischen der Union und den Grünen aussichtslos erschien. Die Ablösung der Regierungspartei SPD in ihrem vermeintlichen Stammland unter Mitwirkung des bundespolitischen Koalitionspartners war ein Szenario, welches die Bundesregierung nicht nur zertrümmert, sondern das rot-grüne Verhältnis auf längere Zeit schwer belastet hätte. Für die NRW-Union blieben die Grünen jedoch auch nach dem schwarz-gelben Sieg bei der Landtagswahl 2005 eine bedenkenswerte Reserveoption, was nicht zuletzt eine Fraktionssitzung vom Februar 2008 unter Beweis stellte. Dort hatte sich abgezeichnet, dass sowohl Generalsekretär Wüst als auch Fraktionschef Helmut Stahl die Grünen als möglichen Partner sahen, wenn es 2010 für Schwarz-Gelb nicht reichen sollte. Die große Mehrheit der Fraktion unterstütze dabei diesen Kurs.[378] Auch die NRW-Grünen betonten zu dieser Zeit noch einmal, dass sie keinesfalls eine Koalition grundsätzlich ausschließen wollten: »Die SPD sollte uns nicht als ihr natürliches Anhängsel betrachten. Wir können mehr als kellnern – auch in NRW.«[379] So hätte es im Mai 2010 durchaus zu einer schwarz-grünen Landesregierung kommen können, wenn die Arithmetik des Wahlergebnisses dies nicht verhindert hätte.

Auch in Berlin versuchte die CDU nach dem verheerenden Wahlergebnis bei den Abgeordnetenhauswahlen 2001 und den vielen innerparteilichen Personalwechseln relativ zügig, den Boden für eine schwarz-grüne Option zu bereiten.[380] Vorangetrieben wurde die Annäherung zunächst vom Nachfolger Frank Steffels im Amt des CDU-Fraktionsvorsitzenden, Nicolas Zimmer. Dieser versuchte immer wieder, die gemeinsamen Schnittmengen zu betonen, auch wenn er sich gegen den Vorwurf, er würde den Grünen »hinterherlaufen«, entschieden zur Wehr setzte.[381] Die Vorstöße Zimmers stießen in der ohnehin von internen Streitigkeiten geprägten Berliner CDU auch auf Ablehnung. Mehrere Kreisvorsitzende der CDU kritisierten Zimmer besonders für seinen Vorschlag, bereits jetzt mit der Grünen-Parteispitze Gespräche über eine mögliche Kooperation zu führen. Die Grünen verhielten sich ebenso abweisend. Zimmer sollte im Vorfeld der Abgeordnetenhauswahl 2006 stark an Einfluss verlieren, was sich nicht zuletzt darin ausdrückte, dass mit Friedbert Pflüger ein prominenter Bundespolitiker als Spitzenkandidat nach Berlin geholt wurde. Pflüger knüpfte im Vorfeld der Berliner Abgeordnetenhauswahl vom September 2006 nahtlos an die Bemühungen von Partei und Fraktion[382] an, weitere Grundlagen für ein Zusammengehen mit den Grünen und der FDP zu legen. So bezeichnete er rund einen Monat vor dem Urnengang das Jamaika-Modell in Berlin als »historische Chance«. Da die Differenzen zwischen CDU und Grünen so »klein wie niemals zuvor« seien, sei es an der Zeit, »neue Brücken zu bauen«.[383] Die Grünen schlossen ein Jamaika-Modell – zumindest für 2006 – jedoch aus. Trotz der deutlichen Niederlage und des abermaligen Stimmenverlustes für die Berliner CDU bei der Abgeordnetenhauswahl 2006 hielt Pflüger weiter an der Jamaika-Option fest. Der Höhepunkt der Pflügerschen Bemühungen um die Grünen war im März 2007 erreicht. In einem historisch fundierten Plädoyer im Magazin *Cicero*, welches in einer solchen Form bisher höchstens von Politikern wie Geißler oder Metzger verfasst worden war, zeichnete er das Bild von Schwarz-Grün als großem Versöhnungsprojekt. Die tiefen politisch-kulturellen Risse, die im Gefolge der 68er-Revolution gerade in Berlin entstanden wären, könnten mit einem solchen Bündnis endlich überbrückt werden: »Die Zeit ist reif, um mit einem Brückenschlag zwischen Bürgertum und den von der Revolution entlassenen Kindern den Kulturbruch von damals aufzuheben. [...] In einer Jamaika-Koalition wäre nichts leicht, aber alles spannend. Jamaika wäre ein permanenter Gärprozess, aus dem Zukunft entsteht.«[384] Bei den Grünen nahm man das Plädoyer Pflügers positiv auf. Man suche nun die Gemeinsamkeiten in der Opposition und den Dialog, meinte der Berliner Bundestagsabgeordnete Wolfgang Wieland. Auch Fraktionschef Volker Ratzmann zeigte sich offen.[385] Im September 2008 verflüchtigten sich jedoch alle Hoffnungen auf das Jamaika-Modell in der Hauptstadt, als Pflüger von seiner Fraktion mit einer Zweidrittelmehrheit abgewählt und durch Frank Henkel ersetzt wurde.[386] Damit war die Integrationsfigur für einen möglichen schwarz-grün-gelben Feldversuch gestürzt worden, was nicht zuletzt von Kanzlerin Merkel ausdrücklich bedauert wurde.[387] Selbst die *taz* kommentierte wehmütig, dass mit dem Rückzug Pflügers »eine große Chance« verloren ginge.[388]

In Thüringen entwickelten sich die schwarz-grünen Bündnisüberlegungen im Vorfeld der Landtagswahl vom Juni 2004 ähnlich vielversprechend wie zehn Jahre zuvor in Sachsen. Althaus ließ schon Anfang 2004 erkennen, dass er die Grünen als Partner in den Blick genommen hatte. Sein Verhältnis zur Grünen-Landesvorsitzenden Katrin Göring-Eckardt bezeichnete er als »sehr gut«.[389] Von Seiten der thüringischen Grünen waren ebenfalls früh Signale in Richtung der CDU zu vernehmen. So berichtet die *Mitteldeutsche Zeitung* unter Berufung auf vertrauliche Angaben aus der Landesparteispitze, dass diese aufgrund der schlechten Umfragewerte für die SPD in Thüringen einen Kurs der Eigenständigkeit und der Offenhaltung einer schwarz-grünen Option verfolgen wolle.[390] Althaus versuchte sich bis zur Wahl an dem Spagat, einerseits die christdemokratischen Wähler nicht durch schwarz-grüne Spekulationen zu verunsichern und so die Chance auf eine absolute Mehrheit zu erhalten, und andererseits deutlich zu machen, dass es keinerlei Gräben zwischen

Union und Grünen in Thüringen gab, die einer Koalition von vornherein im Wege gestanden hätten. Ganz ähnlich positionierten sich auch die Grünen. Auch sie mussten auf die eigene Wählerklientel Rücksicht nehmen. Die Angst, durch eine allzu offen geführte Schwarz-Grün-Debatte die mühsam zurückgewonnen Wähler zu verunsichern und den Wiedereinzug in den Landtag doch noch zu gefährden, war nicht unbegründet: Bei der Wahl scheiterten die Grünen wider Erwarten mit 4,5 Prozent tatsächlich erneut am Einzug in den Landtag. Die CDU konnte trotz herber Verluste ihre absolute Mehrheit mit nur 43 Prozent der Stimmen knapp verteidigen.

In Baden-Württemberg standen die Vorzeichen für eine politische Partnerschaft von Union und Bündnisgrünen mit Blick auf die Wahlen vom März 2006 außerordentlich gut. Denn in der Zeit nach der Landtagswahl 2001 hatten sich CDU und Grüne weiter inhaltlich angenähert und es an deutlichen Sympathiebekundungen füreinander nicht fehlen lassen. Zudem gab der Wechsel im Amt des Ministerpräsidenten von Teufel zu Oettinger, dem der Wunsch nach einem schwarz-grünen Alleinstellungsmerkmal unter seinen CDU-Amtskollegen nachgesagt wurde,[391] den diesbezüglichen Überlegungen im April 2005 weiteren Auftrieb. Bemerkenswert war ebenfalls, dass sich die Abgeordneten beider Landtagsfraktionen außerordentlich offen gegenüber einer gemeinsamen Koalition zeigten, wie eine Studie der Universität Jena vom März 2005 herausfand. Demnach konnten sich 67 Prozent der befragten CDU-Parlamentarier und alle befragten grünen Abgeordneten Schwarz-Grün im Südwesten vorstellen.[392] Ein miteinander vertrautes Spitzenpersonal, eine sich nach dem Ende von Rot-Grün neu orientierende grüne Bundespartei und die Große Koalition im Bund trugen ihr Übriges dazu bei, dass eine schwarz-grüne Premiere im Südwesten einmal mehr eine Perspektive bekam. Die Umfragen in den Wochen vor der Wahl boten für die CDU jedoch kaum Anlass, sich mit anderen Bündnispartnern als der FDP zu beschäftigen, schließlich erreichte Schwarz-Gelb in den meisten Erhebungen mit deutlichem Vorsprung eine absolute Mehrheit. Selbstredend erlahmte angesichts solcher Prognosen auch bei den Grünen die Debatte, weshalb die schwarz-grüne Option im Wahlkampf kaum eine Rolle spielte.[393] Denn auch den Grünen war klar, dass die CDU bei einer Wahlmöglichkeit ihnen die »handzahmen«[394] Liberalen wohl vorziehen würde.

Genau diese Situation sollte eintreten. Bei den Wahlen vom 26. März 2006 hatte die schwarz-gelbe Landesregierung ihre absolute Mehrheit nicht nur verteidigen, sondern sogar ausbauen können. Zur Überraschung vieler kündigte Oettinger am Wahlabend dennoch nicht die Fortsetzung der Koalition an. Vielmehr werde man nach Feststellung des Endergebnisses »auf die anderen Parteien« zugehen, wobei die FDP »erste Wahl« bleibe.[395] Im Anschluss führte Oettinger dann mit FDP *und* Grünen Gespräche. Kurz vor dem zweiten Sondierungstreffen mit den Grünen schilderte Oettinger, welche Vorteile er sich von einer Koalition mit der Kretschmann-Partei versprach: »Ich könnte mit ihnen auch unpopuläres in der Haushaltpolitik durchsetzen. Außerdem hätten wir den Vorteil, dass eine solche Koalition Akzeptanz in Bevölkerungskreisen hätte, die stark von der Ökologie geprägt sind.«[396] Kretschmann sprach von einer »positiven Dynamik«, die sich seit dem ersten Treffen ergeben habe. Als offizielle »Sondierungen« wollten beide Seiten die Gespräche dennoch nicht bezeichnen.[397] Allerdings endeten die schwarz-grünen Gespräche mit einem mittelschweren Eklat nur einen Tag nach dem zweiten Treffen der Parteispitzen. Noch bevor sich Oettinger offiziell für oder gegen eine Fortführung der Koalition mit der FDP aussprechen konnte, hatte der Fraktionsvorsitzende Stefan Mappus in einem Zeitungsinterview bereits erklärt, dass er und die Fraktion für die FDP als Bündnispartner plädieren würden. Die Parteispitzen von Union und Grünen hatten ursprünglich vereinbart, das Ergebnis der Verhandlungen gemeinsam und erst nach entsprechenden Entscheidungen der Parteigremien der Öffentlichkeit zu verkünden.[398] Oettinger ließ nach dem Mappus-Interview die Information streuen, dass er der FDP die Fortsetzung der Koalition ohnehin bereits signalisiert habe.[399] Damit hatte sich der traditionalistische Flügel der Südwest-CDU mit seinen Koalitionsvorstellungen zwar durchgesetzt. Es erscheint dennoch äußerst bemerkenswert, dass Oettinger bei dieser Ausgangslage das ernsthafte Gespräch mit den Grünen überhaupt gesucht und damit ein sich verschlechterndes Klima innerhalb der christlich-liberalen Regierung in Kauf genommen hatte. Dies nur mit dem Motiv zu erklären, Oettinger habe die FDP für die Zukunft disziplinieren wollen, greift zu kurz. Seine erheblichen Bemühungen um die Grünen als Partner entsprangen zuallererst den inhaltlich-personellen Vorlieben des Ministerpräsidenten. Dass diese von seinem grünen Pendant Kretschmann erwidert wurden, steht dabei außer Zweifel.[400] Allein: für eine schwarz-grüne Koalitionsbildung als »Wunschbündnis«, welches auch ohne arithmetischen Druck zustande kommt, war die Zeit auch im schwarz-grünen »Musterländle« noch nicht reif gewesen. Hätten die Konstellationen im Landtag aber nicht zur Fortführung von Schwarz-Gelb ausgereicht, wäre es mit hoher Wahrscheinlichkeit in Baden-Württemberg und nicht in Hamburg zur Bildung der ersten schwarz-grünen Landeskoalition gekommen.

Auch in den Folgejahren bemühten sich Union und Grüne in Baden-Württemberg, die schwarz-grüne Option am Leben zu erhalten. So sorgte Fraktionschef Mappus, schwarz-grünen »Neigungen« eigentlich unverdächtig, im Juni 2008 für Aufsehen, als er auf einer Festlichkeit zum 60. Geburtstag Kretschmanns nicht nur eine Rede hielt, sondern dem Jubilar auch noch einen schwarz-grünen Schal als Präsent übereichte. Da sich das Klima innerhalb der schwarz-gelben Landesregierung zu jener Zeit deutlich abgekühlt hatte, schien auch Mappus sich nun die Grünen als potentiellen Koalitionspartner vorstellen zu können.[401] Auch Kretschmann setzte weiterhin auf Schwarz-Grün. Im Spätsommer 2008 gab er der CDU sogar den Vorzug gegenüber der SPD, da deren politischer Kurs nicht erkennbar sei. Mit Blick auf die aus seiner Sicht »ausgezehrte« Landesregierung meinte er, dass gerade in »gutbürgerlichen Kreisen« der Wunsch nach Schwarz-Grün wachse, da sich Union und Grüne konstruktiv mit den Problemen der Gegenwart auseinandersetzen würden. Im selben Interview erteilte Kretschmann jedoch auch dem Infrastrukturprojekt »Stuttgart 21« eine klare Absage.[402] Letzterer Aspekt sollte den Keim dafür bilden, dass CDU und Grüne knapp drei Jahre später miteinander in einen erheblichen Konflikt gerieten und ein gemeinsames Bündnis klar ablehnten. Ende 2008 deutete jedoch zunächst kaum etwas darauf hin, dass die beiden Parteien im Vorfeld der Landtagswahl 2011 einen »verschärften Wahlkampfkrieg«[403] gegeneinander führen würden, an dessen Ende die Wahl des ersten grünen Ministerpräsidenten stehen sollte. Im Zeitraum der Jahre 2002-2009 gab es über die bereits genannten Beispiele hinaus in einigen weiteren Bundesländern schwarz-grüne Bündnisspekulationen, die jedoch eher unter der Kategorie »taktische Geplänkel« subsumiert werden können: in der Hansestadt Hamburg wurde die Frage nach einem christlich-ökologischen Bündnis nach dem Scheitern der »Bürgerkoalition« aus CDU, FDP und Schill-Partei im Dezember 2003 diskutiert. Ob es bei entsprechendem Wahlausgang tatsächlich zu schwarz-grünen Koalitionsverhandlungen oder einer ebensolchen Landesregierung gekommen wäre, ist jedoch nur schwer einzuschätzen – ganz unrealistisch war es nicht. Auch in Bremen und Schleswig-Holstein, Hessen, Sachsen und

Bayern wurde mal mehr, mal weniger ernsthaft über die Möglichkeit einer schwarz-grünen Landeskoalition sinniert. Eine ähnliche Aussicht auf Verwirklichung wie bei den zuvor geschilderten vier Beispielen bestand aber in keinem dieser Länder. Ob Nordrhein-Westfalen, Berlin, Thüringen oder Baden-Württemberg: die »Yeti-Debatte« schien sich in den Jahren nach 2002 also zunächst unvermindert fortzusetzen. Egal wie sehr sich die Vertreter beider Parteien in den jeweiligen Ländern auch bemühten: eine Situation, in welcher der arithmetische Druck, eine hinreichende inhaltlich-personelle Nähe sowie die passende bundespolitische Gemengelage für eine schwarz-grüne Premiere zusammenkamen, schien sich nicht einstellen zu wollen. Diesem Trend sollte sich erst die Freie und Hansestadt Hamburg widersetzen.

Denn spätestens seit Herbst 2007 hatte sich in Hamburg eine arithmetische und parteipolitische Konstellation abgezeichnet, die Schwarz-Grün in den Lichtkegel der Realität rücken ließ. Früh zeigte sich, dass sowohl Bürgermeister von Beust als auch Kanzlerin Merkel einem möglichen Bündnisschluss im Norden mit Wohlwollen gegenüberstanden.[404] Das Wahlergebnis vom 24. Februar 2008 ließ vor dem Hintergrund der allseits getätigten Koalitionsaussagen dann tatsächlich nur zwei mögliche Koalitionen zu: Schwarz-Grün oder Schwarz-Rot. Allerdings löste das Ergebnis zunächst weder bei der Hamburger Union noch bei den Grünen Aufbruchsstimmung aus – auf der Wahlparty der GAL war nach Medienberichten sogar eher Enttäuschung zu spüren und ein gewisses »Gruseln« vor einer möglichen Koalition mit der CDU.[405] Die Beust-CDU machte nach kurzem Zögern dann aber schnell klar, dass sie an ergebnisoffenen Sondierungen kein Interesse hatte und in jedem Fall die Grünen und nicht die SPD als Regierungspartner gewinnen wollte. Der Wunsch, die SPD in ihrer früheren Hochburg Hamburg für weitere vier Jahre von der Regierung auszuschließen, überwog damit programmatische Gesichtspunkte. So gab die CDU schon nach nur einem Sondierungsgespräch mit SPD und Grünen letzteren den Vorzug, obwohl es die SPD gewesen war, »die beinahe jede CDU-Forderung erfüllt hatte, nur um wieder in das Rathaus einziehen zu können.«[406] Da sich die Hamburger CDU durch ihre kategorische Absage an eine Große Koalition selbst in Abhängigkeit von den Grünen gebracht hatte, tat sie in den schwarz-grünen Koalitionsverhandlungen fast alles, um die Öko-Partei ins »Regierungsboot« zu holen. Die große Kompromissbereitschaft der CDU führte zu einem großen Verhandlungserfolg der GAL. Zwar hatte es auf beiden Seiten bemerkenswerte Zugeständnisse gegeben, die noch im Wahlkampf als unmöglich gegolten hatten. Die Gewichte hatten sich im Verhandlungsverlauf jedoch sowohl quantitativ als auch qualitativ klar zu Gunsten der Hamburger Grünen entwickelt. Denn das größte Zugeständnis der Grünen, das Ja zur Elbvertiefung, wäre auch bei einer rot-grünen Wunschkoalition nötig gewesen. Die CDU legte dagegen in der Schulpolitik, im Bereich der Innen- und Justizpolitik sowie bei der Streitfrage des Kohlekraftwerks Moorburg schmerzhafte 180-Grad-Wenden hin. Das Ergebnis war ein Koalitionsvertrag mit einer deutlich grün dominierten Agenda.

Vor diesem Hintergrund fiel es selbst ausgesprochenen Schwarz-Grün-Gegnern in der Öko-Partei schwer, gegen das Bündnis zu argumentieren. Dementsprechend groß viel die Zustimmung der Grünen-Basis aus. So votierten auf der entscheidenden GAL-Mitgliederversammlung Ende April 2008 rund 90 Prozent für den Koalitionsvertrag und damit für das Bündnis mit der Beust-CDU. Damit überraschte die GAL-Basis nicht nur die eigene Parteiführung, sondern auch die Medien. *Spiegel Online* kommentierte, an diesem grünen Parteitag sei nur »spektakulär« gewesen, wie »unspektakulär« die Basis das Bündnis abgenickt hätte. Da die Koalitionsvereinbarung für sich selbst gesprochen habe, hätten Gegner der Koalition »keine Chance« gehabt.[407] Noch größer fiel die Zustimmung bei der Hamburger CDU aus. Trotz der großen Zugeständnisse an die GAL und trotz deutlich spürbarer Unzufriedenheit vor allem mit den schulpolitischen Kompromissen stimmten die 210 CDU-Delegierten bei einer Enthaltung einstimmig für das schwarz-grüne Vertragswerk. Von Beust wurde von der Hamburgischen Bürgerschaft Anfang Mai erneut zum Ersten Bürgermeister gewählt. Nach langem Anlauf konnte die politische Partnerschaft zwischen den einst so ungleichen Parteien damit endlich verwirklicht werden. Die »Yeti-Debatte« fand nach gut anderthalb Jahrzehnten ihr Ende.

4.3 Es kommt, wenn es muss? – Union und Grüne im Bund 2005-2009

Die schwarz-grüne Annäherung im Rahmen der informellen Sondierungsgespräche nach der Bundestagswahl 2005 hinterließ vor allem bei den Grünen Spuren. Die neue Vorsitzende der Bundestagsfraktion, Künast, hielt fest, dass allein die Tatsache, dass man miteinander gesprochen habe, gezeigt habe, dass die Gräben »so tief« nicht mehr seien. Zudem verbinde Union und Grüne ein Wertebewusstsein für den Lebensschutz und die Bewahrung der Schöpfung. Die Tür für Schwarz-Grün sei somit »nicht für immer zugeschlagen«.[408] Mit dem »Oldenburger Beschluss« vom Oktober 2005 orientierten sich die Grünen – mit deutlicher Mehrheit – auch offiziell durch ein Parteitagsvotum um und schlossen Koalitionen jenseits von Rot-Grün auf Landesebene grundsätzlich nicht mehr aus.[409]

Auch wenn die schwarz-grünen Sondierungsgespräche in Baden-Württemberg 2006 scheitern sollten, stimulierten sie die bundespolitische Debatte über Schwarz-Grün, nicht zuletzt deshalb, weil sich zeitgleich in der Finanzmetropole Frankfurt die – letztendlich erfolgreiche – Bildung einer ebensolchen Ratskoalition abzeichnete.[410] So äußerte sich CDU-Generalsekretär Pofalla, der noch im Januar 2003 Rüttgers für dessen Annäherungskurs in NRW scharf kritisiert hatte, positiv zu den Vorgängen im Südwesten. Ebenso betonte er, dass es »selbstverständlich« keinerlei Vorgaben der Bundespartei die Partnerwahl betreffend gegeben habe.[411] Auch die grüne Fraktionschefin Künast sah die Mauern zwischen den Parteien »eingerissen« und wollte selbst eine Äquidistanz ihrer Partei zu Union und SPD nicht eindeutig verneinen.[412] Überlegungen für die Zeit nach der Großen Koalition stellte ebenso der Parlamentarische Geschäftsführer der CDU/CSU, Norbert Röttgen, in einem viel beachteten Zeitungsartikel vom November 2006 an. Der ausführliche Beitrag sah in der Globalisierung und der mit ihr verbundenen Verunsicherung der Bürger den maßgeblichen Bezugspunkt für die Regierungsbildungen der Zukunft. Denn sie begründe ein neues Spannungsfeld zwischen Wettbewerbsfähigkeit, sozialer Teilhabe und ökologischer Nachhaltigkeit, das sich eine »parteipolitische Abbildung« suchen werde. Daher müsse sich die Union fragen, ob nicht Schwarz-Grün die zeitgemäße Antwort auf diese Herausforderung sei. Nicht zuletzt mit dem Hinweis auf die sich annähernden Wählermilieus beider Parteien deutete Röttgen an, dass für ihn diese Frage mit einem »Ja« zu beantworten war: »Es ist nicht zu erwarten, dass das, was in der Gesellschaft zusammenkommt, politisch auf Dauer getrennt bleibt.«[413] Erwähnenswert erscheint der Beitrag Röttgens vor allem deshalb, weil er die Grünen, wenn auch nur unterschwellig, den Liberalen aufgrund programmatischer Erwägungen vorzog – zu jener Zeit eine eher seltene Argumentation im Unionslager.[414]

Das Jahr 2007 zeichnete sich generell durch einen vor allem seitens der CDU offenen Umgang mit der schwarz-grünen Bündnisoption aus. Der Berliner Fraktionschef Friedbert Pflüger hielt im Juni 2007 eine

Kooperation mit den Grünen im Bund für realistisch. Damit sprang er seinem Parteikollegen Oettinger bei, der kurz zuvor hatte mitteilen lassen, dass 2009 eine Chance bestehe, mit der FDP *oder* den Grünen eine kleine Koalition zu schmieden, um im Bund eine Fortsetzung des schwarz-roten Bündnisses zu vermeiden.[415] In Berlin wurde mit Rückendeckung der CDU-Spitze[416] und auf Initiative von Margareta Wolf und Hermann Gröhe zeitgleich die Pizza-Connection zum zweiten Mal wiederbelebt, allerdings weit weniger öffentlichkeitswirksam als in den 1990er Jahren und zunächst unter Geheimhaltung der Teilnehmerschaft, die sich auf ein gutes Dutzend belief.[417] Neben zahlreichen Unions- und Grünen-Politikern der zweiten Reihe nahmen in der Folgezeit auch wieder prominentere Parteivertreter wie Röttgen, Reiche oder Göring-Eckardt an den Treffen teil, die sich u.a. im Restaurant mit dem bezeichnenden Namen »Le Cochon Bourgeois« zusammenfanden.[418] Bundeskanzlerin Merkel wiederum erteilte schwarz-grünen Spekulationen vordergründig eine Absage, da die Überlappungen mit den Liberalen »deutlich größer als mit anderen Parteien« seien. Andere Optionen spielten »keine Rolle«. Die in diesem Kontext ebenso getätigte Formulierung Merkels, dass »in erster Linie« an Koalitionen mit der FDP zu denken sei, konnte jedoch als Zeichen dafür gewertet werden, dass auch die CDU-Vorsitzende und Bundeskanzlerin kein Interesse daran hatte, die grüne Option generell und kategorisch auszuschließen.[419] CSU-Chef Stoiber wies in diesem Zusammenhang – wie es seine Partei schon in den Jahrzehnten zuvor in stetiger Regelmäßigkeit getan hatte – darauf hin, dass Schwarz-Grün »unsere eigenen Anhänger zutiefst verwirren« würde.[420] Auch sein Nachfolger im Amt des CSU-Vorsitzenden, Erwin Huber, lehnte Ende 2007 Bündnisse mit den Grünen kategorisch ab, da diese einem »Sonnenblumen-Sozialismus« anhingen, mit dem sich die Union vielmehr »kämpferisch auseinandersetzen« müsse.[421] Vor dem Hintergrund der längstens angestellten Spekulationen über eine schwarz-grüne Koalition in Hamburg nach den Wahlen 2008 erschienen die Aussagen der CSU-Größen jedoch bereits von der Wirklichkeit überholt – zumindest die Landesebene betreffend. Selbstredend gab die dann tatsächlich verwirklichte Premiere in Hamburg auch der Debatte um eine mögliche Koalition im Bund einen immensen Schub.

Mit der Hamburger Koalition konnten Union und Grüne ihre lang gehegten koalitionsstrategischen Ziele erreichen und die längst überfällige Erweiterung ihrer Bündnisoptionen durchsetzen. Dennoch versuchten beide Parteien zunächst, der sich abzeichnenden schwarz-grünen Liaison in der Hansestadt den Signalcharakter für die Bundesebene abzusprechen. Dabei nahm erneut die CSU eine Vorreiterrolle ein. Bereits am Tag nach der Hamburg-Wahl stellte Landesgruppenchef Peter Ramsauer klar, dass eine mögliche Koalition mit den Grünen »ein politischer Laborversuch mit ungewissem Ausgang, [...] eine hanseatische Absonderlichkeit [wäre], aber ohne jegliche Signalwirkung für die Bundespolitik.«[422] Auch Merkel versicherte, dass die »denkbare« schwarz-grüne Option nicht zu einem Modell für die Bundesebene überhöht werden solle: »Meine Präferenzen für die Bundestagswahl haben sich dadurch in keiner Weise geändert.«[423] Nicht so CDU-Generalsekretär Pofalla, der noch am Wahlabend feststellte, dass Schwarz-Grün »weit über Hamburg hinausstrahlen« werde.[424] Als sich abzeichnete, dass die Hamburger Koalitionsverhandlungen zu einem erfolgreichen Ende kommen würden, wagte sich Ministerpräsident Oettinger ein weiteres Mal aus der Deckung. Die »Achtung vor dem Wähler« gebiete es, dass die CDU auch mit den Grünen im Bund koalitionsfähig zu sein habe.[425] CSU-Chef Huber meldete sich dagegen kritisch zu Wort und prophezeite der CDU mit Blick auf Hamburg »Ernüchterung«. Schwarz-Grün könne »kein Prototyp [sein], der in Serie gehen kann«.[426] Mit der gewohnten Begeisterung reagierte Geißler auf den Hamburger Koalitionsschluss und plädierte in einem weit ausgreifenden Artikel für Schwarz-Grün auf Bundesebene.[427] Aufgeschlossener als noch im Februar gab sich die Kanzlerin dann im Mai 2008. Die Grünen hätten sich »erheblich entwickelt«, und es gebe mittlerweile »interessante Übereinstimmungen« zwischen den Parteien. Als Machtoption wollte Merkel Schwarz-Grün auch für den Bund nicht ausschließen, auch wenn die CDU mit der FDP noch »die größten Gemeinsamkeiten« habe.[428]

Als »Totenglocke« für die Grünen bezeichnete der durch den Afghanistan-Parteitag bekannt gewordene »Basisgrüne« Robert Zion die Hamburger Koalition, würde diese als Signal auch für die Bundesebene verstanden.[429] Auch der Bundesverband der Grünen Jugend verlangte eine klare Absage an Schwarz-Grün im Bund. Die Parteispitze müsse akzeptieren, dass sich Zweidrittel der Grünen-Wähler als »links« bezeichneten. Daher könne Merkel keinesfalls mit den Stimmen der Öko-Partei zur Kanzlerin gewählt werden.[430] Im Mai 2008 drohte ein Vorstandsmitglied der Grünen Jugend der Parteispitze gar damit, dass die Grüne Jugend »ihre Wahlkampfkooperation erheblich einschränken« müsste, sollte die Partei Schwarz-Grün vor der Bundestagwahl nicht deutlich ausschließen.[431] Diesen Wünschen nach einer kategorischen Absage wollten die grünen Spitzenpolitiker so jedoch nicht folgen. So plädierte die stellvertretende Fraktionsvorsitzende der Grünen im Bundestag, Scheel, für die schwarz-grüne Option auch im Bund, da nicht wenige in ihrer Partei davon überzeugt seien, dass man sich auf die CDU besser verlassen könne als auf die SPD.[432] Der stellvertretende Fraktionsvorsitzende und designierte grüne Spitzenkandidat Trittin erklärte, er könne sich eine Koalition mit Merkel als Bundeskanzlerin durchaus vorstellen, da es bei Koalitionen um Inhalte gehe: »Wenn ich mit Frau Merkel beispielsweise einen Mindestlohn einführen kann oder Atomkraftwerke abschalten, warum soll ich dann nicht mit Frau Merkel koalieren?«[433] Auch Künast forderte mehr Beweglichkeit der Grünen. Wenn nach der Bundestagswahl die Frage heiße: »Wollen wir die große Koalition oder sollen wir uns bewegen, dann sage ich ganz klar: Wir müssen uns bewegen.«[434]

Den Bundesspitzen von Union und Grünen war somit anzumerken, dass sie einerseits die Hamburger Koalition nicht allzu deutlich als Signal für die Bundesebene bezeichnen wollten, andererseits aber auch nicht zur gewohnten politischen Tagesordnung übergehen konnten. Die Bedeutung von Schwarz-Grün in Hamburg für die Bundespolitik und die Motive für die ambivalenten Reaktionen der Spitzenpolitiker von CDU/CSU und Grünen wusste der ehemalige grüne Außenminister Fischer sehr präzise zusammenzufassen:

»Warum zieren sich dann die Parteiführungen so offensichtlich, öffentlich Klartext zu reden? Warum sagen Angela Merkel, Claudia Roth und Renate Künast nicht einfach, dass Hamburg, wenn es funktioniert, selbstverständlich ein Vorbild für den Bund sein kann und sein wird? Ganz einfach: Die Parteiführungen wollen erstens jetzt innerparteilichen Krach und eine heillose Strategiedebatte mit einem für sie ungewissen Ausgang vermeiden. Das gilt auch für die CDU/CSU. Und zweitens wollen sie nicht unnötig jene Wähler verschrecken, die nicht eine Partei, sondern eine bestimmte Koalition mit ihrer Stimmabgabe zu wählen beabsichtigen. Ob diese Rechnung aufgeht, wird die Zukunft zeigen.«[435]

Der Hamburger Koalitionsschluss war jedoch nicht das einzige Ereignis, welches das Jahr 2008 zu einem der wichtigsten in der schwarz-grünen Geschichte machen sollte. Im Juni stellte die unter der Leitung von Beusts arbeitende »Kommission zur Bewahrung der Schöpfung«

III. Von Erzfeinden zu Bündnispartnern 155

einen Entwurf für ein umweltpolitisches Grundsatzpapier vor, welches Teil des CDU-Bundestagswahlprogramms werden sollte. Unter dem Titel »Bewahrung der Schöpfung – Klima-, Umwelt- und Verbraucherschutz« warb die Union u.a. für eine Ausdehnung des Emissionshandels zur CO_2-Reduktion, den Ausbau der erneuerbaren Energien zum Hauptenergieträger bis 2050 und eine Weiterentwicklung des deutschen Kraftwerksparks zum »effizientesten« der Welt. Beim Verbraucherschutz setzte die Union auf »verantwortlich agierende Unternehmen« und die Schaffung von Ombudsstellen zur Durchsetzung von Verbraucherrechten.[436] Mit dem Programm machte sie den Schutz der natürlichen Lebensgrundlagen zum Kernanliegen, den Klimaschutz zu einem Kernziel und die Nachhaltigkeit zu einem Leitbild christdemokratischer Politik.[437]

Die öffentliche Reaktion auf das CDU-Umweltpapier konzentrierte sich schnell auf die doppelte strategische Funktion, die es vermeintlich erfüllen sollte. Nicht nur für die *Süddeutsche Zeitung* war klar, dass mit dem Programm gleich zwei Wege für die Union geebnet werden sollten: derjenige zu grünen Wählern – und derjenige zu einem Bündnis mit der grünen Partei.[438] Eine entscheidende Passage des Beust-Papiers schien diesen Zielen jedoch auf den ersten Blick diametral entgegenzustehen: »Auf absehbare Zeit kann auf den Beitrag der Kernenergie zur Stromerzeugung in Deutschland nicht verzichtet werden. Sie ermöglicht es, den Zeitraum zu überbrücken, bis neue klimafreundliche und wirtschaftliche Energieträger in ausreichendem Umfang verfügbar sind. Im Rahmen unserer Klimaschutzstrategie streben wir eine Laufzeitverlängerung von sicheren Kernkraftwerken an.«[439] Damit ging die CDU ausgerechnet beim wichtigsten Anliegen der Grünen-Partei auf Konfrontationskurs, was wohl auch den Vorwurf entkräften sollte, sich diesen mit dem Programm politisch allzu sehr anbiedern zu wollen.[440] In der Tat kritisierten die Grünen, die das Ergebnis der Beust-Kommission ohnehin nur als wenig gelungene Kopie ihrer eigenen umweltpolitischen Vorstellungen ansahen[441], die Aussagen zur Zukunft der Kernenergie vehement. Dass CDU-Generalsekretär Pofalla die Kernkraft auch noch als »Öko-Energie« bezeichnete, rief weiteres Befremden hervor: »Ebenso könnte Herr Pofalla behaupten, die Erde sei ein Scheibe«[442], verkündete der scheidende Parteichef Bütikofer. Mit Blick auf die Perspektiven einer schwarz-grünen Bundeskoalition meinte Künast, dass die Tür zwar offen bleibe, die Chancen aber rapide gesunken seien.[443] Allerdings drängte sich jenseits der heftigen Gefechte um die Kernkraft relativ schnell der Eindruck auf, dass die Atompolitik mit Blick auf die Bundestagswahl 2009 eine durchaus kalkulierbare und damit zu überwindende Hürde darstellte. Sollte es zu schwarz-grünen Verhandlungen auf Bundesebene kommen, so die einhellige Meinung, wäre die Merkel-Union wohl schnell bereit, auf die Forderung einer Laufzeitverlängerung zu verzichten, um eine Koalition mit den Grünen zu ermöglichen. Letztere wiederum hätten ein solches Zugeständnis der CDU/CSU als großen Erfolg verkaufen und damit den Lagerwechsel der eigenen Basis plausibilisieren können – kein unrealistisches Szenario.[444]

Die sich anschließende Debatte um eine schwarz-grüne Koalition war in den Monaten vor der Bundestagswahl 2009 von Widersprüchen und Unklarheiten auf beiden Seiten geprägt. Die Spitzenkandidaten der Grünen, Trittin und Künast, verfolgten spätestens seit August 2008 die Strategie, eine Ampel-Koalition mit SPD und FDP als einzig realistische Variante einer grünen Regierungsbeteiligung darzustellen, auch wenn der designierte neue Parteichef Özdemir etwa zeitgleich vom »theoretischen Reiz« von Schwarz-Grün sprach.[445] Der *Spiegel* berichtete im September 2008 wiederum von einer vertraulichen Absprache zwischen Merkel und Westerwelle für den Fall, dass es im nächsten Jahr für Schwarz-Gelb nicht reichen werde. In einer solchen Situation sollte sich die Union einer Großen und die FDP einer Ampel-Koalition kategorisch verweigern, um eine Jamaika-Koalition mit den Grünen in die Tat umsetzen zu können.[446] Gerade von dieser Konstellation aber distanzierten sich die Grünen vehement. Man wolle, so Parteichefin Roth, bei der Wahl »Grün pur« umsetzen und eine »schwarz-gelbe neoliberale Eiszeit« verhindern.[447] Trittin wiederholte im März 2009 seine Ansicht, dass trotz des Hamburger Modells Schwarz-Grün im Bund nicht möglich und eine Ampel das einzige funktionierende Modell für die Grünen sei. In jedem Fall stehe man nicht »als Steigbügelhalter« für Schwarz-Gelb zu Verfügung.[448] Der Versuch der Parteispitze, eine »Wahlaussage«, die eine grüne Regierungsbeteiligung nur im Verbund einer Ampel-Koalition für realistisch erklären sollte, auch im Wahlprogramm der Grünen festschreiben zu lassen, scheiterte jedoch am Widerstand der Landesverbände aus Schleswig-Holstein und Nordrhein-Westfalen, sprich der der eigenen Basis. Denn diese wollte sich mehrheitlich alle Optionen, auch die rot-rot-grüne[449], offen halten.[450]

Eine Wahlaussage für die Ampel hätte die Widersprüchlichkeit der koalitionspolitischen Aufstellung der Grünen im Jahr 2009 für die

Öffentlichkeit ohnehin nur noch stärker verdeutlicht. Denn dass die Grünen ausgerechnet die FDP als Wunschpartner ins Visier nahmen, kam gleich aus zwei Gründen einem Paradoxon gleich. Zum einen verband führende Liberale und Grüne schon seit Jahren eine innige Abneigung, das Feindbild des vermeintlichen Karrieristen Westerwelle wurde von der Öko-Partei über Jahre hinweg aufgebaut und gepflegt. Zudem galt den Grünen gerade die FDP – und nicht die Union – als Motor jener »neoliberalen Wende«, die es um jeden Preis zu verhindern galt. Auch dass die programmatische Ausrichtung der Grünen in den Bereichen Mindestlohn, Steuersatz und Gewerkschaftsrechte den Vorstellungen der FDP völlig zuwiderlief, sprach gegen eine Zusammenarbeit. Zum Zweiten blieb für viele Beobachter unverständlich, warum FDP (Ampel) und Union (Schwarz-Grün) jeweils einzeln als denkbare Bündnispartner galten, beide zusammen in der Jamaika-Variante aber keinesfalls in Frage kommen sollten.[451] Die Grünen-Führung verzichtete schließlich darauf, einen Passus zur Ampel im Wahlprogramm zu implementieren. Dagegen sollten nun nur noch koalitionspolitische Negativ-Aussagen getroffen werden: wer grün wähle, verhindere die »neoliberale Wende« und stimme für die Beendigung der großen Koalition.[452] In diesem Sinne verabschiedete der Wahlparteitag der Grünen schließlich einen Wahlaufruf, der eine Jamaika-Koalition explizit ausschloss, jedoch sonst alle Optionen offen ließ.[453] Damit blieb auch eine schwarz-grüne Bundesregierung für die Partei weiterhin eine zumindest überlegenswerte Vorstellung.

Die Union machte im Gegensatz zu den Grünen zwar schon früh deutlich, dass es von ihrer Seite eine klare Koalitionsaussage, und zwar zugunsten der FDP, geben werde. Schwarz-Grün(-Gelb) wollte sie aber keinesfalls kategorisch ausschließen. Bei den Europawahlen im Juni 2009 kamen Union und Grüne gemeinsam auf exakt 50 Prozent der Stimmen, was die Schwarz-Grün-Debatte einmal mehr beförderte. Sowohl Bundesinnenminister Schäuble als auch Bundeswirtschaftsminister Karl-Theodor zu Guttenberg sahen wenige Tage später eine Perspektive für einen schwarz-grünen Bündnisschluss im Bund. Zwar relativierte Guttenberg seine Äußerungen wenig später, und auch CSU-Chef Seehofer versuchte die Spekulationen schnell zu beenden.[454] Eine einheitliche Front gegen eine mögliche schwarz-grüne Bundesregierung vermochte sich auf Seiten der Union aber zu keiner Zeit herauszubilden. Dies zeigten auch die Aussagen der Kanzlerin, die lediglich darauf hinwies, dass sich die Frage eines solchen Bündnisses momentan nicht stelle[455] – auch hier somit keine klare Abgrenzung in Richtung Schwarz-Grün.

Im weiteren Verlauf der Debatte schienen sich immer mehr Spitzengrüne mit dem Gedanken an eine kleine Koalition unter Merkel anfreunden zu können. Ob der Tübinger Oberbürgermeister Palmer, Spitzenkandidatin Künast oder Fraktionschef Kuhn: Sie alle wollten Sondierungen mit der Union nun nicht mehr ausschließen und hielten – sofern sich die CDU/CSU programmatisch merklich bewege – auch ein Bündnis für nicht unmöglich.[456] Diese vorsichtige Öffnung gegenüber der Union korrespondierte dabei auffällig mit den Einstellungsmustern der grünen Wähler. Denn von diesen befürworteten in einer Umfrage vom Juli 2009 ganze 87 Prozent eine schwarz-grüne Koalition, sofern dadurch Schwarz-Gelb verhindert werden könne.[457] Darüber hinaus zogen 60 Prozent der Grünen-Wähler bei der Direktwahlfrage die Kanzlerin dem SPD-Kandidaten Frank-Walter Steinmeier vor, nur ein Prozent weniger als bei der Gesamtbevölkerung.[458] Und dennoch: Trotz der scheinbaren Offenheit der eigenen Anhänger gegenüber einem schwarz-grünen »Notbündnis« und der Einsicht, dass zur Regierungsübernahme am Ende wohl doch nur ein Zusammengehen mit der Union in Frage kommen könnte, wurde bei den Grünen auch im letzten Monat vor der Wahl kaum über inhaltliche Fragen, mithin die Chancen und Risiken einer solchen Koalition debattiert. Die Grünen zeigten sich, wie der *Spiegel* treffend kommentierte, vielmehr als eine »Partei der Angst«: »Weil Reden über Schwarz-Grün verboten ist, wurde das Bündnis nicht inhaltlich vorbereitet. Es gibt auch keinen Kopf, der dafür stünde. [...] Es ist kurios. Ausgerechnet die Partei, die sich immer als politische Avantgarde betrachtete, wirkt im Moment rückständiger als die eigenen Wähler.«[459]

So galt am Vorabend der Bundestagswahl für die schwarz-grüne Option gemeinhin die Losung: »Es kommt, wenn es muss.«[460] Beide Parteien hatten sich so positioniert, dass es bei einer Konstellation, bei der weder Schwarz-Gelb noch eine Ampel möglich gewesen wären, sicherlich zu einer schwarz-grünen Sondierungsrunde gekommen wäre. Ob diese dann auch in eine Koalition gemündet wäre oder sich die Union nicht doch wieder auf eine Koalition mit der SPD eingelassen hätte, muss reine Spekulation bleiben. Die vom Zeit-Redakteur Bernd Ulrich im Sommer 2009 ausgegebene Parole »Wenn's reicht, geht's«[461] erschien in ihrer Schlichtheit aber in jedem Fall unzutreffend – von einem schwarz-grünen Automatismus konnte keine Rede sein. Im Gegenteil: Im Vorfeld wurden kaum politische Grundlagen für ein solches Bündnis erörtert, zudem hätte es Basen und Wählerschaften beider Parteien nach den zahlreichen – wenn auch halbherzigen – öffentlichen Dementis recht unvermittelt getroffen. Dass sich am Ende die Pragmatiker beider Parteien durchgesetzt und das erhebliche Risiko einer solchen Regierungsbildung in Kauf genommen hätten, erscheint dennoch nicht undenkbar. In jedem Fall hatte die Versöhnung der Parteien auf Bundesebene durch das offene Kokettieren beider Seiten mit der schwarz-grünen Option endgültig ihren Abschluss gefunden. Im politischen Umgang miteinander war ein neues Grundgefühl eingekehrt: Sah man beim Blick auf den jeweils anderen noch zwanzig Jahre zuvor nur den natürlichen Erzfeind, erblickte man im Jahr 2009 in erster Linie einen respektierten Konkurrenten – und in zweiter einen potentiellen Bündnispartner.

5. Reserveoption in der »Bunten Republik Deutschland« – Schwarz-grüne Annäherungen und Abgrenzungen 2009-2017

5.1 Gemischte Bilanz – Die Feldversuche Hamburg, Saarland und Hessen

Die Realisierungschancen von Schwarz-Grün auf Bundesebene litten noch bis 2009 ganz erheblich darunter, dass es in den Ländern schlicht keine aussagekräftigen Referenzmodelle gab. Seitdem hat sich die Situation jedoch deutlich verändert. Mittlerweile haben Union und Grüne bereits in fünf Bundesländern als Regierungspartner zusammengefunden. In Hamburg (2008-2010) und im Saarland (2009-2012) brachen die Koalitionen vorzeitig auseinander. In Hessen (seit 2013) sind Union und Grüne auf dem besten Weg, erstmalig gemeinsam als Koalitionäre eine ganze Legislaturperiode zu überstehen. Seit dem Frühjahr 2016 testen CDU und Grüne zudem mit der »Kiwi«-Koalition in Baden-Württemberg und der »Kenia-Koalition« in Sachsen-Anhalt zwei gänzlich neue Bündnismodelle aus. Während fundierte Zwischenbilanzen zu den letzten beiden Koalitionen noch nicht gezogen werden können, erlauben es die anderen drei Feldversuche durchaus, Aussagen über den bisherigen Erfolg oder

Misserfolg dieser schwarz-grünen Landesbündnisse zu treffen. Die Bilanz fällt gemischt aus.

a) Hamburg

Für eine dauerhafte und erfolgreiche Zusammenarbeit von Union und Grünen an der Elbe schienen die Bedingungen nach dem Koalitionsschluss im Frühjahr 2008 sehr vielversprechend zu sein. Die beiden Landesverbände der Hansestadt, »eine liberale Großstadtpartei CDU« einerseits und ein »trotz langer linker Tradition pragmatisch gewordene[r] GAL-Landesverband«[462] andererseits, wirkten wie gemacht für das Koalitionsexperiment. Hinzu kam der charismatische und seit jeher Grünen-affine von Beust, der als Integrationsfigur und Klammer des Bündnisses fungieren konnte. Tatsächlich regierten CDU und Grüne in den ersten zwei Jahren ihrer Amtszeit weitgehend geräuschlos und brachten wichtige Projekte in der Wirtschafts-, Hochschul- und Verkehrspolitik auf den Weg. Gerade im Kontrast zu einer sich in Streitereien verlierenden schwarz-gelben Regierung im Bund galt die Hamburger Koalition vielen noch Anfang 2010 sogar als Zukunftsmodell. Dennoch sollte das schwarz-grüne Bündnis im November 2010 scheitern.

Für viele Kommentatoren erschien die Ursache für den Rückzug der Hamburger Grünen aus der Koalition damals glasklar zu sein: »weil Ole von Beust nicht mehr dabei ist.«[463] Dieser hatte am Tag des Volksentscheids zur schwarz-grünen Primarschulreform im Juli 2010 seinen Rücktritt angekündigt und den Stab an seinen – als besonders konservativ geltenden – Innensenator Christoph Ahlhaus weitergereicht. Obwohl der Rückzug von Beusts tatsächlich eine tiefe Zäsur für das Bündnis darstellte, reichen die Gründe, die zum Auseinanderbrechen des Modellprojekts führten, wesentlich tiefer. Das Projekt einer sechsjährigen Primarschule, das auf Ideen der Grünen zurückging und dennoch von Bürgermeister von Beust mit aller Kraft unterstützt wurde, spaltete die Hamburger CDU und kostete sie einen ihrer Markenkerne. Dass die Schulreform beim Volksentscheid scheiterte, war gleichermaßen für von Beust und die GAL eine schwere Niederlage. Da die Grünen zuvor bereits zähneknirschend der Elbvertiefung und dem Fertigbau des Kohlekraftwerks Moorburg hatten zustimmen müssen, hatte sich ihre Regierungsbilanz mit der missglückten Primarschulreform endgültig verdüstert. Auch in der Finanz- und Kulturpolitik war Schwarz-Grün zu diesem Zeitpunkt in heftige Auseinandersetzungen mit der Stadtgesellschaft verwickelt, was ebenfalls für eine mäßige Außendarstellung der Koalition sorgte. Schlechte Umfragewerte für den Senat und die ihn tragenden Parteien sowie ein erheblicher personeller Umbruch auf Seiten der Hamburger Union – neben von Beust waren innerhalb von nur neun Monaten noch weitere fünf CDU-Spitzenpolitiker zurückgetreten – belasteten die Zusammenarbeit im Spätsommer 2010 zusätzlich. Bürgermeister Ahlhaus und seine Führungsmannschaft schafften es in diesem Umfeld nicht, ein neues Vertrauensverhältnis zu den Grünen aufzubauen und dem Bündnis die gleiche Stabilität zu verleihen wie es noch von Beust gelungen war. Dies auch, weil die Beust-Nachfolger nach über zwei Jahren grüner Dominanz in der Koalitionsarbeit und einer nur widerwillig mitgetragenen grünen Schulpolitik wieder mehr »CDU pur« wagen wollten. Die Führung der GAL entschied sich in dieser Gemengelage schließlich dazu, aus dem Bündnis auszusteigen.

Der Wechsel von Beust zu Ahlhaus war demnach ein wichtiger, jedoch nicht der alles entscheidende Grund für die Beendigung des Bündnisses. Der Rücktritt von Beusts hatte lediglich einen Zerfallsprozess beschleunigt, der seine Wurzeln schon in der Ausgestaltung des Koalitionsvertrags gehabt hatte. Schwarz-Grün scheiterte in Hamburg auch an einer GAL, die sich während der Koalitionsverhandlungen auf Kosten der Union »tot gesiegt« hatte. Sie scheiterte an von Beust selbst, weil er die Befindlichkeiten seiner eigenen Basis in der Schulpolitik falsch eingeschätzt hatte. Sie scheiterte an dem Versuch der Unionspitze, ihrer Partei in der Ära nach von Beust mehr Profil zu verleihen. Sie scheiterte an der Hamburger Stadtgesellschaft, die das zentrale politische Projekt der Koalition stoppte. Schwarz-Grün scheiterte in Hamburg letztlich aber auch, weil die GAL-Führung aufgrund ausgezeichneter demoskopischer Bundestrends im Herbst 2010 keine Angst vor Neuwahlen haben musste, was den Bruch mit der CDU erleichterte.

Das Scheitern des Hamburger Pilotprojekts zeigte, dass personelle Faktoren in einer schwarz-grünen Koalition eine immens wichtige Rolle spielen. Von Beusts guter Draht zu den Grünen und seine große Kompromissbereitschaft halfen lange über die vielen programmatischen Differenzen zwischen CDU und GAL hinweg. Aber auch schon gegen Ende seiner Amtszeit war deutlich geworden, dass persönliche Vertrauensverhältnisse und ein gutes Konfliktmanagement allein nicht ausreichen, um einer schwarz-grünen Koalition auf Dauer Stabilität zu verleihen. Hinzukommen muss, dass sich beide Parteien im Regierungsverlauf auch als

Gewinner der Zusammenarbeit fühlen können, was bei der Hamburger CDU zu keinem Zeitpunkt der Fall war. Die Folge: am Ende der ersten schwarz-grünen Landesregierung Deutschlands standen Union und Grüne beide als Verlierer da. Bei den Neuwahlen Anfang 2011 erreichte die SPD unter Olaf Scholz eine absolute Mehrheit und verwies damit die ehemaligen Koalitionäre allesamt in die Opposition. Das Ergebnis war damit »die denkbar pointierteste Antwort auf die Frage: Was bleibt von Schwarz-Grün?«[464]

b) Saarland

Nach der Landtagswahl 2009 hatte im Saarland zunächst viel auf die Bildung der bundesweit ersten rot-rot-grünen Koalition hingedeutet. Im Spätsommer 2009 erlebte das kleinste deutsche Flächenland dann jedoch »eines der spektakulärsten Wendemanöver in der bundesdeutschen Parteiengeschichte«[465], an dessen Ende die erste schwarz-grün-gelbe Landesregierung stehen sollte. Nachdem die Saar-Grünen mit SPD und Linkspartei auf der einen sowie CDU und FDP auf der anderen Seite über Wochen hinweg sondiert hatten und dabei auf eine außerordentlich große schwarz-gelbe Kompromissbereitschaft gestoßen waren, entschied sich die Öko-Partei aus personellen – den Lafontaine-Linken trauten die Grünen kaum über den Weg – wie strategischen – zwei von den Grünen angestrebte Verfassungsänderungen waren nur in einer Koalition mit CDU und FDP umzusetzen – Faktoren für die Option »Jamaika«. Da CDU und SPD eine Große Koalition von vornherein ausschlossen, hatten sich die Grünen in einer komfortablen Verhandlungsposition wiedergefunden. Um die Grünen von einem Bündnis mit SPD und Linkspartei abzuhalten, waren CDU und FDP mehrheitlich auf die Forderungen der Grünen eingegangen, wodurch der Verhandlungserfolg der Saar-Grünen noch einmal größer ausfiel als derjenige der GAL anderthalb Jahre zuvor. Nicht nur setzten sich die Grünen mit ihren Forderungen nach einem strikten Nichtraucherschutz und einer Abschaffung der Studiengebühren durch. CDU und FDP gingen auch in der Schulpolitik auf den Wunsch der Grünen nach einem längeren gemeinsamen Lernen der Schüler ein. Die Parteitage von CDU, FDP und Grünen stimmten jeweils mit großen Mehrheiten dem ausgehandelten Koalitionsvertrag zu. Peter Müller, der als Vertreter des progressiven Unionsflügels und Schwarz-Grün-Befürworter das Projekt »Jamaika« durchaus glaubhaft verkörpern konnte, wurde daraufhin im November

2009 vom Landtag des Saarlandes zum dritten Mal zum Ministerpräsidenten gewählt.

Dem Drei-Parteien-Bündnis wurde vom ersten Tag an auch ein Signalcharakter für den Bund zugesprochen, schließlich stelle die Jamaika-Koalition »im politischen System der Bundesrepublik Deutschland eine Weichenstellung dar, die die überkommene politische Farbenlehre revidiert und das traditionelle Lagerdenken zu überbrücken hilft.«[466] Dass die Parteispitzen von Union, FDP und Grünen diese vermeintliche »Weichenstellung« dabei ausgerechnet im Saarland wagten, war zweifelsohne mutig gewesen. Das kleinste deutsche Flächenland wurde von nicht wenigen zu den »größten Krisenregionen Deutschlands«[467] gezählt, eingedenk seiner Probleme in ihren wichtigsten Wirtschaftsfeldern Stahlerzeugung und Bergbau und der damit einhergehenden überdurchschnittlichen Arbeitslosigkeit. Dennoch sollte Jamaika an der Saar am Ende nicht an den Herausforderungen der Landespolitik, sondern vor allem an sich selbst scheitern.

Nach gut einem Jahr weitgehender koalitionärer Harmonie rutschte das Bündnis im Jahr 2011 in eine tiefe Krise. Die Saar-FDP verlor sich in denkwürdigen und wohl beispiellosen innerparteilichen Streitereien, die zu zahlreichen Personalwechseln in Fraktion und Partei führten. Langsam aber sicher fiel die FDP als berechenbarer Partner für Union und Grüne aus. Ministerpräsident Müller, der als Integrationsfigur und wichtiger Ansprechpartner für alle Seiten fungiert hatte, trat im August 2011 zurück, um seinen Wechsel zum Bundesverfassungsgericht möglich zu machen. Schon vor seinem Rücktritt war deutlich geworden, dass es allen drei Parteien immer weniger gelingen wollte, Außendarstellung und Politik des Jamaika-Bündnisses so zu gestalten, dass sich alle Partner als Gewinner des Projekts fühlen konnten. Müllers Nachfolgerin im Amt der Ministerpräsidentin, Annegret Kramp-Karrenbauer, entschied sich Anfang 2012 letztlich dazu, das Bündnis aufzukündigen und den »Fluch der Karibik« im Saarland zu beenden. Sie begründete diesen Schritt – ausgerechnet am Tag des Dreikönigstreffens der Bundes-FDP – mit der Krise der Saar-Liberalen, die ein verlässliches Regieren nicht mehr möglich mache.

Ähnlich wie in Hamburg schien es also auch im Saarland nur einen offensichtlichen Grund für das Scheitern des Bündnisses gegeben zu haben. Doch Jamaika an der Saar scheiterte genauso wenig nur an der FDP wie Schwarz-Grün in Hamburg allein an Bürgermeister Ahlhaus. CDU wie FDP hatten im ersten Regierungsjahr einen enormen Profilverlust zu verkraften gehabt. Grüne Themen und Vorhaben dominierten die Agenda, was zu einem spürbaren politischen Gefälle in der Außendarstellung der Koalition führte. Die schwere Krise der FDP wurde auch dadurch begünstig, dass liberale Programmatik im Jamaika-Verbund fast immer das Nachsehen hatte. Die CDU fand sich wiederum allzu oft in einer Mittlerrolle zwischen FDP und Grünen wieder, was nur wenig Raum für eigene Initiativen ließ. Zudem war es die CDU, die die Verantwortung für die unpopulären Sparmaßnahmen ihres Finanzministers Peter Jacoby übernehmen musste. Kramp-Karrenbauer hatte die Aufnahme ihrer Regierungsgeschäfte zusätzlich mit einem politischen Schwerpunktwechsel verknüpft, in dem sie den Kampf um die staatliche Eigenständigkeit des Saarlandes und gegen dessen dramatische Finanzlage zu den politischen Hauptaufgaben erklärte. In diesem Zusammenhang deutete sie verschiedentlich an, dass die beiden Volksparteien CDU und SPD in diesen Fragen enger zusammenarbeiten müssten. In dieser Gemengelage bot der Zerfallsprozess der FDP deshalb vor allem einen willkommenen Anlass für die CDU-Führung, gesichtswahrend aus dem aus ihrer Sicht schwierigen und ungeliebten Bündnis aussteigen zu können.

CDU und SPD verhandelten nach dem Scheitern der Jamaika-Koalition direkt über die Bildung einer Großen Koalition, die ohne einen erneuten Urnengang die Regierungsgeschäfte übernehmen sollte. Nach dem Scheitern der Gespräche konnte Kramp-Karrenbauer die fälligen Neuwahlen im März 2012 für sich entscheiden: ihre CDU erreichte 35,2 Prozent und wurde stärkste politische Kraft. Die FDP kam nur noch auf 1,2 Prozent, die Grünen schafften es mit 5,0 Prozent äußerst knapp in den Landtag. Zwei Monate später machte sich Kramp-Karrenbauer dann in einem *FAZ*-Interview mit Blick auf das Ende von Jamaika ehrlich. Die inhaltliche Basis für das Projekt habe schlicht nicht ausgereicht und die FDP sei keineswegs der einzige Grund für die Auflösung des Bündnisses gewesen: »Jamaika war – entgegen dem Anspruch – in der Realität kein gemeinsames Projekt dreier Parteien – in diesem Punkt war von Anfang an die Saat des Scheiterns eingepflanzt. Unabhängig vom Auftreten der FDP.«[468]

c) Hessen

Dass die erste schwarz-grüne Koalition in einem Flächenland 2014 ausgerechnet in Hessen begründet wurde, war mit Blick auf das dort lange Zeit schwierige Verhältnis zwischen Union und Grünen sicher überraschend.

Die sprichwörtlichen »hessischen Verhältnisse« waren von heftiger Polarisierung, scharfer Rhetorik und tiefen parteipolitischen Gräben gekennzeichnet – nicht selten mit CDU und Grünen in den Hauptrollen. Der CDU-Landesverband galt unter Ministerpräsident Koch als besonders konservativ und den Grünen in leidenschaftlicher Abneigung verbunden. Koch und der langjährige grüne Fraktions- und Landesvorsitzende Tarek Al-Wazir pflegten spätestens seit der Landtagswahl 2008 eine politische und persönliche Feindschaft. Kochs Nachfolger Volker Bouffier stellte die Landes-CDU jedoch neu auf und normalisierte die Beziehung zu den hessischen Grünen. Die Öko-Partei ging unter Al-Wazir wiederum in der Wirtschafts- und Schulpolitik auf die Union zu und emanzipierte sich zusehends von ihrem angestammten Partner SPD. So zeichnete sich im Vorfeld der Landtagswahl 2013 ab, dass ein schwarz-grünes Bündnis in Hessen – einen arithmetischen Druck vorausgesetzt – nicht mehr unmöglich sein würde. Das Wahlergebnis vom September 2013 ließ dann tatsächlich nur die Bildung von Rot-Rot-Grün, Schwarz-Rot oder Schwarz-Grün zu – alle drei Varianten wurden im Anschluss sondiert. Nach dem Rot-Rot-Grün an der Finanzpolitik und Schwarz-Rot auch am ungeschickten Taktieren des hessischen SPD-Vorsitzenden Schäfer-Gümbel scheiterten, ließen sich Union und Grüne auf eine gemeinsame Koalition ein. Im Dezember 2013 votierten ein kleiner Parteitag der CDU einstimmig und die grüne Mitgliederversammlung mit 74,2 Prozent für den schwarz-grünen Koalitionsvertrag. Volker Bouffier wurde Mitte Januar 2014 im Landtag erneut zum hessischen Ministerpräsidenten gewählt.

Dass sich Union und Grüne inhaltlich einig wurden, war mit Blick auf den zentralen Konfliktpunkt zwischen den Parteien – die Zukunft des Frankfurter Flughafens – nicht unbedingt zu erwarten gewesen. Für beide Parteien berührte der Umgang mit dem Flughafen ihren programmatischen Wesenskern. Für die CDU, weil sie sich seit jeher als Partei der hessischen Wirtschaft sieht. Für die Grünen, weil sie stets als Partei der Flughafengegner auftraten und zudem eine ihrer Wurzeln in der Protestbewegung gegen die Startbahn West haben. Der gefundene Kompromiss hatte einen Gesichtsverlust für beide zur Folge. Mit dem nun vereinbarten Lärmpausenmodell statt eines absoluten Nachtflugverbots brachen die Grünen eines ihrer zentralen Wahlversprechen. Die Union gab dem Druck der Grünen nach und stellte den – 2015 letztlich doch gestarteten – Bau des Terminal 3 politisch noch einmal in Frage, womit sie von ihrem Grundsatz abrückte, dass die Weiterentwicklung des Flughafens für sie nicht verhandelbar sei. Auch beim Thema Finanzen war es zu zähen Verhandlungen gekommen, an deren Ende man sich auf die Einhaltung der Schuldenbremse und einen ausgeglichenen Haushalt bis 2020 einigte. Daneben machte die CDU den Grünen vor allem bei einigen gesellschaftspolitischen Fragen und der Ressortverteilung Zugeständnisse. Sie trat mit dem Ministerium für Umwelt, Klimaschutz, Landwirtschaft und Verbraucherschutz und dem (Super-)Ministerium für Wirtschaft, Energie, Verkehr und Landesentwicklung zwei Schlüsselpositionen ab, »die dem bürgerlichen Lager stets heilig waren.«[469] Die hessische Union hatte damit nicht nur erstmals das Landwirtschaftsministerium an einen Koalitionspartner, sondern auch die Zukunft des Flughafens in die Hände des Grünen Al-Wazir gegeben.[470] Neben diesen Zugeständnissen der Union trug zur schwarz-grünen Übereinkunft bei, dass es in Hessen in der Schulpolitik kein mit Hamburg oder dem Saarland vergleichbares Konfliktpotenzial zwischen den Parteien gegeben hatte.[471]

Das Bündnis regiert Hessen nun bereits seit über drei Jahren. Die Zwischenbilanzen waren meist positiv, das Regierungsmanagement wird allenthalben gelobt. Politische Beobachter machen dafür dieselben Erfolgsfaktoren verantwortlich, die auch die guten Startphasen der Bündnisse in Hamburg und im Saarland bedingt haben: ein niedrigschwelliges Konfliktmanagement und ein besonderes Vertrauensverhältnis zwischen den Partei- und Fraktionsspitzen. Als Garanten für die Funktionsfähigkeit des Bündnisses gelten dabei in erster Linie zwei strategische Zentren. Erstens die Achse Bouffier/Al-Wazir, die – nach gewissen atmosphärischen Störungen zu Beginn – längst ein persönliches Vertrauensverhältnis kennzeichnet.[472] Zweitens das Gespann der Fraktionsvorsitzenden Michael Boddenberg (CDU) und Mathias Wagner (Grüne), das ebenfalls als wichtige Säule der Koalition fungiert.[473] Bereits Ende 2014 hielt die *Süddeutsche Zeitung* fest, Schwarz-Grün arbeite »gut in Hessen, ohne großes Gewese.«[474] Der *Deutschlandfunk* meinte gar erkennen zu können, dass CDU und Grüne »beinahe zärtlich miteinander« umgingen. Sie vermieden »Schlagzeilen zu Lasten des Koalitionspartners«, Streitigkeiten würden »diszipliniert hinter verschlossenen Türen ausgetragen«.[475] Die *Welt* machte das hessische Bündnis im April 2015 zum »Testfall für den Bund« und erkannte einen wohltuenden Unterschied zu den vorherigen Landesregierungen: »Selten wurde in Hessen so geräuschlos regiert.«[476] Die Schlussfolgerungen zur Halbzeitbilanz der Koalition im Juni 2016 fielen ähnlich aus, wobei vermehrt darauf hingewiesen wurde, dass es inhaltlich durchaus noch Raum für Verbesserungen gebe, insbesondere in der Bildungs- und Familienpolitik.[477] In der Tat lässt sich nach drei Jahren Schwarz-Grün in Hessen festhalten, dass die Parteien oftmals vor umfassenderen politischen Initiativen zurückschrecken, um keine Koalitionskonflikte zu provozieren. Die schwarz-grüne Harmonie geht also vor allem auf Kosten der politischen Gestaltungskraft. Der Politikwissenschaftler Wolfgang Schroeder bilanzierte dazu im Juni 2016, dass die Landesregierung zwar »handwerklich passabel« arbeite. Aufgrund ihrer Konfliktscheu fehle ihr aber die Innovationskraft bei Bildung, Digitalisierung und Landesentwicklung. Hessen werde von Schwarz-Grün in erster Linie »ruhig verwaltet«.[478] Dass Union und Grüne dennoch dazu in der Lage sind, auch sehr schwierige politische Situationen gemeinsam zu meistern, zeigte sich im Rahmen der Flüchtlingskrise 2015/2016. Obwohl im Verlauf der Krisenbewältigung deutlich wurde, dass gerade in der Migrations- und Integrationspolitik weiterhin große Unterschiede zwischen Union und Grünen bestehen,[479] war der Bestand der Koalition zu keinem Zeitpunkt gefährdet. Im Bundesrat stimmte Hessen sogar beiden Asylpaketen der Bundesregierung zu. Nur der Ausweitung der Liste der sicheren Herkunftsländer um die Maghreb-Staaten verweigerte sich ein kleiner Parteitag der Grünen im Juni 2016 klar. Bei den in Hessen selbst zu lösenden Fragen der Flüchtlingspolitik, vor allem der Erstaufnahme und den Integrationsmaßnahmen, arbeiteten Union und Grüne jedoch gut zusammen.

Vor diesem Hintergrund kann es nicht verwundern, dass Bouffier und Al-Wazir bereits ein ums andere Mal angedeutet haben, dass sie sich eine Neuauflage der Koalition in Hessen nach 2018 vorstellen können.[480] Im Februar 2017 leitete Bouffier aus den Erfahrungen mit den schwarz-grünen »hessischen Verhältnissen« zudem ab, dass das Modell auch auf Bundesebene tragen würde. Seine Landesregierung habe gezeigt, dass Schwarz-Grün funktioniere: »Deshalb werbe ich für Offenheit bei der Union.«[481] Hessen kann mittlerweile tatsächlich als erstes positives Referenzmodell für die Bundesebene angesehen werden, auch wenn vor allem die speziellen Personenkonstellationen und ein intensives Konfliktmanagement die Koalition tragen. Der politikinhaltliche Ertrag des Landesbündnisses mag deshalb überschaubar bleiben – dass von einer Großen Koalition in dieser Hinsicht aber in jedem Fall mehr zu erwarten wäre, erscheint zweifelhaft. Eine Stärke des hessischen Bündnisses ist sicherlich darin zu sehen, dass sich Schwarz-Grün in Wiesbaden vor allem durch gegenseitigen Respekt im politischen Umgang miteinander auszeichnet. Damit haben beide Parteien einen erheblichen Beitrag zur Befriedung der einst so konflikthaften politischen Kultur in Hessen geleistet.

5.2 Hirngespinst am Verhandlungstisch – Die Bundespolitik 2009-2013

In den Jahren nach der Bundestagswahl 2009 erlebte die Debatte über Schwarz und Grün ein »Auf und Ab« bisher unbekannten Ausmaßes. Die Realisierung einer schwarz-grünen Bundeskoalition galt mal als Utopie, dann wieder als fast zwangsläufige Entwicklung. Das Verhältnis zwischen Union und Grünen galt mal als zerrüttet, dann wieder als harmonisch. Begonnen hatte alles mit einer Kampfansage der Grünen an die neue schwarz-gelbe Bundesregierung, die für soziale Kälte, Atomlobbyismus und Staatsschulden stünde. Im Jahr 2010 nahm auch die Union den Fehdehandschuh auf. Im interparteilichen Verhältnis von CDU/CSU und Grünen brachen längst überwunden geglaubte Verhaltensmuster auf, die scharfe rhetorische Angriffe und auch persönliche Verletzungen mit einschlossen. Zwischen der regierenden Bundes-CDU und den oppositionellen Grünen begann ein intensiver, wenn auch kurzer Entfremdungsprozess. 2010 war das »Jahr der atompolitischen Kampfansage von Merkels schwarz-gelber Regierung« – und es mobilisierte die Grünen, ihre Basis und ihre Wähler: »Das alte Feindbild funktionierte wieder: Schwarz-Gelb als Büttel der Energie-Riesen, zehntausende gingen dafür auf die Straßen.«[482] Grünen-Fraktionschef Trittin meinte mit Blick auf die Atompolitik und das Betreuungsgeld im August 2010 feststellen zu müssen, dass die »Modernisierungsversuche der CDU unter der Vorsitzenden Angela Merkel in der Familien- und in der Umweltpolitik [...] brutal gestoppt worden« seien, was einem »Ruck nach rechts«[483] gleichkomme. Die Kontroverse um den Bahnhofsneubau Stuttgart 21 trug dann ihr Übriges dazu bei, dass sich das schwarz-grüne Verhältnis auf Bundesebene vollständig eintrübte. Die *Saarbrücker Zeitung* erkannte gar den »Beginn einer neuen Eiszeit«[484] zwischen Union und Grünen. Als Merkel schwarz-grünen Bündnissen auf dem CDU-Bundesparteitag Ende 2010 dann eine klare Absage erteilte und diese – trotz der zu jenem Zeitpunkt bestehenden Koalitionen in Hamburg und im Saarland – gar als »Hirngespinste«[485] bezeichnete, hatte das Verhältnis zwischen den Parteien zweifellos einen Tiefpunkt erreicht. Das Auseinanderbrechen der christlich-ökologischen Koalition in Hamburg zwei Wochen später schien dabei perfekt ins Bild zu passen.

Eine interessante Beobachtung in diesem Zusammenhang hatte die *taz* im September 2010 gemacht. Für sie war es erstaunlich gewesen, wie sehr die politischen Entscheidungen der Union auf deren Bedeutung für ein schwarz-grünes Bündnis hin analysiert worden waren: »Die Beschlüsse zu Atomlaufzeiten werden medial kaum nach schwarz-gelben Maßstäben bewertet. Sondern nach der Frage, ob sie das Aus für schwarz-grüne Wunschbündnisse bedeuten. Die neue Volkspartei der Mitte gibt das Bewertungsraster vor.«[486] So war es ein stückweit folgerichtig, dass die Schwarz-Grün-Debatte nach dem Atomschwenk der Regierung Merkel und den Wahlniederlagen der CDU in Baden-Württemberg und Rheinland-Pfalz Anfang 2011 wieder einen immensen Aufschwung erfuhr. Schließlich hatte sich bei den Wahlen nicht nur gezeigt, dass die Abhängigkeit der CDU von der FDP als Partner desaströse Folgen haben konnte. Durch die Atom-Wende der Kanzlerin erschien auch der wichtigste Streitpunkt zwischen CDU/CSU und Grünen endgültig abgeräumt zu sein. Im Juni 2011 sorgte der frisch gewählte Ministerpräsident Kretschmann für Aufsehen, als er Merkel »großen Respekt« für den Atomausstieg zollte, da auch er bei S 21 eine »schwierige Kehrtwende« habe einleiten müssen. Obwohl mit der Atomfrage eine wesentliche Hürde für Schwarz-Grün weggefallen sei, sei das Modell deswegen 2013 aber noch »nicht zwingend«.[487]

Es sollten dann aber die Grünen sein, die nach dem für sie sehr enttäuschenden Ergebnis bei der Berlin-Wahl Ende September 2011 die Debatte über Koalitionen mit der Union schnell beenden wollten. Fraktionschefin Künast erklärte, man müsse die Option Schwarz-Grün »bei den nächsten Wahlen zumachen«. Berlin habe gezeigt, dass die Wähler der Grünen »da 150 Prozent Klarheit brauchen«. Auch Trittin gab das etwas unglücklich formulierte Ziel aus, alle schwarz-gelben Regierungen in den Ländern wie im Bund »rückstandsfrei« ablösen zu wollen.[488] Kritik an diesen Aussagen kam nur von Parteichef Özdemir und aus einigen grünen Landesverbänden. Es waren die Hamburgerin Fegebank, der Hesse Al-Wazir und die Sächsin Hermenau, die den Künast-Trittin-Vorstoß klar ablehnten. Als auch die Jamaika-Koalition im Saarland Anfang 2012 scheiterte, zog Trittin für seine Partei eine klare Zwischenbilanz: die Erfahrungen in Hamburg und im Saarland zeigten, dass Schwarz-Grün für die Grünen »kein Erfolgsmodell« und deswegen auch im Bund unrealistisch sei.[489]

Dieser strategischen Grundlinie, der schließlich auch die Parteivorsitzenden Özdemir und Roth folgen sollten, blieben die Grünen im Grunde genommen bis zur Bundestagswahl 2013 treu. Die Aussagen führender Grüner mussten immer wieder als faktischer Ausschluss von Schwarz-Grün gedeutet werden, gleichwohl ein Bündnis nie kategorisch für unmöglich erklärt wurde.[490] Mit Kretschmann fand sich in dieser Zeit nur ein Spitzengrüner, der sich dieser bundespolitischen Linie verweigerte. Im Oktober 2012 erinnerte er seine Parteifreunde daran, dass die Grünen »so selbstbewusst« seien, um nach einem Scheitern von Rot-Grün nichts mehr auszuschließen.[491]

Der Mitgliederentscheid zur grünen Spitzenkandidatur änderte an der innergrünen Gemenge- und Gefühlslage kaum etwas, obwohl Medien wie *Spiegel Online* die Wahl Göring-Eckardts völlig fehlinterpretierten und als »dritte große Zäsur in der Geschichte der Grünen« – nach Parteigründung und rot-grüner Regierungsverantwortung im Bund – bezeichneten, die eine Koalition mit der Merkel-CDU »immer wahrscheinlicher«[492] mache. CSU-Chef Seehofer mochte sich solchen Einschätzungen ebenfalls nicht anschließen, da Göring-Eckardt nicht die bestimmende grüne Führungsfigur sei und die Trittin-Grünen für Eurobonds, Steuererhöhungen und die Einheitsschule stünden.[493] Dennoch war es ausgerechnet Seehofer, der zeitgleich mit dem nordrhein-westfälischen CDU-Landeschef Armin Laschet Anfang 2013 letztmalig vor der Bundestagswahl eine größere Diskussion um Schwarz-Grün in Gang brachte. Beide plädierten dafür, Schwarz-Grün wenigstens für den Fall nicht auszuschließen, dass es die FDP nicht mehr in den Bundestag schaffe. Der Grüne Volker Beck wies die Avancen der beiden Unionspolitiker als »Schnappsidee« zurück.[494] Die grüne Parteijugend forderte gar einen Beschluss des Parteitags gegen Schwarz-Grün,[495] der letztlich aber nicht kommen sollte. Was stattdessen beschlossen wurde, war ein überdeutliches Bekenntnis zur SPD: »Wir kämpfen eigenständig für unsere Ideen und Inhalte. Wir kämpfen in diesem Bundestagswahlkampf für starke Grüne in einer Regierungskoalition mit der SPD, weil wir in diesem Regierungsbündnis die besten Chancen sehen, den grünen Wandel umzusetzen.«[496] Weder zur Bundestagswahl 2005 noch zu der von 2009 hatten sich die Grünen so eindeutig auf die SPD als Partner festgelegt.

Für die Union bewegte sich Schwarz-Grün in den Jahren vor der Bundestagswahl 2013 also irgendwo zwischen Hirngespinst und Not-Option, bei den Grünen hielt nicht nur Volker Beck ein Zusammengehen mit der CDU/CSU für eine Schnapsidee. Umso unerwarteter fanden sie die beiden Parteien nach der Bundestagswahl dann am gemeinsamen Verhandlungstisch wieder. Nachdem sie bereits 2005 de facto ein Sondierungsgespräch geführt hatten, kam es 2013 zu den ersten offiziellen schwarz-grünen Sondierungen auf Bundesebene. Und der Ablauf der Gespräche sollte viele positiv überraschen. Nach der ersten Gesprächsrunde schwärmten nahezu alle Beteiligten von der guten Atomsphäre und den konstruktiven Diskussionen. Die Grünen lobten Kanzlerin Merkel, weil sie sehr gut auf die Diskussion zur Energiepolitik vorbereitet gewesen sei. Die Christdemokraten zeigten sich auf einmal angetan von der tiefen Sachkenntnis des Jürgen Trittin.[497] Özdemir gab sich auch vor dem zweiten Sondierungsgespräch sicher, dass dieses »sachlich und zielorientiert« ablaufen würde, gleichwohl diesmal aus Sicht der Union recht »heiße Eisen« auf der Tagesordnung standen: die grünen Ideen zur gesellschaftlichen Modernisierung, also Themen wie das Staatsbürgerschaftsrecht, die Gleichberechtigung homosexueller Partnerschaften, Frauenquoten, Flüchtlinge und Datenschutz.[498] Der guten Atmosphäre und dem allseitigen Lob der großen Sachlichkeit zum Trotz war allerdings schon im Vorfeld der zweiten Sondierungsrunde klar geworden, dass die skeptischen bis ablehnenden Haltungen innerhalb der Grünen-Partei – hier vor allem Roth, Lemke, Hofreiter, Trittin, Löhrmann und Göring-Eckardt – deutlich überwogen.[499] Vor dem Hintergrund der grünen Wahlniederlage, dem nun wahrscheinlichen personellen Umbruch und dem Ausfall des geschwächten Trittins als Führungsfigur war diese Einstellung auch nicht überraschend gewesen.[500] Die Öko-Partei hatte viele gute Gründe, die Gespräche mit der Union abzubrechen. Nicht zuletzt auch, weil ihr auf Rot-Grün ausgerichtetes Wahlprogramm gerade in der Steuerpolitik kaum mit den Vorstellungen der Union vereinbar war und man es noch nicht zur Disposition stellen konnte. Ob es aber zu einer schwarz-grünen Koalition gekommen wäre, wenn die Grünen ein deutlich besseres Wahlergebnis erzielt hätten, muss offen bleiben. Wahrscheinlich ist es nicht. Schließlich wäre damit auch eine stärkere Verhandlungsposition der Grünen einhergegangen, die sowohl ihr Programm als auch ihren Spitzenkandidaten Trittin als bestätigt hätten ansehen können. Vor diesem Hintergrund hätten sich die Gespräche für die Union wohl noch einmal schwieriger dargestellt, was wiederum mit einem Abbruch der Verhandlungen durch CDU und CSU hätte enden können.[501]

Die Union gab sich in der Frage einer Koalition mit den Bündnisgrünen vielstimmig. Spitzenpolitiker wie Ursula von der Leyen oder Horst Seehofer präferierten eine Große Koalition, NRW-Landeschef Laschet, der Baden-Württemberger Thomas Strobl und der Berliner Landesvorsitzende Frank Henkel schienen eher den Grünen den Vorzug geben zu wollen. Kanzlerin Merkel selbst entschied sich für die Grünen. So bot die Unionsführung den Grünen am Ende der Sondierungen tatsächlich an, in exklusive Koalitionsgespräche einzusteigen. Die Öko-Partei lehnte das Angebot Merkels nach intensiver Beratung ab. Begründung: Obwohl es vereinzelte Annäherungen gegeben habe, seien die politischen Differenzen insgesamt noch zu groß gewesen. Die Wahrheit war jedoch eine andere: Während es früher schlicht an gemeinsamen Inhalten gemangelt hatte, erwischte die Union die Grünen im Jahr 2013 strategisch wie personell nur auf dem »falschen Fuß«. Dass die inhaltlichen Hürden nicht unüberwindbar waren, gaben die Grünen selbst implizit zu. Denn sie versprachen der Union, dass sie für erneute Verhandlungen zur Verfügung stünden, sollte die SPD-Basis die Große Koalition doch noch ablehnen.[502] Die schwarz-grünen Sondierungen und das klare Angebot der Union an die Grünen markierten in jedem Fall einen Meilenstein auf dem Weg beider Parteien zur gemeinsamen Regierungsverantwortung auf Bundesebene.

5.3 Bewegte Zeiten – Union und Grüne am Vorabend der Bundestagswahl 2017

Nach dem Amtsantritt der Großen Koalition Ende 2013 war die Schwarz-Grün-Debatte vorübergehend von einer eigentümlichen Asymmetrie geprägt. Die bundesweiten Umfragewerte wirkten lange wie eingefroren – und die starken Zahlen der Union und der Grünen schienen nur einem Bündnis dieser beiden Parteien eine Perspektive zu geben. Dennoch reagierte darauf zunächst einmal nur die Union. Während von der Öko-Partei nur spärliche Signale kamen, buhlte die CDU offen um die Grünen als zukünftigen Partner. Nicht nur wurde gleich nach Konstituierung der Großen Koalition durch den CDU-Politiker Jens Spahn und den Grünen Omid Nouripour – mit ausdrücklicher Billigung Merkels – eine neue »Pizza-Connection« im Bundestag gegründet. Auch die Aussagen vieler hochrangiger Parteifunktionäre auf Bundes- wie Landesebene betonten die große Offenheit der CDU gegenüber der Öko-Partei. Spahn drückte Anfang 2014 sogar sein Bedauern darüber aus, dass die Grünen in den Sondierungsgesprächen 2013 Angst vor der eigenen Courage bekommen hätten: »Einige in der Union stellten [während der Sondierungen] überrascht fest: Mensch, das könnte doch was werden. Bei den Grünen war es genau umgekehrt. Die merkten: Oh Gott, dass könnte tatsächlich klappen, holt uns hier raus.«[503]

Der neue CDU-Generalsekretär Peter Tauber meinte im Juli 2014: »Wenn sich die Grünen ein bisschen in die Mitte bewegen und ihre Scheu vor der Union ablegen, kann das 2017 funktionieren.«[504] Seitdem sandte der CDU-Generalsekretär in steter Regelmäßigkeit klare Botschaften an die Grünen. Einer der Höhepunkte: Im Spätsommer 2015 schloss Tauber einen Automatismus für eine schwarz-gelbe Koalition – trotz größerer Gemeinsamkeiten mit der FDP als mit den Grünen – für die Bundestagswahl 2017 aus.[505] Mehr noch: die Verhandlungen mit den grün mitregierten Ländern im Bundesrat zur Asylpolitik Mitte 2016 erklärte Tauber zu einem Testlauf für Schwarz-Grün auf Bundesebene.[506] Selbst der als Schwarz-Grün-Skeptiker bekannte Unions-Fraktionschef Volker Kauder setzt mittlerweile subtile Botschaften für ein Bündnis mit den Grünen ab. Seine Andeutungen, dass eine Neuauflage der Großen Koalition nur noch geringe Chancen habe und dass es demokratietheoretisch gut wäre, wenn der Regierung bald wieder eine »starke Opposition« gegenüberstünde,[507] müssen in diese Richtung interpretiert werden. Auch, dass ausgerechnet CDU-Kanzleramtsminister Peter Altmaier das Buch des Grünen-Fraktionsvorsitzenden Hofreiter zum Thema Massentierhaltung im Juni 2016 der Öffentlichkeit präsentierte, dürfte kein Zufall gewesen sein. Die Bundeskanzlerin selbst hatte bereits auf dem CDU-Bundesparteitag im Dezember 2014 für klare Verhältnisse gesorgt. Sie traf eine Aussage zu Schwarz-Grün, die an Deutlichkeit kaum zu überbieten war. Ihr Hinweis, dass die Union dafür auch schon 2013 »bereit gewesen« wäre, und ihr angefügtes »Schade drum«, interpretierte *Spiegel Online* nicht zu Unrecht als »offene Einladung an die Grünen für die Zeit nach der Bundestagswahl 2017«.[508] Ohnehin sind Stimmen, die vor den Grünen als Regierungspartner auf Bundesebene warnen, innerhalb der CDU mittlerweile klar in der Minderheit. Offene Kritik an der schwarz-grünen Option hat in der Merkel-CDU des Jahres 2017 kaum noch einen Platz.

Der Widerstand der CSU gegen eine Bundeskoalition mit den Grünen hat sich im Rahmen der Flüchtlingskrise und durch das Erstarken der AfD jedoch wieder vergrößert. Dabei hatte sich auch das Verhältnis zwischen der CSU und den Grünen in Jahren zuvor deutlich entspannt.

Verschiedene Vorsitzende der Grünen-Landtagsfraktion hatten bereits 2008 und 2011 erklärt, dass eine Koalition mit der CSU in Bayern nicht mehr unvorstellbar sei – allerdings nur, wenn sich die Partei weiter modernisiere.[509] Auch CSU-Parteichef Seehofer hatte 2011 mit den Grünen als möglichem Partner in der Landespolitik kokettiert.[510] Nach der Bundestagswahl 2013 mehrten sich die Zeichen einer weiteren Annäherung. Seehofer warb mitunter für schwarz-grüne Bündnisse in den bayerischen Kommunen. Und im Verlauf der Sondierungen im Bund 2013 nahmen die Grünen die beteiligten CSU-Politiker überraschend positiv wahr. Sogar von der Gründung einer bayerischen »Pizza-Connection« wurde 2013/2014 berichtet.[511] Seehofer war sich im Juli 2014 mit der Grünen Göring-Eckardt einig, dass eine schwarz-grüne Koalition nach der Wahl 2017 grundsätzlich möglich sei: »Das ist keine ideologische Frage mehr, sondern eine Frage von Personen. Wenn vernünftige Leute zusammenkommen, kann Schwarz-Grün funktionieren. Das zeigt sich in Hessen und das könnte sich 2017 auch im Bund zeigen.«[512]

Der Prozess der Annäherung zwischen CSU und Bündnisgrünen wurde durch die Flüchtlingskrise und ihre innenpolitischen Folgen jedoch unterbrochen und zurückgeworfen. Die Entfremdung zwischen den Unionsschwestern musste zwangsläufig eine noch heftigere Entfremdung zwischen CSU und Grünen nach sich ziehen. Im Sommer 2015 begann die CSU-Führungsriege damit, den Schwarz-Grün-Plänen der Schwesterpartei auf allen Kanälen entgegenzutreten. Für Bundesverkehrsminister Dobrindt versagten die »Hofreiter-Grünen« bereits als Oppositionspartei. Sie seien nur noch ein »langweiliges Abziehbild der 68er Aktivisten«[513], die für Schulden, Verbote und Stillstand stünden. Die Grünen könnten auf Bundesebene kein Partner der Union sein: »Die Grünen sind doch nicht Kretschmann. Ich warne vor einer solchen Verklärung [...] Schwarz-Grün ist kein Zukunftsmodell für den Bund.«[514] CSU-Generalsekretär Andreas Scheuer meinte Anfang 2016, dass sich gerade in der Außen- und Flüchtlingspolitik zeige, »dass Union und Grüne meilenweit auseinanderliegen.« Die Grünen seien mitunter »Lichtjahre« von den Positionen der CSU entfernt.[515] Selbst CSU-Landesgruppenchefin Gerda Hasselfeldt, eigentlich eine stete Vermittlerin zwischen CDU und CSU, bekannte im Juli 2016, sie sehe »auch mit Fantasie« keinen gemeinsamen Nenner der CDU/CSU mit den Grünen im Bund.[516] Im Januar 2017 erteilte dann auch CSU-Chef Seehofer der schwarz-grünen Option – wenn auch nur CSU-intern – eine kategorische Absage. So erfuhren Medien aus Teilnehmerkreisen der CSU-Klausur in Kloster Seeon, dass Seehofer nicht nur die Aussagen der Grünen-Chefin Peter zum Polizeieinsatz in Köln an Silvester scharf kritisiert, sondern auch die grünen Parteitagsbeschlüsse vom November 2016 als ein »No go« für die CSU bezeichnet hatte. Demnach sagte Seehofer: »Was die Grünen beschlossen haben, kann die CSU ohne Selbstaufgabe nicht vertreten.« Angesichts der vom Grünen-Parteitag beschlossenen Inhalte käme Schwarz-Grün für ihn »niemals in Frage.«[517] Damit ist die Gefechtslage auf Seiten der Unionsparteien im Jahr der Bundestagswahl recht klar: Die CDU spricht sich offen für, die CSU sehr deutlich gegen Schwarz-Grün aus.

Die Grünen zeigten in der ersten Zeit nach der Bundestagswahl 2013 zunächst nur wenig offenes Interesse an einer Annäherung an die Union. Allerdings machte die Öko-Partei auf ihrem Parteitag im Oktober 2013 den Weg für eine ebensolche grundsätzlich frei. Dort fasste sie einen Beschluss, der klar machte, dass es eine ähnlich strikte Festlegung auf Rot-Grün wie im Wahlkampf 2013 nicht wieder geben sollte. Damit verbunden war jedoch ausdrücklich keine Präferenz für CDU und CSU. Der Beschluss war vielmehr darauf ausgerichtet, Rot-Rot-Grün und Schwarz-Grün zu gleichwertigen Alternativen für die Grünen im Bund zu machen:

»Die SPD mag uns am nächsten stehen, jedoch sind wir nun zum dritten Mal in Folge mit unserem Wahlziel, eine rot-grüne Mehrheit herbeizuführen, gescheitert. Daraus gilt es, Konsequenzen zu ziehen. Es darf ebenso nicht wieder vorkommen, dass Gespräche mit den Linken an der Befindlichkeit einer in sich unklaren SPD scheitern. Andere Koalitionsoptionen müssen grundsätzlich möglich sein – sei es Rot-Grün-Rot oder Schwarz-Grün. Koalitionspräferenzen kann es auch in Zukunft geben, das Ketten an eine Partei allerdings nicht.«[518]

Insgesamt spiegelte der Beschluss das immer noch vorherrschende Grundgefühl in der Grünen-Partei wider, dass eine Debatte über Bündnisse mit der Union eher eine Belastung denn eine Chance ist. Der Grünen-Vordenker Ralf Fücks hatte schon kurz nach den gescheiterten Sondierungen im Bund festgestellt: »Schwarz-Grün ist abgehakt, und viele Grüne sind darüber erleichtert.«[519] Die Parteiführung der Grünen ist sich – trotz verschiedener persönlicher Präferenzen – heute weitgehend einig darin, dass die Koalitionsoptionen ihrer Partei in beide Lagerrichtungen erweitert werden müssen. Und, noch wichtiger: dass dieser Weg von allen Grünen gemeinsam gegangen werden muss, um die Partei nicht zu zerreißen. Das war in den letzten Jahren nicht immer so. Zwar hatte der politische Bundesgeschäftsführer der Grünen Michael Kellner schon Ende 2013 völlig zu Recht gewarnt, dass es »fatal« sei, wenn bis 2017 nur die Parteilinken Rot-Rot-Grün und nur die Realos Schwarz-Grün vorbereiten würden.[520] Doch war genau diese Zweiteilung in den ersten zwei Jahren nach der Bundestagswahl bestimmend gewesen.

Realos wie Kretschmann, Palmer und Andreae äußerten sich immer wieder positiv zur Union und forderten von ihrer eigenen Partei gleichzeitig eine Abkehr von der bisherigen Steuer- und Wirtschaftsprogrammatik. Grünen-Linke wie Trittin und Peter argumentierten umgekehrt und nahmen die Linkspartei als Partner in den Blick. Peter hielt Rot-Rot-Grün für eine Option, sofern die Grünen »2017 auf Basis unserer grünen Inhalte Mehrheiten für eine ökologisch-soziale Politik ausloten wollen«.[521] Während Hofreiter vor allem die rot-rot-grüne Machtperspektive beschwor, ließ Özdemir des Öfteren seine persönliche Neigung zu den Unionsparteien durchblicken. Hernach fand die Grünen-Spitze jedoch zu einem stringenteren Umgang mit den beiden Koalitionsoptionen. So wird eine Koalition mit der Union mittlerweile sowohl von Vertretern des linken als auch des realpolitischen Flügels immer wieder als denkbar bezeichnet, nicht jedoch ohne gleichzeitig immer auch auf eine (vermeintlich) realistischer werdende rot-rot-grüne Alternative zu verweisen. Die Grünen-Bundesspitze wurde so zu einer Gruppe von »bekennenden Nichtbekennenden«[522], die sich nicht voreilig festlegen wollen.

Vielen Spitzen-Grünen ist dennoch eine Präferenz für die Union anzumerken. Dies machten nicht nur die zahlreichen Sympathiebekundungen grüner Politiker für Bundeskanzlerin Merkel im Rahmen der Flüchtlingskrise deutlich. Der grüne Landespolitiker Habeck meinte im September 2015: »Die Entscheidung, die Flüchtlinge aus Ungarn zu holen, war menschlich beeindruckend [...]. Wie sie auf die Angriffe aus der Union reagiert hat, finde ich stark.«[523] Grünen-Parteichef Özdemir kritisierte im November 2015 den Umgang Seehofers mit Merkel auf dem CSU-Parteitag: »So behandelt man nicht Angela Merkel, das gehört sich nicht. Das ist einfach unanständig.«[524] Fraktionschefin Göring-Eckardt stellte ihre Bewunderung für die CDU-Kanzlerin am klarsten heraus: »Was sie sagt und wie sie das durchhält, erstaunt mich und es gefällt mir. Zwischendurch habe ich gedacht: Wir sind beide aus Ostdeutschland, wir haben beide eine Revolution erlebt und haben gesehen, wie Veränderungen sich positiv auf eine Gesellschaft auswirken können.«[525] Die Schlussfolgerung Göring-Eckardts: Schwarz-Grün wäre gar kein Problem, sofern es nur um die Flüchtlingspolitik ginge und Merkel in ihrer Partei allein wäre. Jenseits solcher Solidaritätsadressen in der Flüchtlingspolitik gehören Özdemir, Kretschmann und Al-Wazir zu den klarsten Anhängern eines Zusammengehens mit CDU und CSU. Özdemir betonte noch im März 2016, dass es zwischen Union und Grünen »keinen unauflösbaren Widerspruch« mehr gebe.[526] Ebenfalls formulierte Özdemir schon Mindestbedingungen für eine Koalition mit der Union im Bund, die keineswegs unüberwindbar wären: Unter Schwarz-Grün müsse Deutschland aus der Kohlverstromung aussteigen, einen EU-Marshallplan für Nordafrika aufsetzen und das Bildungssystem durchlässiger machen.[527] Der von den Grünen eingeschlagene »Kurs der Eigenständigkeit« sei aber, das betont Özdemir regelmäßig, »keine Metapher für Schwarz-Grün«, sondern lasse daneben auch andere Konstellationen wie Rot-Rot-Grün zu.[528] Der einzige Grüne, der sich dieser Linie klar widersetzt, ist weiterhin Kretschmann. Er warnte seine Partei noch im Sommer 2016 eindringlich vor einem Zusammengehen mit der Linkspartei, da diese »in der Welt der Nationalökonomie« lebe und außenpolitisch »im Niemandsland« unterwegs sei.[529] Al-Wazir sah dies im April 2016 ähnlich und empfahl seiner Partei, eine Koalition mit der Union genau zu prüfen, schließlich könne man mit Merkel vernünftig reden.[530] Der grüne Grandseigneur Trittin hielt Mitte 2016 dagegen ein Bündnis mit Sahra Wagenknecht »im Zweifel« für leichter als eine Koalition mit Horst Seehofer. Er sehe bei Schwarz-Grün zudem die Gefahr einer weiteren »Kanibalisierung« der Union zugunsten der AfD.[531] Im Februar 2017 wiederholte er seine klare Präferenz für Rot-Rot-Grün. Mit der CSU seien keine Übereinkünfte in der Flüchtlingspolitik zu erwarten, zudem bediene sich die Partei in der Ausländerpolitik bei Formulierungen der AfD und der NPD: »Das alles geht nicht mit den Grünen. Schwarz-Grün gibt es nur mit Frau Merkel und Herrn Seehofer im Doppelpack – und Horst Seehofer will nicht.«[532]

Mögen sich die Ansichten zwischen Politikern der CDU, der CSU und den Grünen zu den Perspektiven einer gemeinsamen Koalition im Bund auch weiterhin stark unterscheiden: In den Ländern hat sich insbesondere im Jahr 2016 gezeigt, dass Schwarz-Grün mittlerweile zu einer wichtigen Reserveoption für beide Parteien avanciert ist. In der »Bunten Republik Deutschland«[533] regierten im März 2017 ganze 10 verschiedene Koalitionsmodelle, auch weil sich parlamentarische Mehrheitsbildungen durch den Einzug der AfD in zahlreiche Landtage erheblich erschwert haben. In diesen politisch äußerst bewegten Zeiten taten sich CDU und Grüne sowohl in Sachsen-Anhalt als auch in Baden-Württemberg zusammen, um eine stabile und funktionsfähige Regierung jenseits der Populisten bilden zu können. Dies gilt ganz besonders für die schwarz-rot-grüne »Kenia«-Koalition in Sachsen-Anhalt. Die AfD war hier im März 2016 zur zweitstärksten, die Linkspartei zur drittstärksten Kraft im Landtag geworden. Ohne eine Übereinkunft zwischen CDU, SPD und Grünen wären Neuwahlen alternativlos gewesen – mit ungewissem Ausgang.

In Baden-Württemberg wurde Grün-Schwarz in dem Moment zu einer Frage der Staatsräson, als gleichzeitig die FDP einer Ampel- und die SPD einer »Deutschland«-Koalition Absagen erteilten. Da es in keinem anderen Bundesland eine solche Nähe zwischen Christdemokraten und Grünen gab und gibt wie in Baden-Württemberg (»schwarz-grünes Musterländle«), war die Entstehung einer solchen Landesregierung an sich für viele noch keine große Überraschung. Was allerdings sehr wohl überraschen musste, war, dass Schwarz und Grün im »Ländle« als »Große Koalition« unter doppelt verkehrten Vorzeichen zusammen kamen. Zwar koalieren die beiden stärksten Fraktionen miteinander – die Volkspartei SPD gehört aber nicht dazu. Zudem stellen nicht die Christdemokraten, sondern die Grünen den Ministerpräsidenten.

Der Kretschmann-Strobl-Koalition im Südwesten kommt mit Blick auf eine mögliche schwarz-grüne Bundesregierung – genau wie dem hessischen Bündnis – eine wichtige Rolle zu. Zwei der vier wirtschaftsstärksten deutschen Bundesländer werden nun gemeinsam von Union und Grünen regiert. Ein weiterhin erfolgreiches Regieren in beiden Ländern vorausgesetzt, können beide Parteien gegenüber ihren Mitgliedern und Wählern sowie der Öffentlichkeit so den Beweis erbringen, dass Schwarz-Grün im Bund trotz größerer programmatischer Differenzen handlungsfähig ist. Gleichzeitig können Union und Grüne Erfahrungswerte, die sie durch die Regierungspraxis in Hessen gewonnen haben, mit den Erfahrungen aus Baden-Württemberg abgleichen –und so weitere wertvolle Lehren für die Bundesebene ziehen. Gleichwohl es für eine Zwischenbilanz zur Arbeit des Stuttgarter Bündnisses noch zu früh ist, kann zumindest festgehalten werden, dass den Parteien die Ausarbeitung eines recht ausgewogenen Vertrags gelang. Während die CDU vor allem bei der Inneren Sicherheit und dem Thema Asyl punkten konnte, gelangen den Südwest-Grünen vor allem bildungspolitische

Erfolge. In Finanz- und Wirtschaftsfragen gab es ohnehin relativ große Übereinstimmungen zwischen Schwarz und Grün. Nach rund einem Jahr des Regierens ohne größere Krisen kann aber eines schon klar gesagt werden: Die Baden-Württemberger sind von der grün-schwarzen Landesregierung begeistert. Im März 2017 gaben in einer Infratest-Umfrage 64 Prozent und damit fast zwei Drittel der befragten Bürger an, zufrieden bis sehr zufrieden mit der Arbeit des Landeskabinetts zu sein – im historischen Vergleich mit anderen baden-württembergischen Regierungen ein hervorragender Wert.[534]

Schwarz und Grün regieren im Frühjahr 2017 gemeinsam in drei Bundesländern. Und sie sind sich – wahltaktische Momentaufnahmen und Einzelpunkte wie die Asylpolitik beiseitegelassen – auch auf Bundesebene so nah wie nie zuvor. Dies gilt für die Wähler ebenso wie für die Programmatik beider Parteien.[535] Sowohl mit Blick auf die Wählerwanderungen als auch das Stimmensplitting ist es bei den letzten Bundestagswahlen zu einer stetigen Zunahme des schwarz-grünen Wähleraustauschs gekommen. Analog dazu hat sich zudem die Einstellung der Grünen-Wähler gegenüber der Union in den letzten Jahren kontinuierlich verbessert. Bewerteten die Grünen-Wähler die Union im Jahr 2005 auf einer Bewertungsskala von -5 bis +5 noch mit -1,2, die SPD hingegen mit +2,2, verbesserte sich die CDU/CSU schon bei der Bundestagswahl 2009 um 0,6 Punkte. Im Jahr 2013 stieg die Union im Ansehen des Grünen-Elektorats sogar sprunghaft um 1,1 Punkte auf einen Wert von nunmehr +0,5 an (SPD: +2,3).[536] Der »Sympathieabstand« zwischen Union und SPD hat sich aus Sicht der Grünen damit innerhalb von nur acht Jahren halbiert. Der Grund: die Unionsvorsitzende Merkel. Die Kanzlerin gewann durch ihre internationale Klimapolitik in ihrer ersten, den Atomausstieg in ihrer zweiten und ihre Flüchtlingspolitik in ihrer dritten Amtszeit bei den Grünen-Wählern deutlich an Ansehen. 33 Prozent der Grünen-Wähler sympathisierten bereits 2009 mit Merkel (Frank-Walter Steinmeier: 48 Prozent).[537] 65 Prozent von ihnen gaben zu diesem Zeitpunkt an, dass Merkel »ihre Sache eher gut« mache.[538] Eine Umfrage im Auftrag des grünen Bundesvorstands kam Mitte 2012 zu dem Ergebnis, dass die Kanzlerin bei den Wählern der Grünen einen Zustimmungswert von rund 50 Prozent erzielte.[539] In der Kanzlerfrage sprachen sich im Vorfeld der Bundestagswahl 2013 39 Prozent der Grünen für Merkel aus (Steinbrück: 52 Prozent).[540] Das Forsa-Institut stellte im Februar 2016 bei der Direktwahlfrage zur Kanzlerpräferenz sogar fest, dass mehr Grünen-

(57 Prozent) als CSU-Anhänger (51 Prozent) für Merkel stimmen würden.[541] Der Grund für dieses Ergebnis erscheint eindeutig: Im Dezember 2015 unterstützen mehr Grünen- als Unions-Wähler den flüchtlingspolitischen Kurs der Kanzlerin (Union: 57 Prozent; Grüne: 68 Prozent).[542] Merkel hat die Wählerschaften von Schwarz und Grün zweifellos einander näher gebracht und ist für die Öko-Partei zu einer wichtigen Integrationsfigur für ein mögliches Bündnis mit der Union geworden.

Auch programmatisch liegen längst keine Welten mehr zwischen der Merkel-Union und den Bündnisgrünen. Der lange Weg der Grünen zur programmatischen Mäßigung seit den achtziger Jahren und der Modernisierungsschub der CDU unter Merkel haben dazu geführt, dass zahlreiche, früher als kaum überwindbar geltende politische Hürden zwischen den Parteien nicht mehr existieren. Die Neuausrichtung des christdemokratischen Familienbegriffs, der auch gleichgeschlechtliche Partnerschaften und Patchworkfamilien mit einschließt, aber auch die Einführung von Elterngeld und Vätermonaten durch eine CDU-Familienministerin haben die Distanz zur Grünen-Partei in diesen Fragen stark reduziert. Die Union hat den Status Deutschlands als Einwanderungsland anerkannt – die Grünen haben wiederum eingesehen, dass Leistungswille und das Erlernen der deutschen Sprache Grundvoraussetzungen für eine gelungene Integration sind. Durch die Rücknahme der Laufzeitverlängerung und den Beschluss für einen beschleunigten Atomausstieg im Jahr 2011 wurde das emotionalste Streitthema zwischen Union und Grünen beiseite geschafft. Auch Fragen nach Sinn und Zweck der Wehrpflicht oder der Einführung eines flächendeckenden und gesetzlichen Mindestlohns stehen nicht mehr zwischen den beiden Parteien. Da sich die Grünen im »außen-, europa- und sicherheitspolitischen Bereich unverkennbar von den radikalen Positionen der Gründerzeit weg bewegt haben«[543] und sich beide als »Europa-Parteien« verstehen, wäre auch hier eine verlässliche Zusammenarbeit möglich.

Die rhetorischen Annäherungen und Abgrenzungen zwischen Union und Grünen auf Bundesebene mögen sich in den letzten Jahren die Waage gehalten haben. Richtet sich der Blick aber allein auf die politischen Inhalte und das politische Personal der Parteien, so kann konstatiert werden: CDU und Grüne sind auch in dieser Zeit weitere Schritte aufeinander zugegangen. Am Vorabend der Bundestagswahlen 2017 gehört Schwarz-Grün damit auf Bundesebene zum erlauchten Kreis der realistischen Koalitionsmodelle – nicht mehr und nicht weniger.

IV. Schlussbetrachtung

Die politische Momentaufnahme des Frühjahrs 2017 sieht Schwarz-Grün in der Krise. Dies jedoch nicht etwa, weil sich die beiden Parteien inhaltlich oder strategisch wieder deutlich voneinander entfernt hätten. Nein, das Koalitionsmodell scheint auf Bundesebene momentan schlicht seine Mehrheitsfähigkeit eingebüßt zu haben – zumindest, wenn man den Demoskopen dieses Landes glauben mag. Diese Entwicklung kommt durchaus überraschend. Schließlich zeichnete die Umfragewerte für eine schwarz-grüne Koalition auf Bundesebene über Jahre hinweg eine bemerkenswerte Konstanz aus. Von Ende 2009 bis September 2015 hatten Union und Grüne in den Umfragen der führenden Institute zusammen durchgehend eine absolute Stimmen- oder Mandatsmehrheit erreicht. Nun reichen die Werte nicht mehr für eine Zweierkoalition aus, weil vor allem die Grünen demoskopisch schwächeln. Auch wenn die feuilletonistischen Abgesänge auf die Grünen deutlich übertrieben sind[1] – die Öko-Partei ist tatsächlich in schweres Fahrwasser geraten. Sie leidet einerseits unter der Fokussierung des Vorwahlkampfes auf die beiden Volksparteien und andererseits unter der derzeitigen Dominanz des Themas Innere Sicherheit, das gemeinhin nicht zu den grünen Kernkompetenzen gezählt wird. Doch Momentaufnahmen bleiben Momentaufnahmen. Und Union wie Grüne werden sich damit trösten können, dass sie – sowohl jeder für sich als auch im zwischenparteilichen Verhältnis – in ihrer Geschichte bereits weit größere Krisen erfolgreich überstanden haben.

Diese Geschichte von Schwarz und Grün hat fünf Kapitel. Das erste Kapitel reicht vom Ende der 1970er Jahre bis zur Bundestagwahl 1983 und kann auch als »Orientierungsphase« bezeichnet werden. In dieser Zeit blickte die Union mit Erstaunen, Interesse und vor allem Skepsis auf die noch jungen Grünen. Eine einheitliche Reaktion der Christdemokraten auf die Gründung der Öko-Partei gab es aber nicht. Unter den

Unionspolitikern gab es Sympathisanten wie erbitterte Feinde der neuen vierten Partei. Die Union musste erst noch zu einer gemeinsamen Positionierung gegenüber dem neuen Phänomen finden. Eine ›gesunde Grundskepsis‹ gegenüber den frühen Grünen einte dennoch von Beginn an alle Christdemokraten, schließlich unterschied sich das Politikverständnis der mit den »Neuen sozialen Bewegungen« verwobenen Grünen fundamental von dem der Union. Nach der Abspaltung des bürgerlichen Gruhl-Flügels distanzierte sich die Union immer deutlicher von den Grünen, gleichwohl sich einzelne Unionspolitiker weiter differenziert mit der Grünen-Partei auseinandersetzten. Die Grünen waren in dieser Zeit zuvorderst mit sich selbst und ihren internen Richtungskämpfen beschäftigt. Die Unionsparteien standen für die Öko-Partei jenseits von Gut und Böse und wurden konsequent »rechts« liegen gelassen.

Das zweite Kapitel dieser Erzählung erstreckt sich von 1983 bis ins Jahr 1992. Es kann als »Polarisierungsphase« betitelt werden, in der es ein klares Feindesdenken zwischen den beiden Parteien gab. Diese Polarisierung hatte vornehmlich strategische Gründe. Die Grünen nutzten das Feindbild Union zur eigenen Wählermobilisierung, die CDU/CSU versuchte durch Kampagnen gegen die Grünen auch der SPD zu schaden, die über Bündnisse mit der Öko-Partei nachdachte. Inhaltlich bewegten sich Union und Grüne in dieser Zeit bereits aufeinander zu – wenn auch nur in sehr sehr kleinen Schritten. Die allermeisten Positionen von Union und Grünen blieben weiterhin unvereinbar. Bis zum Fall der Berliner Mauer blieb es auch bei der Aufrechterhaltung der starren Feindbilder, und erst durch die Folgen der Wiedervereinigung setzte ein Umdenken ein. Die Grünen stellten sich programmatisch und organisatorisch völlig neu und wesentlich pragmatischer auf, was einer verstärkten Annäherung an die Union den Boden bereitete. Dass die Union mit der PDS gleichzeitig ein neues Feindbild zur christdemokratischen Wählermobilisierung erhielt, begünstige die Entspannung zwischen Schwarz und Grün zusätzlich.

Das dritte Kapitel beginnt im Jahr 1992 mit den ersten schwarz-grünen Sondierungen auf Landesebene und endet mit der Abwahl der Regierung Kohl 1998. In dieser »Normalisierungsphase« entwickelten sich CDU/CSU und Grüne über verschiedene Etappen hinweg endgültig zu normalen Konkurrenten im Parteiensystem. Die Sondierungsgespräche in Baden-Württemberg wirkten dabei wie ein Katalysator und schafften in beiden Parteien – jedoch vor allem in der CDU – ein Debattenklima, das einem offeneren Nachdenken über schwarz-grüne Perspektiven Raum gab. Das schwarz-grüne Wendejahr 1994 besiegelte letztendlich die Aussöhnung zwischen den so unterschiedlichen Parteien. Der Parteinachwuchs im Bundestag organisierte sich 1995 in der Pizza-Connection und stelle dabei auch erste inhaltliche Übereinstimmungen fest. Eine schwarz-grüne Koalition auf Bundesebene wurde jedoch weiterhin ins Reich der Utopie verwiesen. Nicht zuletzt, da sich die Grünen im Angesicht der Bundestagswahl 1998 konsequent auf die SPD als Partner festgelegt hatten und Kanzler Kohl schwarz-grüne Gedankenspiele für abwegig hielt.

Mit der Unterzeichnung des ersten rot-grünen Koalitionsvertrags auf Bundesebene beginnt Ende 1998 das vierte Kapitel in der Geschichte von Schwarz-Grün – die Realisierungsphase. Das Rendezvous der Grünen mit der harten Realität einer Regierungsbeteiligung auf Bundesebene und der Generationswechsel in der CDU sorgten dafür, dass die politischen und kulturellen Unterschiede zwischen den Parteien weiter eingeebnet wurden. Nach den ersten schwarz-grünen Sondierungen auf Bundesebene 2005 gingen die Merkel-CDU und die Bündnisgrünen programmatisch und strategisch so weit aufeinander zu, dass eine schwarz-grüne Koalition manchen Beobachtern schon bei den Bundestagswahlen 2009 möglich schien. Ein Bündnis von Union und Grünen auf Landesebene galt dagegen schon seit dem Ende der neunziger Jahre als überfällig (Yeti-Debatte). Die Arithmetik der Wahlergebnisse und ungünstige strategische Konstellationen im Bund verhinderten jedoch, dass es schon lange vor 2008 zu erfolgversprechenden Sondierungen zwischen Union und Grünen in einem Bundesland kommen konnte. Bemerkenswert ist: Zwischen der Gründung der Grünen und den tabubrechenden Sondierungen in Baden-Württemberg vergingen nur zwölf Jahre. Danach aber dauerte es noch einmal ganze 16 Jahre, bis in Hamburg das erste schwarz-grüne Landesbündnis gebildet wurde. Damit erwarb sich Schwarz-Grün zu Recht den Beinamen der »verspäteten Koalition«.

Das fünfte und letzte Kapitel im schwarz-grünen Familienroman liegt noch aufgeschlagen vor uns. Was ist bisher passiert? Union und Grüne durchliefen in den Jahren von 2009 bis 2010 eine tiefe Beziehungskrise, nur um sich danach in atemberaubendem Tempo wieder miteinander zu versöhnen. Nach der Bundestagswahl 2013 landeten sie dennoch recht unverhofft am gemeinsamen Sondierungstisch. Der erste schwarz-grüne Bündnisschluss auf Bundesebene schien zum Greifen nahe – und scheiterte nur knapp an den Grünen. In Hessen gingen Union und Grüne dagegen eine Koalition ein. Sie regieren bis heute recht harmonisch. Im Frühjahr 2016 folgten die Parteien in Baden-Württemberg und Sachsen-Anhalt dem hessischen Vorbild. Am Ende des vorläufig letzten Kapitels der schwarz-grünen Erzählung könnte nun nach der Bundestagswahl 2017 die erste schwarz-grüne Bundesregierung stehen – womöglich im Verbund mit der FDP.

Dafür müssten CDU/CSU und Grüne jedoch immer noch eine gehörige Portion Mut aufbringen. Schließlich wäre ein solch lagerübergreifendes Bündnis für beide Parteien risikobehaftet. Für die Union spielt dabei der Faktor Merkel eine wesentliche Rolle. Sie wäre in einem schwarz-grünen Bündnis Integrationsfigur und Stabilitätsgarant in einem. Sollte sie jedoch – was nicht unwahrscheinlich erscheint – ihr Regierungsamt in der nächsten Legislaturperiode vorzeitigt zur Verfügung stellen, könnte dadurch nicht nur die Koalition, sondern auch die CDU selbst in heftige Turbulenzen geraten. Ein noch junges schwarz-grünes Bündnis auf Bundesebene – für zahlreiche Christdemokraten ein Symbol für die Konturlosigkeit und den vermeintlichen »Linksruck« der Merkel-CDU – wäre die denkbar schlechteste Konstellation für den Beginn der Post-Merkel-Ära, die von Profildebatten und personellen Verwerfungen gekennzeichnet sein könnte. Hier mahnt das Schicksal der Hamburger CDU nach dem Rücktritt ihres Übervaters Ole von Beust. Für die Grünen ist vor allem der Umgang mit der schwarz-grünen Option im Vorfeld der Wahl 2017 nicht ungefährlich. Die Öko-Partei kann es sich einerseits nicht erlauben, noch einmal so unvorbereitet in Sondierungsgespräche mit der Union zu gehen wie 2013. Eine allzu klare Festlegung auf Rot-Rot-Grün oder die SPD kann es daher nicht geben. Andererseits leben die Grünen auch heute noch von Wählern aus dem Zwischenbereich zur SPD, sprich aus dem linken Lager. Diese könnten sich von der Öko-Partei verstärkt abwenden, sollte kurz vor der Bundestagswahl vieles auf eine schwarz-grüne oder eine Jamaika-Koalitionsbildung hindeuten.

Für die beiden beteiligten Parteien wäre Schwarz-Grün also ein gewisses Risiko – für die Bundesrepublik Deutschland hingegen nicht. Und das nicht nur, weil die Verwurzelung der Parteien in völlig unterschiedlichen Milieus einer solchen Regierung neue Möglichkeiten eröffnen würde, um bei wichtigen Zukunftsfragen einen nachhaltigen gesellschaftlichen Interessenausgleich herbeizuführen. Hinzu kommt, dass die beiden Parteien heute auch ein umfangreicher Wertekanon eint, der für das Wesen der Berliner Republik konstitutiv ist: das Leitbild einer sozialen *und* ökologischen Marktwirtschaft, der Glaube an die Kraft der Europäischen Integration, das klare Bekenntnis zur NATO und den USA als Partner, die Wertschätzung von Parlamentarismus und Repräsentativität oder das Eintreten für ein Recht auf Asyl. Damit unterscheiden sich Schwarz und Grün sowohl von den Parteien am linken wie auch denen am rechten Rand des politischen Spektrums. In Zeiten der populistischen Herausforderung wäre Schwarz-Grün eine Regierung von Ausgleich und Mitte, in Zeiten des Euroskeptizismus eine Kämpferin für das europäische Friedensprojekt. Union und Grüne, die ehemaligen Antipoden des deutschen Parteiensystems, stehen heute gemeinsam für die Staatsräson der Bundesrepublik ein. Schwarz-Grün für Deutschland? Es wäre der würdige Höhe- und Schlusspunkt eines bis heute einzigartigen politischen Annäherungsprozesses.

Anmerkungen

Einleitung

1 | Jakob Augstein: Comeback eines Hirngespinsts, in: www.spiegel.de vom 16. Juni 2011.
2 | Tanja Dückers: Schwarz-Grün hat längst begonnen, in: www.zeit.de vom 12. Juli 2011.
3 | Patrik Schwarz: Diese Ehe wird wild, in: Die Zeit vom 24. April 2008.
4 | Thomas Straubhaar: Neue Zeiten brauchen neue Bündnisse, in: Rheinischer Merkur vom 24. April 2008.
5 | Joschka Fischer: »Den Westen« könnte es bald nicht mehr geben, in: Süddeutsche Zeitung vom 29. September 2016.
6 | Vgl. dazu auch Christoph Weckenbrock: Schwarz-grüne Bündnisse in Großstädten. Muster der Koalitionsbildung und der praktischen Zusammenarbeit, in: Volker Kronenberg (Hg.): Schwarz-Grün. Erfahrungen und Perspektiven, Wiesbaden 2016, S. 33-44.
7 | Dass diese Geschichte letztlich das Licht der Welt erblickt hat, geht vor allem auf das Engagement von Dr. Dagmar Buchwald zurück. Ihr und dem gesamten Team des transcript Verlags sei daher sehr herzlich für die große Unterstützung dieses Publikationsprojekts gedankt.
8 | Die zeithistorischen Ausführungen der Studie fußen auf umfangreichen Recherchen in den Archiven der Konrad-Adenauer-Stiftung und der Heinrich-Böll-Stiftung. Dieter Petzolt und Christoph Becker-Schaum danke ich für ihre umsichtige Hilfe bei der Recherchearbeit vor Ort. Artikel und Dokumente aus dem Pressearchiv des Archivs für Christlich-Demokratische Politik der Konrad-Adenauer-Stiftung sind mit dem Kürzel »ACDP-PA« kenntlich gemacht. Fundstücke aus dem Archiv Grünes Gedächtnis der Heinrich-Böll-Stiftung werden nachfolgend mit dem Kürzel »AGG« gekennzeichnet. Den Kürzeln schließen sich die jeweiligen

Signaturen oder Nummern der Aktenordner an. Der Konrad-Adenauer-Stiftung danke ich für die finanzielle Förderung dieser Studie.

9 | Eine erste Analyse hierzu legten bereits Paul Kraatz und Tim B. Peters vor, die dabei jedoch zuvorderst die Unions-Perspektive beleuchten. Vgl. dies.: Zwischen Abgrenzung und Annäherung. Das Verhältnis der CDU zu den Grünen 1980-1990, in: Historisch-Politische Mitteilungen, Band 20, Heft 1, Dezember 2013, S. 121-146.

I. Die Unionsparteien von CDU und CSU – Prägungen und Entwicklungslinien zweier staatstragender Volksparteien

1 | Peter Haungs: Die CDU. Prototyp einer Volkspartei, in: Alf Mintzel/Heinrich Oberreuter (Hg.): Parteien in der Bundesrepublik Deutschland, Bonn 1992, S. 172-216.

2 | Vgl. allen voran Franz Walter: Im Herbst der Volksparteien? Eine kleine Geschichte von Aufstieg und Rückgang politischer Massenintegration, Bielefeld 2009; Peter Lösche: Ende der Volksparteien, in: Aus Politik und Zeitgeschichte 51/2009, S. 6-12. Vgl. für eine ausgewogenere Darstellung Volker Kronenberg/ Tilman Mayer (Hg.): Volksparteien: Erfolgsmodell für die Zukunft? Konzepte, Konkurrenzen, Konstellationen, Freiburg 2009.

3 | Vgl. für einen frühen Abgesang aus dem Jahr 1998 Franz Walter/Frank Bösch: Das Ende des christdemokratischen Zeitalters? Zur Zukunft eines Erfolgsmodells, in: Tobias Dürr/Rüdiger Soldt (Hg.): Die CDU nach Kohl, Frankfurt a.M. 1998, S. 46-58 und dies.: Lebensfragen einer Volkspartei, in: Frankfurter Allgemeine Zeitung vom 14. Mai 1998. Vgl. später Klaudia Hanisch/Sebastian Kohlmann: Die CDU. Eine Partei nach dem Ende ihrer selbst, in: Felix Butzlaff/Stine Harm/ Franz Walter (Hg.): Patt oder Gezeitenwechsel? Deutschland 2009, Wiesbaden 2009, S. 11-35 sowie Franz Walter/Christian Werwath/Oliver D'Antonio: Die CDU. Entstehung und Verfall christdemokratischer Geschlossenheit, Baden-Baden 2011.

4 | Das nachfolgende Kapitel lehnt sich in seiner Struktur an Günter Buchstab an, der zwischen sechs Entwicklungsphasen der Union unterscheidet. Dies sind die Phase des Richtungsausgleichs bis Anfang der 1950er Jahre, die Union als »Wählerpartei« bis zum Ende der Ära Adenauer, die Zeit erster innerparteilicher Reformen bis Anfang der 1970er Jahre, die »nachgeholte Parteibildung« in der ersten Oppositionszeit, die Kanzlerschaft Helmut Kohls sowie die Phase nach

dem Regierungsverlust 1998. Vgl. Günter Buchstab: Geschichte der CDU, in: Ders. (Hg.): Brücke in eine neue Zeit. 60 Jahre CDU, Freiburg 2005, S. 50-91.
5 | Vgl. dazu nach wie vor Günter Buchstab/Klaus Gotto (Hg.): Die Gründung der Union. Traditionen, Entstehung und Repräsentanten, 2. Aufl., München 1990.
6 | Vgl. Frank Bösch: Macht und Machtverlust. Die Geschichte der CDU, Stuttgart/München 2002, S. 12.
7 | Vgl. Andreas Kießling: Christlich-Soziale Union in Bayern e.V. (CSU), in: Frank Decker/Viola Neu (Hg.): Handbuch der deutschen Parteien, Wiesbaden 2007, S. 223-235, S. 223.
8 | Alf Mintzel: Die Christlich Soziale Union in Bayern, in: Ders./Oberreuter (Hg.): Parteien in der Bundesrepublik Deutschland, S. 217-265, S. 218.
9 | Vgl. dazu Udo Zolleis: Die CDU. Das politische Leitbild im Wandel der Zeit, Wiesbaden 2008, S. 85.
10 | Ebd., S. 98. Walter/Werwath/D'Antonio (Die CDU, S. 25) verweisen zusätzlich auf die »antisozialistische Ressource« als unverzichtbarem Leim, um das damalige Bürgertum »christdemokratisch zu sammeln«. Paul-Ludwig Weinacht hat diese Gemengelage treffend zusammengefasst: »Die ›Union‹ war die Antwort, die vormalige Zentrumsleute, Politiker des Evangelischen Volksdienstes und Liberale auf das zertrümmert NS-Regime einerseits, auf die heraufziehende Gefahr einer Sowjetisierung Ost- und Mitteldeutschlands andererseits gaben.« Ders.: Die Christlich Demokratische Union: Von der Föderation zur Volkspartei, in: Peter Haungs/Eckhard Jesse (Hg.): Parteien in der Krise?, Köln 1987, S. 104-108, S. 104.
11 | Vgl. Christliche Demokraten Kölns: Kölner Leitsätze. Vorläufiger Entwurf zu einem Programm der Christlichen Demokraten Deutschlands, Köln 1945, abgedruckt in: Peter Hintze (Hg.): Die CDU-Parteiprogramme. Eine Dokumentation der Ziele und Aufgaben, Bonn 1995, S. 9-14.
12 | Vgl. beispielhaft für solche Bestrebungen in der CSU das Programm der Christlich-Sozialen Union für Würzburg-Stadt und -Land, abgedruckt in: Adam Stegerwald: »Wo stehen wir?«, Würzburg 1946, S. 65-70.
13 | So die Einschätzung zum Ahlener Programm bei Haungs: Die CDU, S. 182f. Er verweist darauf, dass das Programm den christlichen Sozialisten in der Union entgegen kam und diese somit innerparteilich integrierte, ohne jedoch tatsächlich verwirklicht werden zu müssen.
14 | Vgl. zum Zusammenhang von christlichem Leitbild und sozialer Marktwirtschaft grundlegend das dritte Kapitel bei Zolleis: Die CDU, insbesondere S. 75-87.
15 | Vgl. Bösch: Macht und Machtverlust, S. 19. Die »Düsseldorfer Leitsätze« fungierten zudem als Wahlprogramm für die ersten Bundestagswahlen und

bildeten bereits die Grundzüge der künftigen christdemokratischen Wirtschafts- und Sozialpolitik ab. Vgl. dazu auch Weinacht: Die Christlich Demokratische Union, S. 105. Als stets einigendes programmatisches Band erwies sich in der Gründungsphase der Union in den einzelnen Landesverbänden der Kampf für die Verteidigung des konfessionellen Elternrechts sowie die verfassungsrechtliche Verankerung staatlicher Bekenntnisschulen. Vgl. Weinacht: Die Christlich Demokratische Union, S. 105.

16 | Vgl. zur Entstehung und Bedeutung der Parteiorganisationen Hans-Otto Kleinmann: Geschichte der CDU. 1945-1982, Stuttgart 1993, S. 96-111 und S. 137-149. Die Gründung des CDU-nahen »Wirtschaftsrates« auf Bundesebene erfolgte 1963. Heute gibt es sieben Vereinigungen unter dem Dach der CDU: Junge Union, Frauen Union, Christlich-Demokratische Arbeitnehmerschaft, Kommunalpolitische Vereinigung, Mittelstands- und Wirtschaftsvereinigung, Ost- und Mitteldeutsche Vereinigung und Senioren-Union. Hinzu kommen mit dem Evangelischen Arbeitskreis, dem Ring Christlich-Demokratischer Studenten und der Schüler Union noch drei Sonderorganisationen sowie – neben dem Wirtschaftsrat – vier weitere assoziierte Interessengruppen.

17 | Bösch: Macht und Machtverlust, S. 74.

18 | So Kleinmann: Geschichte der CDU, S. 131.

19 | Vgl. Geoffrey Pridham: Christian Democracy in Western Germany. The CDU/CSU in Government an Opposition, 1945-1976, London 1977, S. 59.

20 | Vgl. dazu auch Weinacht: Die Christlich Demokratische Union, S. 105: »Für die Union war im ersten Fall [in ihrer Gründungsphase, C.W.] die ›christliche Weltanschauung‹ in ihrer historischen kulturpolitischen Ausformung Programmersatz; im zweiten Fall [in den 1950er Jahren, C.W.] übernahmen Persönlichkeiten und Politik des Wirtschafts- und Außenministers bzw. Bundeskanzlers programmatische Funktion. Ein Parteiprogramm wurde als Bedürfnis erst entdeckt, als in der späten 60er Jahren im vorpolitischen Raum die Stützpfeiler des Sozialkatholizismus wegbrachen und die integrierende Wirkung der Regierungsverantwortung verloren ging.«

21 | Vgl. Frank Bösch: Christlich Demokratische Union Deutschlands, in: Frank Decker/Viola Neu (Hg.): Handbuch der deutschen Parteien, Wiesbaden 2007, S. 201-219, S. 201. Vgl. ebenso Haungs: Die CDU, S. 174.

22 | Weinacht: Die Christlich Demokratische Union, S. 106.

23 | So die Einschätzung bei Walter/Werwath/D'Antonio: Die CDU, S. 15f.

24 | Vgl. Kleinmann: Geschichte der CDU, S. 133.

25 | Peter Haungs: Die Christlich-Demokratische Union Deutschlands (CDU) und die Christlich Soziale Union in Bayern (CSU), in: Hans-Joachim Veen (Hg.):

Christlich-demokratische und konservative Parteien in Westeuropa (Bd. 1), Paderborn 1983, S. 9-194, S. 146.

26 | Wulf Schönbohm: Die CDU wird moderne Volkspartei, Stuttgart 1985, S. 31. Laut Pridham (Christian Democracy, S. 57) nahm die Partei in der Ära Adenauer lediglich eine »periphere« Rolle ein.

27 | Der GB/BHE, die FDP und die Bayernpartei komplettierten das »Viererbündnis«.

28 | Vgl. Mintzel: Die Christlich Soziale Union in Bayern, S. 221.

29 | Vgl. zu den »drei Problemen« Kleinmann: Geschichte der CDU, S. 258.

30 | Vgl. zu den organisatorischen Maßnahmen ausführlich ebd., S. 262-268.

31 | Frank Bösch: Die Adenauer-CDU. Gründung, Aufstieg und Krise einer Erfolgspartei 1945-1969, Stuttgart/München 2001, S. 402.

32 | Darauf verweist Bösch (Die Adenauer-CDU, S. 402f.) ausdrücklich. Denn eine wie auch immer geartete Anpassung der Union an die Wertvorstellungen der APO wäre völlig undenkbar gewesen, stellte die Bewegung doch elementare Grundsätze christdemokratischer Politik wie die Westbindung, den Antikommunismus, das Streben nach staatlicher Einheit oder die soziale Marktwirtschaft in Frage, vgl. Kleinmann: Geschichte der CDU, S. 301.

33 | Bösch: Macht und Machtverlust, S. 31.

34 | Vgl. Kleinmann: Geschichte der CDU, S. 269-272.

35 | Bösch: Christlich Demokratische Union Deutschlands, S. 201.

36 | Vgl. Zolleis: Die CDU, S. 180.

37 | Vgl. Pridham: Christian Democracy, S. 189. Zudem glaubten – so Pridham an gleicher Stelle – nicht wenige Christdemokraten, in der Kanzlerschaft Willy Brandts eine Verfälschung des Wählerwillens erkennen zu können, da die Union immer noch stärkste Bundestagsfraktion war.

38 | Kleinmann: Geschichte der CDU, S. 316.

39 | Vgl. ebd. Zur Rolle der Fraktionen in der Geschichte der CDU/CSU vgl. grundlegend Hans-Peter Schwarz (Hg.): Die Fraktion als Machtfaktor. CDU/CSU im Deutschen Bundestag 1949 bis heute, München 2009, darin vor allem ders.: Die Fraktion als Machtfaktor, S. 277-314, hier insbesondere S. 288-294.

40 | Vgl. zum strategischen und programmatischen Spannungsverhältnis zwischen CDU und CSU bis Anfang der 1970er Jahre detailliert Günter Müchler: CDU/CSU. Das schwierige Bündnis, München 1976.

41 | Vgl. Haungs: Christlich-Demokratische Union und Christlich Soziale Union, S. 147.

42 | Alf Mintzel: Die Christlich-Soziale Union: Bollwerk Bayern, in: Peter Haungs/Eckhard Jesse (Hg.): Parteien in der Krise?, Köln 1987, S. 109-114, S. 110. So auch Haungs: Christlich-Demokratische Union und Christlich Soziale Union, S. 155.

43 | Vgl. zu den Positionskämpfen innerhalb der Unionsfraktion bezüglich der neuen Ostpolitik auch Werner Link: Die CDU/CSU-Fraktion und die neue Ostpolitik – in den Phasen der Regierungsverantwortung und der Opposition, 1966 bis 1975, in: Schwarz (Hg.): Die Fraktion als Machtfaktor, S. 115-139.
44 | So Buchstab: Geschichte der Union, S. 71.
45 | Vgl. Kleinmann: Geschichte der CDU, S. 343. Für Walter/Werwath/D'Antonio (Die CDU, S. 11) war es die zunehmende Bedeutung der »säkularisierten Arbeitnehmergesellschaft«, welche als »Treibstoff für die damalige sozialdemokratische Wählerexpansion« fungierte. Vgl. auch Pridham: Christian Democracy, S. 207.
46 | Vgl. zu diesen Umstrukturierungsmaßnahmen Kleinmann: Geschichte der CDU, S. 355-357.
47 | Vgl. Bösch: Macht und Machtverlust, S. 35.
48 | Vgl. CDU: Unsere Politik für Deutschland. Mannheimer Erklärung, Beschluss des 23. Bundesparteitags, 23.-25. Juni 1975, Mannheim, abgedruckt in: Hintze (Hg.): Die CDU-Parteiprogramme, S. 89-122.
49 | Vgl. dazu Bösch: Macht und Machtverlust, S. 35-37.
50 | Mintzel: Die Christlich-Soziale Union: Bollwerk Bayern, S. 111.
51 | Vgl. ebd., S. 404.
52 | Bereits der Parteivorsitzende Barzel hatte die Ausarbeitung des Programms angestoßen und von Weizsäcker 1971 die Leitung der Programmkommission übernommen.
53 | Die CSU hatte schon 1946, 1957 und 1968 Grundsatzprogramme beschlossen. Auch im Programm von 1976 drückte sich die zunehmende Polarisierung zwischen der Union und der sozialliberalen Koalition aus. Die CSU betonte hier noch stärker ihre konservativen Grundpositionen wie zum Beispiel die Forderung nach einem gesellschaftssteuernden und starken Staat. Vgl. Mintzel: Die Christlich-Soziale Union: Bollwerk Bayern, S. 111. Bereits im Grundsatzprogramm des Jahres 1968 hatte die CSU ein deutliches Bekenntnis zum Konservatismus abgelegt.
54 | Vgl. CDU: Grundsatzprogramm »Freiheit, Solidarität, Gerechtigkeit«, Beschluss des 26. Bundesparteitags, 23.-25. Oktober 1978, Ludwigshafen, vor allem die Ziffern 6-32 in Verbindung mit den Ziffern 98-113, abgedruckt in: Hintze (Hg.): Die CDU-Parteiprogramme, S. 123-167. Die Union forderte in diesem Zusammenhang zusammengefasst eine Neubesinnung auf vorrangige soziale Aufgaben, die Erhöhung der sozialen Wirksamkeit der Maßnahmen und die Förderung bürgerlichen Engagements in diesem Bereich. Vgl. auch Zolleis: Die CDU, S. 181.
55 | Bösch: Macht und Machtverlust, S. 42.
56 | Weinacht: Die Christlich Demokratische Union, S. 108.

57 | Vgl. Haungs: Die CDU, S. 186.
58 | Vgl. Ziffer 81 im Grundsatzprogramm von 1978. Die bisherigen wirtschaftspolitischen Ziele der Union waren »Vollbeschäftigung, Geldwertstabilität und stetiges Wachstum bei außenwirtschaftlichem Gleichgewicht« gewesen. Vgl. dazu auch Bösch: Macht und Machtverlust, S. 40.
59 | Vgl. Haungs: Die CDU, S. 175f. Die Mitgliederzahl verdoppelte sich von 1970 bis 1978 auf 675.000.
60 | Vgl. Schönbohm: Die CDU wird moderne Volkspartei, S. 295.
61 | Artikel: Sozialer Klimbim, in: Der Spiegel vom 2. Juli 1979.
62 | Vgl. Mintzel: Die Christlich Soziale Union in Bayern, S. 229.
63 | Vgl. Bösch: Macht und Machtverlust, S. 42.
64 | Vgl. zum langjährigen Dualismus von Kohl und Strauß Wolfgang Jäger: Helmut Kohl setzt sich durch, 1976-1982, in: Schwarz (Hg.): Die Fraktion als Machtfaktor, S. 141-159.
65 | Schon 1983 stellte Haungs (Christlich-Demokratische Union und Christlich Soziale Union, S. 149) fest, dass bei Selbstverständnis und politischen Zielen die damaligen Programme der Schwesterparteien keine substantiellen Unterschiede mehr aufweisen würden.
66 | Neben der Kontroverse um die »vierte Partei« war es auch mit Blick auf den Umgang der Union mit der FDP zu strategischen Konflikten gekommen. Während Kohl seit Ende der 1970er Jahre auf eine Reintegration der FDP ins bürgerliche Lager setzte, sah Strauß nur in der Eroberung einer absoluten Mehrheit den Weg zum Erfolg. Auch als 1982 die sozialliberale Koalition auseinanderbrach, befürwortete Strauß eine Kampagne gegen die FDP, um diese aus dem Bundestag zu drängen. Kohl wollte der FDP als strategischem Partner aber den Wiedereinzug ermöglichen, womit er sich schlussendlich auch durchsetzte. Vgl. Kießling: Christlich-Soziale Union in Bayern e.V., S. 224.
67 | Vgl. für eine ausführliche Untersuchung der Ära Kohl grundlegend den Sammelband von Günter Buchstab/Hans-Otto Kleinmann/Hanns Jürgen Küsters (Hg.): Die Ära Kohl im Gespräch. Eine Zwischenbilanz, Köln 2010. Vgl. auch Clay Clemens/William E. Patterson (Hg.): The Kohl Chancellorship, London 1998.
68 | Vgl. zu Inhalt und Entstehung der Regierungserklärung Bösch: Macht und Machtverlust, S. 44f.
69 | Vgl. Zolleis: Die CDU, S. 204. Natürlich boten christliche Grundbegriffe wie »Nachhaltigkeit« oder »Bewahrung der Schöpfung« auch damals schon Anknüpfungspunkte für den umweltpolitischen Bereich, fanden zunächst aber kaum Eingang in die offizielle Unions-Rhetorik.

70 | Laut dem 1984 verabschiedeten Papier sollte wirtschaftliches Wachstum von nun an noch stärker unter Beachtung »ökonomischer, ökologischer und sozialer Probleme« generiert werden, für die Umweltpolitik forderte die CDU »den verstärkten Einsatz marktwirtschaftlicher Instrumente«. Vgl. CDU: Stuttgarter Leitsätze für die 80er Jahre: Deutschlands Zukunft als moderne und humane Industrienation, Beschluss des 32. Bundesparteitags, 9.-11. Mai 1984, Stuttgart, Ziffern 21 und 41, abgedruckt in: Hintze (Hg.): Die CDU-Parteiprogramme, S. 203-228.

71 | Vgl. Bösch: Macht und Machtverlust, S. 52.

72 | Vgl. Bösch: Christlich Demokratische Union Deutschlands, S. 210.

73 | So hatte sich die wirtschaftliche Lage schon bald nach Regierungsantritt wieder verbessert, ferner konnte die Neuverschuldung zunächst deutlich zurückgeführt werden. Auch in der Steuer-, Renten-, Umwelt- und Gesundheitspolitik kam es zu Reformen, denen es jedoch teils an Durchschlagskraft mangelte. Vgl. zu den innenpolitischen Erfolgen Bösch: Macht und Machtverlust, S. 48-52.

74 | So die Einschätzung von Zolleis: Die CDU, S. 205.

75 | CDU: Unsere Verantwortung für die Schöpfung, Beschluss des 37. Bundesparteitags, 11.-13. September 1989, Bremen, Ziffern 29 und 30, abgedruckt in: Hintze (Hg.): Die CDU-Parteiprogramme, S. 289-320.

76 | Vgl. dazu Bösch: Macht und Machtverlust, S. 53 und S. 133. Bezeichnenderweise fanden sowohl Dettling als auch Schönbohm später eine neue Anstellung im baden-württembergischen Staatsministerium.

77 | Vgl. Haungs: Die CDU, S. 181. Vgl. zur Entwicklung der ostdeutschen CDU-Landesverbände nach der Vereinigung mit der West-CDU grundlegend Karsten Grabow: Abschied von der Massenpartei. Die Entwicklung der Organisationsmuster von SPD und CDU seit der deutschen Vereinigung, Wiesbaden 2000.

78 | Vgl. Bösch: Christlich Demokratische Union Deutschlands, S. 210.

79 | So die Bewertung der 1990er Jahre bei Zolleis: Die CDU, S. 216.

80 | Vgl. ebd., S. 59. Vgl. zum Entstehungsprozess des Programms auch Ingrid Reichart-Dreyer: Macht und Demokratie in der CDU. Dargestellt am Prozess und Ergebnis der Meinungsbildung zum Grundsatzprogramm 1994, Wiesbaden 2000, insbesondere S. 89-161.

81 | Vgl. CDU: Grundsatzprogramm der CDU Deutschlands: Freiheit in Verantwortung, Beschluss des 5. Parteitags, 21.-23. Februar 1994, Hamburg, Ziffer 38, abgedruckt in: Hintze (Hg.): Die CDU-Parteiprogramme, S. 367-442. Es forderte, dass der Staat »nicht mehr in erster Linie zuständig [...] für die Sicherung aller denkbaren individuellen Lebensrisiken« sein könne und stattdessen »eine größere Eigenverantwortung des Bürgers« voraussetzen müsse.

82 | Ebd., Ziffer 44.
83 | So ein leitender CDU-Mitarbeiter aus dem baden-württembergischen Staatsministerium im Jahr 1995. Zit. nach Zolleis: Die CDU, S. 216.
84 | Vgl. Gerd Langguth: Das Innenleben der Macht. Krise und Zukunft der CDU, München 2001, S. 138.
85 | Heiner Geißler: Gefährlicher Sieg. Die Bundestagswahl 1994 und ihre Folgen, Köln 1995.
86 | Vgl. hierzu auch Josef Schmid: Die CDU/CSU nach dem September 1998: Von der Wende zum Ende?, in: Oskar Niedermayer (Hg.): Die Parteien nach der Bundestagswahl 1998, Opladen 1999, S. 63-81, S. 64-67.
87 | Vgl. Walter/Werwath/D'Antonio: Die CDU, S. 95f.
88 | Vgl. Bösch: Macht und Machtverlust, S. 66.
89 | Vgl. Walter/Werwath/D'Antonio: Die CDU, S. 95f.
90 | Vgl. CDU: Erfurter Leitsätze – Aufbruch '99, Beschluss des 12. Parteitags, 25.-27. April 1999, Erfurt, Ziffer 9 und Ziffer 7, online abrufbar unter: www.cdu.de. Eine Öffnung der CDU für Nichtmitglieder (Ziffer 9), die verstärkte Durchführung von Mitgliederversammlungen sowie eine Begrenzung von Ämterhäufungen bei Funktionären (Ziffer 7) gehörten zu den organisatorischen Zielvorgaben.
91 | Vgl. CDU: »Lust auf Familie. Lust auf Verantwortung«, Beschluss des Bundesausschusses der CDU, 13. Dezember 1999, Berlin, online abrufbar unter: www.cdu.de. Mit diesem Papier machte die Partei die Familienpolitik einmal mehr zu einem ihrer politischen Schwerpunkte, entfernte sich dabei aber gleichzeitig weiter von ihrem traditionellen Familienverständnis.
92 | Vgl. Angela Merkel: »Die von Helmut Kohl eingeräumten Vorgänge haben der Partei Schaden zugefügt«, in: Frankfurter Allgemeine Zeitung vom 22. Dezember 1999.
93 | Langguth: Das Innenleben der Macht, S. 181.
94 | Vgl. ebd., S. 225.
95 | Vgl. Andreas Kießling: Das lange Ende der Ära Stoiber. Die CSU nach der Bundestagswahl 2005, in: Oskar Niedermayer (Hg.): Die Parteien nach der Bundestagswahl 2005, Wiesbaden 2008, S. 83-100, S. 84.
96 | Vgl. Langguth: Das Innenleben der Macht, S. 231.
97 | Vgl. Bundesgeschäftsstelle der CDU (Hg.): Neue Soziale Marktwirtschaft. Diskussionspapier der CDU Deutschlands, Berlin 2001, S. 118-120, S. 100f. und S. 66-70, online abrufbar unter www.grundsatzprogramm-cdu.de. In der Ökologie-Frage nahm die Union einen Kurswechsel vor und lehnte Umweltsteuern – zumindest in Form der rot-grünen »Öko-Steuer« – nun rigoros ab (S. 102). Vgl. dazu auch Josef Schmid/Christian Steffen: Stark aufgeholt und doch nicht gewonnen:

CDU/CSU nach der Wahl, in: Oskar Niedermayer (Hg.): Die Parteien nach der Bundestagswahl 2002, Opladen 2003, S. 72-87, S. 76f.

98 | Diese Warnung formulierte Langguth: Das Innenleben der Macht, S. 289.

99 | Vgl. Zolleis: Die CDU, S. 252f.

100 | Die Union wollte so den Anschluss an den »von der Regierung vorgegebenen Diskurs um die Agenda 2010« wiederherstellen, so Josef Schmid: Die CDU nach 2005: Von Wahl zu Wahl – und doch kein Wandel?, in: Oskar Niedermayer (Hg.): Die Parteien nach der Bundestagswahl 2005, Wiesbaden 2008, S. 67-82, S. 76.

101 | Vgl. Bericht der Kommission »Soziale Sicherheit« zur Reform der sozialen Sicherungssysteme, Berlin, 29. September 2003, online abrufbar unter: www.cdu.de. Im Gesundheitswesen sollte auf ein Prämienmodell umgestellt und die Pflegeversicherung stärker kapitalgedeckt ausgerichtet werden. Mehr private Altersvorsorge und hohe Abschläge bei Frühverrentungen sollten das Rentensystem konsolidieren, Arbeitslosengeld nur noch maximal zwölf Monate gezahlt werden. Vgl. dazu auch detailliert Zolleis: Die CDU, S. 255f.

102 | Vgl. CDU: »Deutschland fair ändern«, Beschluss des 17. Parteitags, 1.-2. Dezember 2003, Leipzig, online abrufbar unter: www.cdu.de.

103 | Das Modell sah Tarifstufen von 12, 24 und 36 Prozent vor.

104 | So die zutreffende Einordnung bei Walter/Werwath/D'Antonio: Die CDU, S. 109. Zolleis (Die CDU, S. 259) vertritt hingegen die Auffassung, dass die Partei in Leipzig die Leitlinien ihrer Politik kaum verändert habe.

105 | Vgl. Lau: Die letzte Volkspartei, S. 13.

106 | Ähnlich auch Buchstab: Geschichte der Union, S. 87.

107 | So konnte die CDU 2003 bei den Landtagswahlen in Niedersachsen (+12,4 Prozent) die SPD-Regierung ablösen und in Hessen die absolute Mehrheit erzielen. Im selben Jahr erreichte die CSU in Bayern gar eine Zweidrittel-Mehrheit der Mandate. In Hamburg errang die CDU (+21 Prozent) im Jahr 2004 die absolute Mehrheit, in Thüringen und im Saarland konnte sie diese verteidigen. Auch in Schleswig-Holstein (+5 Prozent) wurde mit Peter Harry Carstensen im April 2005 wieder ein Christdemokrat Ministerpräsident.

108 | Vgl. dazu weiterführend das Kapitel »Zurück nach vorn: Der Triumph 2005 und seine Vorgeschichte« bei Volker Kronenberg: Jürgen Rüttgers. Eine politische Biografie, München 2009, S. 143-184.

109 | Vgl. CDU/CSU: Deutschlands Chancen nutzen. Wachstum. Arbeit. Sicherheit. Regierungsprogramm 2005-2009. Verabschiedet in einer gemeinsamen Sitzung des Bundesvorstands der CDU und des Parteivorstands der CSU, 11. Juli 2005, Berlin, S. 12, 16f. und S. 26, online abrufbar unter www.cdu.de.

110 | Volker Best: Die Strategie der kommunizierten Ehrlichkeit im CDU/CSU-Bundestagswahlkampf 2005, in: Zeitschrift für Parlamentsfragen 40 (2009), S. 579-602.

111 | Vgl. Bösch: Christlich Demokratische Union Deutschlands, S. 212.

112 | So auch Walter/Werwath/D'Antonio: Die CDU, S. 145.

113 | Vgl. zur Großen Koalition ausführlich Christoph Egle/Reimut Zohlnhöfer (Hg.): Die zweite Große Koalition. Eine Bilanz der Regierung Merkel 2005-2009, Wiesbaden 2010.

114 | Vgl. Mariam Lau: Die letzte Volkspartei. Angela Merkel und die Modernisierung der CDU, München 2009, S. 13.

115 | Vgl. Walter/Werwath/D'Antonio: Die CDU, S. 144.

116 | An dem Papier arbeitete eine 69-köpfige Programmkommission, alle Landesverbände und Parteivereinigungen wurden in die Erarbeitung miteinbezogen. Auf Regionalkonferenzen und einer Dialogtour des Generalsekretärs Ronald Pofalla wurde über das Programm diskutiert, vgl. Walter/Werwath/D'Antonio: Die CDU, S. 147.

117 | CDU: Freiheit und Sicherheit. Grundsätze für Deutschland. Das Grundsatzprogramm, Beschluss des 21. Parteitags, 3.-4. Dezember 2007, Hannover, online abrufbar unter: www.cdu.de. Die CDU ließ vor allem mit der Formulierung aufhorchen, Familie sei »überall dort, wo Eltern für Kinder und Kinder für Eltern dauerhaft Verantwortung tragen« (Ziffer 68).

118 | Kai Biermann: Die Wohlfühlpartei, in: www.zeit.de vom 4. Dezember 2007. Vgl. hierzu auch den treffenden Titel bei Angela Gareis: Im Zweiklang des Sowohl-als-auch, in: Westdeutsche Allgemeine Zeitung vom 3. Juli 2007.

119 | Auf einem Parteikongress zum Grundsatzprogramm betonte Merkel, dass die Union »niemanden zurücklassen« und »Teilhabe für alle« ermöglichen wolle. Vgl. Jens Schneider: Merkel wirbt für eine soziale CDU, in: www.sueddeutsche.de vom 5. September 2007. Pofalla hatte schon bei der Präsentation des Grundsatzprogrammentwurfs versichert, dass für die CDU die »soziale Gerechtigkeit« mit den Werten der Freiheit und der Solidarität auf einer Stufe stehe. Vgl. Florian Güßgen: Pimp my Party, in: www.stern.de vom 8. Mai 2007.

120 | Vgl. Frank Decker: Wo wir sind, ist die Mitte! Zum Standort der CDU im deutschen Parteiensystem, in: Neue Gesellschaft/Frankfurter Hefte 55 (2008), S. 12-15, S. 12. Decker diagnostiziert mit Blick auf das neue Familienbild oder die Enttabuisierung der Einwanderung einen bemerkenswerten Wandlungsprozess auch was den kulturellen Standort der Partei angeht. Vgl. ebd., S. 13.

121 | Vgl. Walter/Werwath/D'Antonio: Die CDU, S. 153f.

122 | Vgl. dazu auch Stephan Klecha/Clemens Wirries: Die CSU. Der lange Abschied von einem Mythos, in: Butzlaff/Harm/Walter (Hg.): Patt oder Gezeitenwechsel?, S. 157-182.
123 | Frank Decker: Koalitionsaussagen und Koalitionsbildung, in: Aus Politik und Zeitgeschichte 51/2009, S. 20-26, S. 23.
124 | Darauf verweist nachdrücklich Franz Walter. Denn auch die Union habe lernen müssen, dass sie sich »gegenüber dem Virus der sozialdemokratischen Erosion nicht hat immunisieren können.« Ders.: Im Herbst der Volksparteien?, S. 52.
125 | Vgl. beispielhaft Jürgen Kaube: Sehnsucht nach vorgestern, in: Cicero 7/2010; Franz Walter: Union ohne Kompass, in: www.spiegel.de vom 14. September 2010 sowie Michael Klonovsky: Nation. Familie. Sprache, in: Focus vom 20. September 2010.
126 | Vgl. Robin Alexander: Die Konservativen in der CDU formieren sich, in: www.welt.de vom 10. Dezember 2011. Erst im November 2012 legte er ein Papier mit einigen Standpunkten vor, mit dem man wieder die Stammwähler der Union zurückgewinnen wolle, da »Stamm-« vor »Laufkundschaft« gehe. Vgl. Berliner Kreis in der Union: Standortbestimmung, Berlin 2012 sowie Philipp Wittrock: Gemecker im Kanzlerwahlverein, in: Der Spiegel vom 2. November 2012.
127 | Markus Horeld: Merkel rettet sich in Seehofers Arme, in: www.zeit.de vom 16. Mai 2012.
128 | Vgl. Ralph Bollmann: Wie liberal ist Merkel?, in: www.faz.net vom 1. Dezember 2012.
129 | Vgl. Peter Müller: Partei der Stille, in: Der Spiegel vom 26. November 2012.
130 | Peter Dausend et al.: Bis alles platzt, in: Die Zeit vom 27. November 2012.
131 | Ruprecht Polenz: Christlich Demokratische Union. Der Name ist Programm, in: Die Politische Meinung 515 (2012), S. 9-13, S. 9, Hervorhebung durch C.W.
132 | Vgl. Jan Eric Blumenstiel/Konstantin Leonardo Gavras: Ergebnisbericht. Ergebnisse der Deutschen Wahlstudie zur Bundestagswahl 2013, Mannheim o.J., S. 21.
133 | Abé et al.: Die große Anführerin.
134 | Vgl. Borchard: Jubelfest mit Kloß im Magen, S. 94.
135 | Vgl. Forschungsgruppe Wahlen: Bundestagswahl. Eine Analyse der Wahl vom 22. September 2013, Mannheim 2013, S. 1.
136 | Ebd.
137 | Vgl. Robert Rossmann: Will nichts, hat nichts, bringt nichts, in: Süddeutsche Zeitung vom 11. November 2013.
138 | Vgl. Nico Fried: CDU-Politiker widersetzen sich Koalitionsvertrag, in: Süddeutsche Zeitung vom 9.12.2013.

139 | Vgl. CDU 2017: Heute die richtigen Entscheidungen für 2017 treffen, Dezember 2013, online abrufbar unter www.cdu2017.de.
140 | Robert Rossmann: Moderate Rebellen, in: Süddeutsche Zeitung vom 29.4.2014.
141 | Vgl. CDU 2017: Das Richtige tun. Für eine Agenda 2020, Oktober 2014, online abrufbar unter www.cdu2017.de.
142 | Markus Söder zit. nach Miriam Hollstein/Alexander Rackow: Ist Merkels CDU noch eine konservative Partei?, in: Bild am Sonntag vom 28. Juni 2016.
143 | Vgl. Rena Lehmann: Zum 70. hat es sich die CDU allzu gemütlich gemacht, in: Rhein Zeitung vom 26. Juni 2015.
144 | Vgl. Günter Bannas: Die Zeitgeistpartei, in: Frankfurter Allgemeine Zeitung vom 27. Juni 2015.
145 | Vgl. statt vieler Gregor Mayntz: Die Kanzlerin merkel nicht mehr, in: Abendzeitung vom 29. September 2015 sowie Daniela Vates: Eine Partei verändert sich, in: Berliner Zeitung vom 29. September 2015.
146 | Erklärung des Berliner Kreises vom 11. Mai 2016, online abrufbar unter www.berlinerkreisinderunion.de.
147 | Walter/Werwath/D'Antonio: Die CDU, S. 18.
148 | Schmid: Wenn der Zenit überschritten ist, S. 84.
149 | Tilman Mayer: Parteienprofile: Ist die CDU pensionsreif?, in: Zeitschrift für Staats- und Europawissenschaften 2/2012, S. 219-240, S. 234.
150 | Vgl. dazu Walter: Baustelle Deutschland, S. 146-148.
151 | Vgl. zur innerparteilichen Heterogenität der Union und der Bedeutung der zahlreichen Parteiorganisationen grundlegend Kathrin Dümig/Matthias Trefs/Reimut Zohlnhöfer: Die Faktionen der CDU: Bändigung durch institutionalisierte Einbindung, in: Patrick Köllner/Matthias Basedau/Gero Erdmann (Hg.): Innerparteiliche Machtgruppen. Faktionalismus im internationalen Vergleich, Frankfurt a.M./New York 2006, S. 99-129.
152 | Dass vor allem Volksparteien weitestgehend frei von ideologischen Denkmustern sein müssen, betont auch Mayer: Die CDU Deutschlands, S. 67.

II. Bündnis 90/Die Grünen – Ursprünge und Wandlungen einer ökologischen Reformpartei

1 | Einer der ersten Politikwissenschaftler, der sich mit dieser Frage beschäftigte, war Gerd Langguth: Die Grünen: auf dem Weg zu einer Volkspartei? Eine Zwischenbilanz, in: Hans Zehetmair (Hg.): Das deutsche Parteiensystem. Perspektiven für das 21. Jahrhundert, Wiesbaden 2004, S. 137-158.

2 | Markus Klein/Jürgen W. Falter: Der lange Weg der Grünen. Eine Partei zwischen Protest und Regierung, München 2003, S. 15.

3 | Die Einteilung der ersten vier Phasen folgt Thomas Poguntke: Die Bündnisgrünen nach der Bundestagswahl 2002: Auf dem Weg zur linken Funktionspartei?, in: Oskar Niedermayer (Hg.): Die Parteien nach der Bundestagswahl 2002, Opladen 2003, S. 89-107, S. 94f. sowie Melanie Haas: Statt babylonischer Gefangenschaft eine Partei für alle Fälle? Bündnis 90/Die Grünen nach der Bundestagswahl 2005, in: Niedermayer (Hg.): Die Parteien nach der Bundestagswahl 2005, S. 101-133, S. 102. Eine ganz ähnliche Unterteilung nimmt auch Lothar Probst vor, der den vier Phasen noch eine »Formierungsphase« von 1977-1980 voranstellt. Vgl. ders: Bündnis 90/Die Grünen, in: Decker/Neu (Hg.): Handbuch der deutschen Parteien, S. 173-188, S. 173-175.

4 | Vgl. zur Gründungsphase der Grünen grundlegend Silke Mende: »Nicht rechts, nicht links, sondern vorn«. Eine Geschichte der Gründungsgrünen, München 2010.

5 | Vgl. Klein/Falter: Der lange Weg der Grünen, S. 15.

6 | Vgl. hierzu ausführlich Gerd Langguth: Protestbewegung. Entwicklung, Niedergang, Renaissance. Die Neue Linke seit 1968, 2. Aufl., Köln 1984.

7 | Vgl. Franz Walter: Gelb oder Grün? Kleine Parteiengeschichte der besserverdienenden Mitte in Deutschland, Bielefeld 2010, S. 73f.

8 | Vgl. Joachim Raschke: Die Grünen – Wie sie wurden, was sie sind, Köln 1993, S. 39f.

9 | So stellte Petra Kelly noch 1988 fest: »Die Menschheit ist verloren, nur wenn die Grünen gewählt werden, wird sie errettet.« Zit. nach Ralf Thomas Baus: Bündnis 90/Die Grünen im Fünfparteiensystem, in: Kronenberg/Mayer (Hg.): Volksparteien: Erfolgsmodell für die Zukunft?, S. 162-189, S. 167. Der spätere Bundesvorsitzende Ludger Volmer beschrieb den Anspruch der frühen Grünen so: »Wir wollten nicht weniger als die gesamte Welt verändern.« Ders.: Die Grünen. Von der Protestbewegung zur etablierten Partei – Eine Bilanz, München 2009, S. 15.

10 | Vgl. Dennis L. Meadows et al.: Die Grenzen des Wachstums. Bericht des Club of Rome zur Lage der Menschheit, Stuttgart 1972.

11 | Baus: Bündnis 90/Die Grünen im Fünfparteiensystem, S. 162.
12 | Vgl. Raschke: Die Grünen, S. 41f.
13 | Vgl. ebd., S. 42. Vgl. auch Gerd Langguth: Der grüne Faktor. Von der Bewegung zur Partei?, Zürich 1984, S. 12f. sowie Klein/Falter: Der lange Weg der Grünen, S. 19.
14 | Die Gegnerschaft zum Rüstungswettlauf und die naive Forderung einer einseitigen Abrüstung der westlichen Staaten waren den meisten Protestgruppen hier gemein.
15 | So die damalige Einschätzung der Sozialwissenschaft laut Hubert Kleinert: Vom Protest zur Regierungspartei. Die Geschichte der Grünen, Frankfurt a.M. 1992, S. 34. Dabei waren die Forderungen dieser Gruppen was Militärpolitik und den Aspekt einer gesellschaftlichen Entfremdung anging keineswegs neu: »Was in den fünfziger Jahren die Atombombe, ist heute das Atomkraftwerk, die Mittelstreckenrakete und die großindustrielle Chemieanlage. Der kurz nach dem Zweiten Weltkrieg vertretenen Forderung nach Blockfreiheit und politischer Neutralität entspricht die heute vorgetragene Forderung nach Austritt aus der NATO, nach einseitigen Abrüstungsvorleistungen [...] Die Forderung des ›Zurück zur Natur‹ ist heute im Widerstand gegen die ›Zubetonierung‹ und Asphaltierung der Landschaft [...] konkretisiert.« Wilhelm P. Bürklin: Grüne Politik. Ideologische Zyklen, Wähler und Parteiensystem, Opladen 1984, S. 105.
16 | Vgl. Ferdinand Müller-Rommel: Grüne Parteien in Westeuropa. Entwicklungsphasen und Erfolgsbedingungen, Opladen 1993, S. 117. Ähnlich auch Saskia Richter: Entwicklung und Perspektiven grüner Parteien in Europa. Anschlussfähige politische Kraft in sich wandelnden Systemen (Internationale Politikanalyse der Friedrich-Ebert-Stiftung), Berlin 2009, S. 4.
17 | Richard Stöss: Macht und Identität. Das Dilemma der Bündnisgrünen vor der Bundestagswahl 2002. Festvortrag bei der Eröffnungsfeier des neuen Domizils des Archivs Grünes Gedächtnis, Berlin am 31. Januar 2002, S. 7, online abrufbar unter www.boell.de.
18 | Vgl. Klein/Falter: Der lange Weg der Grünen, S. 53f. und Kleinert: Vom Protest zur Regierungspartei, S. 21. Zur Entstehung von GLU, GLSH, BGL, »Bunte Liste Hamburg« und GAZ vgl. grundlegend Kleinert: Vom Protest zur Regierungspartei, S. 14-21.
19 | Herbert Gruhl: Ein Planet wird geplündert. Die Schreckensbilanz unserer Politik, Frankfurt a.M. 1975.
20 | Vgl. dazu auch Gerd Langguth: Spurensuche zur Geschichte der Grünen, in: Volker Kronenberg/Christoph Weckenbrock (Hg.): Schwarz-Grün. Die Debatte, Wiesbaden 2011, S. 27-46, S. 33f.

21 | Vgl. Kleinert: Vom Protest zur Regierungspartei, S. 22f. Neben den genannten Gruppen wirkten am Gründungsprozess ferner auch die »Freie Internationale Universität« (FIU) des Künstlers Joseph Beuys, der anthroposophisch ausgerichtete »Achberger Kreis« sowie einige Einzelpersonen aus verschiedenen Bürgerinitiativen gegen den Bau von Kernkraftwerken mit. Als Spitzenkandidaten traten Petra Kelly vom BBU und Herbert Gruhl von der GAZ (als Ersatzbewerber auf Listenplatz 1) an. Vgl. Langguth: Spurensuche zur Geschichte der Grünen, S. 34.
22 | Das Protokoll zum Gründungsparteitag ist abgedruckt bei Michael Schroeren (Hg.): Die Grünen. 10 bewegte Jahre, Wien 1990, S. 23-131.
23 | Vgl. Kleinert: Vom Protest zur Regierungspartei, S. 32f.
24 | So vorausschauend Horst Bieber: »Hurra, die Grünen sind da!«, in: Die Zeit vom 18. Januar 1980, neu abgedruckt in: Christoph Amend/Patrik Schwarz (Hg.): Die Grünen. Das Buch, Hamburg 2011, S. 146-148, S. 146. Dabei hatte Gruhl zuvor noch die berühmt gewordene Parole ausgegeben, dass die Grünen »nicht links, nicht rechts, sondern vorn« seien. Zit. nach: Raschke: Die Grünen, S. 144. Auch Hasenclever hatte auf dem Gründungsparteitag betont, es handele sich bei den Grünen nicht um eine »Melonenpartei: außen grün und innen rot.« Zit. nach: Kleinert: Vom Protest zur Regierungspartei, S. 23.
25 | Die Heterogenität der Partei in ihrer Gründungsphase belegt sehr anschaulich ein zeitgenössischer, von den Grünen Hans-Werner Lüdke und Olaf Dinné herausgegebener Sammelband (Die Grünen. Personen – Projekte – Programme, Stuttgart-Degerloch 1980), in dem sich Beiträge u.a. von Gruhl, Kelly oder Carl Amery wiederfinden.
26 | Die Grünen: Satzung der Bundespartei, Beschluss der Gründungsversammlung, 12.-13. Januar 1980, Karlsruhe, Ziffern 1 und 5 der Präambel, abgedruckt in: Schroeren (Hg.): Die Grünen, S. 234-239.
27 | So auch Kleinert: Vom Protest zur Regierungspartei, S. 49.
28 | Vgl. Die Grünen: Das Bundesprogramm, Bonn 1980, online abrufbar unter www.boell.de. Die Grünen forderten in ihrem Programm unter Punkt II.6. (»Energie«) den »Sofortigen Genehmigungs- und Baustop für Atomkraftwerke und Betriebsstop für bereits in Betrieb befindliche Atomanlagen.« Im Abschnitt zur Außenpolitik (III.2. »Europäische Friedenspolitik«) stellte das Programm fest, dass »der Ausbau einer am Leitwert Frieden ausgerichteten Zivilmacht [...] mit der sofort beginnenden Auflösung der Militärblöcke, vor allem der NATO und des Warschauer Paktes« einhergehen müsse. Zudem wurden eine einseitige Abrüstung seitens der Bundesrepublik und der »Abbau der Bundeswehr« in den Forderungskatalog aufgenommen.

29 | So die Einschätzung bei Mende: »Nicht rechts, nicht links, sondern vorn«, S. 485.
30 | Vgl. Die Grünen: Das Bundesprogramm, passim. In der Präambel stellen die Grünen klar: »Sowohl aus der Wettbewerbswirtschaft als auch aus der Konzentration wirtschaftlicher Macht in staats- und privatkapitalistischen Monopolen gehen jene ausbeuterischen Wachstumszwänge hervor, in deren Folge die völlige Verseuchung und Verwüstung der menschlichen Lebensbasis droht.« Vgl. dazu ebenfalls Rudolf van Hüllen: Ideologie und Machtkampf bei den Grünen. Untersuchung zur programmatischen und innerorganisatorischen Entwicklung einer deutschen »Bewegungspartei«, Bonn 1990, S. 259-282.
31 | Das Konzept der Basisdemokratie hielt Gruhl »für einen Ausbund an Anarchie«. Vgl. dazu Dieter Salomon: Politische Ziele oder Bekenntnisse mit Demonstrationscharakter. Über die Orientierung der grünen Basis an symbolischer Politik, in: Winfried Thaa/Dieter Salomon/Gerhard Gräber (Hg.): Grüne an der Macht. Widerstände und Chancen grün-alternativer Regierungsbeteiligungen, Köln 1994, S. 49-62, S. 51.
32 | Zur esoterisch-völkischen Einstellung Baldur Springmanns vgl. ders: Alma oder die Ordnung auf dem Lande, in: Lüdke/Dinné (Hg.): Die Grünen, S. 146-151.
33 | Vgl. Bundesvorstand der Grünen (Hg.): Friedensmanifest, Bonn 1981.
34 | Vgl. dazu Raschke: Die Grünen, S. 900.
35 | Langguth: Spurensuche zur Geschichte der Grünen, S. 38.
36 | Hinzu kamen noch die AL in Berlin, die GAL in Hamburg sowie die BGL in Bremen.
37 | Vgl. Raschke: Die Grünen, S. 898.
38 | Die Feststellung, dass die Sondierungen mit der Hamburger SPD laut dem GAL-Fraktionsvorsitzenden Thomas Ebermann einer »Annäherung im Tiefkühlfach« gleichkamen, konnte dabei sicher ebenso für Hessen gelten, auch wenn der SPD-Vorsitzende Willy Brandt dort bereits am Wahlabend die »Mehrheit diesseits der Union« beschworen hatte. Zit. nach: Margrit Gerste: Der Fundamentalist, in: Die Zeit vom 5. Dezember 1986, neu abgedruckt in: Amend/Schwarz (Hg.): Die Grünen, S. 163-165, S. 163 und Kleinert: Vom Protest zur Regierungspartei, S. 45.
39 | Petra Karin Kelly: Die vierte Partei – Eine wählbare ökologische, gewaltfreie, soziale und basisdemokratische Anti-Partei, in: Lüdke/Dinné (Hg.): Die Grünen, S. 62-80, S. 74.
40 | Vgl. Langguth: Der grüne Faktor, S. 81 und S. 88f.
41 | Vgl. Dieter Salomon: Grüne Theorie und graue Wirklichkeit. Die Grünen und die Basisdemokratie, Freiburg 1992, S. 47.

42 | Wie verschieden das Prinzip »Basisdemokratie« noch bei den einzelnen Strömungen der Gründungsgrünen bewertet worden war, hat Salomon (Grüne Theorie und graue Wirklichkeit, S. 30-53) detailliert herausgearbeitet. Für die GLU war die Basisdemokratie demnach ein »Fremdwort«, für die GAZ ein »kommunistisches Kürzel«, für die Anthroposophen ein Ausdruck »organischer Volkssouveränität«, für die K-Gruppen ein »linksradikales Herrschaftsinstrument« und für die Ökolibertären ein ergänzendes »institutionelles Korrektiv«. Für den späteren grünen »Mainstream« blieb die Basisdemokratie stets ein diffuses, positiv konnotiertes »Grundgefühl«.
43 | Raschke: Die Grünen, S. 488.
44 | Vgl. Stöss: Macht und Identität, S. 9f.
45 | Vgl. dazu Klein/Falter: Der lange Weg der Grünen, S. 87-92.
46 | Vgl. zur damaligen Debatte um Praktikabilität und Verfassungsmäßigkeit des Rotationsprinzips und des imperativen Mandats auch den Artikel: Die Angst der Grünen vor Amt und Macht, in: Der Spiegel vom 4. April 1983.
47 | Exemplarisch seien hier nur die grüne Galionsfigur Petra Kelly, Ex-Panzergeneral Gert Bastian, Ex-KB-Funktionär Jürgen Reents, Ex-Sponti Joschka Fischer oder der Berliner Anwalt Otto Schily genannt.
48 | Kleinert: Vom Protest zur Regierungspartei, S. 13.
49 | Volmer: Die Grünen, S. 128.
50 | So Klein/Falter: Der lange Weg der Grünen, S. 92.
51 | Denn die vielen Personalwechsel führten zu einem erheblichen Verlust an Expertise und Erfahrung. Zudem sorgte die für manch profilierten Abgeordneten demoralisierende Aussicht, nach der mühsamen Einarbeitung in die Abläufe des »Arbeitsparlaments« einem unerfahrenen Nachrücker Platz machen zu müssen, zu innerparteilichen Misstönen. Allerdings weigerten sich schlussendlich nur Petra Kelly und Gert Bastian, ihr Mandat nach den Regeln des Rotationsprinzips abzugeben.
52 | Vgl. detailliert zu dieser »Symbolfigur des grünen Radikalismus« das gleichnamige Kapitel bei Kleinert: Vom Protest zur Regierungspartei, S. 221-226.
53 | Vgl. zur Veranschaulichung der Differenzen zwischen Fundis und Realos bezüglich des Rotationsprinzips und der Koalitionsfrage das vielsagende Interview zwischen Ditfurth und Fischer in der Zeitschrift *Pflasterstrand* 209 (1985), online abrufbar unter www.pflasterstrand.net.
54 | Vgl. eingehend zur Strömungsgeschichte bei den Grünen Makoto Nishida: Strömungen in den Grünen (1980-2003). Eine Analyse über informell-organisierte Gruppen innerhalb der Grünen, Münster 2005.

55 | Vgl. Joschka Fischer: Von grüner Kraft und Herrlichkeit, Reinbek bei Hamburg 1984, S. 63 sowie Hans-Joachim Veen/Jürgen Hoffmann: Die Grünen zu Beginn der neunziger Jahre. Profil und Defizite einer fast etablierten Partei, Bonn 1992, S. 65-69.
56 | Vgl. dazu Wolf-Dieter Hasenclever: Ökologischer Humanismus, in: Lüdke/Dinné (Hg.): Die Grünen, S. 42-52, S. 50: »Ökologischer Humanismus heißt, daß aus dem Wissen um die Endlichkeit unseres Planeten und aus dem Bewußtsein der konkreten Zusammenhänge seiner Lebensgesetzte die verantwortungsbewußte Erhaltung und Pflege der Natur an die Stelle ihrer gewissenlosen Ausplünderung zu treten hat.« Die Zielvorstellung war eine sich selbst regulierende, dezentrale Ökonomie in einer liberalen und subsidiären Gesellschaft. Vgl. Klein/Falter: Der lange Weg der Grünen, S. 56 und Raschke: Die Grünen, S. 155f.
57 | Vgl. Saskia Richter: Identitätsstifter. Die innerparteilichen Gruppen der deutschen Grünen, in: Patrick Köllner/Matthias Basedau/Gero Erdmann (Hg.): Innerparteiliche Machtgruppen. Faktionalismus im internationalen Vergleich, Frankfurt a.M. 2006, S. 131-155, S. 133 und Raschke: Die Grünen, S. 155 und S. 159f.
58 | Vgl. Veen/Hoffmann: Die Grünen zu Beginn der neunziger Jahre, S. 62.
59 | Vgl., ebd., S. 56.
60 | Vgl. zur Denkweise der Ökosozialisten Thomas Ebermann/Rainer Trampert: Die Zukunft der Grünen. Ein realistisches Konzept für ein radikale Partei, Hamburg 1984.
61 | Klein/Falter: Der lange Weg der Grünen, S. 57.
62 | So stellte Fischer in einem Streitgespräch mit Milan Horacek bereits 1982 fest: »Es gibt eine Mehrheit links von der CDU, es gibt eine Mehrheit, die reformbereit ist. Sie ist in sich zerstritten, das streite ich nicht ab – und riskant ist es auch. Aber warum formuliert man dann nicht – und das sehe ich als Aufgabe eines alternativen Politikers [...] ein Angebot.« Fischer: Von grüner Kraft und Herrlichkeit, S. 114.
63 | Volmer: Die Grünen, S. 265.
64 | Vgl. Raschke: Die Grünen, S. 160f.
65 | Vgl. zum Wirken und Scheitern der ersten rot-grünen Landeskoalition in Hessen auch Björn Johnsen: Rot-grün in Hessen, in: Raschke: Die Grünen, S. 789-809.
66 | Kleinert: Vom Protest zur Regierungspartei, S. 186.
67 | Vgl. Die Grünen: Farbe bekennen. Bundestagswahlprogramm 1987, Beschluss der Außerordentlichen Bundesversammlung, 16.-19. Mai 1986, Hannover, online abrufbar unter www.boell.de.
68 | »Ein Machtwechsel in Bonn ist in der jetzigen Situation nur bei einer Zusammenarbeit zwischen Grünen und SPD möglich. [...] Wir werden, wenn das

Wahlergebnis das zuläßt, der SPD Verhandlungen anbieten.« Die Grünen: Zur Bundestagswahl 1987. Brief an unsere Wählerinnen und Wähler, Beschluss der Außerordentlichen Bundesversammlung, 26.-28. September 1986, Nürnberg, online abrufbar unter www.boell.de.

69 | Vgl. Richter: Identitätsstifter, S. 132.

70 | Vgl. Kleinert: Vom Protest zur Regierungspartei, S. 227.

71 | Diese Kampagne einer Partei gegen die eigene Fraktion bewertet Kleinert (Vom Protest zur Regierungspartei, S. 274) als »in der modernen Partei- und Parlamentsgeschichte ziemlich einmalige[n] Vorgang.« Der Bundestagsabgeordnete Otto Schily hatte schon Ende 1987 aufgrund ähnlicher Querelen mit einem Austritt gedroht, den er im November 1989 schließlich auch vollzog.

72 | Der »Aufbruch« besaß programmatisch kein klares Profil und wollte die Basis mehr in die Richtungsentscheidungen mit einbeziehen. Vgl. Klein/Falter: Der lange Weg der Grünen, S. 59 und Raschke: Die Grünen, S. 172-176.

73 | Vgl. dazu Veen/Hoffmann: Die Grünen zu Beginn der neunziger Jahre, S. 63.

74 | Der Realo Hubert Kleinert hatte Ostern 1988 in einem Interview mit dem Stern mehr ökonomischen Pragmatismus und eine »Ökologisierung« des Kapitalismus durch die grüne Politik angemahnt, Fischer gar über die Grünen als »ökologischer FDP« nachgedacht. Vgl. Kleinert: Vom Protest zur Regierungspartei, S. 270f. Beide Aussagen mussten sich heftige Kritik, ja gar den Vorwurf des Verrats durch die Fundis gefallen lassen.

75 | Die drei Sprecherposten wurden mit der Realpolitikerin Ruth Hammerbacher, dem Aufbruch-Mitglied Ralf Fücks und der Fundamentalistin Verena Krieger besetzt.

76 | Vgl. zur Koalition zwischen SPD und AL in Berlin auch Gudrun Heinrich: Rotgrün in Berlin 1989-1990, in: Raschke: Die Grünen, S. 809-822.

77 | Raschke: Die Grünen, S. 184.

78 | Ebd., S. 115.

79 | Klein/Falter: Der lange Weg der Grünen, S. 61.

80 | Da vor allem Gregor Gysi bei der »westlichen Linksintelligenz« über hohes Ansehen verfügte, befürchteten viele eine Abwanderung linker Grünen-Wähler zur PDS. Allerdings zeigten Umfragen und Wahlergebnisse recht schnell, dass es sich hierbei eher um ein Scheinproblem handelte. Vgl. Hubert Kleinert: Aufstieg und Fall der Grünen. Analyse einer alternativen Partei, Bonn 1992, S. 249 und S. 251.

81 | Vgl. Raschke: Die Grünen, S. 920.

82 | Vgl. ebd., S. 920 und S. 923.

83 | Probst: Bündnis 90/Die Grünen, S. 175.

84 | Vgl. dazu auch Kleinert: Vom Protest zur Regierungspartei, S. 340.

85 | Eine Kernforderung der Grünen im Einigungsprozess war die Ablehnung eines Beitritts der DDR zum Bundesgebiet nach Art. 23 GG, vgl. dazu auch Kleinert: Vom Protest zur Regierungspartei, S. 357-359.
86 | Vgl. Klein/Falter: Der lange Weg der Grünen, S. 46.
87 | Der Grünen-Politiker Dieter Salomon stellte 1994 selbstkritisch und stellvertretend für die Meinung auch anderer Parteimitglieder zum Wahlkampf 1990 fest: »Wer absichtlich zu der wahlentscheidenden Frage nichts zu sagen weiß oder nichts sagen will, muss sich nicht wundern, wenn die Wähler dann auch nicht die Notwendigkeit sehen, sich von dieser Truppe vier Jahre parlamentarisch vertreten zu lassen.« Ders.: Politische Ziele oder Bekenntnisse mit Demonstrationscharakter, S. 49.
88 | Zit. nach Baus: Bündnis 90/Die Grünen im Fünfparteiensystem, S. 164.
89 | So Probst: Bündnis 90/Die Grünen, S. 175.
90 | Die Grünen: Erklärung von Neumünster, Beschluss der Bundesdelegiertenkonferenz, 26.-28. April 1991, S. 4, online abrufbar unter www.gruene.de.
91 | Ebd., S. 2.
92 | Vgl. Klein/Falter: Der lange Weg der Grünen, S. 96.
93 | Zit. nach Gunter Hofmann: Ein neuer Start im Rückwärtsgang, in: Die Zeit vom 3. Mai 1991.
94 | Vgl. dazu Raschke: Die Grünen, S. 395-398.
95 | Vgl. Probst: Bündnis 90/Die Grünen, S. 176.
96 | Vgl. Jürgen Hoffmann: Die doppelte Vereinigung. Vorgeschichte, Verlauf und Auswirkungen des Zusammenschlusses von Grünen und Bündnis 90, Opladen 1998, S. 337.
97 | Vgl. dazu Volmer: Die Grünen, S. 324; Raschke: Die Grünen, S. 401; Kleinert: Vom Protest zur Regierungspartei, S. 437; Klein/Falter: Der lange Weg der Grünen, S. 48.
98 | Die Größenverhältnisse der Parteien indizierten allerdings von Anfang an, dass die West-Grünen die bestimmende Einflussgröße in der Partei bleiben würden. Zu den 35.000 westdeutschen Grünen-Mitgliedern waren 1990/93 lediglich rund 1000 Ost-Grüne sowie rund 1000 Mitglieder von Bündnis 90 hinzugekommen. Zahlen nach Volmer: Die Grünen, S. 331. Bündnis 90 und Grüne vereinigten sich schließlich offiziell am 14. Mai 1993.
99 | Vgl. Hoffmann: Die doppelte Vereinigung, S. 339 und Probst: Bündnis 90/Die Grünen, S. 182.
100 | In der Präambel ihres Wahlprogramms hatten die Grünen ausdrücklich ihre Bereitschaft für ein Bündnis mit der SPD erklärt: »Wir wollen den politischen und gesellschaftlichen Wandel; wir sind bereit, uns mit aller Kraft in ein

Regierungsbündnis einzubringen, wenn damit eine seriöse Reformpolitik in Aussicht steht. Eine Möglichkeit sehen wir in einer Koalition mit der SPD.« Bündnis 90/Die Grünen: Nur mit uns. Programm zur Bundestagswahl 1994, Beschluss der BDK Februar 1994, Mannheim, abrufbar unter www.boell.de.
101 | Vgl. Klein/Falter: Der lange Weg der Grünen, S. 49.
102 | Hans-Martin Tillack: Die glorreichen 7, in: Stern vom 24. Mai 1995.
103 | Die Grundfrage für die Grünen hatte gelautet: »Aus pazifistischen Gründen die Gräueltaten hinnehmen oder aus humanistischen Gründen militärisch eingreifen?« Volmer: Die Grünen, S. 347. Die Frage spaltete die Partei. Dem Plädoyer Fischers an Partei und Fraktion für eine Ausweitung des UN-Einsatzes »auf den militärischen Schutz der Schutzzonen am Boden und in der Luft« (Ders.: Die Katastrophe in Bosnien und die Konsequenzen für unsere Partei Bündnis 90/Die Grünen, Brief vom 30. Juli 1995, S. 10) setzten Jürgen *Trittin, Ludger Volmer, Kerstin Müller und Claudia Roth einen offenen Brief an die Mitgliedschaft entgegen, in dem die Autoren Fischer als* »Kronzeugen der konservativen Politik« bezeichneten und grundsätzlich vor den Folgen eines militärischen Eingreifens bei Völkermorden warnten. Vgl. dies.: Wohin führt die Forderung nach einer militärischen Interventionspflicht gegen Völkermord? Brief vom 31. Oktober 1995, S. 7 und passim. Beide Briefe sind online abrufbar unter www.gruene.de.
104 | Vgl. Volmer: Die Grünen, S. 345.
105 | Ebd., S. 346.
106 | Vgl. Bündnis 90/Die Grünen (Hg.): Grün ist der Wechsel. Programm zur Bundestagswahl 1998. Beschluss der 10. Ordentlichen Bundesdelegiertenkonferenz in Magdeburg, Bonn 1998, S. 135 und S. 17, online abrufbar unter www.boell.de.
107 | Vgl. ebd., S. 142-144 und S. 147f.
108 | Volmer: Die Grünen, S. 364.
109 | Darauf verweist Thomas Poguntke: Die Bündnisgrünen in der babylonischen Gefangenschaft der SPD?, in: Oskar Niedermayer (Hg.): Die Parteien nach der Bundestagswahl 1998, Opladen 1999, S. 83-101, S. 91.
110 | Vgl. Christoph Egle: Lernen unter Stress: Politik und Programmatik von Bündnis 90/Die Grünen, in: Ders./Tobias Ostheim/Reimut Zohlnhöfer (Hg.): Das rot-grüne Projekt. Eine Bilanz der Regierung Schröder 1998-2002, Wiesbaden 2003, S. 93-116, S. 104f.
111 | Vgl. dazu Poguntke: Die Bündnisgrünen in der babylonischen Gefangenschaft der SPD?, S. 91. Nach schwierigen Verhandlungen zwischen der rot-grünen Regierung und den Kraftwerksbetreibern wurde im Juni 2000 ein entschädigungsfreier Atomausstieg beschlossen, der für jedes Kraftwerk auf der Grundlage einer

Regellaufzeit von 32 Kalenderjahren eine maximal zu produzierende Reststrommenge bestimmte.

112 | Vgl. Egle: Lernen unter Stress, S. 102f.

113 | Auch die damalige Grünen-Vorsitzende Antje Radcke kritisierte den Atomausstieg als eigentlich unannehmbaren Kompromiss, weswegen sie auch nicht erneut als Vorsitzende kandidieren sollte.

114 | So hatten die Grünen gefordert, dass alle in Deutschland geborenen Kinder den deutschen Pass bekommen sollten, sofern mindestens ein Elternteil hier seinen Lebensmittelpunkt hätte. Auch forderten sie eine völlige Gleichberechtigung des Bodenprinzips mit dem Abstammungsprinzip sowie ein Recht auf Einbürgerung bereits nach fünf Jahren Aufenthalt. Vgl. Bündnis 90/Die Grünen (Hg.): Grün ist der Wechsel, S. 121.

115 | Matthias Geis: Die regierende Lebenslüge, in: Die Zeit vom 4. März 1999, neu abgedruckt in: Amend/Schwarz (Hg.): Die Grünen, S. 273-278, S. 275.

116 | Egle: Lernen unter Stress.

117 | »Auschwitz ist unvergleichbar. Aber ich stehe auf zwei Grundsätzen: Nie wieder Krieg, nie wieder Auschwitz; nie wieder Völkermord, nie wieder Faschismus. Beides gehört bei mir zusammen, liebe Freundinnen und Freunde, und deswegen bin ich in die Grüne Partei gegangen.« Joschka Fischer: Rede des Außenministers zum Natoeinsatz im Kosovo auf der Außerordentlichen BDK von Bündnis 90/Die Grünen am 13. Mai 1999 in Bielefeld, veröffentlicht vom Archiv Grünes Gedächtnis, Hannover 1999, S. 3, online abrufbar unter www.mediaculture-online.de.

118 | So der Vorwurf von Volmer (Die Grünen, S. 393), damals Staatsminister im Auswärtigen Amt.

119 | Fischer hatte schon als designierter Außenminister seinen Willen bekundet, im Amt Kontinuität walten zu lassen, da es keine »grüne Außenpolitik« gebe, sondern »nur eine deutsche«. Zit. nach Jochen Buchsteiner: Risiko Sonnenblume, in: Die Zeit vom 1. Oktober 1998, neu abgedruckt in: Amend/Schwarz (Hg.): Die Grünen, S. 269-272, S. 270.

120 | Die Initiative »Basisgrün« wurde von regierungskritischen Mitgliedern bereits im Januar 1999 ins Leben gerufen und erhielt nach der Kosovo-Entscheidung deutlichen Auftrieb. Sie rief bei den Europawahlen 1999 zur Stimmenverweigerung gegen die Grünen auf. Vgl. dazu auch Klein/Falter: Der lange Weg der Grünen, S. 63f. In Hamburg traten nach dem Bielefelder Parteitag fünf GAL-Abgeordnete aus der Fraktion aus und gründeten die Vereinigung »Regenbogen«.

121 | Tarek Al-Wazir/Katrin Göring-Eckardt/Cem Özdemir et al.: Bündnis 90/Die Grünen haben eine zweite Chance verdient! Strategiepapier vom 28. Juni 1999, online abrufbar unter http://basisgruen.gruene-linke.de.

122 | Vgl. dazu auch Klein/Falter: Der lange Weg der Grünen, S. 64-66.
123 | Vgl. Egle: Lernen unter Stress, S. 100f.
124 | Acht grüne Abgeordnete hatten im Vorfeld der Abstimmung signalisiert, gegen den Einsatz zu sein. Damit wäre die Kanzlermehrheit verfehlt worden. Um die Vertrauensfrage trotzdem zu bestehen, ließ die Fraktion das Los entscheiden, wer von den Abweichlern (maximal vier) tatsächlich mit Nein stimmen durfte. Vgl. zu diesem zweifelhaften Verfahren auch die Kritik bei Volmer: Die Grünen, S. 407. Die eine Woche nach der Abstimmung stattfindende Ordentliche Bundesversammlung der Grünen in Rostock bestätigte den Regierungskurs, betonte aber in einem Beschluss in Abgrenzung zum Kanzler ihre »kritische Solidarität« gegenüber den USA.
125 | Vgl. Geis: Die regierende Lebenslüge, S. 276.
126 | Joachim Raschke: Die Zukunft der Grünen. So kann man nicht regieren, Frankfurt a.M. 2001, S. 419.
127 | So Volmer: Die Grünen, S. 226.
128 | Vgl. als Beispiel für diese Normalisierung auch den Sammelband von Christa Nickels (Hg.): Begründete Hoffnungen... Bündnisgrüne Politik und christlicher Glaube, Frankfurt a.M. 1998.
129 | Vgl. Bündnis 90/Die Grünen (Hg.): Die Zukunft ist grün. Grundsatzprogramm von Bündnis 90/Die Grünen, Berlin 2002, S. 9.
130 | Vgl. ebd., S. 10 und S. 14. Vgl. dazu auch Klein/Falter: Der lange Weg der Grünen, S. 77-80.
131 | Das Grundsatzprogramm stellte fest: »Wir wissen aber auch, dass sich die Anwendung rechtsstaatlich und völkerrechtlich legitimierter Gewalt nicht immer ausschließen lässt. Wir stellen uns diesem Konflikt, in den gewaltfreie Politik gerät, wenn völkermörderische oder terroristische Gewalt Politik verneint.« Bündnis 90/Die Grünen (Hg.): Die Zukunft ist grün, S. 15.
132 | Egle (Lernen unter Stress, S. 111) folgert, dass die außenpolitischen Grundsätze der Grünen damit kaum mehr einen Unterschied zum bundesdeutschen »Mainstream« aufwiesen.
133 | Poguntke: Die Bündnisgrünen nach der Bundestagswahl 2002, S. 103.
134 | Vgl. ebd., S. 103.
135 | So die Einschätzung bei Haas: Statt babylonischer Gefangenschaft eine Partei für alle Fälle?, S. 103f.
136 | Vgl. ebd. S. 104.
137 | Vgl. ebd.
138 | Klein/Falter: Der lange Weg der Grünen, S. 8.
139 | Poguntke: Die Bündnisgrünen nach der Bundestagswahl 2002, S. 95.

140 | Demnach durften zwei Mitglieder des Bundesvorstandes gleichzeitig ein Abgeordnetenmandat bekleiden, jedoch nicht Fraktionsvorsitzende oder Minister sein.
141 | Vgl. dazu auch Matthias Geis: Joschka gibt, Joschka nimmt, in: Die Zeit vom 2. Oktober 2002, neu abgedruckt in: Amend/Schwarz (Hg.): Die Grünen, S. 295-297.
142 | Baus: Bündnis 90/Die Grünen im Fünfparteiensystem, S. 166. Vgl. für eine Bilanz zur zweiten Hälfte der bündnisgrünen Regierungsbeteiligung Christoph Egle: In der Regierung erstarrt? Die Entwicklung von Bündnis 90/Die Grünen 2002-2005, in: Ders./Reimut Zohlnhöfer (Hg.): Ende des rot-grünen Projekts. Eine Bilanz der Regierung Schröder 2002-2005, Wiesbaden 2007, S. 98-123.
143 | Vgl. Bündnis 90/Die Grünen (Hg.): Wahlprogramm 2005. Solidarische Modernisierung und ökologische Verantwortung, Beschluss der 24. Ordentlichen Bundesversammlung vom 9./10. Juli 2005, Berlin, S. 3, online abrufbar unter www.gruene-partei.de.
144 | Vgl. Lothar Probst: Bündnis 90/Die Grünen auf dem Weg zur »Volkspartei«? Eine Analyse der Entwicklung der Grünen seit der Bundestagswahl 2005, in: Oskar Niedermayer (Hg.): Die Parteien nach der Bundestagswahl 2009, Wiesbaden 2011, S. 131-156, S. 141.
145 | Vgl. Haas: Statt babylonischer Gefangenschaft eine Partei für alle Fälle?, S. 109f.
146 | So auch Probst: Bündnis 90/Die Grünen auf dem Weg zur »Volkspartei«?, S. 132.
147 | Haas: Statt babylonischer Gefangenschaft eine Partei für alle Fälle?, S. 101f.
148 | Vgl. ebd., S. 112.
149 | Vgl. Bündnis 90/Die Grünen: Grün macht den Unterschied – Für die ökologische und solidarische Modernisierung unseres Landes, Beschluss der 25. Ordentlichen Bundesversammlung, 15. Oktober 2005, Oldenburg, S. 6, online abrufbar unter www.gruene.de.
150 | Ebd., S. 4.
151 | Vgl. Bündnis 90/Die Grünen: Für einen radikalen Realismus in der Ökologiepolitik, Beschluss der 26. Ordentlichen Bundesdelegiertenkonferenz 1.-3. Dezember 2006, Köln-Deutz, online abrufbar unter www.gruene.de.
152 | Vgl. Bündnis 90/Die Grünen: Die Krisen bewältigen – für einen Grünen New Deal!, Beschluss der 28. Ordentlichen Bundesdelegiertenkonferenz, 14.-16. November 2008, Erfurt, S. 4f., online abrufbar unter www.gruene.de. In Verbindung mit einer verstärkten Regulierung der Finanzmärkte und einer neuen

Handelspolitik sollte den globalen ökologischen und sozialen Verwerfungen mit einer ganzheitlichen Politik der Nachhaltigkeit begegnet werden.

153 | Christin Leistner/Katharina Rahlf: Grün bleibt die Hoffnung? Die Bündnisgrünen zwischen Harmonie und Krise, in: Butzlaff/Harm/Walter (Hg.): Patt oder Gezeitenwechsel?, S. 129-155, S. 138. Ähnlich auch die Einschätzung bei Probst: Bündnis 90/Die Grünen auf dem Weg zur »Volkspartei«?, S. 140: »Ihre Vorschläge zur ökologischen Modernisierung der Gesellschaft werden heute vielmehr [im Gegensatz zu den früheren unrealistischen Forderungen und Katastrophenszenarien, C.W.] in verträglichen Dosierungen präsentiert.«

154 | Vgl. Bündnis 90/Die Grünen (Hg.): Der Grüne Neue Gesellschaftsvertrag. Klima, Arbeit, Gerechtigkeit, Freiheit. Bundestagswahlprogramm 2009, Berlin 2009.

155 | So auch Probst: Bündnis 90/Die Grünen auf dem Weg zur »Volkspartei«?, S. 137.

156 | Vgl. Karl-Rudolf Korte: Neue Formeln zur Macht. Parteienwettbewerb in Deutschland, in: Die Politische Meinung 465 (2008), S. 5-9, S. 5.

157 | »Eine Stimme für Bündnis 90/Die Grünen ist eine sichere Stimme gegen das konservativ-neoliberale Politikkonzept. Wir stehen als Mehrheitsbeschaffer für Schwarz-Gelb nicht zur Verfügung.« Bündnis 90/Die Grünen: Aufruf zur Bundestagswahl: Ökologische und solidarische Wege aus der Krise – mit starken Grünen für einen gesellschaftlichen Aufbruch!, Beschluss der 30. Ordentlichen Bundesdelegiertenkonferenz 8.-10. Mai 2009, S. 3, online abrufbar unter www.gruene.de.

158 | Vgl. Matthias Stolz/Jörg Block: Deutschlandkarte: Grüne Bürgermeister, in: Zeit Magazin vom 17. September 2009, neu abgedruckt in: Amend/Schwarz (Hg.): Die Grünen, S. 358-359.

159 | Vgl. z.B. Torsten Krauel: Volkspartei im Werden, in: Die Welt vom 16. Oktober 2010; die Spiegel-Ausgabe vom 15. November 2010 mit dem Titel »Die Neue deutsche Volkspartei. Was taugen die Grünen?« sowie Jens König/Axel Vornbäumen: Die Grüne Welle, in: Focus vom 4. Oktober 2010.

160 | Vgl. Ulf Poschardt: Saturiert. Denkfaul. Blasiert. Die Grünen, in: Die Welt vom 5. November 2011.

161 | Joachim Raschke/Ralf Tils: Die Rationalität des grünen Traditionalismus oder: die Suche nach Alternativen, in: Zeitschrift für Staats- und Europawissenschaften 4/2012, S. 510-539, S. 514.

162 | Ebd.

163 | Vgl. Matthias Geis/Bernd Ulrich: Wer hat Angst vorm grünen Mann?, in: Die Zeit vom 16. Juni 2011.

164 | Lothar Probst: Der Abschied von Köchen und Kellnern? Zum Verhältnis SPD und Bündnis 90/Die Grünen, in: Decker/Jesse (Hg.): Die deutsche Koalitionsdemokratie vor der Bundestagswahl 2013, S. 349-367, S. 349.
165 | Vgl. Ralf Beste et al.: Alles auf links, in: Der Spiegel vom 12. Dezember 2011.
166 | Vgl. Albrecht von Lucke: Die Wiederbeatmung von Rot-Grün, in: Blätter für deutsche und internationale Politik 6/2012, S. 5-8, S. 5.
167 | Vgl. Probst: Der Abschied von Köchen und Kellnern?, S. 361f.
168 | Vgl. Matthias Kamann: Für die Grünen kann es nur eine geben, in: Die Welt vom 16. Juli 2012.
169 | Vgl. beispielhaft Matthias Geis: Hoppla, die Basis, in: Die Zeit vom 15. November 2012.
170 | Vgl. Hubert Kleinert: Der letzte Kampf der alten Garde. Die Grünen vor dem Wahljahr, in: Die Politische Meinung 515 (2012), S. 24-28. Kleinert vermutete, dass das gesamte Kandidatenquartett ohne eine Regierungsbeteiligung 2013 abtreten werde müsse, was schließlich nur auf Göring-Eckardt nicht zutreffen sollte.
171 | Zit. nach Veit Medick: CDU? Och nö!, in: www.spiegel.de vom 16. November 2012.
172 | Vgl. Oskar Niedermayer: Statt Rot-Grün nun GroKo die Dritte: eine Analyse der Bundestagswahl 2013, in: Gesellschaft. Wirtschaft. Politik 63 (2014), S. 23-35, S. 23.
173 | Vgl. ebd., S. 32. Vgl. dazu auch Niedermayer: Die Parteien am Scheideweg, S. 13: »Von den Steuerplänen war [...] ein nennenswerter Teil der eigenen Klientel betroffen«. Der Spiegel bezeichnete die Pläne als »nächste Stufe des grünen Erziehungsprogramms«. Melanie Amann et al.: Die Robin-Hood-Partei, in: Der Spiegel vom 8. April 2013.
174 | Vgl. zur Debatte auch Christian Füller: Die große Legende, in: Frankfurter Allgemeine Sonntagszeitung vom 15. September 2013.
175 | Vgl. Abé et al.: Die große Anführerin.
176 | Zit. nach Christoph Hickmann: »Wir sind darauf in keiner Weise vorbereitet«, in: www.sz.de vom 12. Oktober 2013.
177 | Ralf Fücks: Auf ein Neues!, in: Böll Thema. Das Magazin der Heinrich-Böll-Stiftung 3/2013, S. 1.
178 | Vgl. Markus Wehner: Vier gestohlene Jahre, in: Frankfurter Allgemeine Zeitung vom 9. Juni 2014.
179 | Vgl. Nicola Abé: Der Schattenkrieger, in: Der Spiegel vom 20. Oktober 2014.
180 | Zit. nach Thorsten Denkler: Wo die Grünen Taliban wohnen, in: www.sz.de vom 20. Oktober 2014.
181 | Zit. nach ders.: Im Waziristan-Wahn, in: www.sz.de vom 27. Oktober 2014.

182 | Vgl. ders.: Im Waziristan-Wahn.
183 | Vgl. Stefan Braun: Allein unter Grünen, in: www.sz.de vom 26. Oktober 2014.
184 | Artikel: Grünen-Chefin Peter fordert Özdemir zu mehr Teamfähigkeit auf, in: www.welt.de vom 29. Oktober 2016.
185 | Annett Meiritz: Prominente Grüne isolieren Parteichefin Peter, in: www.spiegel.de vom 2. Januar 2017.
186 | Johannes Leithäuser: Kretschmanns Gewichtsverlust, in: Frankfurter Allgemeine Zeitung vom 17. Juni 2016.
187 | Vgl. dazu auch Johannes Leithäuser: »Eine globale Krise«, in: www.faz.net vom 20. November 2015 sowie Mariam Lau: Seehofer eint, Kretschmann und Habeck führen, in: Die Zeit vom 22. November 2015.
188 | Vgl. Winfried Kretschmann: »Ich will die Grünen ganz in die Mitte ziehen«, in: Welt am Sonntag vom 22. Mai 2016.
189 | Zit. nach Abé et al.: Die große Anführerin.
190 | Vgl. Heinz Bude: »Die Grünen können Taktgeber einer neuen Mitte werden« (Interview), in: Böll Thema. Das Magazin der Heinrich-Böll-Stiftung 3/2013, S. 5-7, S. 6.
191 | Vgl. Niedermayer: Die Parteien am Scheideweg, S. 13.
192 | Johannes Leithäuser: Der neue Stellvertreterkrieg der Grünen, in: Frankfurter Allgemeine Zeitung vom 3. August 2016 sowie Stephan Haselberger: Steuerfragen sind Machtfragen, in: Tagesspiegel vom 5. August 2016.
193 | Vgl. zu den steuerpolitischen Beschlüssen des Grünen-Parteitags 2016 Lisa Caspari: So links wie nötig, in: www.zeit.de vom 2. November 2016. Vgl. zum Streit in der Partei darüber Christoph Seils: Die grüne Steuerfalle, in: www.cicero.de vom 26. Juli 2016.
194 | Müller-Rommel/Poguntke: Die Grünen, S. 338.
195 | Norbert Lammert: »Wir haben sie domestiziert« (Interview), in: Frankfurter Rundschau vom 6. März 2008.
196 | Volmer: Die Grünen, S. 382.
197 | Volmer: Die Grünen, S. 5.

III. Von Erzfeinden zu Bündnispartnern – Die Geschichte des schwarz-grünen Verhältnisses

1 | Vgl. Artikel: Hasselmann: Von der GLU droht keine Gefahr, in: Hannoversche Allgemeine Zeitung vom 13. April 1978, ACDP-PA 2/24/7-1.
2 | Vgl. Artikel: Politischer Faschingsverein, in: Frankfurter Allgemeine Zeitung vom 27. Juli 1978, ACDP-PA 2/24/7-1.
3 | Vgl. Artikel: CDU: Die FDP hat ihr liberales Profil verloren, in: Hannoversche Allgemeine Zeitung vom 6. Juni 1978, ACDP-PA 2/24/7-1.
4 | So zum Beispiel die Einschätzung des CDU-Bundestagsabgeordneten Heinz Schwarz, vgl. Artikel: Schwarz: Umweltschutzpartei würde der CDU/CSU nützen, in: Parlamentarisch-Politischer Pressedienst vom 3./4. Januar 1978, ACDP-PA 2/24/7-1.
5 | Vgl. Ferdinand Müller-Rommel: Die Grünen: Auf dem Wege der Konsolidierung als politische Partei, in: Haungs/Jesse (Hg.): Parteien in der Krise?, S. 120-124, S. 122 sowie Bösch: Macht und Machtverlust, S. 218f.
6 | Vgl. ebenso Herbert Gruhl: Der materielle Fortschritt und die Reduzierung der Menschlichkeit, in: Lüdke/Dinné (Hg.): Die Grünen, S. 22-35, S. 25, zum Zusammenhang von Wirtschaftswachstum und Bevölkerungszuwachs: »Daß die Arbeit der Menschen, die alle zehn Jahre um eintausend Millionen zunehmen, bei steigender Produktivität pro Kopf zur baldigen Totalzerstörung unseres Planeten führen muß, kann gar nicht mehr bestritten werden.«
7 | Zit. nach Viktor von Oertzen: Welche Chancen haben die »Grünen« bei einer Bundestagswahl?, in: Report der BPA-Nachrichtenabteilung vom 13. Juni 1978, ACDP-PA 2/24/7-1.
8 | Vgl. Erhard Eppler: Ende oder Wende. Von der Machbarkeit des Notwendigen, München 1975.
9 | Vgl. Artikel: Gruhl (CDU) gibt neuer Partei »große Chance«, in: Deutsche Presse-Agentur vom 16. Juni 1978, ACDP-PA 2/24/7-1.
10 | So zum Beispiel der CDU-Bundestagsabgeordnete Ernst Müller-Hermann. Vgl. Artikel: Müller-Hermann: Wahlschock der Umweltschützer schadet nichts, in: Deutsche Presse-Agentur vom 2. Juli 1978, ACDP-PA 2/24/7-1.
11 | So eine Pressemitteilung der CDU-Bundespartei vom 13. Juli 1978, ACDP-PA 2/24/7-1.
12 | Weizsäcker argumentierte, der Umweltschutz dürfe »nicht Vorbehaltsgut einer abgesonderten Kampfgruppe werden«. Ders.: GAZ im Abseits unpolitischer Träume, in: Deutschland-Union-Dienst vom 20. Juli 1978. Ähnlich auch die

Argumentation bei Wolfgang von Geldern: Parteigründung wäre der falsche Weg, in: Das Parlament vom 27. Mai 1978, beide ACDP-PA 2/24/7-1.

13 | Die Marginalisierung des konservativen Flügels der Gründungsgrünen um Gruhl war für die Unionskreise ein Zeichen dafür, dass es der Partei weniger um das Umweltthema ging, sondern vielmehr um eine Überwindung des bestehenden Systems. Vgl. Jung: Mehr Brücken als Barrieren, S. 65.

14 | Eine spätere Analyse der CDU-Bundesgeschäftsstelle vom September 1982 kam zu dem Ergebnis, dass das »Wählerpotential der Unionsparteien [...] durch das Aufkommen der Grünen kaum berührt« wurde. Zit. nach Artikel: Analyse: Grüne sind keine Gefahr für die Union, in: Die Welt vom 17. September 1982, ACDP-PA 2/24/7-1.

15 | Kohl sollte sich zwanzig Jahre später selbstkritisch bezüglich des Umgangs mit Gruhl zeigen. Der *Zeit* sagte er im August 1998: »Als sich die ökologischen Bewegungen konstituierten, hätte die CDU und hätte ich dem einen oder anderen ›Grünen‹ aus unseren Reihen mehr Freiraum verschaffen und ihn halten sollen.« Zit. nach Artikel: Kohl hält schwarz-grüne Koalition zukünftig für denkbar, in: Deutsche Presse-Agentur vom 26. August 1998.

16 | Zit. nach einer Pressemitteilung der CDU-Bundespartei vom 10. November 1979, ACDP-PA 2/24/7-1.

17 | Vgl. Helmut Herles: »Ich bin jetzt fit wie selten in meinem Leben«. Ein Gespräch mit dem CDU-Vorsitzenden Kohl, in: Frankfurter Allgemeine Zeitung vom 12. August 1978, ACDP-PA 2/24/7-1.

18 | Helmut Kohl: Der »grüne« Irrweg, in: Augsburger Allgemeine vom 28. März 1980, ACDP-PA 2/24/7-1.

19 | Zit. nach Artikel: Berliner CDU lobt die Grünen, in: Süddeutsche Zeitung vom 3. November 1979, ACDP-PA 2/24/7-1.

20 | Kurt Biedenkopf: Wir leben alle nur auf Pump (Interview), in: Quick vom 28. Februar 1980, ACDP-PA 2/24/7-1.

21 | Vgl. Artikel: Biedenkopf grüßt Grüne an der Ruhr, in: Die Welt vom 19. März 1980, ACDP-PA 2/24/7-1.

22 | Vgl. Artikel: Widerspruch in der CDU zu Biedenkopf. »Grüne überflüssig«, in: Kölner Stadt-Anzeiger vom 17. April 1980, ACDP-PA 2/24/7-1.

23 | Artikel: Die Union und die Grünen, in: Parlamentarisch-Politischer Pressedienst vom 20. März 1980, ACDP-PA 2/24/7-1. Ebenso hatte Strauß gesagt: »Nach ihrem Wahlerfolg in Baden-Württemberg erkenne ich die Grünen als etablierte Partei an, der man die Koalitionsfähigkeit nicht von vornherein absprechen kann.« Zit. nach Norbert Middeke: Taktisches Geschwätz über Grüne, in: Handelsblatt vom 26. Juni 1980, ACDP-PA 2/24/7-1.

24 | So Heiner Geißler, zit.n. Pressemitteilung der CDU-Bundespartei vom 17. Juni 1980, ACDP-PA 2/24/7-1.
25 | Zit. nach Hans-Rüdiger Karutz: »CDU und Grüne haben gemeinsame Wurzeln«, in: Die Welt vom 24. April 1981, ACDP-PA 2/24/7-1. Auf diesen Zusammenhang wies zwei Jahre später auch Benedict Maria Mülder (Nichts gegen die CDU, in: Freibeuter. Vierteljahresschrift für Kultur und Politik 18 [1983], S. 76-83, S. 77f.) hin. Er verglich Aussagen des Berliner Grünen-Politikers Martin Jänicke und des niedersächsischen CDU-Fraktionsvorsitzenden Werner Remmers miteinander und kam zu dem Schluss, dass sich diese zwar semantisch, nicht jedoch inhaltlich in ihrer Kritik an der modernen Industriegesellschaft und deren Auswirkungen auf Mensch und Umwelt unterschieden.
26 | »Bei einem Redaktionsbesuch der Rheinischen Post sagte Dregger gestern, die Probleme der Bundesrepublik wie Massenarbeitslosigkeit, sinkende Reallöhne und die Gefährdung des sozialen Netzes könnten in einer Zusammenarbeit mit den Grünen nicht beseitigt werden.« Helmut Breuer/Herbert Slevogt: Dregger lehnt Koalition mit Grünen ab, in: Rheinische Post vom 11. März 1982, ACDP-PA 2/24/7-1.
27 | Vgl. Artikel: Dregger: Regierungsbildung ohne Unterstützung der Grünen, in: Deutsche Presse-Agentur vom 9. Juli 1982, ACDP-PA 2/24/7-1. Die Grünen sollten so durch eine Art von Parteienkartell als parlamentarischer »Störfaktor« ausgeschaltet werden, weswegen vor allem die SPD eine solche Vereinbarung ablehnte. Als Extremisten wollte Dregger die Grünen aber trotzdem (noch) nicht bezeichnen, wie er in einem Interview mit dem *Spiegel*, welches die Motive für seinen Vorstoß verdeutlichte, klarstellte. Vgl. Alfred Dregger: »Ausstieg aus der Wirklichkeit« (Interview), in: Der Spiegel vom 19. Juli 1982.
28 | Vgl. Artikel: Führende CDU-Politiker gegen Zusammenarbeit mit Grünen, in: Deutsche Presse-Agentur vom 18. Juli 1982, ACDP-PA 2/24/7-1.
29 | Zit. nach Artikel: Jetzt CDU-Debatte über Grüne, in: Süddeutsche Zeitung vom 19. Juli 1982, ACDP-PA 2/24/7-1.
30 | Ebd. Blüm bezeichnete dies als die »Gretchenfrage« für eine schwarz-grüne Zusammenarbeit.
31 | Vgl. Helmut Paul: Neumann (CDU) gönnte den Grünen einen Augenaufschlag, in: Kieler Nachrichten vom 24. Juli 1982; Artikel: Kontaktsuche, in: Hannoversche Allgemeine Zeitung vom 29. Juli 1982; Artikel: Breuel: Union muss konkreter werden, in: Die Welt vom 16. August 1982 sowie Artikel: Albrecht: FDP »zu schwach geworden, um sich zu etwas aufzuraffen«, in: Deutsche Presse-Agentur vom 15. August 1982, alle Artikel ACDP-PA 2/24/7-1.
32 | Mohr: Schwarz-Grün ist die Haselnuss S. 72.
33 | Kleinert: Schwarz-Grün erweitert Optionen, S. 70.

34 | Vgl. Kleinert: Voraussetzungen und Grenzen schwarz-grüner Optionen, S. 176.
35 | Schmid: Wenn der Zenit überschritten ist, S. 81f.
36 | Vgl. Sepp Binder: CDU und Grüne oft auf einer Wellenlänge, in: Neue Ruhr-Zeitung vom 10. November 1982. Dass das »Streben nach dem Subsidiaritätsprinzip« die CDU mit den Alternativen verbinde hatte auch Lehmann-Brauns auf einer Podiumsdiskussion des Landesarbeitskreises Christlich Demokratischer Juristen noch einmal betont und vorgeschlagen, dass die Union die alternative Bewegung integrieren müsse, sobald diese sich eindeutig zur Gewaltfreiheit bekennen würde. Vgl. Artikel: Sitzen CDU und Alternative in einem Boot?, in: Weser-Kurier vom 24. November 1982, alle ACDP-PA 2/24/7-1.
37 | Vgl. Sepp Binder: CDU und Grüne oft auf einer Wellenlänge, in: Neue Ruhr-Zeitung vom 10. November 1982.
38 | Vgl. ebd.
39 | Vgl. Manfred Langner: Vom Parlamentsverständnis der Grünen. Anti-demokratische Töne bei Brandts neuen Partnern, in: Deutschland-Union-Dienst vom 21. Juli 1982, ACDP-PA 2/24/7-1.
40 | Vgl. Artikel: Hessischer Landtag debattiert über rot-grüne Zusammenarbeit – Eklat im Parlament, in: Deutsche Presse-Agentur vom 26. Januar 1983, ACDP-PA 2/24/7-1.
41 | CDU-Bundesgeschäftsstelle (Hg.): Die Rotgrünen. Argumente gegen die rot-grünen Experimente, Bonn 1982, S. 4, ACDP-PA 2/24/7-1.
42 | Vgl. ebd., passim. Die Broschüre erschien im September 1983 sogar in zweiter, ergänzter Auflage.
43 | Diese Strategie verdeutlichte auch eine Pressemitteilung des CSU-Abgeordneten Michael Glos vom Februar 1983, der ganz im Sinne dieses Ansatzes vor Rot-Grün warnte: »Die SPD [...] ist mit Vogel, Ehmke und Bahr auf dem Wege, unser Land verblendeten linken Ideologen und alternativen Öko-Romantikern auszuliefern [...]. Eine rot-grüne Koalition wäre der wirtschaftliche Niedergang für unser Land. Keiner würde mehr investieren. Eine riesige Kapitalflucht würde einsetzen. [...] Wer SPD wählt, wählt die Grünen. Wer die Grünen wählt, der bringt sich selbst um seinen Arbeitsplatz oder seine Rente; denn er wählt eine Partei, die entschlossen ist, das Rad zurückzudrehen und zunichte zu machen, was in 30 Jahren mühsamen fleißigen Schaffens erarbeitet worden ist.« Ders.: Vogel: der Kanzlerkandidat der Grünen. Das rot-grüne Kartell in Wiesbaden als Modell für Bonn, in: Deutschland-Union-Dienst vom 3. Februar 1983, ACDP-PA 2/24/7-1.
44 | Johann Jul: Union und Grüne: Mit doppelter Zunge, in: Vorwärts vom 11. November 1982, ACDP-PA 2/24/7-1.

45 | Volmer: Die Grünen, S. 114.
46 | Vgl. Kleinert: Voraussetzungen und Grenzen schwarz-grüner Optionen, S. 177.
47 | So hatte es im November 1981 einen Konflikt innerhalb der Bremer Bürgerschaftsfraktion der BGL gegeben, bei dem sich ein Teil der Abgeordneten für die CDU als möglichen Partner ausgesprochen hatte. Vgl. Artikel: »Grüne« gegen Koalitionen mit CDU, in: Weser-Kurier vom 5. November 1981.
48 | So auch die Einschätzung Kohls noch im August 1982. Vgl. Artikel: Kohl sieht Hessen- und Bayernwahl als Testwahlen für Bonn, in: Deutsche Presse-Agentur vom 22. August 1982, ACDP-PA 2/24/7-1.
49 | Klaus Gotto/Hans-Joachim Veen: Zur Einführung, in: Dies. (Hg.): Die Grünen. Partei wider Willen, Mainz 1984, S. 7-9, S. 7.
50 | Vgl. dazu insbesondere die interessante Bilderstrecke bei Friederike Freiburg: Latzhose war gestern, in: www.spiegel.de vom 11. Januar 2010.
51 | Zit. nach Georg Gruber: Mit Blumen in den Bundestag, in: www.dradio.de vom 6. März 2008.
52 | Kleinert: Vom Protest zur Regierungspartei, S. 83.
53 | Ebd., S. 88.
54 | Das Interview ist abgedruckt in Fischer: Von grüner Kraft und Herrlichkeit, S. 136-142. Die Zitate entstammen den S. 138f. und S. 141.
55 | Kleinert: Vom Protest zur Regierungspartei, S. 89.
56 | »Wir bewegen uns in einer Gesellschaft, die Lebensverhältnisse normiert auf Einheitsmoden, Einheitswohnungen, Einheitsmeinungen, auch auf eine Einheitsmoral, was dazu geführt hat, dass sich Menschen abends hinlegen und vor dem Einschlafen eine Einheitsübung vollführen, wobei der Mann meist eine fahrlässige Penetration durchführt, fahrlässig, denn die meisten Männer ergreifen keine Maßnahmen zur Schwangerschaftsverhütung.« Waltraud Schoppe, in: Deutscher Bundestag: Plenarprotokoll 10/5 vom 5. Mai 1983, S. 248.
57 | Norbert Seitz: Das letzte Grölen der Männer, in: Die Welt vom 10. Mai 2009.
58 | Auf den Sexismusvorwurf reagierten die Unionsabgeordneten u.a. mit anzüglichen Bemerkungen zum Abgeordnetenpaar Bastian und Kelly (»Das Liebesparlament«). Vgl. Plenarprotokoll 10/5, S. 249.
59 | Wörtlich hatte Fischer gesagt: »Es ist sicher richtig, die Einmaligkeit des Verbrechens, das die Nationalsozialisten am jüdischen Volk begangen haben, nicht mit schnellen Analogieschlüssen zu überdecken. Aber ich finde doch moralisch erschreckend, daß es offensichtlich in der Systemlogik der Moderne, auch nach Auschwitz, noch nicht tabu ist, weiter Massenvernichtung vorzubereiten – diesmal nicht entlang der Rassenideologie, sondern entlang des Ost-West-Konflikts. Da

analogisiere ich nicht mit Auschwitz, aber ich sage: Auschwitz mahnt eigentlich daran, diese Logik zu denunzieren, wo sie auftritt, und sie politisch zu bekämpfen.« Joschka Fischer: Wir sind ein schöner Unkrautgarten (Interview), in: Der Spiegel vom 13. Juni 1983.
60 | Volmer: Die Grünen, S. 183.
61 | Heiner Geißler, in: Deutscher Bundestag: Plenarprotokoll 10/13 vom 15. Juni 1983, S. 755.
62 | Joschka Fischer, in: Deutscher Bundestag: Plenarprotokoll 10/16 vom 23. Juni 1983, S. 1050.
63 | Vgl. ebd.
64 | Jürgen Reents, in: Deutscher Bundestag: Plenarprotokoll 10/91 vom 18. Oktober 1984, S. 6687.
65 | Die Abläufe sind dokumentiert bei Kleinert: Vom Protest zur Regierungspartei, S. 132f. Vgl. auch das Plenarprotokoll 10/91, S. 6698, welches Fischers Ausspruch jedoch lediglich als nicht näher definierten »Zuruf« aufführt.
66 | Kleinert: Vom Protest zur Regierungspartei, S. 133.
67 | Sogar eine Arbeitsgruppe, die prüfen sollte, wie die Grünen davon abgehalten werden können, die Arbeit des Bundestags weiterhin zu stören, setzte die CDU/CSU Anfang Dezember 1983 ein. Vgl. Peter Quay: Union will die Grünen zur Ordnung zwingen, in: Bonner Rundschau vom 2. Dezember 1983, ACDP-PA 2/24/7-1.
68 | Vgl. Karl Miltner: Stehen die Grünen zur Verfassung?, in: Deutschland-Union-Dienst vom 16. März 1983, ACDP-PA 2/24/7-1.
69 | Pressemitteilung der Grünen im Bundestag vom 24. Oktober 1984, ACDP-PA 2/24/7-1.
70 | Vgl. Langguth: Der grüne Faktor, S. 51-53 und Hans-Joachim Veen: Wer wählt grün? Empirische Ergebnisse (1980-1984) zum Profil der neuen Linken in der Wohlstandsgesellschaft, in: Gotto/Ders. (Hg.): Die Grünen, S. 129.
71 | Vgl. Veen: Wer wählt grün?, S. 128.
72 | Vgl. Müller-Rommel: Die Grünen, S. 122.
73 | Zit. nach Gunter Hofmann: »Hier kann man nicht denken«, in: Die Zeit vom 13. Mai 1983, neu abgedruckt in: Amend/Schwarz (Hg.): Die Grünen, S. 152-156, S. 155.
74 | Kleinert: Schwarz-Grün erweitert Optionen, S. 71.
75 | Vgl. Ottfried Hennig: Auf dem Weg zur grünen Diktatur. Eine Dokumentation zum Bundesprogramm der Grünen, veröffentlicht am 30. August 1984, S. 3, ACDP-PA 2/24/7-1.
76 | Vgl. ebd., S. 4f.
77 | Vgl. ebd., S. 6.

78 | Vgl. Christian Lenzer: Stellungnahme vom 31. August 1984, in: Deutschland-Union-Dienst, ACDP-PA 2/24/7-1.
79 | Vgl. Joschka Fischer: Regieren geht über studieren. Ein politisches Tagebuch, Frankfurt a.M. 1987, S. 117.
80 | Vgl. dazu Volmer: Die Grünen, S. 205.
81 | Zit. nach Artikel: »Die Grünen sind geistige Mittäter«, in: Express vom 9. März 1985, ACDP-PA 2/24/7-1.
82 | So der rechtspolitische Sprecher der CDU/CSU-Bundestagsfraktion Fritz Wittmann: Grüne: Das Kind als Lustobjekt freigeben, in: Deutschland-Union-Dienst vom 11. April 1985. Vgl. zum Beschluss der NRW-Grünen auch die Stellungnahme des CDU-Abgeordneten Friedrich Bohl: Sex mit Kindern? Unglaublicher Beschluss der Grünen in NRW, in: Deutschland-Union-Dienst vom 12. März 1985, beide ACDP-PA 2/24/7-1.
83 | So Friedrich Bohl in einer Pressemitteilung der CDU/CSU-Bundestagsfraktion vom 8. Oktober 1985, ACDP-PA 2/24/7-1.
84 | Jung: Mehr Brücken als Barrieren, S. 65.
85 | Die Hannoveraner Beschlüsse von 1986 zeigten noch einmal in aller Deutlichkeit, dass fast sämtliche Punkte des Grünen-Wahlprogramms den Positionen der Union zuwiderliefen. Gerade die hier erneuerten Forderungen nach einem NATO-Austritt, der einseitigen Abrüstung, dem Verzicht auf das Wiedervereinigungsgebot oder die klare Absage an die Grundsätze der sozialen Marktwirtschaft betrafen den Identitätskern der Unionsparteien. Dementsprechend sahen Unions-Abgeordnete wie Rudolf Seiters und Wolfgang Bötsch im grünen Wahlprogramm für 1987 »ein Rezeptbuch, wie man auf schnellstem Wege ein reiches Land, eine freiheitliche Demokratie, eine soziale Gesellschaft und einen Rechtsstaat ruinieren kann.« Dies: Pressemitteilung der CDU/CSU-Bundestagsfraktion vom 5. Juni 1986, ACDP-PA 2/24/7-1.
86 | Vgl. Kleinert: Aufstieg und Fall der Grünen, S. 202.
87 | Rolf Zundel: Ausgrenzung statt Diskussion, in: Die Zeit vom 7. September 1984, ACDP-PA 2/24/7-1.
88 | Zit. nach Artikel: Wissmann: »Elemente eines neuen Faschismus« bei den Grünen, in: Deutsche Presse-Agentur vom 6. August 1983, ACDP-PA 2/24/7-1.
89 | Vgl. Wolter von Tiesenhausen: Die CDU hat ihre Lektion gelernt – die SPD nicht, in: Deutsches Monatsblatt. Offizielles Organ der CDU vom Januar 1984, ACDP-PA 2/24/7-1.
90 | Artikel: EVP gegen »Pöbeleien der Grünhemden«, in: Deutsche Presse-Agentur vom 19. Oktober 1984.

91 | Zit. nach Artikel: Geißler rügt »mythische Rituale« bei den Grünen, in: Hamburger Abendblatt vom 17. Dezember 1984, ACDP-PA 2/24/7-1.
92 | Vgl. dazu Kleinert: Schwarz-Grün erweitert Optionen, S. 69 und Walter: Gelb oder Grün?, S. 95.
93 | Vgl. die weitestgehend aus kommentierten Zitaten von Grünen-Politikern und Programmteilen bestehende Broschüre der CDU-Bundesgeschäftsstelle (Hg.): Die Grünen. Eine Analyse der öko-marxistischen Radikalopposition, Bonn 1984, ACDP-PA 2/24/7-1.
94 | Vgl. dazu auch die Broschüre der Hessischen CDU-Landtagsfraktion: Gefahr für Hessen. Der grün-rote Pakt, Wiesbaden 1984.
95 | Zit. nach Artikel: Grüne zu Geißler: Quatsch mit Soße, in: Deutsche Presse-Agentur vom 20. September 1984, ACDP-PA 2/24/7-1.
96 | »Die Union sollte nach Überzeugung des westfälischen CDU-Vorsitzenden Biedenkopf in ihrer Politik die ›Ideen, Erwartungen und Hoffnungen derjenigen, die sich in zahlreichen Initiativen und Projekten engagieren, ernst nehmen, aufgreifen und ihnen eine politische Heimat anbieten.‹ [...] eine Reihe von Fragen, die von den Grünen gestellt würden, seien richtig, doch seien ihre Antworten unbrauchbar.« Artikel: Biedenkopf widerspricht Geißler in der Frage der Grünen, in: Parlamentarisch-Politischer Pressedienst vom 10. September 1984, Vgl. auch Artikel: Die Grünen als »Nazis« und »Kommunisten« beschimpft, in: Bonner Express vom 3. Oktober 1984, beide ACDP-PA 2/24/7-1.
97 | Rudolf Seiters/Wolfgang Bötsch (Hg.): Die Kader der Grünen, Bonn 1986, S. 5, ACDP-PA 2/24/7-1.
98 | Ebd. S. 4.
99 | Gegendarstellung der Grünen im Bundestag vom 5. Juni 1986, ACDP-PA 2/24/7-1.
100 | Gebhard Hillmer: Nervöse Union, in: Weser-Kurier vom 6. Juni 1986, ACDP-PA 2/24/7-1.
101 | Zit. nach Artikel: Grüne wollen Angriffe der CDU/CSU noch schärfer kontern, in: Deutsche Presse-Agentur vom 4. August 1986, ACDP-PA 2/24/7-1.
102 | Rudolf Seiters/Wolfgang Bötsch (Hg.): Grüne und Geld. Zur Staatsfinanzierung der Grünen und ihrer alternativen Klientel, Bonn 1986, S. 3, ACDP-PA 2/24/7-1.
103 | Rudolf Seiters/Wolfgang Bötsch (Hg.): Grüne und Gewalt, Bonn 1987, S. 3
104 | Zit. nach Klaus Pokatzky: Ein Naturrecht auf Widerstand?, in: Die Zeit vom 6. Mai 1983, neu abgedruckt in: Amend/Schwarz (Hg.): Die Grünen, S. 97-101, S. 98.
105 | Vgl. dazu auch Langguth: Der grüne Faktor, S. 90f.

106 | Vgl. dazu und zum Nutzen des grünen Feindbilds für die Union Achim Melchers: CDU und die Grünen, in: Westdeutsche Allgemeine Zeitung vom 5. August 1986, ACDP-PA 2/24/7-1.
107 | Zit. nach Artikel: Späth: Berührungspunkte zwischen CDU und Grünen, in: Deutsche Presse-Agentur vom 2. Mai 1983, ACDP-PA 2/24/7-1.
108 | Zit. nach Stefan Heydeck: Die Grünen streiten über ihren Kurs, in: Die Welt vom 6. Juni 1983, ACDP-PA 2/24/7-1.
109 | Zit. nach Artikel: Landtagsabgeordneter der Grünen hält Bündnis mit CDU für denkbar, in: Deutsche Presse-Agentur vom 22. Dezember 1984, ACDP-PA 2/24/7-1.
110 | Vgl. ebd. Seine Einlassungen ließen »jeglichen Ansatz einer realistischen Analyse der industriefreundlichen Umweltpolitik« der Union vermissen, so die Rüge des baden-württembergischen Landesvorstands. Eine Zusammenarbeit mit der Partei, die die Grünen in die Nähe von Totalitarismus und Faschismus rücke, sei »unvorstellbar«.
111 | Beschluss des CDU-Bundesvorstandes vom 21. Februar 1985, S. 2, ACDP-PA 2/24/7-1. Allerdings war es zu diesem Zeitpunkt entgegen des scheinbar kompromisslosen Beschlusses bereits in einigen Kommunen Hessens und Rheinland-Pfalz' zu schwarz-grünen Wahlabsprachen gekommen, die von der SPD massiv kritisiert wurden.
112 | Zit. nach Arnd Brummer: Schwarz-grüne Träume, in: Sonntag Aktuell vom 30. Juni 1985, ACDP-PA 2/24/7-1. Das Papier kritisierte zudem ausdrücklich und namentlich den scharfen Abgrenzungskurs Geißlers.
113 | Zit. nach Artikel: Kleine Netze. Auch Grüne entdecken die politische Mitte, in: Der Spiegel vom 25. August 1986.
114 | Vgl. dazu auch den Artikel von Norbert Seitz: »... mehr weltoffene Kirchturmspolitik«, in: Frankfurter Rundschau vom 28. November 1987, ACDP-PA 2/24/7-1. Seitz berichtete von einer »schwarz-grünen Zukunftstagung«, an der neben Schmid und Dettling auch der Grüne Micha Brumlik und die Publizisten Cora Stephan und Claus Leggewie teilnahmen.
115 | Artikel: Kleine Netze. Auch Grüne entdecken die politische Mitte. Vgl. zu den »Modernisierern« in der CDU auch Peter J. Grafe: Schwarze Visionen. Die Modernisierung der CDU, Reinbek bei Hamburg 1986.
116 | Vgl. Artikel: Biedenkopf würdigt Beitrag der Grünen zur Politik, in: Süddeutsche Zeitung vom 26. November 1986, und Reinhold Michels: »Wir stehen den Grünen frontal gegenüber«, in: Rheinische Post vom 3. Dezember 1986, beide ACDP-PA 2/24/7-1.
117 | Schmid: Wenn der Zenit überschritten ist, S. 80.

118 | Zit. nach Artikel: CDU will keine Grünen im Bundestagspräsidium, in: Süddeutsche Zeitung vom 30. Januar 1987.
119 | So die Begründung Seiters' in der Debatte zu den Anträgen von SPD und Grünen, künftig fünf statt vier Stellvertreterposten im Bundestagspräsidium zu wählen. Vgl. Artikel: Scharfe Kontroverse über parlamentarische Beteiligung der Grünen, in: Deutsche Presse-Agentur vom 18. Februar 1987, ACDP-PA 2/24/7-1.
120 | Zit. nach ebd.
121 | Vgl. Artikel: Geißler sieht keine Möglichkeit für Zusammenarbeit mit Grünen, in: Deutsche Presse-Agentur vom 12. Februar 1987 sowie Helmut Breuer: Wirbel um Welt-Gespräch mit CDU-Politikerin, in: Die Welt vom 13. Februar 1987, ACDP-PA 2/24/7-1.
122 | Zit. nach Breuer: Wirbel um Welt-Gespräch mit CDU-Politikerin.
123 | So zum Beispiel Gerlind Schaidt: CDU und die Grünen?, in Bonner Rundschau vom 13. Februar 1987, ACDP-PA 2/24/7-1.
124 | Zit. nach Gunter Hofmann: Denkzettel für Denker, in: Die Zeit vom 20. Februar 1987, ACDP-PA 2/24/7-1.
125 | Werner A. Perger: Schablonen. Wer unverkrampft über die Grünen redet, ist in der CDU untendurch, in: Deutsches Allgemeines Sonntagsblatt vom 22. Februar 1987, ACDP-PA 2/24/7-1.
126 | Zit. nach Artikel: NRW-Grüne: Über Thoben-Äußerung »gerührt und glücklich«, in: Westfälische Rundschau vom 14. Februar 1987, ACDP-PA 2/24/7-1.
127 | Vgl. ebd.
128 | Zit. nach Artikel: Grünen-Sprecher fordert mehr Dialogfähigkeit und Öffnung zur CDU, in: Deutsche Presse-Agentur vom 22. April 1987, ACDP-PA 2/24/7-1. Die DPA zitierte Beckmann weiter wie folgt: »Wenn CDU und SPD wie in Hamburg eine fast gleiche Sachpolitik machen wollten, dann sollten die Grünen nicht nur der SPD, sondern auch der CDU Tolerierungsgespräche anbieten. [...] »Wir sind im Kern eine wertkonservative Partei, keine Strukturkonservative.«
129 | Pressemitteilung Lukas Beckmanns vom 22. April 1987, S. 1, AGG-PKA, AktNr. 2550.
130 | Ebd., S. 2.
131 | Ebd., S. 3.
132 | Ebd. S. 4. Und weiter: »Die Grundwerte des Christentums und des Liberalismus, die Solidarität unter den Menschen, die soziale Verpflichtung des Eigentums, die Erhaltung der Schöpfung und die staatsrechtlichen Rahmenbedingungen für eine friedensfähige Vielfalt in der Gesellschaft sind politisch-inhaltlich von den Altparteien in der Praxis längstens verworfen worden, während sie weiterhin mit relativem Erfolg ideologisch und kulturpolitisch daran festhalten.«

133 | Ebermann schrieb: »Lieber Lukas, ich bin sehr verärgert über dich. Da arbeiten ich und einige Freunde seit mehreren Jahren an der Spaltung der CDU. Wie ich Dir kürzlich vertraulich mitteilte, standen wir kurz vor dem ersehnten Erfolg. Mit Biedenkopf war absolutes Stillschweigen vereinbart, weil Blüm und Süßmuth noch schwankten. Die beiden sind – wie Du weißt – wichtig, denn ohne sie kriegen wir die CDU-Arbeiter und die CDU-Frauen nicht zu uns rübergezogen. Mit deinem Vorpreschen hast Du uns um Monate, wenn nicht um Jahre, zurückgeworfen. Hoffentlich ist die historische Chance nicht gänzlich vertan. Die Verantwortung hierfür läge allein bei Dir. Ohne Verständnis für Dein Handeln grüßt, Thomas Ebermann.« Pressemitteilung der Grünen im Bundestag vom 22. April 1987, ACDP-PA 2/24/7-1.
134 | Zit. nach Klaus Schwehn: Grüne suchen Partner, in: Die Welt vom 23. April 1987. Allerdings sollte Schily nur ein halbes Jahr später selbst eine Zusammenarbeit mit der CDU in fernerer Zukunft nicht ausschließen, sollte sich diese programmatisch erheblich ändern. Vgl. Artikel: Für Bayerns Grüne Koalitionen mit der Union »undenkbar«, in: Frankfurter Allgemeine Zeitung vom 30. September 1987, beide ACDP-PA 2/24/7-1.
135 | Zit. nach Artikel: Joschka Fischer gegen Annäherung der Grünen an CDU, in: Deutsche Presse-Agentur vom 25. April 1987, ACDP-PA 2/24/7-1.
136 | Pressemitteilung des Bundesvorstandes der Grünen vom 27. April 1987, AGG-PKA, AktNr. 2550.
137 | Der stellvertretende CDU-Sprecher Hans-Christian Maaß wertete Beckmanns Aussagen als Ausdruck von Realitätsferne und politischer Verworrenheit, wobei sich dieser lediglich versuche, »christlich zu tünchen«. Zit. nach Artikel: CDU: Realitätsferne Äußerungen, in: Deutsche Presse-Agentur vom 22. April 1987, ACDP-PA 2/24/7-1. Laut der Stuttgarter Zeitung strotzte das politische »Vermächtnis« Beckmanns »von verqueren Analysen und verworrenen Zielsetzungen«. Artikel: Der Superstaatsmann, in: Stuttgarter Zeitung vom 23. April 1987, AGG-PKA, AktNr. 2550. Die Süddeutsche Zeitung meinte, Beckmann habe sich »ziemlich unkontrolliert von der Seele geschrieben, was an Ängsten, Hoffnungen, Frust und Selbstüberschätzung dort aufgestaut war.« Artikel: Grüner Futurismus, in: Süddeutsche Zeitung vom 24. April 1987, ACDP-PA 2/24/7-1.
138 | Zit. nach Artikel: Kuhn bietet Späth die Hilfe der Grünen an, in: Stuttgarter Zeitung vom 28. August 1987, ACDP-PA 2/24/7-1.
139 | Zit. nach ebd.
140 | So Landesvorstandsmitglied Rolf Bach, zit.nach Artikel: Kontroverse um Angebot an Späth, in: Stuttgarter Zeitung vom 7. September 1987, ACDP-PA 2/24/7-1.

141 | Zit. nach Artikel: Südwest-Grüne: Späth soll mit wechselnden Mehrheiten regieren, in: Deutsche Presse-Agentur vom 10. September 1987, ACDP-PA 2/24/7-1.
142 | Vgl. Artikel: Grünen finden Gemeinsamkeiten mit der CDU, in: Frankfurter Allgemeine Zeitung vom 11. September 1987 sowie Hannes Hansen: Stuttgarter Heiratsmarkt, in: Die Zeit vom 27. November 1988, beide ACDP-PA 2/24/7-1. Artikel: Dummerle hilft Cleverle, in: Der Spiegel vom 05. Oktober 1987.
143 | Zit. nach Artikel: Dummerle hilft Cleverle, in: Der Spiegel vom 05. Oktober 1987.
144 | Vgl. Artikel: Solidarität, in: Frankfurter Allgemeine Zeitung vom 5. März 1988, ACDP-PA 2/24/7-1.
145 | Zit. nach Artikel: Worte der Woche, in: Die Zeit vom 11. März 1988.
146 | Vgl. zum besonderen Verhältnis von Union und Grünen in Baden-Württemberg in den 1990er Jahren auch Habs: Wende ins versöhnte Grün?, vor allem S. 340-346.
147 | Helmut Kohl: Regierungserklärung, in: Deutscher Bundestag: Plenarprotokoll 11/140 vom 27. April 1989, S. 10292 und 10304: »Die Wahlen dieses Jahres haben in bedrückendem Ausmaß Parteien am rechten und linken Rand gestärkt. [...] Meine Damen und Herren, jetzt steht viel auf dem Spiel; denn Freiheit, Wohlstand und sozialer Ausgleich haben keine Zukunft, wenn Radikale das Sagen haben. Radikale wollen den Austritt aus der NATO. Sie wollen den Austritt aus der Europäischen Gemeinschaft. Sie kämpfen gegen die soziale Marktwirtschaft. Sie haben ein gestörtes Verhältnis zum Rechtsstaat, und nicht wenige von Ihnen sympathisieren offen mit den terroristischen Gewalttätern in der Bundesrepublik Deutschland.«
148 | So Rolf Zundel: Holz vom selben Stamm?, in: Die Zeit vom 19. Mai 1989, ACDP-PA 2/24/7-1.
149 | Zit. nach Artikel: »Besser nur von REP sprechen«, in: Welt am Sonntag vom 7. Mai 1989 und Artikel: »CDU-Politiker sollten besser von REP, nicht von den Republikanern reden«, in: Die Welt vom 6. Mai 1989, beide ACDP-PA 2/2812/7-1.
150 | So Ralf Fücks, zit. nach Klaus Dreher: Grüne: Flüchtlingen die Grenze öffnen, in: Süddeutsche Zeitung vom 22. Mai 1989, ACDP-PA 2/24/7-1.
151 | Vgl. ebd.
152 | Zit. nach Artikel: Schäuble: Radikale schaukeln sich hoch, in: Die Welt vom 23. Mai 1989, ACDP-PA 2/24/7-1.
153 | Zit. nach einer Pressemitteilung der CDU-Bundespartei vom 4. Juli 1989, ACDP-PA 2/24/7-1.

154 | Zit. nach Artikel: NRW: JU-Vorsitzender verteidigt Grüne gegen CDU-Kampagne, in: Die Tageszeitung vom 10. Juli 1989, ACDP-PA 2/24/7-1.

155 | Laut einem Bericht der Rhein-Zeitung meldete sich während der kurzen Debatte zum Beschluss nur ein einziger Delegierter zu Wort, der darauf hinwies, dass nicht alle Grünen radikal seien und man mit ihnen in manchen politischen Fragen politisch zusammenarbeiten könnte. Vgl. Artikel: Nein zu Radikalen, in: Rhein-Zeitung vom 14. September 1989, ACDP-PA 2/24/7-1.

156 | So Ferdos Forudastan: Ein Tabubruch und Lockerungsübungen in allen Ecken, in: Frankfurter Rundschau vom 10. November 1994, ACDP-PA 2/24/7-1.

157 | Der Beschluss Nr. H 81 lautete nun: »Die CDU lehnt jede Vereinbarung über eine politische Zusammenarbeit und jede Koalition mit links- und rechtsradikalen Parteien ab, wie z.B. mit der PDS, DVU, den Republikanern oder ähnlichen Gruppierungen. Ein Verstoß gegen diesen Grundsatz ist mit den Zielen und der Mitgliedschaft in der CDU unvereinbar.« CDU: Protokoll des 3. Parteitags der Christlich Demokratischen Union Deutschlands, Düsseldorf, 26.-28. Oktober 1992, S. 440, online abrufbar unter www.cdu-geschichte.de.

158 | Christoph Palmer: Union soll sich für Grüne öffnen, in: Die Entscheidung 1/1991, S. 13. Man müsse, so Palmer, mit verschiedenen realpolitischen Mandatsträgern der Grünen in einen Diskussionsprozess einsteigen und über die Mitwirkung in der CDU sprechen: »Der Fehler, daß man Herbert Gruhl und den Seinen in den 70er Jahren keinen Platz zur Mitwirkung in unserer Partei gegeben hat, könnte durch die Mitarbeit seiner Enkel geheilt werden. Dann wäre eine grüne Partei auch vollends überflüssig.« Ebd., S. 14. Konkret hielt Palmer es sogar für wünschenswert, nicht nur Mandatsträger der Grünen zu einem Übertritt zu bewegen, sondern ganze CDU-Landtagswahlkreise in Baden-Württemberg für Grünen-Realos zu reservieren. Es wäre »eine Chance und eine Bereicherung« für seine Partei, diesen in der »CDU eine Heim- und Wirkungsstätte anzubieten«. Zit. nach Artikel: Junge Union will CDU-Wahlkreise für Grüne-Realos, in: Deutsche Presse-Agentur vom 7. Dezember 1990, ACDP-PA 2/24/7-1.

159 | Artikel: Kuhn: Koalition mit CDU undenkbar, in: Stuttgarter Zeitung vom 27. Mai 1991, ACDP-PA 2/4/7-1.

160 | Die baden-württembergische Landtagswahl 1992 hatte folgendes Ergebnis: CDU 39,6 % (-9,4), SPD 29,4 % (-2,6), REP 10,9 % (+9,9), Grüne 9,5 % (+1,6) und FDP 5,9 % (+-0,0).

161 | Kleinert: Vom Protest zur Regierungspartei, S. 447.

162 | Zit. nach Artikel: Fundsache, in: Frankfurter Allgemeine Zeitung vom 30. Januar 1992, ACDP-PA 2/24/7-1.

163 | Vgl. Artikel: Einfach fabelhaft. Die geschwächte CDU bricht ein Tabu: an den Grünen findet sie nichts Schlimmes mehr, in: Der Spiegel vom 20. April 1992.
164 | Vgl. Artikel: Erste Weichen für Koalitionsgespräche im Südwesten gestellt – Anzeichen für eine Große Koalition, in: Deutsche Presse-Agentur vom 7. April 1992, ACDP-PA 2/24/7-1.
165 | Vgl. Schlauch: Wer zu spät kommt, den bestraft der Wähler, S. 65 und Bettina Wieselmann: Flirt mit Grün, Hochzeit mit Rot, in: Die Zeit vom 1. Mai 1992, ACDP-PA 2/24/7-1.
166 | Vgl. dazu die Erinnerungen des Beteiligten Rezzo Schlauch: Wer zu spät kommt, den bestraft der Wähler. Zum Verhältnis von Schwarz und Grün in Baden-Württemberg, in: Kronenberg/Weckenbrock (Hrsg.): Schwarz-Grün, S. 65-71, S. 66.
167 | Vgl. ebd.
168 | Pressemitteilung der Grünen-Bundespartei vom 14. April 1992, AGG-C-BaWü/1.1 LaVo/LgSt, AktNr. 529.
169 | Vgl. ebd., S. 66.
170 | Zit. nach Schlauch: Wer zu spät kommt, den bestraft der Wähler, S. 66.
171 | Zit. nach Artikel: Die Grünen befürchten eine Zerreißprobe, in: Frankfurter Allgemeine Zeitung vom 8. April 1992, ACDP-PA 2/24/7-1.
172 | Brief von Ludger Volmer, Christine Weiske und Heide Rühle an den Landesverband der Grünen in Baden-Württemberg vom 10. April 1992, AGG-C-BaWü/1.1 LaVo/LgSt, AktNr. 529.
173 | Ebd.
174 | Vgl. Artikel: Vorstand gegen Koalition mit der CDU, in: Süddeutsche Zeitung vom 14. April 1992.
175 | Brief von Sabine Boehlich an den Bundesvorstand der Grünen vom 15. April 1992, AGG-C-BaWü/1.1 LaVo/LgSt, AktNr. 529.
176 | Brief von Konrad Weiß an die baden-württembergische Landtagsfraktion der Grünen vom 21. April 1992, AGG-C-BaWü/1.1 LaVo/LgSt, AktNr. 529.
177 | Brief des Landesvorstandssprechers der Grünen in Niedersachsen an den Landesvorstand der baden-württem-bergischen Grünen vom 16. April 1992, AGG-C-BaWü/1.1 LaVo/LgSt, AktNr. 529.
178 | Brief von Daniel Kreutz an die baden-württembergische Landtagsfraktion der Grünen vom 13. April 1992, AGG-C-BaWü/1.1 LaVo/LgSt, AktNr. 529.
179 | Vgl. Fax an die Landesgeschäftsstelle der Grünen Baden-Württemberg, AGG-C-BaWü/1.1 LaVo/LgSt, AktNr. 529.
180 | Vgl. Brief des BUND-Landesvorsitzenden Gerhard Thielcke an Rezzo Schlauch vom 6. April 1992 sowie das Schreiben des Landesvorstandes der

Arbeitsgemeinschaft bäuerliche Landwirtschaft an den Landesverband der Grünen Baden-Württemberg vom 6. April 1992, beide AGG-C-BaWü/1.1 LaVo/LgSt, AktNr. 529.

181 | Vgl. Brief von Lukas Beckmann an die baden-württembergische Landtagsfraktion und den Landesvorstand der Grünen vom 27. April 1992, AGG-C-BaWü/1.1 LaVo/LgSt, AktNr. 529.

182 | Zit. nach Artikel: Grünen-Vorstand hält sich zurück, in: Südwest-Presse vom 21. April 1992, AGG-C-BaWü/1.1 LaVo/LgSt, AktNr. 529.

183 | Zit. nach Artikel: Schwarz-Grün gewinnt Freunde, in: Frankfurter Rundschau vom 13. April 1992, ACDP-PA 2/24/7-1.

184 | Vgl. ebd.

185 | Hermann Gröhe: Schwarz-Grün? Und was ist mit den Reps? Eine Streitschrift des JU-Bundesvorsitzenden, in: Die Entscheidung 5/1992, S. 15-17, S. 15.

186 | Vgl. Artikel: Schwarz-Grün gewinnt Freunde.

187 | Vgl. Artikel: Waigel gegen schwarz-grüne Koalition in Baden-Württemberg, in: Deutsche Presse-Agentur vom 11. April 1992, ACDP-PA 2/24/7-1.

188 | Eine Zusammenarbeit mit den Grünen wäre eine »eklatante Gefahr für die Glaubwürdigkeit der Unionspolitik«. Gröhe verhalte sich wie ein »Elefant im Porzellanladen«, der auch noch die letzten wertkonservativen Jungwähler vertreibe. Mit Blick auf die Grünen müsse die Parole vielmehr lauten: »Hände weg von allen radikalen Kräften!« Zit. nach Artikel: Kontroverse innerhalb der Jungen Union zum Thema »schwarz-grüne Koalition«, in: JU-Pressedienst vom 15. April 1992, ACDP-PA 2/24/7-1.

189 | Zit. nach Harald Günter: Mayer-Vorfelder warnt vor »Riß« in der CDU, in: Die Welt vom 10. April 1992, ACDP-PA 2/24/7-1.

190 | Vgl. Artikel: Rommel plädiert für schwarz-rote Koalition, in: Südwest-Presse vom 21. April 1992, AGG-C-BaWü/1.1 LaVo/LgSt, AktNr. 529. Innenminister Dietmar Schlee lehnte ein Bündnis aufgrund ähnlicher Motive ab.

191 | So Schlauch: Wer zu spät kommt, den bestraft der Wähler, S. 67.

192 | Heidrun Holzbach-Linsenmaier: CDU und Grüne flirten im Musterländle seit langem miteinander, in: Deutsche Presse-Agentur vom 12. April 1992.

193 | Vgl. Wieselmann: Flirt mit Grün, Hochzeit mit Rot.

194 | Vgl. ebd.

195 | Zit. nach Artikel: SPD und CDU wollen am Mittwoch mit Koalitionsverhandlungen beginnen, in: Deutsche Presse-Agentur vom 28. April 1992, ACDP-PA 2/24/7-1.

196 | Vgl. Artikel: Einfach fabelhaft. Demnach bescheinigte Oettinger der SPD-Spitze im Land »dumpfes Mittelmaß«.

197 | Aus CDU-Kreisen war zu hören, dass vielen »Parteifreunden [...] bei diesem Gedanken [an eine Große Koalition, C.W.] noch übel« werde. Rainer Frenkel: »Äußerste Skepsis«, in: Die Zeit vom 10. April 1992, ACDP-PA 2/24/7-1.
198 | Vgl. Holzbach-Linsenmaier: CDU und Grüne flirten im Musterländle seit langem miteinander.
199 | So auch die damalige Einschätzung Schlauchs. Vgl. Frenkel: »Äußerste Skepsis«.
200 | Zit. nach Artikel: Geißler: Auch Grüne sind Koalitionspartner, in: Neue Ruhr-Zeitung vom 2. September 1993.
201 | Zit. nach Artikel: Dr. Heiner Geißler zur programmatischen Erneuerung in der CDU. Interview des Deutschlandfunks vom 3. September 1993, in: Fernseh-/Hörfunkspiegel II der BPA-Nachrichtenabteilung vom 3. September 1993, ACDP-PA 2/24/7-1.
202 | Zit. nach Artikel: Für Schwarz-Grün, in: Süddeutsche Zeitung vom 13. November 1993.
203 | Zit. nach Artikel: Grüne weisen Töpfer zurück: Kein »Schwarz-Grün«, in: Deutsche Presse-Agentur vom 13. November 1993.
204 | Vgl. Heide Platen: Schwarz-grüner Flirt bewegt Bonner CDU, in: Die Tageszeitung vom 11. Juni 1992.
205 | Vgl. Hans Dahne/Matthias Meisner: Sächsische Bündnis 90-Politker träumen von schwarz-grünem Modell, in: Deutsche Presse-Agentur vom 25. Oktober 1993, ACDP-PA 2/24/7-1.
206 | Zit. nach ebd.
207 | Vgl. Klaus Wallbaum: CDU-Reformer liebäugeln mit Schwarz-Grün, in: General-Anzeiger Bonn vom 30. Dezember 1993, ACDP-PA 2/24/7-1.
208 | Zit. nach Artikel: Grünen wollen in Bonn mit SPD regieren – Auf Länderebenen auch mit CDU, in: Deutsche Presse-Agentur vom 16. Januar 1994, ACDP-PA ALT/0/1/15/7.
209 | Zit. nach Nana Brink: Neue Farbenlehre. Die Reformpartei Bündnis 90/Die Grünen kann sich eine Koalition mit der Union vorstellen, in: Focus vom 17. Januar 1994, ACDP-PA ALT/0/1/15/7.
210 | Zit. nach ebd.
211 | Zit. nach Lars Nielsen: Balzen statt balgen. CDU und Grüne, lange Zeit spinnefeind, kommen sich näher, in: Stern vom 7. April 1994, ACDP-PA ALT/0/1/15/7.
212 | Vgl. Ralf Husemann: Kokettieren mit Schwarz-Grün, in: Süddeutsche Zeitung vom 10. März 1994, ACDP-PA ALT/0/1/15/7.
213 | Vgl. Artikel: »Mehrheitsregierungen notwendig«, in: Frankfurter Allgemeine Zeitung vom 16. August 1994, ACDP-PA ALT/0/1/15/7.

214 | Vgl. Brink: Neue Farbenlehre.
215 | Vgl. Albert Funk: Ein Bündnis mit dem Bündnis?, in: Frankfurter Allgemeine Zeitung vom 20. Januar 1994.
216 | Vgl. Nielsen: Balzen statt balgen.
217 | Vgl. Markus Lesch: In Sachsen reifen vor der Wahl schwarz-grüne Träume, in: Die Welt vom 29. April 1994.
218 | Zit. nach Artikel: Bündnis 90/Grüne in Sachsen bereit zu Koalition mit der CDU, in: Deutsche Presse-Agentur vom 9. September 1994, ACDP-PA ALT/0/1/15/7.
219 | Vgl. ebd.
220 | Röstel und Schulz zit.nach Maren Martell/Matthias Meisner: Debatte um schwarz-grün hat Anhänger von Bündnis 90 verunsichert, in: Deutsche Presse-Agentur vom 11. September 1994, ACDP-PA ALT/0/1/15/7.
221 | Vgl. dazu das CDU-Pamphlet mit dem Titel »Die Grünen: Das Sagen haben Fundamentalisten und Öko-Utopisten«, in: Union in Deutschland vom 1. September 1994.
222 | Pressemitteilung der CDU-Bundespartei vom 18. September 1994, beide ACDP-PA ALT/0/1/15/7.
223 | Vgl. Stefan Reker: Das Ende eines Tabus, in: Focus vom 18. Juli 1994, ACDP-PA ALT/0/1/15/7.
224 | Nach der Kommunalwahl 1989 hatten sich tatsächlich nur drei CDU-Verbände, namentlich die in Hückeswagen (16.000 Einwohner), Neukirchen-Vluyn (27.000) und Schlangen (9.000), getraut, eine schwarz-grüne Kooperation zu wagen. Vgl. Claus Haffert: Schwarze Avancen stoßen bei Grünen auf wenig Gegenliebe, in: Deutsche Presse-Agentur vom 24. Oktober 1994, ACDP-PA ALT/0/1/15/7.
225 | Vgl. ebd.
226 | Claus Haffert: Schwarz-grün im roten Revier: Spektakuläre Ausnahmen in der Provinz, in: Deutsche Presse-Agentur vom 3. November 1994, ACDP-PA ALT/0/1/15/7.
227 | Vgl. zu den Koalitionen in Gladbeck und Mühlheim auch Ober: Schwarz-grüne Koalitionen in nordrhein-westfälischen Kommunen.
228 | Vgl. Claus Haffert: Schwarz-Grün beschert der SPD neue Wahlkampfargumente, in: Deutsche Presse-Agentur vom 15. November 1994, ACDP-PA ALT/0/1/15/7.
229 | Ebd.
230 | Wagner: Pizza-Connection, S. 30.
231 | Vgl. Artikel: NRW-Grüne lehnen CDU als Bündnispartner ab, in: Die Welt vom 12. Dezember 1994.

232 | Vgl. Artikel: Auch Reul gegen Schwarz-Grün in Düsseldorf, in: General-Anzeiger Bonn vom 28. Dezember 1994, ACDP-PA ALT/0/1/15/7.
233 | Vgl. dazu auch Günter Mick: Schwarz-grüne Knospen, in: Frankfurter Allgemeine Sonntagszeitung vom 6. November 1994, ACDP-PA ALT/0/1/15/7.
234 | Vgl. Artikel: Auftakt mit Kampfabstimmungen, in: Die Welt vom 11. November 1994, ACDP-PA ALT/0/1/15/7.
235 | Zit. nach Artikel: Fischer: Keine Koalitionen mit der CDU, in: Deutsche Presse-Agentur vom 12. November 1994, ACDP-PA ALT/0/1/15/7.
236 | Vgl. ebd.
237 | Vgl. Reinhold Michels: Schwarz-grün taugt noch nicht für höhere politische Etagen, in: Rheinische Post vom 13. November 1994, ACDP-PA ALT/0/1/15/7.
238 | Zit. nach Artikel: Kohl sieht vorerst keine Zusammenarbeit von Union und Grünen, in: Deutsche Presse-Agentur vom 20. November 1994, ACDP-PA ALT/0/1/15/7.
239 | Zit. nach Artikel: Normalisierung zwischen Union und Grünen sorgt weiter für Unruhe, in: Deutsche Presse-Agentur vom 16. November 1994, ACDP-PA ALT/0/1/15/7.
240 | Zit. nach ebd.
241 | Vgl. Artikel: Grüne sollen in Geheimausschüsse einziehen, in: Süddeutsche Zeitung vom 21. November 1994. Noch 1983 hatten die Grünen erklärt, sie wollten sich keinesfalls an die Geheimhaltungsregeln der Ausschüsse halten.
242 | Vgl. Franz Schmedt: Schwarz-grüne Realpolitik, in: Neue Osnabrücker Zeitung vom 21. November 1994, ACDP-PA ALT/0/1/15/7.
243 | Zit. nach Werner A. Perger: Die Wasserpistolen schweigen, in: Die Zeit vom 11. November 1994, ACDP-PA ALT/0/1/15/7.
244 | So Michels: Schwarz-grün taugt noch nicht für höhere politische Etagen.
245 | Ebd.
246 | Vgl. zur Bedeutung der Wahlen auch Stürmann: Kulturschock Schwarz-Grün.
247 | Perger: Die Wasserpistolen schweigen.
248 | Die FDP verpasste in den Jahren 1993/94 bei neun [!] Landtagswahlen hintereinander den Wiedereinzug in das Parlament, so u.a. in Hamburg, Niedersachsen, Sachsen und Bayern – eine elektorale Krise der Liberalen, die jene der Jahre 2010-2012 also noch bei weitem übertraf.
249 | Vgl. zur damaligen Lage der SPD und dem schwierigen rot-grünen Verhältnis auch Artikel: Künftig ohne Muttern, in: Der Spiegel vom 25. September 1995.
250 | So wies die *Süddeutsche Zeitung* vor allem auf die Gefahren einer schwarz-grünen Annäherung für die Grünen hin. Wenn sich der Eindruck verfestige, dass die Grünen jederzeit und überall mit der Union ebenso gut koalieren

könnten wie mit der SPD, wären Wähler, die eine traditionelle linke Politik wünschten, gezwungen, die SPD zu wählen. Auch hülfe es vor allem den Volksparteien, wenn die Grünen die Rolle der FDP als reinem Mehrheitsbeschaffer übernähmen. Vgl. Jürgen Busche: Schwarz-Grün liegt noch in weiter Ferne, in: Süddeutsche Zeitung vom 17. November 1994. Die *Frankfurter Allgemeine Zeitung* machte darauf aufmerksam, dass diejenigen Politikfelder, die Grüne und Union noch am schärfsten voneinander trennten – zum Beispiel die Atomkraft, die Sicherheitspolitik oder gesellschaftspolitische Fragen –, vor allem die Bundesebene beträfen. Dagegen seien auf der Landesebene andere Themen entscheidend, bei denen durchaus Schnittmengen auszumachen seien. Die Zeitung zitierte in diesem Zusammenhang den baden-württembergischen Landtagsabgeordneten Reinhard Bütikofer, der Gemeinsamkeiten mit der Union vor allem bei der Reform der öffentlichen Verwaltung, der Haushaltskonsolidierung, dem Föderalismus und der Versöhnung von Ökonomie und Ökologie erkannte. Vgl. Daniel Deckers: Schwarz-grüne »Schnittmengen«?, in: Frankfurter Allgemeine Zeitung vom 3. Dezember 1994. Darauf, dass vor allem bei den Grünen eine gewisse Lust an der Koketterie mit Schwarz-Grün zu erkennen sei, verwies der *Tagesspiegel*. Die in die Jahre gekommenen Sprösslinge der deutschen Linken versuchten gerade mit der Annäherung an die Union, sich auf eigene Beine zu stellen und von der SPD abzunabeln. Allerdings sei die momentane schwarz-grüne Debatte eher eine politische Modeerscheinung, die bei einem Blick auf die unterschiedlichen Wählerressourcen der Parteien einer politischen Grundlage entbehre. Zwar verbinde beide eine Art von Wertkonservatismus, jedoch sei es schlicht nicht vorstellbar, wie einer »atomabstinenten, militärskeptischen, multikulturellen Parteibasis ein Bündnis mit dem erklärten Gegner auf solchen Feldern plausibel gemacht werden könnte.« Mathias Zschaler: Jenseits der Berührungsängste, in: Der Tagesspiegel vom 6. Dezember 1994. Die *Zeit* erkannte in der Diskussion um Schwarz-Grün wiederum die »Geschichte einer grotesken Verspätung«. Die Union hätte schon viel früher die Nähe zum ökolibertären Flügel der Grünen suchen und die programmatischen Überlappungen bei den Grundprinzipien der Subsidiarität und Dezentralität herausstellen müssen. Nun, da die Diskussion mehr oder weniger »aus heiterem Himmel« gekommen sei, hafte der Kehrtwende der Union auch etwas Opportunistisches an. Dennoch sah die Zeitung in der Annäherung generell eine positive Entwicklung. Egal ob es nun Taktik, Alibiveranstaltung, Koketterie, politischer Ernst oder von allem etwas sei: »in eine falsche Richtung treibt der Schwarz-Grün-Disput die Republik glücklicherweise nicht.« Vgl. Gunter Hofmann: Der Tabu-Strip, in: Die Zeit vom 9. Dezember 1994, alle ACDP-PA ALT/0/1/15/7.

251 | Zit. nach Artikel: CDU-Politiker schließen Bündnisse mit Grünen nicht aus, in: Deutsche Presse-Agentur vom 16. Juli 1994, ACDP-PA ALT/0/1/15/7.
252 | Vgl. dazu Ulrike Brendlin: Die junge aufstrebende Garde der CDU, in: Hamburger Abendblatt vom 22. Juli 1994. Vgl. für die Haltung Roland Kochs, der den Grünen zwar einen bemerkenswerten Wandel attestierte, für Koalitionen aber noch zu wenige Schnittmengen erkannte ders: »Die Krawatte von Joschka Fischer reicht nicht«, in: Frankfurter Allgemeine Sonntagszeitung vom 18. Dezember 1994, beide ACDP-PA ALT/0/1/15/7.
253 | Zit. nach Artikel: Bald Bündnisse der CDU mit den Grünen?, in: Saarbrücker Zeitung vom 18. Juni 1994.
254 | Zit. nach Artikel: »Sepp, bleib an dem Thema dran«. Schwarz-grüne Bündnisse verändern die politische Landschaft, in: Der Spiegel vom 5. Dezember 1994.
255 | Vgl. Artikel: Wulff: Auch Grüne sind bündnisfähig, in: Hannoversche Allgemeine Zeitung vom 18. Juni 1994, ACDP-PA ALT/0/1/15/7.
256 | Zit. nach Reker: Das Ende eines Tabus.
257 | Zit. nach Reker: Das Ende eines Tabus. Vgl. für eine lesenswerte Kontroverse um das Für und Wider einer schwarz-grünen Annäherung auch Peter Gauweiler: Grün und Schwarz ist Grau, in: Frankfurter Allgemeine Zeitung vom 1. Dezember 1994 sowie die Replik auf Gauweiler bei Konrad Weiß: Schwarz Grün Gold, in: Frankfurter Allgemeine Zeitung vom 2. Dezember 1994, ACDP-PA ALT/0/1/15/7.
258 | Zit. nach Artikel: »Sepp, bleib an dem Thema dran«, in: Der Spiegel vom 5. Dezember 1994.
259 | Zit. nach Artikel: Grüne lehnen Bonner Koalition mit CDU ab, in: Saarbrücker Zeitung vom 20. Juni 1994, ACDP-PA ALT/0/1/15/7.
260 | Zit. nach Artikel: Sager und Trittin neue Grünen-Chefs – Parteitag gegen schwarz-grün, in: Deutsche Presse-Agentur vom 3. Dezember 1994, ACDP-PA ALT/0/1/15/7.
261 | Fritz Kuhn hatte mit einem Leitartikel den Anfang gemacht und Schwarz-Grün für eine »diskursive Tatsache« gehalten, die man nicht einfach »wegexorzieren« könne oder solle. Zwar dürften die Grünen nicht zu »Schwarz-Grünen« werden, aber die Diskussion über das Thema stärke die Partei gerade in ihrem Verhältnis zur SPD. Vgl. ders.: Vom Realitätsgehalt der Gespenster, in: Die Tageszeitung vom 8. Dezember 1994. In seiner Replik auf Kuhn widersprach der kurz zuvor zum grünen Vorstandssprecher gewählte Jürgen Trittin dieser Einschätzung, da die Spekulationen nur anderen nützten und zu Lasten des eigenen Profils gingen, ja gar zu einem Ansehensverlust gerade in Hochburgen der Grünen führten. Vielmehr müsse der Entwicklung der CDU zu einer »rechtspopulistischen Massenpartei der oberen Zweidrittel« eine »Zuspitzung von links« entgegen gesetzt werden. Denn:

»Die Geißler-Süssmuth-CDU ist ein Phantom der Vergangenheit, ihre Zukunft liegt zwischen Carl Schmitt und Jürgen Rüttgers.« Ders.: Schwarzfahrer. Antwort auf Fritz Kuhn, in: Die Tageszeitung vom 20. Dezember 1994. Den Artikel Trittins kritisierte daraufhin der Politikwissenschaftler Lothar Probst. Trittins Kurs der Selbstvergewisserung bestünde nur in einer Abwehrhaltung, die auf mangelndem Selbstbewusstsein beruhe. In einer sich wandelnden politischen Welt, in der die Lager in Bewegung geraten seien, wäre es aber geradezu tödlich, den Grünen eine Blockbildung zu verordnen. Die Partei brauche eine Wertediskussion nicht zu fürchten. Vgl. ders.: Öffnung statt Selbstvergewisserung. Eine Antwort auf Jürgen Trittins taz-Artikel vom 20.12., in: Die Tageszeitung vom 28. Dezember 1994, alle ACDP-PA ALT/0/1/15/7.

262 | Vgl. Nielsen: Balzen statt balgen.

263 | Vgl. Artikel: Schwarz-Grün die Farben der Saison?, in: Berliner Zeitung vom 30. November 1994, ACDP-PA ALT/0/1/15/7. Eine weitere Umfrage im selben Monat fand heraus, dass sogar 70 Prozent der Bundesbürger »eine gelegentliche oder häufigere Zusammenarbeit von CDU und Bündnisgrünen im Bundestag« unterstützen würden. Vgl. Wagner: Pizza-Connection, S. 30.

264 | Stefan Reker: Abgehakt. Die Union möchte ihre Anhänger nicht mehr mit Koalitionsgerede verwirren, in: Focus vom 2. Januar 1995, ACDP-PA ALT/0/1/15/7.

265 | Zit. nach ebd.

266 | Vgl. Wolfgang Stock: In den Schwarzen Apfel beißen, in: Frankfurter Allgemeine Zeitung vom 4. Januar 1995, ACDP-PA ALT/0/1/15/7.

267 | Eine Kopie des Originaltextes, welcher an mehrere Zeitungsredaktionen verschickt wurde, ist im AGG einzusehen. Unbekannter Autor: Wie setzen wir unsere Inhalte schnell und effektiv durch? Eine Vision für die Klausurtagung der Parteispitze vom 9.-12. Januar 1995 in Bad-Neuenahr-Ahrweiler, unbekannter Ort, 27. Dezember 1994, AGG-A-Rita Grießhaber, AktNr. 144.

268 | Ebd.

269 | Vgl. zum Beispiel Peter Ziller: Wie die »FAZ« einmal viel Platz verschwendete, in: Frankfurter Rundschau vom 5. Januar 1995, ACDP-PA ALT/0/1/15/7.

270 | Zit. nach Bettina Seipp: Schwarz-grüner Nachwuchsflirt, in: Die Welt vom 24. Januar 1995, ACDP-PA ALT/0/1/15/7.

271 | Die Namensgebung des Bonner Gesprächskreises wird gemeinhin dem CSU-Generalsekretär Bernd Protzner zugeschrieben, der das Zusammentreffen der Gruppe kritisch sah und die Gruppe in der Bonner Gastwirtschaft »Sassella« ertappte – einem Restaurant, in dem im Übrigen damals wie heute keine Pizza serviert wurde. Vgl. dazu Peter Finger/Philipp Lerch: Schwarz-grüne Perspektiven in Bonn. Auf der Suche nach einer modernen Großstadtpolitik für das 21.

Jahrhundert, in: Kronenberg/Weckenbrock (Hg.): Schwarz-Grün, S. 232-241, S. 232f. Allerdings ist der Name schon älter. So wurden bereits die Treffen zwischen Oettinger, Kuhn und Schlauch in einem italienischen Restaurant in Stuttgart Anfang der 1990er Jahre als »Pizza-Connection« bezeichnet. Vgl. Reker: Das Ende eines Tabus.

272 | Vgl. zum ersten Treffen der Pizza-Connection Artikel: Schwarz-grünes Treffen bei Pizza und Wein, in: Die Welt vom 30. Mai 1995 und Christiane Schlötzer-Scotland: Beim Nobelitaliener Duftmarken gesetzt, in: Süddeutsche Zeitung vom 3. Juni 1995, beide ACDP-PA ALT/0/1/15/7.

273 | Vgl. zu Zusammensetzung und Ablauf der Treffen Artikel: Küchenkabinett, in: Stern vom 21. März 1996; Gunars Reichenbach: Schwarz-grüne Pizza-Runden, in: Westdeutsche Allgemeine Zeitung vom 1. April 1995 und Barbara Schmid: Die Pizza-Connection, in: Bild am Sonntag vom 24. November 1996, alle ACDP-PA ALT/0/1/15/7. Vgl. ebenso Finger/Lerch: Schwarz-grüne Perspektiven in Bonn, S. 233.

274 | Zit. nach Schmid: Die Pizza-Connection.

275 | Zit. nach ebd.

276 | Vgl. Christoph Schwennicke: Neue Bonner Farbenlehre, in: Der Tagesspiegel vom 4. April 1996, ACDP-PA ALT/0/1/15/7. Dass die Chemie zwischen Rot und Grün einfach nicht gestimmt habe, stellte auch Özdemir im Nachhinein fest. Die Abgeordnete Fischer empfand die SPD-Kollegen zudem als »ziemlich arrogant«. Zit. nach Schmid: Die Pizza-Connection. Ein weiterer Grund für die eher schwierige Annäherung zwischen jungen rot-grünen Abgeordneten sieht Christoph Wagner (Pizza-Connection, S. 33) darin, dass bei der SPD die junge Gruppe von Ostdeutschen wie Christoph Matschie und entschiedenen Traditionssozialdemokraten wie Ute Vogt oder Uwe Hiksch dominiert wurde, die einer völlig anderen Lebenswelt entsprangen als die schwarz-grünen Abgeordneten.

277 | Vgl. Schmid: Die Pizza-Connection.

278 | Vgl. dazu Wagner: Pizza-Connection, S. 34-43.

279 | Ebd., S. 34.

280 | Vgl. zu diesem Aspekt und grundlegend zur Pizza-Connection Severin Weiland/Sebastian Fischer: Die schwarz-grüne Geburtsstunde, in: www.spiegel.de vom 17. März 2008. Dem Online-Artikel schließen sich kurze Stellungnahmen zu Charakter und Bedeutung der Treffen an, die von ehemaligen Teilnehmern der Runde verfasst wurden, so von Wolf, Steffi Lemke (kritisch), Özdemir, Beck, Storm, von Klaeden, Gröhe und Laschet.

281 | Zit. nach Artikel: CSU-Politiker Glos: CDU muß Diskussion über schwarzgrüne Zusammenarbeit beenden, in: Deutsche Presse-Agentur vom 5. Januar 1995, ACDP-PA ALT/0/1/15/7.
282 | Vgl. Artikel: Schwarz/Grün gefährdet Unions-Einheit, in: Die Welt vom 8. Januar 1995.
283 | Zit. nach Peter Fahrenholz: In Kreuth pflegte die CSU ihre Angst vor dem schwarz-grünen Virus, in: Frankfurter Rundschau vom 9. Januar 1995.
284 | Vgl. Peter Fahrenholz: CSU erteilt der FDP Ratschläge, in Frankfurter Rundschau vom 8. Januar 1995.
285 | Zit. nach Artikel: Geißler plädiert für schwarz-grüne Koalition, in: Die Welt vom 23. Februar 1995.
286 | Dies stellte Generalsekretär Hintze fest. Auch Bundesinnenminister Manfred Kanther bezeichnete die Thesen Geißlers als »völlig abwegig«. Vgl. Reinhold Michels: »Geißlers Thesen zu Schwarz-grün abwegig«, in: Rheinische Post vom 24. Februar 1995. Unterstützung erfuhr Geißler hingegen von Peter Müller. Vgl. »Grün-schwarze Option« begrüßt, in: Frankfurter Allgemeine Zeitung vom 25. Februar 1995. Auch Bundespräsident Roman Herzog begrüßte eine Zusammenarbeit der beiden Parteien bei Sachthemen. Vgl. Ulrich Rosenbaum: Herzog facht Streit über Schwarz-Grün an, in: Die Welt vom 2. März 1995, alle ACDP-PA ALT/0/1/15/7.
287 | Zit. nach Artikel: CDU und CSU lehnen Schwarz-Grün ab, in: Süddeutsche Zeitung vom 19. Juli 1995.
288 | Vgl. Artikel: Geheimer Gipfel, in: Focus vom 25. Mai 1996, ACDP-PA ALT/0/1/15/7. Vgl. zum Verhältnis Kohl/Fischer auch den Artikel: Von Bauch zu Bauch, in: Der Tagesspiegel vom 2. Dezember 1996, AGG-A-Rita Grießhaber, Akt-Nr. 144.
289 | Volmer: Die Grünen, S. 381.
290 | Vgl. Klaus J. Schwehn: Könnte, was in Speyer klappt, auch in Bonn funktionieren?, in: Der Tagesspiegel vom 13. Februar 1997, AGG-A-Rita Grießhaber, AktNr. 144.
291 | Vgl. Artikel: Grüne Geisterfahrer auf Kollisionskurs, in: Union. Das Magazin der CDU Deutschlands vom Dezember 1997. Die Grünen boten der Union gerade nach ihrem Magdeburger Wahlparteitag vom März 1998 dabei genügend Angriffsfläche. Die CDU warnte vor der »anderen Republik«, die die Grünen anstrebten und fokussierte sich dabei vor allem auf die außen-, sicherheits- und verkehrspolitischen Aspekte des Wahlprogramms. Vgl. dazu beispielhaft ein CDU-Infofax vom 10. März 1998. Plakate und Anzeigen mit den Slogans »Lass' dich nicht anzapfen!« oder »Bummelwahn statt Autobahn« standen exemplarisch für die Attacken

der Union gegenüber den Grünen und einem möglichen rot-grünen Bündnis, alle ACDP-PA ALT/0/1/15/7.

292 | Vgl. Artikel: Unruhe in Bonn nach Äußerungen Kohls und Schäubles, in: Frankfurter Allgemeine Zeitung vom 27. August 1998, ACDP-PA ALT/0/1/15/7.

293 | Vgl. Artikel: Reform oder Guillotine, in: Die Woche vom 28. April 1995.

294 | Zit. nach Artikel:»Klares Nein« der Grünen zu Bündnis mit der CDU, in: General-Anzeiger Bonn vom 14. Januar 1995, ACDP-PA ALT/0/1/15/7.

295 | Jürgen Trittin: Schnittmenge Null, in: Die Woche vom 10. März 1995, ACDP-PA ALT/0/1/15/7.

296 | Vgl. Artikel: Streit der Südwestgrünen über Schwarz-Grün, in: Deutsche Presse-Agentur vom 19. März 1995, ACDP-PA ALT/0/1/15/7.

297 | Vgl. Artikel: Neue Schwarz-Grün-Debatte bei den Grünen, in: Deutsche Presse-Agentur vom 27. März 1996. Vgl. zu Oswald Metzgers Position, der schon sehr früh die Chancen für Schwarz-Grün als Modernisierungsprojekt in der Finanz- und Wirtschaftspolitik hinwies, auch ders:»Schwarz-Grün könnte ein Zukunftsprojekt sein« (Interview), in: Die Tageszeitung vom 11. Februar 1997, beide ACDP-PA ALT/0/1/15/7.

298 | Vgl. Artikel: Schulz plädiert für schwarz-grüne Bündnisse, in: Berliner Zeitung vom 27. März 1996, AGG-A-Werner Schulz, AktNr. 21.

299 | Konrad Weiß in einem Telefax vom 28. März 1996 an Werner Schulz, AGG-A-Werner Schulz, AktNr. 21.

300 | Offener Brief von Karl-Heinz Gerstenberg und Ulrich Keller vom 3. April 1996 an Werner Schulz, AGG-A-Werner Schulz, AktNr. 21.

301 | Zit. nach Heinrich Löbbers:»Männerfreundschaft reicht nicht für Koalitionen«, in: Sächsische Zeitung vom 6. April 1996.

302 | Vgl. Artikel: Sager denkt langfristig auch an Schwarz-Grün, in: Frankfurter Neue Presse vom 30. März 1996 und Artikel: Führende Grüne wollen Kurswechsel hin zu CDU, in: Welt am Sonntag vom 31. März 1996, beide ACDP-PA ALT/0/1/15/7.

303 | Vgl. das Schreiben des baden-württembergischen Landesvorsitzenden Winfried Hermann an die Delegierten der 7. Landesdelegiertenkonferenz vom 24. Februar 1997, ACDP-PA ALT/0/1/15/7.

304 | Zit. nach Gerhard Spörl et al.: Was machen die denn da?, in: Der Spiegel vom 2. November 1998.

305 | So auch Andreas Theyssen: Schwarz-grüne Spiele, in: Die Woche vom 6. November 1998, ACDP-PA ALT/0/1/15/7.

306 | Zit. nach Artikel: Auch Merkel schaut sich nach neuem Partner um, in: Frankfurter Rundschau vom 7. November 1998, ACDP-PA ALT/0/1/15/7.

307 | Zit. nach Artikel: Biedenkopf: In absehbarer Zeit CDU-Koalitionen mit den Grünen, in: Deutsche Presse-Agentur vom 14. Oktober 1998, ACDP-PA ALT/0/1/15/7.
308 | Vgl. hierzu auch Andreas Theyssen: Jeder mit jedem, in: Die Woche vom 20. Oktober 2000, ACDP-PA ALT/0/1/15/7.
309 | Zit. nach Artikel: Trittin: Rot-Grüne Koalition ist stabil – Annäherung an CDU möglich, in: Deutsche Presse-Agentur vom 17. März 1999, ACDP-PA ALT/0/1/15/7.
310 | Zit. nach ebd.
311 | Interessant ist im Kontext der CDU-Spendenaffäre ein Ausspruch Fischers, der sich über die tiefe Krise der CDU und ihren drohenden Zerfall schockiert zeigte, denn: »Bei allem, was wir an der CDU kritisiert hatten, sie galt auch immer als ein verlässlicher Pfeiler der deutschen Demokratie.« Zit. nach Eckart Lohse: Wandel mit Schrecken, in: Frankfurter Allgemeine Zeitung vom 17. Februar 2000, ACDP-PA ALT/0/1/15/7.
312 | Zit. nach Artikel: Künast: Grüne sollen Rolle als »Partei der 68er« abstreifen, in: Deutsche Presse-Agentur vom 31. März 2000, ACDP-PA ALT/0/1/15/7.
313 | Vgl. Artikel: CDU-Reformpolitiker für Bündnisse mit den Grünen, in: Die Welt vom 5. April 2000.
314 | Braun und Özdemir zit. nach ebd.
315 | Vgl. Eva Haacke: Schwarz-Grün: Wieder Geheimtreffen!, in: Bild am Sonntag vom 4. Juni 2000, ACDP-PA ALT/0/1/15/7.
316 | Vgl. dazu auch Wolfgang Bayer et al.: Schöne Kombination, in: Der Spiegel vom 14. August 2000.
317 | Zit. nach Artikel: Grüne sehen CDU auf richtigem Weg, in: Welt am Sonntag vom 5. November 2000.
318 | Zit. nach ebd. Darauf, dass die Grünen den Begriff der Leitkultur vornehmlich aus ideologischen Gründen ablehnten und Union und Grüne bei der eigentlichen Frage nach einem Zuwanderungsgesetz nicht sehr weit auseinanderlägen, wies auch der Journalist Armin Fuhrer hin. Allerdings, so Fuhrer, seien die Vorstellungen im Bereich des Asylrechts und bezüglich des Nachzugs von Familienangehörigen von Migranten bei beiden Parteien noch sehr unterschiedlich. Vgl. ders.: Von der multikulturellen Gesellschaft zur Leitkultur, in: Die Welt vom 7. November 2000, ACDP-PA ALT/0/1/15/7.
319 | Vgl. Michael J. Inacker/Wulf Schmiese: Den Grünen auf den Fersen, in: Die Welt vom 19. Dezember 2000, ACDP-PA ALT/0/1/15/7.
320 | Vgl. Klaus-Peter Schöppner: Nicht reif für Schwarz-Grün, in: Die Welt vom 19. Dezember 2000.

321 | Nach den Abgeordnetenhauswahlen vom September 1999 machten sowohl CDU-Landeschef Klaus Landowsky als auch der Regierende Bürgermeister Eberhard Diepgen deutlich, dass sie sich niemals mit den Grünen an einen Verhandlungstisch setzen würden. Auch nach der Wahl blieben schwarz-grüne Annäherungen in Berlin eine Seltenheit, wenngleich es in einigen der Bezirksvertretungen zu schwarz-grünen Bündnissen kam und auch Landowsky und Diepgen eine Bewegung in der Sache »längerfristig nicht mehr ausschließen wollten«. Vgl. dazu Axel Bahr/Ulrich Zawatka-Gerlach: Schwarz-Grün? Nur wenn die alte Garde abtritt, in: Der Tagesspiegel vom 14. Oktober 1999; Benedict Maria Mülder: Vernunftehe statt Liebesheirat, in: Die Welt vom 26. Oktober 1999; Werner van Bebber: Kein Hunger auf Pizza, in: Frankfurter Allgemeine Zeitung vom 7. April 2000; Holger Stark: Nun entdeckt auch Landowsky den Charme von Schwarz-Grün, in: Der Tagesspielgel vom 23. Oktober 2000, alle ACDP-PA ALT/0/1/15/7.

322 | Vgl. zu Brandenburg Konrad Jahr-Weidauer: CDU will Annäherung mit den Grünen ausloten, in: Berliner Morgenpost vom 17. November 1998 sowie Artikel: Grüne: Koalition mit der CDU unvorstellbar, in: Berliner Morgenpost vom 18. November 1998. Die elektoralen Strukturen in Brandenburg ließen ein schwarz-grünes Bündnis ohnehin von Anfang an als utopisch erscheinen. Bei den Landtagswahlen vom September 1999 erhielt die CDU nach starken Zugewinnen 26,5 Prozent, die Grünen blieben gar unter zwei Prozent.

323 | Zit. nach Thomas Holl: Steffel bringt Schwarz-Grün ins Spiel, in: Die Welt vom 25. Juni 2001, ACDP-PA ALT/0/1/15/7. Ähnlich äußerte sich auch der ehemalige Berliner Finanzsenator Peter Kurth.

324 | Vgl. Artikel: Harms: Bündnis mit CDU möglich, in Neue Osnabrücker Zeitung vom 7. Juni 2000, ACDP-PA ALT/0/1/15/7.

325 | Vgl. Artikel: Wulff: Koalition mit Grünen denkbar, in: Frankfurter Allgemeine Zeitung vom 19. Januar 2002.

326 | Kronenberg: Jürgen Rüttgers, S. 174.

327 | Nach mehreren rot-grünen Regierungskrisen zog die SPD 2000 ohne Koalitionsaussage in den Wahlkampf.

328 | Vgl. ebd.

329 | Vgl. Reinhard Voss: Rüttgers schaufelt Gräben zu, in: Frankfurter Rundschau vom 16. Februar 2001.

330 | Zit. nach Klaus Fischer: »Wenig Schnittmengen für ein schwarz-grünes Bündnis«, in: Stuttgarter Zeitung vom 28. Dezember 2000, ACDP-PA ALT/0/1/15/7.

331 | Zit. nach Artikel: CDU liebäugelt mit einer »schwarzen Ampel«, in: Focus vom 30. Dezember 2000, ACDP-PA ALT/0/1/15/7.

332 | Zit. nach Klaus Fischer: Generalsekretär Kauder erteilt der CDU Diskussionsverbot, in: Stuttgarter Zeitung vom 3. Januar 2001.
333 | Claudia Roth: »Schwarz-grüne Koalition nicht ausgeschlossen«, in: Bild am Sonntag vom 4. März 2001.
334 | Ähnlich auch Thomas Schmid: Schwarz-Grün, in: Frankfurter Allgemeine Sonntagszeitung vom 10. Juni 2001.
335 | Vgl. Ulrich Adolphs/Ralf Euler: Schwarz-grüne Blütenträume, in: Frankfurter Allgemeine Sonntagszeitung vom 4. November 2001.
336 | Stephan Eisel: Über den Tag hinaus: Schwarz-Grün. Vom theoretischen Gedankenspiel zur realistischen Option, in: Die Politische Meinung 383 (2001), S. 33-40, S. 33.
337 | Vgl. beispielhaft Gregor Mayntz: Kurs Schwarz-Grün, in: Rheinische Post vom 27. September 2002 sowie Johann Michael Möller: Was Schwarz-Grün bedeuten müsste, in: Die Welt vom 30. September 2002.
338 | Vgl. Armin Laschet: Die CDU muss sich aus der FDP-Fixierung lösen, in: Die Welt vom 17. Oktober 2002. Vgl. auch ders.: Ein Bündnis bei Kerzenschein, Romantik und Wein, so sollte es sein, in: Frankfurter Allgemeine Zeitung vom 6. Juni 2003.
339 | Vgl. Mirjam Mohr: Manche in der Union sehen Schwarz-Grün, in: Rhein-Zeitung vom 28. September 2002 und Michael Inacker: Debatte über Schwarz-Grün, in: Frankfurter Allgemeine Sonntagszeitung vom 29. September 2002.
340 | Stoiber hielt dies für eine »völlig imaginäre Diskussion«. Zit. nach Peter Fahrenholz: Stoiber lehnt Schwarz-Grün ab, in: Süddeutsche Zeitung vom 1. Oktober 2002.
341 | Oswald Metzger: Schluß mit Nibelungentreue, in: Frankfurter Allgemeine Sonntagszeitung vom 8. Januar 2003.
342 | Vgl. Rolf Schneider: Der alltägliche Pragmatismus, in: Die Welt vom 16. Januar 2003 sowie Simone von Stosch: Generationenfrage, in: Der Tagesspiegel vom 31. Januar 2003.
343 | Vgl. Eckart Lohse: Schwarz-grünes Dinner, in: Frankfurter Allgemeine Zeitung vom 8. Februar 2003. Vgl. dazu auch Petra Bornhöft et al.: Pragmatismus pur, in: Der Spiegel vom 1. März 2003.
344 | Zit. nach Tina Hildebrandt et al.: Leitganter auf Abwegen, in: Der Spiegel vom 19. Januar 2004.
345 | Vgl. ebd.
346 | Zit. nach Artikel: Tauwetter zwischen Schwarz und Grün, in: Die Welt vom 5. Februar 2004.
347 | Zit. nach ebd.

348 | Zit. nach Artikel: Merkel lehnt Koalition mit Grünen ab, in: Süddeutsche Zeitung vom 9. Februar 2004.
349 | Vgl. Angela Merkel: »Rot-Grün steht für Abstieg« (Interview), in: Focus vom 16. Februar 2004.
350 | Interessanterweise fand Schwarz-Grün bei den Wählern der FDP mit 45 Prozent die meiste Zustimmung. Vgl. Artikel: Mehrheit gegen Schwarz-Grün im Bund, in: Die Welt vom 27. Februar 2004.
351 | Ralf Fücks: »Schwarz-Grün ist die neue Bürgerlichkeit« (Interview), in: Die Welt vom 11. Juni 2004.
352 | Zit. nach Johannes Leithäuser: Auf dem Weg zur etablierten Partei, in: Frankfurter Allgemeine Zeitung vom 4. Oktober 2004.
353 | »Es wäre gut, den Mut zu haben, über die große Koalition hinauszudenken.« Zit. nach Artikel: Wahlkampf, in: Frankfurter Allgemeine Sonntagszeitung vom 14. August 2005.
354 | Vgl. Ebd.
355 | Vgl. Matthias Gierth: Wann endlich fällt das Tabu?, in: Rheinischer Merkur vom 25. August 2005.
356 | Zit. nach Artikel: Union: Stoiber offen für Jamaika-Option, in: www.focus.de vom 19. September 2005.
357 | Zit. nach ebd.
358 | Zit. nach Melanie Bergermann/Olaf Storbeck: »Viele Schnittmengen«, in: Handelsblatt vom 20. September 2005.
359 | Zit. nach Alexander Schwabe: »Wir gehen unverkrampft mit der CDU um«, in: www.spiegel.de vom 21. September 2005.
360 | Zit. nach Stephan Löwenstein: Jamaika klingt besser als »Schwampel«, in: Frankfurter Allgemeine Zeitung vom 20. September 2005.
361 | Jan Feddersen: Grün pflanzt sich um, in: Die Tageszeitung vom 21. September 2005.
362 | Mariam Lau: Auf zum letzten Projekt, in: Die Welt vom 21. September 2005.
363 | Zit. nach Severin Weiland: Schwarze fürchten das grüne Risiko, in: www.spiegel.de vom 22. September 2005.
364 | So auch die Einschätzung des FDP-Vorsitzenden Westerwelle ein dreiviertel Jahr nach den Sondierungen. Jamaika sei demnach nur am Widerstand von CSU und Grünen gescheitert, Merkel und er hätten dagegen keine Schwierigkeiten gehabt, darüber ernsthaft zu verhandeln. Vgl. Artikel: Westerwelle für Jamaika, in: Frankfurter Rundschau vom 17. Juli 2006.

365 | Außenminister Fischer hatte eine Einladung zu den Gesprächen im Übrigen abgelehnt. Vgl. Ralf Beste/Katharina Heimeier: Sponti sucht Spießer, in: Der Spiegel vom 10. Oktober 2005.
366 | Alle zit. nach Yassin Musharbash/Severin Weiland: Union und Grüne beerdigen Schwampel, in: www.spiegel.de vom 23. September 2005.
367 | Vgl. dazu auch Johannes Leithäuser: Merkels Drohkulisse bröckelt, in: Frankfurter Allgemeine Zeitung vom 23. September 2005.
368 | Zit. nach Musharbash/Weiland: Union und Grüne beerdigen Schwampel.
369 | Vgl. dazu auch Norbert Seitz: Vom historischen Projekt zum Schnittmengen-Deal. Die wechselvolle Geschichte von Rot-Grün, in: Kronenberg/Weckenbrock (Hg.): Schwarz-Grün, S. 47-64.
370 | Nils Minkmar: Wo schläft der Dalai Lama?, in: Frankfurter Allgemeine Zeitung vom 24. September 2005.
371 | Vgl. Matthias Geis: Schwarz-grüne Fantasien, in: Die Zeit vom 26. Februar 2004.
372 | Vgl. beispielhaft Hans-Ulrich Jörges: Schwarz-Grün macht man!, in: Stern vom 12. Dezember 2002.
373 | Zit. nach Claus Haffer: Schwarz-Grün hat in Nordrhein-Westfalens Kommunen fast Tradition, in: Deutsche Presse-Agentur vom 19. Januar 2003.
374 | Zit. nach Günther M. Wiedemann: Rüttgers: Debatte über Schwarz-Grün beenden, in: Kölner Stadt-Anzeiger vom 27. Jannuar 2003.
375 | Vgl. Helmut Breuer: SPD-Bastion NRW vor dem Fall, in: Die Welt vom 14. Oktober 2003.
376 | Zit. nach Helmut Breuer: Grüne in NRW: Schwarz-Grün liegt in der Luft, in: Die Welt vom 28. Februar 2004.
377 | Michael Vesper: »CDU ist nervöser, als sie tut« (Interview), in: Bonner Rundschau vom 10. Juli 2004.
378 | Vgl. Günther M. Wiedemann: Gedankenspiele um Koalition mit Grünen, in: Kölner Stadt-Anzeiger vom 20. Februar 2008.
379 | So die Landesvorsitzende Daniela Schneckenburger. Zit. nach Andreas Wyputta: Grüne wollen nicht nur kellnern, in: Die Tageszeitung vom 12. April 2008.
380 | Vgl. Artikel: Radunski für Schwarz-Grün in Berlin, in: Frankfurter Allgemeine Zeitung vom 5. Mai 2003. In den Berliner Bezirken kam es etwa zeitgleich zu ersten Kooperationen zwischen den Parteien, die öffentliche Aufmerksamkeit erregten. Vgl. dazu Christine Richter: Die erste schwarz-grüne Kooperation, in: Berliner Zeitung vom 11. Oktober 2003.
381 | Vgl. Nicolas Zimmer: »Ich laufe den Grünen nicht hinterher« (Interview), in: Berliner Zeitung vom 27. Januar 2004.

382 | Dabei hatte eine Umfrage der Universität Jena unter den Berliner Abgeordneten ergeben, dass 64 Prozent der CDU-Parlamentarier eine Koalition mit den Grünen für akzeptabel hielten und sich gar 29 Prozent eine solche wünschten. Bei den Grünen-Abgeordneten wünschte sich niemand Schwarz-Grün, 54 Prozent hielten dies jedoch für akzeptabel. Vgl. Christine Richter: Schwarz-Grün ist akzeptabel, in: Berliner Zeitung vom 11. März 2005.
383 | Friedbert Pflüger: »Eine historische Chance« (Interview), in: Der Spiegel vom 14. August 2006.
384 | Friedbert Pflüger: Schwarz-Grün für Berlin, in: Cicero vom 27. März 2007.
385 | Vgl. Jörg Oberwittler: Pflüger rennt offene Türen ein, in: www.spiegel.de vom 27. März 2007.
386 | Artikel: Berliner CDU stürzt Fraktionschef Pflüger, in: www.spiegel.de vom 11. September 2008.
387 | Diese hatte noch versucht, schlichtend in den Machtkampf einzugreifen. Vgl. dazu Stefan Berg/Michael Sontheimer: Bulette statt Pizza, in: Der Spiegel vom 15. September 2008.
388 | Vgl. Lohre: Berlin wird nicht Jamaika.
389 | Zit. nach Hildebrandt et al.: Leitganter auf Abwegen.
390 | Vgl. Jochen Loreck: Die Grünen denken an Bündnis mit der CDU, in: Mitteldeutsche Zeitung vom 3. Februar 2004.
391 | So die Einschätzung des Politikwissenschaftlers Hans-Georg Wehling. Zit. nach Klaus Fischer: Schluss mit dem Freund-Feind-Schema, in: Rheinischer Merkur vom 21. Juli 2005.
392 | Der Umfrage lag eine Rücklaufquote von 60 Prozent zugrunde. Vgl. Thomas Durchdenwald: Schwarz und Grün flirten, in: Stuttgarter Zeitung vom 12. März 2005.
393 | Vgl. Rüdiger Soldt: Die Zukunft wird vertagt, in: Frankfurter Allgemeine Zeitung vom 24. Februar 2006.
394 | Winfried Kretschmann: »Die Union reißt alte Gräben wieder auf« (Interview), in: Frankfurter Allgemeine Zeitung vom 24. Februar 2006. Ähnlich äußerte sich auch der Chef der Grünen im Bundestag, Fritz Kuhn: »Die CDU macht's lieber mit der FDP, weil's die für umsonst gibt.« Ders.: »Mein Lieblingspolitiker ist der Herr Renner« (Interview), in: Die Tageszeitung vom 11. März 2006.
395 | Artikel: Oettinger fehlt ein Mandat für absolute Mehrheit, in: www.spiegel.de vom 26. März 2006.
396 | Zit. nach Artikel: Südwest-CDU flirtet mit Grünen – Erstmals Schwarz-Grün möglich, in: Deutsche Presse-Agentur vom 2. April 2006.

397 | Vgl. Sebastian Fischer: Schwarz-grüne Lockerungsübungen, in: www.spiegel.de vom 2. April 2006.
398 | So Oswald Metzger, Mitglied der grünen Verhandlungsdelegation, im Interview. Vgl. ders.: »Den Koalitionsvertrag werden andere machen«, in: www.spiegel.de vom 5. April 2006.
399 | Vgl. Artikel: Oettinger will wieder Koalition mit FDP, in: www.spiegel.de vom 4. April 2006.
400 | Vgl. Mishra: Der schwarze Grüne.
401 | Vgl. Reiner Ruf: Mappus und die Botschaft des schwarz-grünen Schals, in: Stuttgarter Zeitung vom 7. Juni 2008.
402 | Vgl. Artikel: Kretschmann setzt auf Schwarz-Grün, in: Stuttgarter Zeitung vom 12. September 2008.
403 | Rüdiger Soldt: Der erste grüne Ministerpräsident?, in: Frankfurter Allgemeine Zeitung vom 23. März 2011.
404 | Vgl. dazu auch die treffenden Aussagen Gerd Langguths bei Reinhold Michels: Merkel-Biograph: Sie will Schwarz-Grün, in: Rheinischer Merkur vom 10. Januar 2008.
405 | Vgl. Lau: Die letzte Volkspartei, S. 78.
406 | Frank Pergande: Im Herbst wird es erstmals ernst, in: Frankfurter Allgemeine Zeitung vom 18. August 2008.
407 | Vgl. Annett Meiritz: Schwarze Braut und grüne Mitgift, in: www.spiegel.de vom 27. April 2008.
408 | Renate Künast: Die Tür für Schwarz-Grün ist nicht zu (Interview), in: Bild vom 30. September 2005.
409 | Vgl. dazu auch Yassin Musharbash: Aufbruch in neue Welten, in: www.spiegel.de vom 15. Oktober 2005.
410 | Die Koalitionsverhandlungen zwischen CDU und Grünen in Frankfurt wurden im Mai 2006 erfolgreich abgeschlossen, vgl. dazu Günter Mick: Signal für Schwarz-Grün, in: Frankfurter Allgemeine Zeitung vom 8. Mai 2006.
411 | Vgl. Ansgar Graw/Carsten Fiedler: Es paßt nur fast, in: Die Welt vom 5. April 2006.
412 | Renate Künast: »Wir müssen liebgewonnene Gewohnheiten überdenken« (Interview), in: Frankfurter Allgemeine Zeitung vom 10. April 2006.
413 | Norbert Röttgen: Die Zeit danach, in: Die Zeit vom 9. November 2006.
414 | Röttgens Vorstoß wurde durch ähnliche Äußerungen von Julia Klöckner und Philipp Mißfelder flankiert. Vgl. dazu Artikel: Junge CDU-Politiker setzten auf Option Schwarz-Grün – Grüne skeptisch, in: Deutsche Presse-Agentur vom 12. November 2006.

415 | Beide zit. nach Artikel: Pflüger: Schwarz-Grün kann im Bund »Zukunftsoption« für Union sein, in: Deutsche Presse-Agentur vom 19. Juni 2007.
416 | Vgl. Stefan Reker: Koalition zankt – CDU schielt zu den Grünen, in: Rheinische Post vom 9. Oktober 2006.
417 | Vgl. Yassin Musharbash/Severin Weiland: Schwarz-grüne Schwatzrunde schlemmt wieder zusammen, in: www.spiegel.de vom 10. Juli 2007 sowie Holger Schmale: Vom »Sassella« ins »Tucher«, in: Berliner Zeitung vom 11. Juli 2007.
418 | Vgl. Mariam Lau: Pizza-Connection trifft sich im Bürgerlichen Schwein, in: Die Welt vom 27. Februar 2008.
419 | Zit. nach Ulrich Scharlack: Nein danke – Merkel stoppt Koalitionsdebatte, in: Deutsche Presse-Agentur vom 2. Juli 2007.
420 | Zit. nach Peter Fahrenholz/Anette Ramelsberger: Union ringt um ihr Verhältnis zu den Grünen, in: Süddeutsche Zeitung vom 2. Juli 2007.
421 | Zit. nach Artikel: Kauder und Huber gegen Schwarz-Grün, in: Frankfurter Allgemeine Zeitung vom 5. Dezember 2007.
422 | Peter Ramsauer: »Politischer Laborversuch – Schwarz-Grün allenfalls auf kommunaler Ebene möglich« (Radiointerview), in: Deutschlandfunk vom 25. Februar 2008.
423 | Zit. nach Sven Afhüppe: CDU-Chefin Merkel gibt ihren Segen für ein schwarz-grünes Bündnis, in: Handelsblatt vom 26. Februar 2008.
424 | Zit. nach Matthias Krupa: Schmetterlinge im Bauch, in: Die Zeit vom 17. April 2008.
425 | Zit. nach Artikel: Oettinger hält Koalition mit Grünen im Bund schon 2009 für möglich, in: Die Welt vom 17. März 2008.
426 | Zit. nach Artikel: Schwarz-Grün: Warnungen, Skepsis, Zuversicht, in: Frankfurter Allgemeine Zeitung vom 19. April 2008. Ähnlich äußerte sich auch die CSU-Generalsekretärin Christine Haderthauer: »Schwarz-Grün ist kein Zukunftsmodell! Im Gegenteil: Die Grünen halten fest an ihren verstaubten Ideologien und verweigern sich dem Fortschritt. Am deutlichsten wird das bei der Bildungspolitik.« Pressemitteilung der CSU vom 3. Mai 2008: »Schwarz-Grün ist kein Zukunftsmodell«. Positiver äußerte sich dagegen Ex-CSU-Chef Stoiber. Vgl. Artikel: Stoiber notfalls für Schwarz-Grün im Bund, in: Die Welt vom 9. Mai 2008.
427 | Vgl. Heiner Geißler: Mein Schwarz-Grün, in: Der Tagesspiegel vom 4. Mai 2008.
428 | Vgl. Merkel sieht Übereinstimmungen von CDU und Grünen – Grüne skeptisch, in: Deutsche Presse-Agentur vom 20. Mai 2008.
429 | Robert Zion: »Die Basis will Schwarz-Grün nicht« (Interview), in: Frankfurter Rundschau vom 26. Februar 2008.

430 | Vgl. Artikel: Grüne Jugend gegen Schwarz-Grün, in: Frankfurter Allgemeine Zeitung vom 2. April 2008.
431 | Vgl. Monika Müller: Ja zu Beust, aber nein zu Merkel, in: Frankfurter Rundschau vom 26. Mai 2008.
432 | Vgl. Margarete von Ackeren et al.: Verbotene Liebe in Berlin, in: Focus vom 3. März 2008.
433 | Roth, Bütikofer, Künast und Trittin zit. nach Artikel: Künast: Hamburg eine Ausnahme, Trittin: Nicht unbedingt, in: Frankfurter Allgemeine Zeitung vom 18. April 2008.
434 | Zit. nach Artikel: Künast für »Beweglichkeit« der Grünen, in: Frankfurter Allgemeine Zeitung vom 21. April 2008.
435 | Joschka Fischer: Sag niemals nie, in: www.zeit.de vom 21. April 2008.
436 | CDU: Bewahrung der Schöpfung: Klima-, Umwelt- und Verbraucherschutz. Antrag des Bundesvorstandes der CDU Deutschlands an den 22. Parteitag, Stuttgart, 1./2. Dezember 2008, Ziffern 166, 240, 305, 1002 und 1170.
437 | So die zusammenfassenden Bewertungen bei Stefan Braun: Atomkraft, ja bitte!, in: Süddeutsche Zeitung vom 19. Juni 2008 und Stephan Löwenstein/Wulf Schmiese: Rausklettern aus den alten Schützengräben, in: Frankfurter Allgemeine Zeitung vom 19. Juni 2008.
438 | Vgl. Stefan Braun: Die Natur der Macht, in: Süddeutsche Zeitung vom 19. Juni 2008.
439 | CDU: Bewahrung der Schöpfung, Ziffer 35.
440 | So die zutreffende Einschätzung bei Löwenstein/Schmiese: Rausklettern aus den alten Schützengräben, in: www.faz.net vom 19. Juni 2008.
441 | Vgl. beispielhaft die Kritik von Fritz Kuhn: Es grünt so grün, in: Die Welt vom 24. Juni 2008 sowie die Pressemitteilung der grünen Bundestagsfraktion vom 30. Juni 2008: »Untauglicher Annäherungsversuch«.
442 | Zit. nach einer Pressemitteilung der grünen Bundespartei vom 30. Juni 2008: »...und die Erde ist eine Scheibe«.
443 | Vgl. Artikel: Künast sieht Chancen für Schwarz-Grün durch Atomstreit gemindert, in: Deutsche Presse-Agentur vom 27. Juni 2008.
444 | Vgl. Stephan Löwenstein: Von Schwarzen und Grünen und roten Linien, in: Frankfurter Allgemeine Zeitung vom 9. Juli 2008; Daniel Brössler: Wahlgeschenk Atomausstieg, in: Süddeutsche Zeitung vom 14. Juli 2008; Ralph Bollmann: Schwarz-grüne Kernkompetenz, in: Die Tageszeitung vom 16. Juli 2008 sowie implizit Renate Künast: »Wenn überhaupt, gibt es uns nur mit Atomausstieg« (Interview), in: Süddeutsche Zeitung vom 25. Juli 2008.

445 | Vgl. Artikel: Künast für Ampel im Bund, in: Deutsche Presse-Agentur vom 3. August 2008 sowie Cem Özdemir: »Wir Grüne sind keine Versuchskaninchen« (Interview), in: Frankfurter Allgemeine Zeitung vom 17. August 2008. Den »theoretischen Reiz« begründete er u.a. mit Verweis auf die Debattenführerschaft beider Parteien in Fragen der Integrationspolitik.
446 | Vgl. Artikel: Merkel erwägt Jamaika-Koalition, in: Der Spiegel vom 15. September 2008.
447 | Zit. nach Artikel: Grüne nehmen CDU ins Visier, in: Frankfurter Allgemeine Zeitung vom 16. November 2008.
448 | Vgl. Jürgen Trittin: »Eine Ampel ist das einzig funktionierende Modell« (Interview), in; Die Welt vom 6. März 2009 sowie ders.: »Es geht nur mit der FDP« (Interview), in: Süddeutsche Zeitung vom 6. März 2009.
449 | Dies forderte auch ein Vorstoß des finanzpolitischen Sprechers der grünen Bundestagsfraktion, Gerhard Schick, der in einem Appell für eine »ökologischsoziale« Koalition mit SPD und Linkspartei warb. Vgl. Barbara Gillmann: Grüne streiten über Linksbündnis, in: Handelsblatt vom 6. Mai 2009.
450 | Vgl. Stephan Löwenstein: Grüne Koalitionsaussage: Mal sehen, in: Frankfurter Allgemeine Zeitung vom 6. März 2009.
451 | Vgl. u.a. Stephan Löwenstein: Grüne Koalitionsakrobatik, in: Frankfurter Allgemeine Zeitung vom 30. März 2009 sowie Ulrike Winkelmann: Kein Ampelprogramm, in: Die Tageszeitung vom 7. März 2009.
452 | Vgl. ebd. und Barbara Gillmann: Die Ampel springt auf Rot, in: Handelsblatt vom 23. März 2009.
453 | Vgl. dazu Vera Gaserow: Alles außer Jamaika, in: Frankfurter Rundschau vom 7. Mai 2009 sowie Matthias Kamann: Grüne ohne Machtoption, in: Die Welt vom 11. Mai 2009.
454 | Vgl. Artikel: CDU und CSU streiten über Schwarz-Grün, in: Bild am Sonntag vom 21. Juni 2009.
455 | Vgl. Artikel: Merkel schließt Schwarz-Grün vorerst aus, in: Deutsche Presse-Agentur vom 20. August 2009.
456 | Vgl. Daniel Brössler: Spätere Heirat nicht ausgeschlossen, in: Süddeutsche Zeitung vom 9. Juni 2009; Fritz Friedebold: Grüne Unlogik, in: Die Welt vom 15. Juni 2009 sowie Fritz Kuhn: »Wir werden auch Schwarz-Grün sondieren« (Interview), in: Stuttgarter Zeitung vom 28. August 2009.
457 | Vgl. Matthias Kamann: Die Wähler der Grünen sind offener als ihre Basis, in: Die Welt vom 22. Juli 2009.
458 | Vgl. Artikel: Grüne finden Merkel gut, in: Focus vom 17. August 2009.
459 | René Pfister: Partei der Angst, in: Der Spiegel vom 14. September 2009.

460 | Peter Müller: Kommt jetzt Schwarz-Grün im Bund?, in: Welt am Sonntag vom 20. April 2008.
461 | Bernd Ulrich: Wenn's reicht, geht's, in: Die Zeit vom 25. Juni 2009.
462 | Julia von Blumenthal/Franziska Zahn: Hamburg – liberale Großstadt und (einstmaliger) Heimathafen der Sozialdemokratie, in: Andreas Kost/Werner Rellecke/Reinhold Weber (Hg.): Parteien in den deutschen Ländern. Geschichte und Gegenwart, München 2010, S. 203-218, S. 216.
463 | So die Beobachtung von Matthias Krupa: Das Todesstößchen, in: Die Zeit vom 2. Dezember 2010.
464 | Krupa: Das Todesstößchen.
465 | Wilfried Voigt: Die Jamaika Clique. Machtspiele an der Saar, 2. Aufl., Saarbrücken 2011, S. 15.
466 | Jürgen R. Winkler: Die saarländische Landtagswahl vom 30. August 2009: Auf dem Weg nach Jamaika, in: Zeitschrift für Parlamentsfragen 41 (2010), S. 339-355, S. 354.
467 | Ebd., S. 342.
468 | Annegret Kramp-Karrenbauer: »Das Saarland ist ein in sich geschlossenes, sehr liebenswertes Gebilde« (Interview), in: Frankfurter Allgemeine Zeitung vom 18. Mai 2012.
469 | Matthias Bartsch/Peter Müller: Das Gift des Widerspruchs, in: Der Spiegel vom 21. April 2014.
470 | Vgl. ebd.
471 | Vgl. dazu Bündnis 90/Die Grünen Hessen: Hessen will den Wechsel. Das Grüne Regierungsprogramm 2014-2019, Wiesbaden 2013, S. 31-32. Vgl. zur Positionierung der Christdemokraten CDU Hessen: Gemeinsam auf dem Weg – Ideen für die Zukunft Hessens. Zukunftsprogramm der CDU Hessen 2014-2019, Wiesbaden 2013, S. 20-23.
472 | Vgl. Hannelore Crolly: Schwarz-Grün ist wie die Heimkehr verlorener Söhne, in: www.welt.de vom 7. April 2015.
473 | Vgl. Frasch: Geräuschloses Regieren.
474 | Susanne Höll: Bouffier macht den Stilwechsel wahr, in: www.sz.de vom 19. November 2014.
475 | Artikel: Koalitionsfrieden statt Inhalte?, in: www.deutschlandfunk.de vom 16. Januar 2015.
476 | Crolly: Schwarz-Grün ist wie die Heimkehr verlorener Söhne.
477 | Vgl. Susanne Höll: Von den Hessen lernen, in: Süddeutsche Zeitung vom 27. Juni 2016.

478 | Zit. nach Artikel: Kritik am Kuschel-Kurs – Zweieinhalb Jahre Schwarz-Grün in Hessen, in: Deutsche Presse-Agentur vom 27. Juni 2016.
479 | So z.B. Ralf Euler: Schwarz-grüne Zerreißprobe, in: Frankfurter Allgemeine Zeitung vom 16. September 2015.
480 | Vgl. beispielhaft Artikel: Bouffier kann sich längere schwarz-grüne Ehe in Hessen vorstellen, in: Deutsche Presse-Agentur vom 31. Dezember 2015.
481 | Zit. nach Artikel: Volker Bouffier trommelt für Schwarz-Grün – und stellt eine Forderung an die Grünen, in: www.huffingtonpost.de vom 18. Februar 2017.
482 | Florian Gathmann: Schwarz-Grün in Hamburg. Zweckgemeinschaft ohne Herz, in: Kronenberg/Weckenbrock (Hg.): Schwarz-Grün, S. 256-265, S. 263. Vgl. dazu auch Markus Fels: »Ab ins Endlager!«, in: Rheinischer Merkur vom 16. September 2010.
483 | Zit. nach Artikel: Trittin: Die CDU entfernt sich von der Mitte der Gesellschaft – nach rechts, in: Frankfurter Allgemeine Zeitung vom 16. August 2010.
484 | Artikel: Die Grünen sind der neue Lieblingsfeind der Union, in: Saarbrücker Zeitung vom 4. Oktober 2010.
485 | Zit. nach Artikel: Merkel sieht Schwarz-Grün als »Hirngespinst«. Volker Kauder fügte dem an: »Auch diejenigen in unseren Reihen, die einst vom schwarzgrünen Projekt auf Bundesebene geträumt haben, müssen nun einsehen, dass die Grünen kein Koalitionspartner sein können.« Ders.: Die Grünen sind so unseriös wie zu ihrer Gründerzeit (Interview), in: Rheinische Post vom 19. November 2010.
486 | Ralph Bollmann: Fünf Jahre ohne klare Linie, in: Die Tageszeitung vom 24. September 2010.
487 | Vgl. Winfried Kretschmann: »Angela Merkel verdient großen Respekt« (Interview), in: Tagesspiegel vom 12. Juni 2011.
488 | Zit. nach Artikel: Künast schließt Schwarz-Grün im Bund aus, in: www.spiegel.de vom 24. September 2011.
489 | Vgl. Jürgen Trittin: »Schwarz-Grün ist für uns kein Erfolgsmodell«, in: www.welt.de vom 30. April 2012.
490 | Vgl. beispielhaft Artikel: Özdemir schließt Schwarz-Grün im Bund aus, in: www.welt.de vom 23. Oktober 2012.
491 | Zit. nach Artikel: Grüne streiten über Schwarz-Grün, in: Frankfurter Allgemeine Zeitung vom 25.Oktober 2012.
492 | Christoph Schwennicke: Die Grünen zeigen ihr wahres Gesicht, in: www.spiegel.de vom 10. November 2012.
493 | Zit. nach Artikel: Seehofer: Trittin verhindert Schwarz-Grün, in: www.merkur-online.de vom 17. November 2012.

494 | Zit. nach Artikel: Seehofer und CDU-Vize Laschet heizen Schwarz-Grün-Debatte an, in: www.handelsblatt.de vom 3. Januar 2013 sowie Artikel: Schwarz-Grün ist eine Schnapsidee, in: www.handelsblatt.de vom 4. Januar 2013.
495 | Vgl. Ulrich Schulte: Aufruhr wegen Schwarz-Grün, in: Die Tageszeitung vom 14. Januar 2013 sowie Ulrich Schulte: »Wir wenden uns an Sie«, in: Die Tageszeitung vom 30. Januar 2013.
496 | Bündnis 90/Die Grünen: Zeit für den grünen Wandel. Teilhaben. Einmischen. Zukunft schaffen. Bundestagswahlprogramm 2013, Berlin 2013, S. 25.
497 | Vgl. Christoph Hickmann: »Wir sind darauf in keiner Weise vorbereitet«, in: Süddeutsche Zeitung vom 12. Oktober 2013.
498 | Vgl. Christoph Hickmann: Alles klar. Oder?, in: Süddeutsche Zeitung vom 15. Oktober 2013.
499 | Vgl. Hickmann: »Wir sind darauf in keiner Weise vorbereitet«.
500 | Vgl. dazu auch Volker Kronenberg/Christoph Weckenbrock: Wie die Grünen die SPD noch von der Regierungsbank grätschen können, in: www.focus.de vom 10. Oktober 2013.
501 | So auch Decker: Das Parteiensystem vor und nach der Bundestagwahl 2013, S. 338.
502 | Vgl. Hickmann: Alles klar. Oder? sowie Susanne Höll/Nico Fried: Aus Schwarz-Grün wird nichts, in: Süddeutsche Zeitung vom 16. Oktober 2013.
503 | Jens Spahn/Omid Nouripour: »Nicht noch eine Chance verpassen« (Interview), in: Der Spiegel vom 27. Januar 2014.
504 | Zit. nach Artikel: Tauber für Schwarz-Grün, in: Süddeutsche Zeitung vom 21. Juli 2014.
505 | Vgl. Artikel: Tauber sieht »keinen Automatismus« für Bündnis mit FDP 2017, in: Deutsche Presse-Agentur vom 8. September 2015.
506 | Vgl. Peter Tauber: »Sonst wird das mit uns nichts in Berlin« (Interview), in: Stuttgarter Zeitung vom 17. Juni 2016.
507 | Vgl. Volker Kauder: »Schluss mit den Ego-Shootern« (Interview), in: Welt am Sonntag vom 24. Juli 2016.
508 | Peter Müller: Union und Grüne: Mehr als ein Flirt, in: www.spiegel.de vom 14. Dezember 2014.
509 | Vgl. Artikel: Erstaunliche Farbspiele, in: www.sz.de vom 8. März 2008 sowie Artikel: Schwarz-Grün: Ja mei, des passt scho, in: Tagesspiegel vom 15. Juni 2011.
510 | Vgl. Artikel: Dobrindt: Koalition mit Grünen wäre »historischer Fehler«, in: www.sz.de vom 9. Oktober 2011.
511 | Vgl. Christoph Hickmann: Gedanken zur Geisterstunde, in: Süddeutsche Zeitung vom 17. Oktober 2013; Artikel: Seehofer trommelt für Schwarz-Grün, in:

Süddeutsche Zeitung vom 13. März 2014 sowie Claudia Kade: CSU und Grüne bereiten das Undenkbare vor, in: www.welt.de vom 26. November 2014.

512 | Zit. nach Artikel: Seehofer und Göring-Eckardt: Schwarz-Grün 2017 möglich, in: Deutsche Presse-Agentur vom 27. Juli 2014.

513 | Zit. nach Artikel: CSU erteilt Schwarz-Grün für 2017 klare Absage, in: Deutsche Presse-Agentur vom 24. August 2015.

514 | Alexander Dobrindt: »Schwarz-Grün ist kein Modell für den Bund« (Interview), in: Bild vom 10. August 2016.

515 | Zit. nach: Artikel: CDU-Generalsekretär offen für Schwarz-Grün im Bund, in: www.focus.de vom 9. Januar 2016.

516 | Vgl. Gerda Hasselfeldt: »Einen gemeinsamen Nenner von Union und Grünen sehe ich nicht« (Interview), in: Hannoversche Allgemeine Zeitung vom 19. Juli 2016.

517 | Zit. nach Artikel: Seehofer fegt die Option Schwarz-Grün vom Tisch, in: www.focus.de vom 4. Januar 2017.

518 | Bündnis 90/Die Grünen: Gemeinsam und solidarisch für eine starke grüne Zukunft. Beschluss der 36. Ordentlichen Bundesdelegiertenkonferenz, Berlin, 18.-20. Oktober 2013, S. 4.

519 | Fücks: Blick zurück nach vorn, S. 3.

520 | Vgl. Michael Kellner: 5 Thesen zur Koalitionsdebatte, in: Böll Thema. Das Magazin der Heinrich-Böll-Stiftung 3/2013, S. 8-9, S. 8f.

521 | Zit. nach Claudia Kade: Peter sieht Rot-Rot-Grün als Option für 2017, in: www.welt.de vom 23. Juni 2014.

522 | Ulrike Baureithel: Konzert der Koalitionsaussagen, in: Der Freitag vom 1. August 2016.

523 | Robert Habeck: Kreuzfahrtschiffe für Flüchtlinge (Interview), in: Bild vom 23. September 2015.

524 | Zit. nach Alexander Kohnen: Wie Union und Grüne nach Gemeinsamkeiten suchen, in: Berliner Morgenpost vom 23. November 2015.

525 | Katrin Göring-Eckardt: »Was Angela Merkel sagt und wie sie das durchhält, gefällt mir« (Interview), in: B.Z. vom 30. November 2015.

526 | Vgl. Cem Özdemir: »Zwischen Union und Grünen gibt es keinen unauflösbaren Widerspruch« (Interview), in: Thüringer Allgemeine vom 18. März 2016.

527 | Vgl. Artikel: Özdemir nennt Bedingungen für Schwarz-Grün im Bund, in: www.spiegel.de vom 18. März 2016.

528 | Zit. nach Artikel: Grünen-Chef Özdemir: Festlegung auf Rot-Grün bringt nichts, in: Frankfurter Neue Presse vom 14. Juni 2015.

529 | Zit. nach Artikel: Kretschmann für Schwarz-Grün im Bund offen – aber nicht Rot-Rot-Grün, in: Deutsche Presse-Agentur vom 16. Juli 2016.
530 | Vgl. Artikel: Grünen-Politiker Al-Wazir offen für Bündnis mit der CDU im Bund, in: Deutsche Presse-Agentur vom 1. April 2016.
531 | Vgl. dazu Artikel: Trittin warnt Union vor Schwarz-Grün, in: Hannoversche Allgemeine Zeitung vom 30. März 2016 sowie Jürgen Trittin: »Im Zweifel mit Sahra«, in: Der Spiegel vom 15. Juli 2016.
532 | Jürgen Trittin: »Es gibt in Deutschland eine Merkel-Müdigkeit« (Interview), in: www.tagesspiegel.de vom 4. März 2017.
533 | So der Tenor in der deutschen Presse nach den Landtagswahlen vom März 2016, durch die sich die Zahl der verschiedenen Koalitionsmodelle in den Ländern auf das Rekordniveau von 10 erhöht hatte. Vgl. beispielhaft Artikel: Bunte Republik Deutschland, in: Handelsblatt vom 15. März 2016; Daniel Delhaes: Das Land der neuen Wege; in: Handelsblatt vom 31. März 2016; Britta Frischemeyer: Bunte Republik Deutschland, in: Bild vom 30. April 2016 sowie Artikel: Deutschland bunt wie nie, in: Bild vom 13. Mai 2016.
534 | Vgl. Rainer Pörtner: Weiterhin Bestwerte für Grün-Schwarz, in: Stuttgarter Zeitung vom 9. März 2017.
535 | Für eine detaillierte Analyse schwarz-grüner Koalitionen auf Kommunal- und Landesebene sowie der programmatischen, strategischen, personellen und wählersoziologischen Annäherung von Union und Grünen vgl. Christoph Weckenbrock: Schwarz-grüne Koalitionen in Deutschland. Erfahrungswerte aus Kommunen und Ländern und Perspektiven für den Bund, Baden-Baden 2017.
536 | Vgl. Forschungsgruppe Wahlen: Bundestagswahl. Eine Analyse der Wahl vom 27.09.2009, Mannheim 2009, S. 33f. sowie Forschungsgruppe Wahlen: Bundestagswahl. Eine Analyse der Wahl vom 22. September 2013, Mannheim 2013, S. 19f.
537 | Vgl. Forschungsgruppe Wahlen: Politbarometer in Deutschland. Ergebnisse einer repräsentativen Bevölkerungsumfrage, September 2009, Mannheim 2009, S. 25.
538 | Vgl. Forschungsgruppe Wahlen: Bundestagswahl 2009, S. 41.
539 | Vgl. Artikel: Grüne mögen Kanzlerin, in: Der Spiegel vom 25. Juni 2012.
540 | Vgl. Forschungsgruppe Wahlen: Bundestagswahl 2013, S. 25.
541 | Vgl. Artikel: Merkels Beliebtheit steigt sprunghaft an, in: www.welt.de vom 23. Februar 2016.
542 | Vgl. Artikel: Merkel macht etwas Boden gut, in: www.tagesschau.de vom 18. Dezember 2015.

543 | Volker Kronenberg: Schwarz-grüne Perspektiven, oder C+Ö=50 %+X, in: Bonner Perspektiven vom Januar 2013, S. 41-44, S. 42.

IV. Schlussbetrachtung

1 | Vgl. z.B. Matthias Geis: Was ist grün und hat keine Wähler?, in: www.zeit.de vom 30. März 2017 sowie Jan Rosenkranz: Sag mir, wo die Grünen sind, in: Stern vom 6. April 2017.

Politikwissenschaft

Torben Lütjen
Partei der Extreme: Die Republikaner
Über die Implosion des amerikanischen Konservativismus

2016, 148 S., kart.
14,99 € (DE), 978-3-8376-3609-3
E-Book
PDF: 12,99 € (DE), ISBN 978-3-8394-3609-7
EPUB: 12,99€ (DE), ISBN 978-3-7328-3609-3

Lars Geiges, Stine Marg, Franz Walter
Pegida
Die schmutzige Seite der Zivilgesellschaft?

2015, 208 S., kart., farb. Abb.
19,99 € (DE), 978-3-8376-3192-0
E-Book
PDF: 14,99 € (DE), ISBN 978-3-8394-3192-4
EPUB: 14,99€ (DE), ISBN 978-3-7328-3192-0

Alexander Schellinger, Philipp Steinberg (Hg.)
Die Zukunft der Eurozone
Wie wir den Euro retten und Europa zusammenhalten

2016, 222 S., kart.
19,99 € (DE), 978-3-8376-3636-9
E-Book
PDF: 17,99 € (DE), ISBN 978-3-8394-3636-3
EPUB: 17,99€ (DE), ISBN 978-3-7328-3636-9

**Leseproben, weitere Informationen und Bestellmöglichkeiten
finden Sie unter www.transcript-verlag.de**

Politikwissenschaft

Karl-Siegbert Rehberg, Franziska Kunz, Tino Schlinzig (Hg.)
PEGIDA — Rechtspopulismus zwischen Fremdenangst und »Wende«-Enttäuschung?
Analysen im Überblick

2016, 384 S., kart.
29,99 € (DE), 978-3-8376-3658-1
E-Book
PDF: 26,99 € (DE), ISBN 978-3-8394-3658-5
EPUB: 26,99€ (DE), ISBN 978-3-7328-3658-1

Stine Marg, Katharina Trittel,
Christopher Schmitz, Julia Kopp, Franz Walter
NoPegida
Die helle Seite der Zivilgesellschaft?

2016, 168 S., kart.
19,99 € (DE), 978-3-8376-3506-5
E-Book
PDF: 17,99 € (DE), ISBN 978-3-8394-3506-9
EPUB: 17,99€ (DE), ISBN 978-3-7328-3506-5

Sebastian Kohlmann
Frank-Walter Steinmeier
Eine politische Biographie

März 2017, 648 S., Hardcover
39,99 € (DE), 978-3-8376-3951-3
E-Book
PDF: 39,99 € (DE), ISBN 978-3-8394-3951-7
EPUB: 39,99€ (DE), ISBN 978-3-7328-3951-3

Leseproben, weitere Informationen und Bestellmöglichkeiten
finden Sie unter www.transcript-verlag.de